"Climb Every Mountain"

Mountain Books

# 한국 바위 열전

집념의 마력, 바위에 미친 행복한 도전자들
손재식 지음

# 한국 바위 열전

Mountain Books

**책머리에**

필자가 바윗길을 찾아다닌 지도 20년이 넘고 있다. 이 정도 시간이 흐르고 보니 그 시간의 의미를 생각해보게 된다. 바윗길을 그렇게 찾아다닌 이유는 반반한 바위에 길이 있고, 윤리가 있고, 또 그 이면에는 응축된 삶이 담겨 있다는 것이 흥미로웠기 때문이다. 바윗길에 대한 관심이 커지고 그것을 본격적으로 찾아다니게 된 시발점은 1987년 한국산서회에서 실시한 만장봉 초등 루트 재현 등반이었다. 그리고 그 등반을 경험하면서 한국의 대표적인 바위인 인수봉과 선인봉에 바윗길을 뚫은 개척자들이 대부분 생존해 있다는 사실도 알게 되었다. 그들을 만나 함께 바윗길을 오르며 바윗길 개척 당시에 대한 이야기도 듣고 싶다는 생각을 품게 되었다.

언젠가 입산 동기가 무엇이냐는 질문을 받은 적이 있다. 나의 입산 동기는 싱겁게도 산에서 밥을 지어 먹는 즐거움 때문이었다. 산에 입문할 당시인 1970년대 초, 나의 눈높이는 그랬다. 동네 선배를 따라 우연히 암벽에 갔을 때 모든 산을 다 그렇게 오르는 줄 알았다. 그런 가운데 인생을 바꿔놓은 운명적 사건은 인수봉과의 첫 만남이었다. 깔딱고개나 바람재에서 본 인수봉은 가히 벼락같은 감동과 함께 다가왔다. 이 책의 주인공들 역시 그랬을 것이다. 돈 없이도 산에 가는 일을 서슴지 않았고 고난을 나누며 어려움을 함께 극복해온 산악인들. 물질이 적은 만큼 그들의 삶에서 꿈이 차지하는 비중이 당연히 많았으리라.

이 책은 한국의 대표적인 바위인 인수봉과 선인봉에 처음으로 바윗길을 만든 사람들의 이야기를 담고 있다. 그들과 함께 그 현장을 오르며 여기 모인 글들을 적었다. 인수봉과 선인봉은 한국산악운동의 중심이 되어온 현장이다. 따라서 한국에서 인수봉과 선인봉의 개척사는 알프스 샤모니와 미국 요세미티를 개척한 선구자들의 기록들처럼 우리 시대, 우리의 산에서 활약한 산악인들의 에센스를 보여준다. 바윗길 개척자들을 만난다는 건 그래서 설레는 일이었다. 그로 인해 사명감이 생겨났고 이제까지 작업의 동력이 되어주었다.

한국의 산악 운동은 해방 이전부터 움직임이 있었다. 1930년대에 백령회란 이름의 한인 단체가 생겨났으며, 이후 1945년 한국산악회의 모체가 되었다. 인수봉과 선인봉의 기존 바윗길들이 대부분 완성된 시기는 1960년대에서 1970년대 후반이었다. 1980년대엔 짧고 어려운 바윗길들이 만들어지고 그에 어울리는 등반 방식이 생겨났다. 자유 등반에 어울리는 바윗길들은 시대가 요구하는 이른바 베리에이션 루트(더 험준한 바윗길)이었다. 1990년대에도 인수봉과 선인봉에 베리에이션 루트가 계속 생겨났다. 그런 흐름이 진보적 의미를 지니긴 해도 자연스러운 바윗길의 개척은 이미 막을 내린 후였다. 바윗길 역시 유한한 공간이기 때문이다.

인수봉과 선인봉에 존재하던 낭만의 시대, 물질적으로 빈곤했지만 정신적으로 풍요로웠던 그때, 우리의 별들은 빛을 발했다. 그들과 함께 산에 오르고 동고동락하던 산악인들은 그래서 더불어 행복했다고 믿는다. 이제 그 주인공들이 하나 둘씩 사라지거나 나이 들어가고 있다. 이 글을 쓰는 도중에도 몇몇 산악인들이 세상을 떠났다. 이 책에서 망자를 거론할 때 이름 앞에 고故 자를 붙이지 않았다. 기록에서나마 그들은 현재에 살아 움직이리라 믿기 때문이다. 2004년 여름 코오롱등산학교 강사들과 설악산 장군봉에 바윗길을 만들던 중, 오래된 피톤과 볼트를 발견한 적이 있다. 그 장본인이 궁금했는데 이 책을 쓰면서 그들이 누군지 알게 되었다. 자신이 이룬 것을 자랑은커녕 내색도 하지 않는 그 태도에 존경심이 사라지지 않는다.

인수봉과 선인봉에 쌓여온 전설 같은 기록들을 모두 담기엔 이 책의 내용은 턱없이 부족하다. 그럼에도 처음 등반을 익히는 사람들에게 시대적 흐름을 알게 하는 데 작은 도움이 되었으면 한다.

이 책의 원고들은 산악 잡지에 연재했던 내용들이다. 처음 시작은 월간 《사람과 산》이었지만 시간이 흐르면서 발표의 무대는 월간 《마운틴》이 되었다. 두 잡지 모두 좋은 책으로 우리 곁에 남아주었으면 하는 바람이다. 바윗길 취재를 일부 함께 했으나 완성을 보지 못한 민병준, 강윤성에게 감사한 마음을 간직하고 있다. 에코길과 주봉 편은 이들이 남긴 글이다. 기자이기 전에 산친구인 월간 《마운틴》의 박성용 부장과 윤대훈, 김도훈, 오상훈 등에게 받은 따뜻한 지원도 잊지 못할 것이다. 이 책을 쓰는 동안 손경석의 《등산백과》, 김정태의 《등산 50년》, 악우회의 《한국의 암벽》, 한국등산학교 동창회의 《바윗길》, 김용기의 《한국암장순례》, 그리고 한동철의 작업도 없어서는 안

될 귀중한 자료였다. 일러스트레이션을 그려준 '띠동갑' 김영미에게도 특별히 고마움을 전한다.

  그동안 바윗길 개척자들과 함께 참 많이도 시간을 가졌다는 사실을 큰 행복으로 생각한다. 누군가에게 감사할 수 있다는 자체가 축복이란 말이 떠오르는 오후다. 창밖엔 깊이를 가늠하기 어려운 무채색 하늘이 계속되고 있다. 술 마실 핑계로 좋은 날이기도 하지만 대신 몸이 근질거려온다. 또 어디론가 떠나려는 마음이 스멀스멀 일어나고 있다.

2008년 5월<br>
손재식

**차 례**

책머리에 · 4

# 북한산 인수봉

바윗길을 열어준 선배에 대한 예의 | **인수 B코스** | · 12
70년 전에 피어난 한 줄기 바윗길 | **인수 A코스** | · 22
아직도 그날의 망치 소리가 울린다 | **인수봉 서측면 오버행** | · 32
모두들 가난했지만 그해 가을은 찬란했다 | **인수봉 취나드 B코스** | · 42
남들이 설 수 없는 곳, 그곳이 좋았다 | **인수봉 에코길** | · 54
하강 코스에서 찾은 비상구 | **인수봉 비둘기길** | · 66
만남을 위해 무대에 다시 오르다 | **인수봉 우정 B코스** | · 76
수평선 너머 가뭇없이 사라지는 조각배 | **인수봉 하늘길** | · 86
조용한 벽에 울린 알피니즘 메아리 | **인수봉 서면벽** | · 96
오랜 친구들, 그 인생의 8할은 바위 | **인수봉 크로니길** | · 106
한 여인을 그리며 열십자에 낸 검법 | **인수봉 검악길** | · 116
인생은 허무하고 꽃은 시들지 않네 | **인수봉 알핀로제스 B코스(남측 슬래브)** | · 128
그곳에 서면 너의 웃음소리가 떠오른다 | **인수봉 의대길** | · 138
크로니들의 놀이터, 눈 내린 한적한 성 밖의 벽 | **인수봉 설교벽** | · 148
용의 등줄기에 묻어둔 추억 | **인수봉 거룡길** | · 158
스무 살 청춘들이 만든 자유 공간 | **인수봉 벗길** | · 168
위를 봐도 달달달 밑을 봐도 달달달 | **인수봉 여명길** | · 178
바람처럼 꽃처럼 사라져간 장다리 형 | **인수봉 아미동길** | · 190
밖을 향한 동경보단 안으로 다져진 내공 | **인수봉 산천지길** | · 200
페이스에 빌라 짓고 거벽을 꿈꾸다 | **인수봉 빌라길** | · 210
활처럼 부풀어오르는 팽팽한 긴장감이여 | **인수봉 궁형길** | · 222

그건 영락없는 시시포스의 몸짓이었다 | **인수봉 귀바위길** | · 232

우리는 빛나는 벽을 오르리라 | **인수봉 북벽 창가방 가는 길** | · 242

아처 이전에는 어디로 올랐을까 | **인수봉 고독의 길** | · 254

5미터 바위에 존재하는 극한의 세계 | **북한산의 볼더들** | · 264

## 도봉산 선인봉 외

온몸을 비벼 오른 반세기의 이정표 | **선인봉 측면길** | · 278

늦지 않았다, 다만 올라갈 뿐이다 | **선인봉 박쥐길** | · 290

40년이 흘러도 식지 않은 에코의 열창 | **선인봉 남측 오버행** | · 302

유효 기간이 없는 열정 | **선인봉 양지길** | · 312

큰 바위 얼굴로 남은 젊은 날의 우정 | **선인봉 표범길** | · 322

지금도 오버행 너머에서 손짓하는 그리운 배첼러들 | **선인봉 배첼러길** | · 332

내 생활의 미래는 산과 함께 살거나 | **선인봉 어센트길** | · 344

행복 메모장에 우정을 새기다 | **선인봉 거미길** | · 354

술잔을 높이 우정은 더 높이 | **선인봉 요델 버트레스** | · 364

인연을 소중히 여기는 서울의 소나무 | **선인봉 경송길** | · 376

눈 속으로 사라진 세 악우의 염원 | **선인봉 청암길** | · 388

보문산장과 첫 바위에 얽힌 기억 | **도봉산 우이암 전면 침니** | · 398

작지만 매운 1960년대 클라이머들의 등용문 | **도봉산 주봉 K크랙** | · 408

모직 양복에 스타킹을 신고 처음처럼 오르다 | **도봉산 만장봉 초등 재현 등반** | · 418

## 부록

- **북한산 인수봉 바윗길 길잡이**

   전경 사진 · 432    도표 · 438

- **도봉산 선인봉 바윗길 길잡이**

   전경 사진 · 442    도표 · 446

북한산
# 인수봉

# 바윗길을 열어준 선배에 대한 예의

김정태. 한국의 산악 등반사에서 초기 등반가 한 사람을 꼽아야 한다면 먼저 그의 이름을 떠올려야 할 것이다. 선구자의 공은 때론 사회적 지위나 성공 여부 뒤에 가려지기 마련이다. 그의 사생활이 불운했고 말년이 어려웠다는 사실로 그의 업적이 폄하된다면 그것은 섭섭한 일이 아닐 수 없다. 등반가의 생활을 일반적인 잣대로 평가해 보면 그처럼 한심한 일 또한 없을 것이다. 그러나 그게 전부는 아닐 것이다.

1935년 3월, 약관 20세의 김정태는 순수하게 등반을 목적으로 한국인으로는 처음 인수봉에 올랐다. 그 길이 인수봉 전면 벽에 처음 열린 인수 B코스다. 그 등반이 후일 한국 등반사의 귀중한 초석이 되리라는 것을 그가 생각했는지는 확인할 바 없다. 그러나 그날 김정태

김정태가 최초로 개척한 인수 B 코스. 중앙 대슬래브 부분으로 전담이 선등하고 유학재가 따라 오르고 있다.

와 엄흥섭(백령회 리더 엄흥섭과 동명이인), 김금봉과 일본인 이시이 등 네 사람은 분명 한국의 등반이 본궤도에 오르는 현장에 함께 있던 사람들임에는 틀림없다.

영국인 외교관이었던 아처가 1929년 5월에 북면으로 인수봉을 처음 올랐다고는 하지만 그것은 기록상일 뿐이라는 단서를 달아야 옳다. 백운산장 주인 이영구의 부친 이해문의 말에 의하면, 1924년 봄 인수봉 정상에서 누군가 쌓아 올린 돌탑을 발견한 사람이 있다고 전해지기 때문이다. 아처 역시 인수봉에 오르기 전에 정상에 선 사람을 목격했다고 하는 기록이 있다.

김정태는 1916년 대구에서 출생하여 1929년에 백운대를 처음 오른 것을 시작으로 20세가 되는 1935년엔 인수봉 정면 벽 초등반, 1937년엔 노적봉과 선인봉 초등반을 해냈고, 백령회라는 이름으로 산악 운동을 전개하여 금강산의 암벽과 스키 등반, 백두산 지역의 초등반을 일궈냈다. 1945년 백령회 회원들과 문화계 인사들이 주축이 되어 한국산악회를 창립할 때 역시 주도적인 역할을 하였다. 그 이후 국토구명 사업을 통한 산악 운동을 벌였고, 1976년 《등산 50년》을 발간하기까지 한국 산악 운동의 중심에 섰던 사람이다. 그때의 동료들이 아직 살아 있는데 그가 1988년 73세의 나이로 먼저 세상을 떠난 것은 참으로 이르다고 할 수밖에 없다.

### 1935년 김정태가 초등

1990년대 초에 한국산악회 50년사 자료 수집차 대관령의 스키 박물관을 방문한 적이 있다. 그곳에는 김정태가 남긴 수첩이 보관되어 있었다. 빼곡히 적힌 50여 권의 산행 일지를 보며 감탄을 연발했지만 자식들의 등록금과 끼니를 걱정하며 지내던 말년의 기록은 가슴이 아파 읽기가 힘들었다. 그렇지만 산에 다닌 것이 후회가 되었다는 기록은 어디에도 없었다.

얼마 전 산친구들과 '산백수'의 원조는 누구일까 하고 궁금해한 적이 있었다. 시대를 풍미한 산선배들이 시퍼렇게 살아 있지만 우린 당연히 그의 이름을 거론했었다. 그의 행적에 결함이 있거나 경제적으로 무능한 삶이었더라도 존경받아 마땅하다고, 그리고 무수하게 많은 상 가운데 그의 이름을 딴 상이 하나쯤 만들어져도 좋지 않을까 하고.

오늘 인수 B코스 등반을 같이 한 일행들은 나름대로 기록할 만한 등반을 해온 사람들이다. 면면을 짚어보자. 우선 전담은 1948년 가을 한국산악회의 김정태, 주형렬, 변완철, 김정호, 현기창, 채숙 등이 실기와 이론을 지도하는 록 클라이밍 강습회를 통해서 인수봉을 좇아 올랐다. 당시 참가 인원이 47명이나 되었으니 그 열기는 짐작하고도 남는다. 인수봉 등반 이후 그는 한국산악회에 젊은 기운을 불어넣는 핵심이 된다. 1969년 해외 원정 훈련대에 등반대장을 지낸 것은 물론 샤모니 국립스키등산학교ENSA 유학 때에도 파견대장을 지냈으며, 1970년대에는 KCC라는 이름으로 젊은이들을 결집시켰던 장본인이다. 인수 B코스가 김정태의 손에 의해 초등반이 이루어진 것과 대조적으로 선인 B코스는 1956년 전담의 손에 의해 초등반되었다. 김정태의 인수봉 정면 벽 초등반을 말할 때 전담을 연상하게 되는 이유가 거기 있다.

둘째 마디 부분 슬래브를 오르는 전담. 김정태는 1935년에 인수 B코스를 초등했고 전담은 1956년에 선인 B코스를 초등했다.

"토요일 오후 2시쯤 돈암동 전차 종점에서 만나는 거야."

"백운암에서 자고 바우를 하니까 빠르기덩."

"바우 끝나면 눈이 쑥 들어가고 내려오자마자 배가 고파 '밥밥밥' 했지."

"지금은 아파트 천지인 저 벌판이 식량 창고였어."

"쉬는 척하며 밭에서 무랑 배추를 쑥쑥 뽑아서 담아왔지."

인수 B코스의 셋째 마디 크랙을 레이백으로 오르는 유학재. 예전엔 크랙 중간에 나무가 있어 손잡이로 이용했으나 지금은 밑동치만 피톤처럼 남아 있다.

돈암동을 지나 미아리 고개에서 시작되는 비포장 길을 터벅터벅 넘다가 지나가는 트럭에 이때다 하고 올라타면 기사가 알고도 모른 척하던 그 시절부터 그는 산에 올랐다. 우이동으로 오르는 길이 너무 멀어 정릉을 지나고 보국문을 거쳐 백운암에 이르기 전에 이미 깜깜한 오밤중이 되기 일쑤였다. 랜턴은 물론 양초도 귀한 때라 칠흑 같은 어둠을 더듬어 백운암에 도착했다. 당시 인수봉 등반 루트는 오로지 A코스와 B코스뿐이었고, 정상에 오르면 눈앞에 우이동과 창동 일대엔 황금물결이 펼쳐졌다. 그때의 느낌은 적막과 고요였다. 지금도 전담은 서해 바다로 떨어지던 맑고도 붉은 황혼을 또렷이 기억한다. 가난한 산꾼들의 서정성은 저 아래 세상에선 느낄 수 없는 산행으로부터 주어진 것이다. 산에서 줄창 술을 퍼대는 이유가 있다면 그렇게 비워낸 마음에 담아야 했던 그 무엇 때문이 아닐까.

## 예나 지금이나 변함없는 소나무

전담에 비한다면 새카만 후배인 유학재 역시 최근까지 한국산악회를 대표하는 등반의 선봉장이었다. 그는 조성대가 이끄는 한국산악회의 파키스탄 가셔브룸 IV 등반대에 참가하여 방정호, 김동관과 함께 코리언 루트를 뚫었던 사람이다.

그 외에도 오늘의 손님들 모두 유명세를 타고 있는 사람들이다. 등산용품 업체 코베아의 사장이며 인수봉 산천지길 개척자인 김동숙, 디스커버리 인공홀드 제작자 민경원, 이들의 초청을 받아 인수봉에 오르게 된 일본 북해도 산악연맹의 부회장 고이치 에자키. 그리고 홍일점인 박현우는 유학재의 부인이자 한국여성산악회의 대표를 맡을 만큼 맹렬 산꾼이다. 인수 B코스에 대한 서설은 인수봉에 길을 열어준 선배에 대한 예의라 쳐도 좋으리라.

바위에 쩍쩍 달라붙는 암벽화의 출현으로 대슬래브에서 발로만 오르는 가벼운 행색의 산꾼을 어렵지 않게 볼 수 있다. 다람쥐처럼 암릉을 오르내리던 사람들이 인수봉을 어렵지 않게 생각하게 된 요즘이다. 단독 등반에 사용하는 솔로이스트에 줄을 통과시키고 등반하는 전담의 모습이 이채로웠다. 그것은 마치 힘이 닿는 한 등반을 멈추지 않겠다는 의지의 표현으로 보였다. 대슬래브 앞에 선 그가 먼저 선등을 해나간다. 아무도 그를 말리지 않는다. 그럴 만하기 때문이다. 나이 들었다고 한풀 꺾인 사람들이 그의 몸놀림을 볼 수 있다면 그것은 행운이다. 자극을 받기에 충분하기 때문이다.

그 모습에 취해가며 모두가 크랙의 출발점에 모였다. 소나무 한 그루만이 옛날이나 지금이나 변함없이 자리를 지키고 있다. 아주 오랫동안 휴식처를 제공해준 이 소나무는 제법 성했던 가지의 일부는 잘려지고 밑둥치는 훼손을 묵묵히 견뎌왔다. 하지만 이제 살아 있음을 버거워하는 느낌이 든다.

둘째 마디의 크랙 부분은 일명 항아리로 부르는 곳이다. 요즘은 레이백을 뜨며 이 크랙을 오르지만, 전담에 의하면 예전에는 왼쪽의 넓은 침니 모양의 크랙으로 올랐다고 한다. 그렇다면 항아리 크랙은 B코스의 베리에이션인 셈이다. 이곳을 지나 디에드르 크랙 오른쪽에 설치된 쌍 볼트에 서면 비로소 인수봉 동면의 경사가 만만치 않음이 느껴진다.

버튼을 누르면 길이가 길어지는 원통형 확보물 빅브로를 주렁주렁 매단 유학재가 넓은 크랙에 확보물을 끼워 넣느라 시간을 지체한다. 건드리면 빠질 정도로 회수가 간단한 이 장비를 그는 줄곧 시험하면서 올랐다.

"그냥 가!"

"무서워요."

깡통 같은 그 물건들이 미덥지 않았던지 걱정하는 기색인 대선배 전담에게 유학재는 엄살로 응수한다. 박현우가 아내의 입장에서 유학재를 거든다. "우린 죽어도 보험 액수가 적어서 그냥 가면 안 돼요. 그냥 살려가지구 써먹는 게 이익이에요."

크랙과 스태밍 자세가 섞인 곳을 오르면 시야가 트이면서 밖으로 머리가 나오게 된다. 이곳에서 왼쪽의 용 발자국처럼 움푹 파인 바위를 건너게 되는데, 오른쪽 벽의 갈비뼈처럼 사이가 벌어진 구멍으로 슬링을 넣어 확보점을 만드는 것이 안전하게 지나는 방법이다.

여기를 통과하면 등반은 사실상 끝이 난다. 나머지 구간이 부담이 되지는 않지만 그래도 100여 미터나 될 정도로 길긴 하다. 중간의 바위 턱에서 한 마디를 끊었다. 디에드르 형태의 크랙을 따라 오르다가 바위 턱을 넘어서 슬래브로 이어지는 길로 50미터 로프 1동이 다 풀

인수 B코스의 소나무에 모인 일행. 오랫동안 휴식처를 제공해온 이 나무는 점점 야위어가고 있다.

려간다. 이곳은 크랙을 끝까지 올라 마지막 부분을 마등을 통해 오르던 곳이다.

등반이 종료된 것으로 보여도 아직 끝났다고 말하면 실수다. 마지막 계란바위가 남아 있기 때문이다. 만에 하나 이곳에서 미끄러지면 왼쪽 방향으로 엄청나게 긴 추락을 유발할 수 있다. 짧지만 반드시 줄을 매고 가는 게 상책이다.

정상에 오르자 낯익은 사람이 인사를 건넨다. 이전부터 안면이 있던 유시건이다. 그와의 만남은 뜻밖이었다. 그는 목요일에 고독의 길을 즐겨 오른다는 나의 말을 듣고 세 번씩이나 왔었다고 한다. 그런데 오늘 비로소 만나게 된 것이다. 뜻밖의 만남이지만 모두들 그에게 호의를 아끼지 않는다. 그는 준비라도 한 듯 논어의 구절을 빌려 인수봉에서의 만남에 축복을 내린다.

"지자知者는 낙樂하고 인자仁者는 수壽한다지요?"

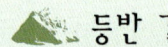 등반 길잡이

인수 B코스는 한국인이 인수봉에 처음 오른 등반 루트이며, 전면 벽에 처음 열린 바윗길이다. 초등에는 김정태와 엄흥섭 그리고 김금봉과 일본인 이시이도 동참했다. 첫째 마디는 지금의 슬래브를 통하지 않고 왼쪽의 30미터 직상 크랙으로 올랐다. 확보물로 단 하나의 피톤을 사용한 것으로 보아 어렵지 않게 오른 것으로 생각된다. 총 등반 시간은 5시간이었으며 하산은 후면으로 하지 않고 정면으로 되돌아 내려왔다. 그때 두 줄로 압자일렌하면서 대슬래브 등반 가능성을 확인했다고 한다. 인수 B코스의 등반 난이도는 셋째 마디 크랙이 5.8로 매겨져 있다. 비교적 어렵지 않아서 인수봉 첫 경험으로 많이 오르는 곳이다.

## 》 인수 B코스

**다섯째 마디(70미터)** 걸어서 오를 수 있는 잡목과 바위 지대를 지나 완경사 크랙을 따라 오른다. 중간에 마디를 끊을 만한 장소가 좋지 않아 그대로 오를 땐 턱진 바위를 우회한다. 우회하지 않을 땐 직상하여 마디를 끊은 다음 20여 미터쯤 더 등반해야 한다. 언더홀드를 이용하여 마등을 한 후 오른쪽 슬래브를 건너간다. 이곳에서 등반을 마치고 걸어서 오른다. 정상 밑의 짧은 슬래브를 올라야 모든 등반이 끝난다.

**넷째 마디(25미터)** 넓고 쉬운 크랙을 오른 후 용 발자국을 연상케 하는 밴드를 트래버스하여 쌍 볼트에서 확보한다.

**둘째 마디(35미터)** 완경사의 디에드르 또는 짧은 슬래브를 지나 홀드와 스탠스가 풍부한 바위에 붙는다. 오른쪽 벽에 박힌 볼트를 이용해 확보하고 크고 복잡한 형태의 바위를 넘는다. 바위는 약간 불안정하지만 잡을 곳도 큼직하고 디딜 곳이 많다.

**셋째 마디(30미터)** 주먹과 발이 들어갈 정도의 크랙을 레이백과 재밍으로 오른다. 오를수록 벽이 넓어지고 크랙은 좁아지면서 발이 아프기 때문에 침니 자세를 가미해서 오를 수도 있다. 왼쪽 벽의 쌍 볼트나 위쪽의 굵은 소나무에 확보한다.

↑ 출발 지점

**첫째 마디(40미터 또는 100미터)** 첫째 마디에서 둘째 마디에 이르는 길은 30미터 직상 크랙이나 대슬래브를 통하는 길로 오를 수 있다. 선이 여럿 겹쳐진 30미터 크랙은 재밍과 레이백을 이용한다. 크로니길의 둘째 마디 종료 지점도 이곳을 같이 사용한다. 대슬래브는 100여 미터에 달하며 기존 중앙 슬래브와 조금 더 어려운 왼쪽 슬래브로 세 번쯤 끊어서 오른다.

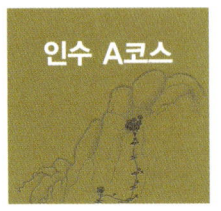

인수 A코스

# 70년 전에 피어난 한 줄기 바윗길

소중한 물건들을 버려야 할 때가 있었다. 온 국민이 허리띠를 졸라매도 해결책이 보이지 않던 IMF 때 일이다. 시원섭섭한 일이었지만 그때 정든 장비와 오래 보관해온 산서의 대부분을 과감히 정리했다. 그런 가운데에도 《향토송》이라는 이름의 사진집 한 권이 버려지지 않아 아직 내 서가에 꽂혀 있다.

파리의 뒷골목을 집요하게 기록한 프랑스의 사진가 외젠 앗제는 죽은 뒤에야 비로소 빛을 보게 된 불운한 사진가였다. 그의 사진이 현대적 관점에서 연구 가치가 있는 것도 뒤늦게 인식되었다. 쓸쓸한 일이다.

사라져간 풍물을 기록한 사진집 《향토송》 역시 그처럼 오랜 시간이 지난 뒤에 다시 눈에 띄었다. 작가는 이미 세상을 떠난 후였다.

그 책을 지금껏 간직한 것은 눈 내린 날 전차가 있는 남대문 풍경과 달구지가 지나가는 아스라한 여의도의 옛 정경들이 담겨 있어서였을까. 아니다. 이 책을 버리지 못한 것은 북한산이 담긴 옛 사진 한 장 때문이다.

  논길 사이를 걸어가는 아이들 뒤로 소담스러운 초가집이 옹기종기 있고, 원경에는 북한산 주릉과 인수봉이 펼쳐져 있다.

  원로 산악인들이 즐겨 불렀던 '개나리 고개'가 잘 어울릴 법한 그 사진 끝엔 '도봉 창동'이란 메모가 적혀 있다.

인수 A코스의 상징인 넓은 침니 구간을 정은순이 오르고 있다.

    개나리 고개는 눈물의 고개
    올라갔다 내려올 제 님의 집 생각
    달빛을 받으며 님 마중 가세
    님 오신단 그 심사에 꺾던 개나리
    개나리 고개에 걸린 저 달은
    님 오시는 오솔길을 밝혀줄거나
    개나리 고개야 너 잘 있거라
    이제 가면 언제 오나 개나리 고개
    에헤야 개나리
    아무렴 그렇지 개나리
    지금은 어디서 개나리 생각하나

### 1936년 박순만 일행 초등

산에 가는 일이 나라 잃은 서러움을 달래는 행위가 되었을 시절, 선구적 산악인 김정태는 스무 살 나이에 인수봉 정상에 올랐다. 지금으로부터 70여 년 전인 1935년, 당시가 일제강점기였으니 그게 어디 쉬운 일이었겠는가. '빼앗긴 들'이었지만 '봄'은 아직도 산에 머물러 있었음을 김정태는 몸을 던져 알아냈다. 그리고 그 봄을 지켜내기 위해 일본인들보다 먼저 인수봉에 오를 생각을 했다. 그로 인해 인수봉에 B코스란 이름의 루트가 처음으로 열린 것을 우리는 알고 있다.

1935년에 행해진 김정태의 전면 벽 등반으로 비로소 인수봉에도 등로주의 등반이 꽃피었다. 그것은 에드워드 휨퍼의 마터호른 등정 이후 슈미트 형제가 마터호른 북벽을 오른 것에 비견될 수 있다. 만일 그가 아니었다면 한국 바위의 자존심인 인수봉은 일본인들에 의해서 선점되었을 것이 뻔하다. 그래서 크랙과 침니마다 그들의 이름이 붙여졌다면 어떠했을까. 선배들 '시다바리' 하다가 '야마'가 '입빠이' 돌아 '무대뽀'로 '노가다' 길을 올라갔다는 식의 일본식 표현들로 지금껏 부르고 있지 않겠는가.

김정태가 인수봉과 선인봉을 오르던 시절, 바위에서 늘 만나던 일행들이 있었다. 암벽에 붙어 있는 것이 망망대해의 조각배 심정과 같았을 당시에 세 번씩이나 마주친 그들은 바로 서울 근교에서 두각을 나타내던 한국인 박순만과 일본인 오우우치, 오바, 하마노 일행이었다. 한일 혼성으로 이루어진 등반팀은 언제나 김정태를 앞서 가고 있었다. 이들에 의해 대슬래브가 처음 등반되었고 인수봉의 A코스가 비로소 열렸다.

박순만과 오우우치 일행은 1936년 여름 인수봉 후면 C코스를 등반하고 현재 백운산장 주인 이영구의 조부 이해문이 거처하는 백운암으로 내려왔다. 그곳에서 인수봉 정면 사진을 보고 그날 밤 마음속으로 등반 계획을 세웠다. 그 뒤 시내 다방에서 몇 차례 모임을 가진 뒤 등반 루트를 결정했고 10월에 등반을 시작했다. 매주 토요일마다 이해문의 방에 거처하며 등반을 시도하다가 넷째 주에는 침니가 끝나는 곳까지 오를 수 있었다. 그리고 드디어 다섯 번째 주가 되는 11월에 마지막 침니와 직상 크랙을 돌파하며 인수 A코스 초등에 성공했다. 두꺼운 등산화에 징을 박아 만든 신발을 신고 공포의 대슬래브를 돌파하였기에 이룰 수 있는 일이었다. 1913년생인 박순만은 인수봉에 올라 A라는 알파벳 이름을 부여했다.

예전과 달리 지금은 마찰력이 좋아진 신발을 이용하여 침니와 크랙을 다양한 자세로 오를 수 있다.

그는 후일 김정태와 함께 1937년 우리나라 사람들로만 이뤄진 '백령회'에서 함께 활동하게 된다. 일제 치하였으므로 백령회는 비밀결사대처럼 활동할 수밖에 없었다. 엄흥섭, 김정태, 양두철, 주형렬, 엄흥섭, 이억윤, 이원세, 위형순 등이 창설 멤버였으며 방현, 김정호, 박순만, 채숙, 이재수, 유재선, 방봉덕, 현기창, 조동창, 이기만 등이 2차로 참여하게 되었다. 여기에 당시 고교생이었던 엄익환, 이희성, 안종남 등도 백령회의 활동에 가세했다.

1940년 가을, 무려 60명이나 되는 백령회 회원들이 인수봉 정상에서 만남을 가진 기록은 지금 생각해도 대단한 일이 아닐 수 없다. 그런 잠재력을 지닌 백령회 회원들은 해방이 되자 곧바로 한국산악회 창립에 앞장섰고 국토를 구명하는 사업을 먼저 벌였다. 나라를 잃

V자 형태를 이루는 좁은 침니를 통과하고 있다. 바깥쪽으로 나올수록 등반이 수월해진다.

은 것에 대한 반작용이었다 해도 좋을 것이었다.

백령회는 산뿐만 아니라 한국 스키의 역사도 만들었다. 당시 적설량이 풍부하고 사면이 넓은 천혜의 스키장들은 대부분 함경도 지방에 있었다. 해방 전의 스키 인구는 원산에 4천여 명, 함흥과 흥남 지역에 2천여 명, 성진에는 4백여 명이 있었다고 한다. 1940년 이후 스키는 쇠퇴하였지만 그런 와중에도 백령회의 김정태, 박순만, 주형렬, 방봉덕 등은 1943년 일본으로 스키 연수를 떠났다. 엄홍섭이 사재를 털어 그들을 도왔다. 이때 김정태는 스키 지도자 연수회에 참가하여 일본스키연맹의 2급 지도자 자격을 획득했고, 박순만은 크리스티아니아Christiania 회전 기술을 구사하여 강사를 놀라게 했다. 엄홍섭은 당시 해주에서 석탄 공장을 경영하고 있었다. 그는 군수품 공장 사원이 징용을 면할 수 있었던 점을 이용하여 백령회 회원들을 일제의 강제 징용에서 피하게 해주었다. 당시 물심양면으로 산악인들을 후원했던 그는 해방을 맞기 직전 와병으로 타계하고 말았다.

## 세월 흘러도 변치 않는 인수봉의 의미

누군가 '당신은 산악인인가?'라는 질문을 한다면 과연 어떻게 증거를 댈 것인가. 자격증 혹은 산악인증? 차림새만으로도 산악인임을 알아낼 수 있는 알프스라면 몰라도 약수터와 산을 동일시할 수 있는 우리 환경에서 산악인 행세를 한다는 것은 쉽지 않다. 그러나 그런 질문에는 답 대신에 '인수봉에 올라보았는가'라는 되물음을 던져볼 수 있다. 산악인에게 인수봉은 구차한 답이 필요치 않을 정도의 의미를 지니고 있기 때문이다. 그것은 김정태가 인수 B코스를 오르고 박순만이 인수 A코스를 초등한 이후 지금까지도 변치 않았다고 믿는다. 산악인들의 등반 능력이 좋아져서 인수봉이 만만하게 보이는 것과는 별도의 문제다.

박순만을 인터뷰했던 1990년대 초, 사이클을 즐겨 탄다는 그의 말을 듣고 적지 않게 놀았었다. 그 후 1996년에 인수봉을 함께 오르고 싶다는 청을 했을 때 거동이 힘들다는 소식을 들었으니 90세가 훌쩍 넘은 지금 산에 오르는 것은 역시 무리인 듯싶다. 아쉬운 일이지만, 다행히 우리는 오래전 인수봉에 올랐던 그의 기억을 유추해낼 수 있다.

오늘 그 선구자들이 만든 길을 찾은 동지들은 대학산악연맹의 산사진 소모임 회원들. 등반과 사진이라는 두 마리 토끼를 좇는 사람들이다. 이들은 앞서 말한 바와 같이 '산악인인가?'라는 물음에 대한 답을 인수봉을 통해 얻은 사람들이다.

저마다 카메라를 메고 나타난 회원들은 등반 장비를 착용하자마자 찍는 팀과 찍히는 팀으로 구분된다. 찍히는 팀은 정은순, 김동수, 한문수. 찍는 팀은 배현기, 성영식이다. 초기엔 가장 큰 공포의 대상이었던 대슬래브를 지금은 좋아진 암벽화 덕에 평지 걷듯 올라 두 팀 모두 오아시스라 부르는 잡목 지대까지 순식간에 도착한다. 박순만이 보았다면 깜짝 놀랄 일이다. 뒷모습만 봐도 예쁜 여학생들을 만나자 김동수가 육포와 박하사탕을 나누어준다. 장난기 충만한 정은순이 미소를 흘리며 후배들을 챙긴다.

"이리 와서 먹어라. 사탕도 있고 오렌지 껍데기도 있고, 배고프면 물배 채우고."

"인수봉 영길은 너무 어려워요. 어떻게 올라가요?"

"잘……."

"만일 못 올라가면 줄 좀 내려줘요."

"그래, 내가 구조대 아이가."

찍히는 팀은 A코스의 크랙과 침니를, 찍는 팀은 변형 루트로 오르기 시작했다. 선등을 자처하는 정은순이 산을 업은 듯한 자세로 크랙과 좁은 침니를 지나자 찍히는 팀의 배현기도 변형 루트를 통해 마디를 끝낸다. 성영식의 셔터 소리가 끊이지 않는다. 추억 반 고통 반에 잠겨 있을 김동수와 한문수가 뒤를 이어 넓은 침니로 접어들자 영길로 오르는 재학생 등반팀이 저 아래 보인다. 크레타나 군화, 혹은 정글화를 신었던 사람들은 A코스의 바위에 등을 대고 하늘을 향해 움쩍거리던 자세를 기억할 것이다. 발로 차고 손으로 몸을 밀어 올려서 굴뚝 위로 쑥 빠져나왔을 때의 시원함.

확인한 바에 따르면 이전 선배들의 등반 동작은 한결같이 정확했다. 그렇게 하지 않으면 오를 수가 없었다. 지금의 동작은 대부분 팔힘과 마찰력 좋은 신발의 의존도가 크다. 정확한 자세가 아니더라도 충분히 오를 수 있기 때문이다. 능력에 따라 오르는 방법이 달라진 지금 '어떻게 올라가요?'라는 후배들의 질문에 대한 '잘'이라는 대답은 그런 점에서 틀리지 않다.

오아시스 아래로 보이는 숲이 바람에 일어서며 대화하고 부대끼

대슬래브의 둘째 마디. 대슬래브 1번 루트로 통하는 이곳이 바로 A코스로 향하는 길이다.

는 동안 김동수와 정은순은 여전히 시시포스의 몸짓으로 하늘 없는 공간과 측정할 수 없는 시간을 밀어내고 있었다.

'우다다닥.'

바위에 장비 부딪히는 소리가 들려왔다. 저 아래 영길을 오르던 여학생들 사이에 무슨 일이 일어난 것이 틀림없다. 마지막 짧은 레이백 크랙을 넘어가는 정은순 뒤로 파장 높은 소리가 들려온다. 레이백 크랙을 힘차게 뜯는 것 같지만 그것은 순전히 다리가 짧은 탓이라나?

"야! 우리 1, 2학년 땐 여기 오르기도 만만치 않았어."

"꼭 크랙으로 가야 해요?"

"오늘은 에프엠이야."

숲은 여전히 살아 움직이고 푸르른 녹음은 불어오는 바람에 일렁인다. 추억의 바윗길 A코스는 이제 정상으로 가는 크랙을 넘지 않아도 되고 등반 루트로 하강해도 되는 편한 길로 바뀌어가고 있다. 어려움은 커진 반면 위험은 줄었다. 이런 상황에서도 사고가 많아진 것은 등반을 경시하는 풍조, 그리고 등반 횟수와 관계있을 것이다. 박순만은 이곳을 처음 오른 뒤 너무 기분이 좋아 만세를 불렀다. 꼭 그런 느낌은 아닐지라도 일행들의 얼굴에 회심의 미소가 가득하다. 이들은 결국 두 마리 토끼를 잡고야 만 것일까.

## 등반 길잡이

인수 A코스는 1936년 11월 박순만과 일본인 오우우치, 오바, 하마노 일행이 초등한 인수봉 동면의 대표적인 기존 루트다. 등반은 대슬래브에서 시작해 일명 오아시스로 통하는 잡목 지대를 거쳐 위로 뻗은 크랙과 침니로 진입한다. 80미터의 대슬래브와 100미터에 달하는 네 마디의 크랙과 침니를 끝내고 벙어리 크랙을 거쳐 인수봉 정상으로 오를 수 있지만 지금은 편의상 크랙과 침니로 이루어진 상부의 네 마디를 등반 루트로 친다. 등반 난이도는 다섯째 마디 침니 구간이 5.8로 평가되어 있다. 침니와 크랙이 끝나면 등반 루트로 하강이 가능하다.

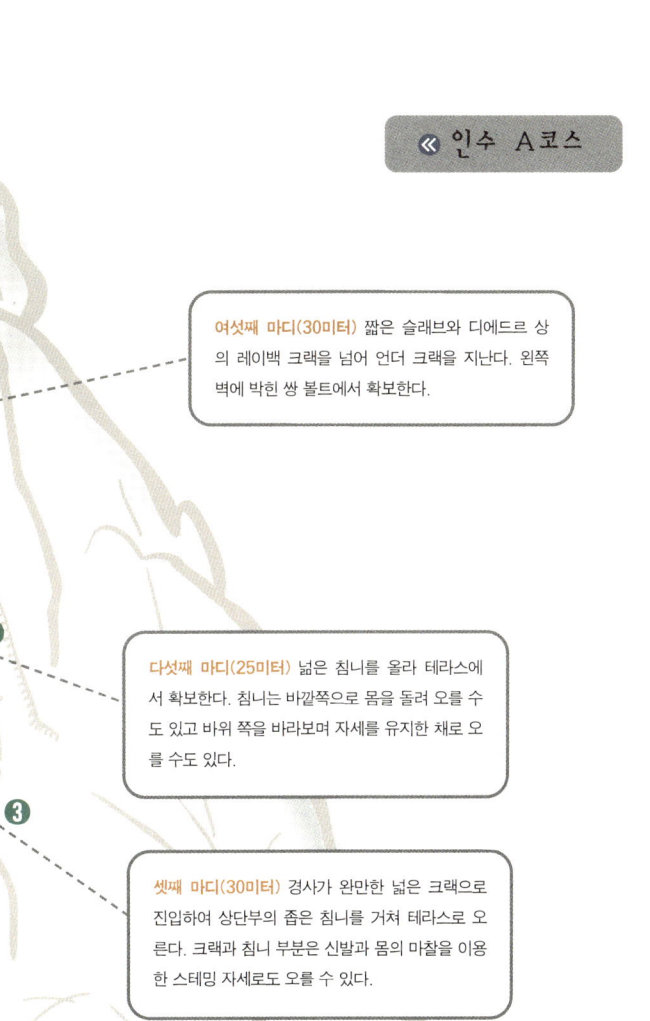

≪ 인수 A코스

**여섯째 마디(30미터)** 짧은 슬래브와 디에드르 상의 레이백 크랙을 넘어 언더 크랙을 지난다. 왼쪽 벽에 박힌 쌍 볼트에서 확보한다.

**다섯째 마디(25미터)** 넓은 침니를 올라 테라스에서 확보한다. 침니는 바깥쪽으로 몸을 돌려 오를 수도 있고 바위 쪽을 바라보며 자세를 유지한 채로 오를 수도 있다.

**넷째 마디(20미터)** 좁은 침니를 올라 테라스에서 확보한다.

**셋째 마디(30미터)** 경사가 완만한 넓은 크랙으로 진입하여 상단부의 좁은 침니를 거쳐 테라스로 오른다. 크랙과 침니 부분은 신발과 몸의 마찰을 이용한 스테밍 자세로도 오를 수 있다.

**둘째 마디(50미터, 대슬래브)** 홀드가 많고 경사가 완만한 슬래브를 직상하여 오른쪽 상단부의 잡목지대로 오른다.

**첫째 마디(30미터, 대슬래브)** 대슬래브 왼편에서 중앙으로 진입하여 디에드르를 지나 밴드와 혹점이 있는 슬래브를 통해 대형 피톤으로 오른다. 이곳은 일명 대슬래브 1번 루트로 통하는 곳으로 인수봉의 바닥에서 40미터 슬래브를 거친 후 등반을 시작하기도 한다.

인수봉
서측면 오버행

# 아직도 그날의 망치 소리가 울린다

봄을 알리는 비가 그친 날. 초록의 향연에 들떠 덕성여대 천변을 따라 걸었다. 물이 불어난 냇가에 물고기 노니는 모습을 물끄러미 바라보았다. 오늘처럼 무위한 일이 무료하지 않을 때 백수처럼 사는 일의 즐거움을 깨닫는다. 개발 바람이 수없이 지나갔어도 새 집을 짓지 못한 달동네풍의 가옥들이 아직 남아 있다. 첩첩산중 인수봉의 모습도 하루재에서 드는 벽력같은 느낌과 또 다른 맛이 있다. 그런 권리는 그 자리를 지키고 살아온 사람들이 당연히 누릴 몫이라는 생각이 든다. 북한산이 낯설지 않은 산꾼들처럼 이 동네 아이들은 우이동이 산 좋고 물 맑은 곳이었다는 추억을 갖게 될 것이다.

북한산이 멀고 길었던 때인 1960년 가을, 한양대학교 산악부는 참으로 굵직한 선을 인수봉과 도봉산에 하나씩 그었다. 그중 하나는 인수봉 서측면의 오버행이며 또 하나는 선우중옥의 주도로 이루어진 도봉산의 박쥐길이다. 이 두 등반은 모두 각기 중요한 전환점을 이룬 등반이었다. 박쥐길은 당시로는 시도하기 쉽지 않은 첫눈 오름 방식이었고, 오버행은 90도가 넘는 벽을 본격 인공 등반으로 처음 넘어선 것이었다. 그것은 장비의 부재로 자유 등반이 가능한 곳만 올라야 했던 이전의 등반과는 사뭇 달랐다. 오버행의 돌파는 외국의 사조에 영향받지 않은 것이었다는 점이 주목할 만하다.

1960년 한양대학교 산악부에 의해 개척된 서측면 오버행에서 오른쪽 방향으로 이어지는 셋째 마디를 오르는 김재웅.

## 엘라떼들은 노래를 사랑한다

함께 한 개척자의 한 사람 송규호는 선우중옥과 동기생이다. 그들은 제각기 선구적 일을 해냈다. 오늘 등반에서는 아버지뻘 되는 선배와 재학생들이 로프를 묶는다는 것이 이채롭다. 나이로 따지면 20년 후배인 이상세와 김종민이 재학생들과의 등반을 주선하기 위해 모처럼 등장했다. 이들 역시 한양대 산악부에 몸담게 된 것을 행운으로 여기는 사람들이다.

토요일 아침, 서측면 오버행 밑은 아직 해가 들지 않아 선선하고 조용하다. 그러나 하강길에 사람들이 많아지기 전에 등반을 끝내야 하기에 지체하지 않고 로프를 묶었다.

"엘라떼."

개척한 지 40년이 더 지나 다시 줄을 맨 송규호와 산악부원들. 왼쪽부터 송규호, 이상세, 김종민, 김재웅.

아직 인수봉 비바크지에서 내려오지 않은 후배들을 구호로 불러본다. '엘라떼'는 종달새란 뜻으로 프랑스 동요의 후렴구이다. 그 구호처럼 한양대 산악부는 노래를 즐기며 사랑한다.

막내인 재학생들이 내려왔는데 졸음이 남아 있는 표정들이다. 오늘의 선등자 오홍민이 96학번으로 재학생 중 최고참이다. 첫눈에 조용하고 침착한 성품임이 느껴진다. 후배들의 등반을 지켜보려 했던 송규호는 오버행 아랫부분까지 함께 오르자는 제의를 거절하지 않는다. 바위에 대한 사랑이 아직도 식지 않았음을 말하는 것이리라.

한양대학교 산악부는 50년이라는 장구한 역사에 걸맞게 회원층이 두텁다. 이상세와 김종민은 산악부가 전성기를 구가하고《한양대학교 산악회 50년사》까지 발간한 저력을 바탕으로 새로운 중흥을 꿈꾸고 있는 사람들이다. 김종민은 1992년 한양대학교 가네쉬 히말 원정 때 등반대장을 맡았으며 요세미티를 등반한 경력이 있다. 이상세는 1985년 요세미티 원정에서 선배인 이영순과 함께 트리플 다이렉트를 올랐다. 그리고 2년 후 또다시 매킨리 원정을 추진하였으나 시즌이 맞지 않아 하프 돔을 등반하던 중 낙석 사고로 대장 이영순이 사망하는 사고를 당했다. 그 일로 이상세의 꿈은 일시 정지되고 만다. 바늘과 실처럼 붙어 다니던 두 사람의 모습이 엊그제 같은데 그 또한 20여 년이 흘렀다.

## 책상에 붙은 앵글로 피톤을 만들다

 1960년 9월 초순, 새로운 코스 개척을 준비해온 산악부 골수들은 인수봉의 후면 오버행에 눈길이 머물렀다. 당시 주축이었던 변용관, 이영화, 정병선, 이경천은 대학 2학년이었으며 송규호는 1학년이었다. 이들의 의기투합은 장비를 준비하는 과정에서부터 드러난다. 그들이 갖고 있는 장비는 35미터 군용 로프 2동, 3단 래더 2조, 카라비너 12개, 해머 1개, 그리고 40개에 달하는 피톤이었다. 이 피톤은 모두 제작품이었다.
 당시 산악반장이었던 정재철은 이 계획이 위험하다고 판단하여 처음엔 로프를 내주지 않았다. 정병선이 몇 차례나 그의 집을 찾아가서 설득했지만 등반은 결국 반대의 목소리 속에서 이루어졌다.
 1960년 10월 중순경, 정병선, 변용관, 송규호 등은 몸과 마음의 준비를 갖추고 바위 앞에 섰다. 사람들의 시선을 피해 평일을 택하는 등 심적 부담까지 고려하였다. 정병선의 선등으로 첫째 마디를 올라 덮개바위로 부르는 곳에 피톤을 설치하고, 다시 3시간 만에 넷째 마디 오버행 아래까지 어려움 없이 오를 수 있었다. 그러나 제일 어려운 다섯째 마디는 밑에서 보던 바와 달랐다. 완전한 오버행에다 크랙이 5~10센티미터 정도로 생각보다 넓었다.

1차 등반은 더 이상 진전을 보지 못하고 즉시 장비 제작에 들어갔다. 솜씨 좋은 이경천이 박달나무와 보조 로프를 이용하여 래더 2조를 만들었으며, 정병선이 당시 예술관 건물에 쌓여 있던 책걸상에서 앵글을 뜯어내, 구공탄 불에 달구어 다듬고 볼트 구멍에 철사를 감아 독창적인 L자형 피톤 10개를 제작하였다. 위와 같이 장비 제작을 위해 책걸상에 붙은 앵글을 뜯어 피톤을 만든 일화가 《한양대학교 산악회 50년사》에 기술되어 있다.

이러한 일련의 작업은 요세미티 엘 캐피탄 노즈 루트의 크랙 스토브 레그를 돌파하던 상황을 연상시킨다. 1958년 당시, 워렌 하딩을 비롯한 3인조 등반대는 애매한 크랙에 설치할 장비가 없자 크랙에 난로 다리를 끼우는 임기응변을 발휘했다. 난로 다리라는 뜻의 스토브 레그라는 루트 이름이 그러한 이유로 지어졌다.

"글쎄 우린 그런 사실을 알 턱이 없었어요……."

"외국의 등반 사조를 전해줄 매체도 없었고."

차라리 인수봉의 오버행 크랙에 '책상 다리'라는 이름을 붙였다면 어땠을까 상상해본다. 그런 결정에 누구도 시비할 일은 없으리라. 산악회 전체의 카라비너를 합쳐야 12개에 불과하며 군용 로프 2동이 전부였던 점을 감안하면 그런 시도는 창작이나 다름없는 일이다. 오로지 오버행을 올라야 한다는 의지를 굽히지 않았던 이들에게 설사 책상과 걸상이 새것이었다면 어땠을까. 그랬더라도 붙어 있는 쇠 조각을 가만 놔두지 않았을 것이다.

10월 하순, 2차 등반이 시작되었고 정병선이 또다시 선등이 되었다. 줄을 당길 땐 '앵커', 늦추라는 사인은 '허'라는 구호를 사용했으며 처음으로 두 줄을 사용했다. 그렇게 3시간 동안 씨름을 했으나 역시 L자형 피톤으로 오버행을 넘기는 쉽지 않았다. 피톤의 링 부분이 늘어나서 카라비너를 끼우기가 쉽지 않았고 박아놓은 피톤이 헐거워지는 등 고전을 면치 못하다가 등반을 중단했다. 그러나 거듭된 실패는 근성을 부채질할 뿐이었다.

이번엔 좀 더 효율적인 V자형 피톤을 생각해내기에 이르렀다. 또다시 청계천 7가의 대장간에 갔으나 비용이 만만치 않았다. 우여곡절 끝에 제작을 성사시킬 수 있었던 것은 철도공작창 공장장으로 재직하던 송규호 부친의 도움 덕분이었다. 이들은 공대생답게 용도와 기능, 재질에 관한 시방서를 들고 찾아갔다. 그리고 그곳에서 3종류의 피톤 10개씩을 만들어내는 데 성공했다.

오버행의 마지막 부분을 넘는 오홍민을 김종민, 김재웅이 확보하고 있다.

청명하고 차가운 기운이 감돌기 시작한 11월 초순, 용기백배하여 다시 3차 등반에 올랐다. 역시 정병선의 선등으로 다섯째 마디에 붙었다. 이번에는 변용관 대신 이영화가 합류했다. 새로 제작한 V형 피톤이 주효하긴 했으나, 마음을 졸이는 아슬아슬함의 연속이었다. 피톤의 간격도 30센티미터를 넘지 않게 촘촘히 박았으나 카라비너가 부족해 계속 옮겨 써야 했다. 3차에 걸친 준비와 시도, 그리고 젊음의 투지 앞에 오버행은 결국 그 단단한 품을 허락할 수밖에 없었다. 짧은 해가 기울어 석양빛이 깔리기 시작한 때였다.

"망치 소리가 산장까지 들렸어요. 이영구 씨 모친이 영험한 바위

오버행 크랙을 등반하는 오홍민과 김재웅의 실루엣.

에 땅땅 망치질을 한다고, 못된 사람들이라고 야단쳤어요. 영구 씨가 이 사람들이 꼭 필요한 못을 몇 개 박았을 뿐이라고 얼른 변명을 해주었죠. 그래도 밥은 차려주었어요. 밥 얻어먹고, 깜깜한 밤중에 촛불을 신문지로 말아 쥐고 하산했죠."

## 오랜만에 밥값을 했다는 표정이다

언제부턴가 오버행에는 사람들의 발길이 뜸하게 되었다. 하강길이기도 하지만, 밸런스와 요령만 갖고 오르기엔 적지 않은 힘이 들기 때문이다. 그렇게 무심히 지나치는 길이 되어가다가 1990년 여름, 미국에 있는 주영의 주선으로 모처럼 귀한 손님이 들었다. 1979년 캘리포니아의 중동부 슈거롭에 '그랜드 일루전'을 탄생시키면서 세계의 등반 수준을 5.12에서 5.13으로 끌어올린 토니 야니로가 바로 그 주인공이었다. 세계적인 클라이머 토니 야니로는 이날 서측면 오버행을 완전하게 끝내지는 못했지만 등반을 해본 뒤 난이도를 5.13a/b쯤으로 매겼다. 그가 만든 루트의 난이도가 5.13c였기 때문에 한국의 토종 바위에 그 이상의 등급을 주기가 어려웠을까.

그러나 2001년 7월에 오버행을 자유 등반으로 오르는 데 성공한 손정준의 생각은 달랐다. 그는 오전 9시에 등반을 시작하여 레드 포인트 방식으로 등반을 반복한 뒤, 오후 5시쯤 상단 크랙의 경사가 완만해지는 곳에서 직상으로 치고 올랐다. 그리고 5.13c 정도의 난이도를 매겨놓았다. 또한 크랙을 따라 완전하게 오른다면 5.13d에서 5.14a 정도가 될 것이라고 추정했다. 태국의 프라낭 해벽에서 1999

년에 한국 최초로 5.14의 세계를 경험한 그의 말을 주목할 필요가 있다.

　마지막 확보물을 회수하며 오르던 이상세가 연거푸 한숨을 내쉬었다. 바위에서 산전수전 다 겪은 선수답게 극복하고 또 이겨내는 방법을 잘 알지만 역시 힘든 것은 어쩔 수 없나 보다. 예상대로 등반은 마무리되고 저마다 오랜만에 '밥값' 했다는 표정을 짓는다. 저 아래에는 언제 왔는지, 구인모 선배 내외가 등반 삼매경에 빠진 후배들을 조용히 기다리고 있다. 이들의 몸짓을 지켜보는 송규호의 얼굴에 온화한 미소가 그득하다. 그가 따라주는 위스키 향에 어젯밤 이상세와 함께 먹던 족발이 떠올랐다. 연쇄 반응으로 시장기가 돈다. 배고픔이 깊으면 만사가 소용없지만 오랜만에 밥값 했다는 생각에 산장으로 가는 걸음이 여유롭다.

### 등반 길잡이

인수봉 서측면 오버행은 인수봉 하강길을 역으로 오르는 바윗길이다. 출발점에서 셋째 마디까지는 난이도가 5.7이 넘지 않는 쉬운 길이며 확보 조건이 좋다. 넷째 마디 오버행은 A3로 매겨진 크랙으로 출발 지점을 제외하면 비교적 작은 호수의 확보용 프렌드를 필요로 한다. 전체 구간은 네 마디로 잡으면 적당하다. 그러나 다섯 마디로 끊어도 좋다. 초등 당시엔 여섯 부분으로 나눠 등반했다. 루트 전체가 한눈에 조망되지만 마지막 오버행을 넘으면 그 아래 확보자와 의사 소통이 잘 안 되므로 밑에 남은 사람이 중계를 하면 좋다. 등반이 끝나면 그 길로 하강할 수 있고 오른쪽으로 내려와도 된다.

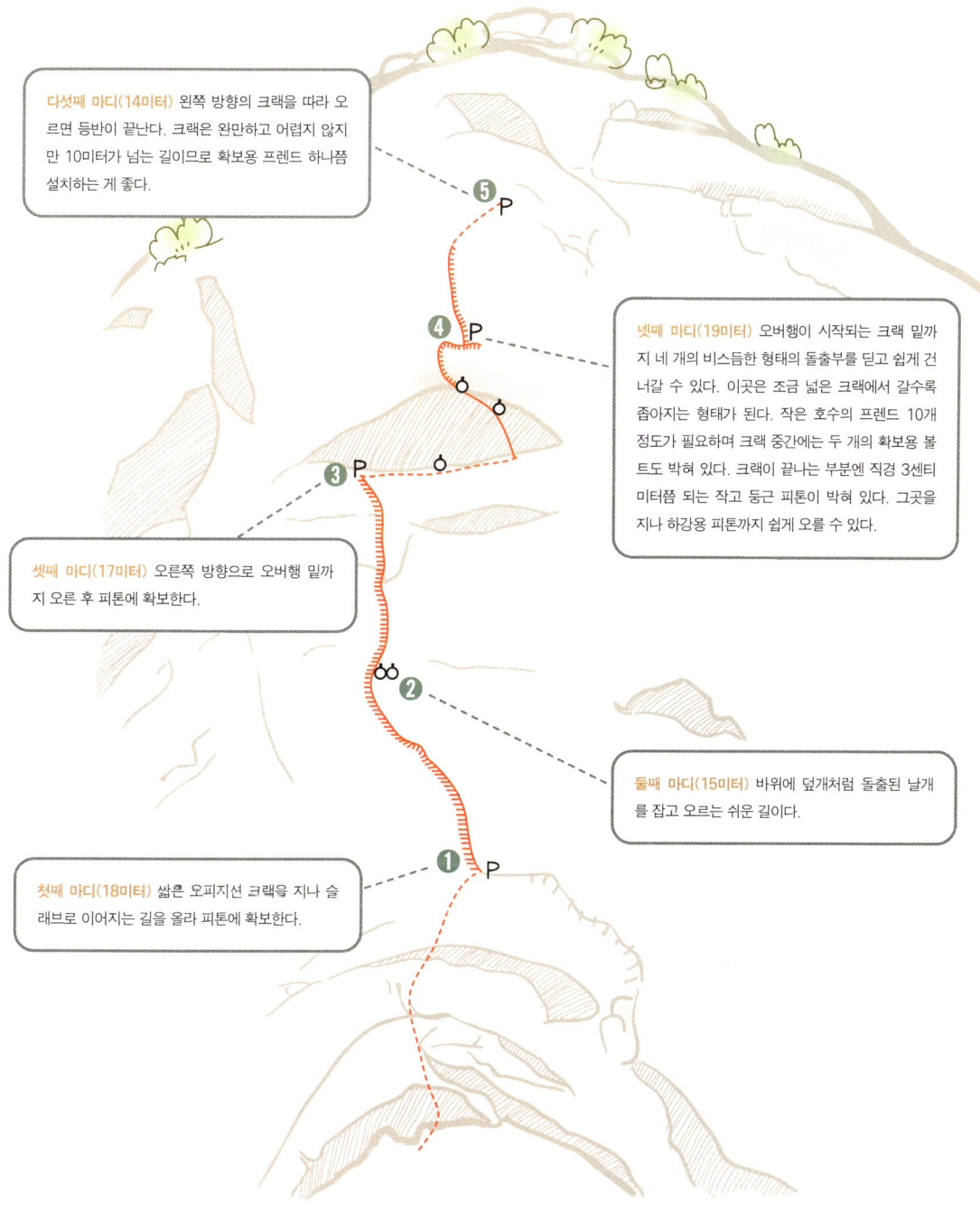

인수봉
취나드 B코스

# 모두들 가난했지만
# 그해 가을은 찬란했다

바람이 살을 에는 듯하다. 해마다 이맘때 겨울을 예고하는 첫 추위가 오는데 오늘이 바로 그런 날이다. 도선사 광장까지 차를 태워준 전병구도 이 날씨에 바위 타러 가는 모습이 안쓰럽다는 표정이다. 모두들 만나자마자 등반을 빨리 끝낼 묘안이 없을까 궁리부터 했다.

"야! 대충하고 내려가자."

"대슬래브 밑에서 사진 한두 장 찍고 얼른 내려가자고."

"사진도 요즘은 컴퓨터로 다 그려내던데, 그렇게 안 돼?"

벼르던 날이 설마 이렇게 추울 줄이야. 아무튼 이런 날을 잡은 사람이 지탄의 대상이 되는 것은 당연한 일. 그러나 그냥 넘어갈 만큼 오늘 약속이 쉽게 이루어지지는 않았다. 벌써 취나드길이 개척된 지

40년이다. 인수봉을 찾은 선우중옥의 감회가 새롭지 않을 수 없다. 사실 그는 이 등반에 젊은 후배를 대동하지 않으려는 눈치였다. 번거로워질 것을 염려해서다. 오늘은 동지 같은 후배 구인모와 새카맣다고 해야 어울릴 박열주, 그리고 한국산악회 회원인 이봉만이 동행했다. 취나드길은 동면을 향해 있다. 그래서 북풍을 가로막아준다. 등반이 시작되는 비석 밑에 도착하니 바라던 대로 바람이 잠잠하고 햇볕은 따뜻하기까지 하다.

"어느새 날씨가 좋아졌네요."

"정말 그렇군. 바위 하긴 아주 좋은 날인데."

거짓말처럼 부드러운 햇살이 바위를 내리쬐었다. 화요일인데도 불구하고 저 아래 바위에 미친 사람들 한 패가 또 올라오고 있다. 가까이에서 보니 낯익은 얼굴이다. 코오롱등산학교 강사인 손용식과 너트 산악회의 김석균이다.

"안녕하세요?"

"아니, 웬일들이야, 이 추운 날……."

이런 날에 인수봉에 오는 정도면 피차 더 이상 말이 필요치 않다. 그들이나 우리나 같은 무림에 사는 처지이기 때문이다.

"인사해. 이 길을 만드신 분이야."

"선배님이 이렇게 멋진 길을 내주셔서 즐겁게 등반하고 있습니다."

뜻밖의 만남이지만 그들은 이미 선우중옥의 명성을 잘 알고 있는 터이다.

첫째 마디를 오르는 박열주가 안전에 더없이 신경을 쓴다. 가쁘히 오른다고 선배들 눈에 드는 것이 아님을 알기 때문이다.

"옛날에 시험 때 공부 안 하고 산에 오는 사람은 유창서 형과 선우중옥밖에 없었어. 우린 끝까지 공부 안 했지."

불쑥 던진 그 말에 머릿속이 갑자기 '탱' 하고 울리는 느낌이 들었다. 공부가 산에 가는 데 장애물이 되었다는 이야기로 들렸기 때문이다. 피가 뜨거운 젊은 날, 그의 목표는 공부보다 바위였다. 중학교 때 형을 따라서 처음 백운대를 갔지만 가르쳐준 형보다 더 잘 올랐다. 바위에도 천재가 있다면 선우중옥이 바로 그에 해당할 것이다. 1960년도에 도봉산 박쥐길을 첫눈에 보고 단번에 초등해버린 것만 봐도 그렇다. 당시의 개척 등반은 며칠은 물론이고 수개월에서 해를 넘기는 일도 있었다. 오늘 그가 다시 찾은 취나드길 역시 하루 만에 오른 길이다.

### 공부 안 한 덕을 본 사람

선우중옥은 1940년 서울에서 태어나 중앙고와 한양대를 졸업하기까지 온통 산에서 시간을 보냈다. 그는 너무 일찍 산을 알았다. 결국 산은 그의 운명까지도 결정지어 버렸다. 1971년 이본 취나드의 주선으로 미국 등산학교 강사 자격으로 이민을 가게 된 일이나 이화여대 산악부 김용선을 아내로 만난 것도 산을 택한 덕분이었다. 그의 삶이 성공적이었다면 결국 끝까지 공부 안 한 덕이다. 인생에 가정은 없다지만 만일 공부를 열심히 했다면 어찌 되었을까. 그의 형처럼 서울대 공대와 버클리 대학을 졸업하고 폼 나는 인생을 살았을지도 모른다. 하지만 지금과 같이 산악사에 이름을 남기며 평생을 같이할 산

1963년 10월에 초등된 취나드길을 다시 찾은 일행들. 왼쪽부터 박열주, 이봉만, 구인모, 선우중옥.

친구를 얻을 수 있었을지는 의문이다.

이본 취나드는 군 복무 기간을 줄이기 위해서 1963년 주한 미군으로 지원하게 된다. 그는 미국의 유명 산악인 알렌 스톡을 통해 선우문옥을 만나고 동생인 선우중옥을 소개받았다. 선우문옥은 서울대 공대 산악부 출신으로 한국산악회 회장을 지낸 문희성의 동기생이며 정명식, 남정현, 서립규 등 한국산악회 인사들과 선후배지간이다.

1963년 9월 취나드는 약도 한 장을 들고 충무로 4가에 살던 선우중옥을 찾아왔다. 참 특이한 만남이었다. 그런데 역시 선수는 선수를 알아보았다. 단번에 의기투합한 두 사람은 그 다음 주부터 함께 인수봉으로 갔다. 취나드는 첫눈에 A코스와 B코스의 선을 찾아내고 아직도 루트가 없다는 데 의문을 나타냈다. 당시에는 장비가 부족하여 그렇게 긴 크랙 코스는 시도할 수 없었다는 한국적 상황을 알지 못했던 것이다. 그는 당장 미국으로부터 장비를 수송할 계획을 세우고 곧바로 실행에 옮겼다.

"원, 투, 쓰리. 원, 투, 쓰리. 이렇게 선등을 바꾸어가며 자연스럽게 올랐어."

"취나드는 저 오버행 밑의 선으로 올랐고, 나는 지금의 선을 따라갔지."

선우중옥은 가장 까다로운 둘째 마디 언더 크랙에서 취나드, 이강오와 교대로 선등을 하며 올랐던 기억을 그렇게 표현했다. 9월에 먼저 취나드 A코스를 등반한 후 B코스는 10월에 등반했다. 그들이 처음 등반을 마치고 백운산장에 내려왔을 땐 아무도 반겨줄 사람이 없는 한밤중이었다.

"밤 11시에 등반이 끝났어. 그리고 이 씨네 집(백운암)에 갔지."

"끝나고 술은 안 마셨나요?"

"돈이 있어야 먹지."

구인모는 술이 필요하지 않았냐는 질문에 그렇게 대신 답했다. 미국에서 최초로 5.12의 문을 연 등반가 헨리 바바가 한국에 왔을 때, 선우중옥은 '기똥찬 브라더'가 있다며 구인모를 소개했다. 그때 취나드길을 37미터 로프 1동과 카라비너 1개로 올랐다는 설명을 들은 헨리 바바는 그렇게 용감하게 올라야 했던 이유를 무척 궁금해했다. 하지만 장비가 없어서 그랬다는 말에 그냥 웃을 수밖에 없었다. 로프 1동과 카라비너 1개로 등반을 감행한 것은 무식해서가 아니라 돈이 없어서였다. 그렇지만 돈이 없다는 사실은 그들을 가장 강하게 뭉치게 하는 바탕이 되어주었다. 많이 가진 것이 행복과 비례하지 않음은 얼마나 공평한 일인가.

  둘째 마디는 예나 지금이나 여전히 미끄럽다. 손끝 한 마디가 들어가는 언더 크랙을 찾아내어 모두들 조심스럽게 통과한다.

  "인모야, 나 잘했지?"

  "예. 잘했어요."

  선우중옥은 어느새 동심으로 돌아가고 만다. 그는 스스로 자가 발전하는 능력이 남보다 뛰어난 사람이다.

  육십 평생 산을 오르면서 《구름 위에 띄운 엽서》라는 시집을 남긴 산악인 김원식은 취나드길을 오르며 이렇게 노래했다.

  목적보다

  결과보다

  내게는

  지금

  오르고 있는 이 순간이

  중요할 뿐이다


  오르면서

  열심히 생각하고

  오르면서

  모두 잊어버려라

### 1963년 10월, 하루 만에 초등

　바위에서 공감하는 진리들은 단단하고 간단명료하다. 매순간 다른 것이 끼어들 수 없을 만큼 순간순간이 섬뜩하기도 하다. 그래서 집중하지 않을 수 없다. 바위에서 보낸 시간이 가장 밀도 있는 삶이라고 기억되는 이유가 거기에 있다. 북쪽을 향해 있는 넷째 마디 크랙은 벌써 그늘이 지고 있다. 크랙을 끝내고 들어선 동굴 안은 다행히 바람이 없다. 하지만 따뜻한 캘리포니아에서 온 선우중옥은 조금 더 추위를 느끼는 듯했다. 생각해보니 엊그제 도착해서 시차 적응도 완전치 않은 상황에서 인수봉으로 달려온 것이다.

　"내 스타일이 좀 다르지? 옛날에 장비 없이 선등할 때의 습관이야."

　한 번 추락하면 모든 게 끝장나는 옛날의 등반은 지금처럼 가볍고 즐거울 수만은 없었다. 그래서 선후배 간의 위계가 더욱 엄격했는지도 모른다. 그러나 미국에서 40년을 살아온 선우중옥에게 군기란 이미 잊은 지 오래다. 그는 몇 해 전부터 아티스트처럼 머리를 길러서 뒤로 넘겼다. 그만큼 생활 패턴이 바뀌었다는 증거다. 그가 요즘 들어 가장 심취해 있는 분야는 사진이다. 아마도 머지않아 그의 작품을 전시장에서 볼 수 있을 것이다. 취나드길은 선우중옥, 이강오, 이본 취나드가 의기투합하여 개척한 길이다. 이 세 사람이 만든 길에 취나드길이란 이름을 붙인 것에 대해서 좀 부당하지 않느냐는 세간의 의견에 그는 그렇지 않다고 잘라 말한다.

　"따지고 보면 영광스러운 일이야. 취나드는 명실공히 세계적인 사람이잖아. 그에게 한 수 배웠다고 해도 별로 부끄러워할 일은 아니지."

취나드길을 오르는 선우중옥. 인수봉은 등반 대상지의 의미를 뛰어넘어 오늘의 그가 있게 해준 터전이 되었다.

동굴을 빠져나와 침니 모양의 크랙을 오르는 구인모.

그의 말대로 그것은 이름에 연연할 문제가 아니다. 해방 이후 처음 인수봉에 발길을 남긴 외국인이 취나드라면, 걸맞은 대접이란 바로 그의 이름을 불러주는 것일지도 모른다.

"중옥 형, 나는 엘 캐피탄에 가서 홀색만 끌어 올리지 않는다면 또

갈 수 있겠어."

아직도 유연함을 잃지 않는 구인모는 그렇게 등반 의욕을 밝혔다. 이미 20년 전에 세계적인 등반가 존 바카와 함께 엘 캐피탄 노즈를 1박 2일 만에 오른 그다. 동굴을 빠져나가자 벗길을 통해 올라온 손용식과 다시 마주쳤다. 정말 벗들이 함께 오르는 바위가 되고 있다. 여섯째 마디 레이백을 지나 귀바위 아래로 오르니 그곳은 이미 봄이다.

귀바위를 등지고 서서 저 아래 늘어만 가는 아파트를 보며 생각한다. 친구와 노을을 바라보는 것이 작은 바람이었던 때를. 이곳에 오를 수 있는 것만 해도 과분한데 염치없게도 자꾸 드러눕고 싶은 마음이 일어난다. 명산이 아니어도 좋을 북한산, 그리고 인수봉에, 이렇게 수시로 올 수 있다는 것이 얼마나 큰 행복인가. 다시 이곳에 오게 만든 원동력은 이 엄청난 기의 복합체에 살을 비비며 지낸 덕이라고 해야 옳을 것이다.

"쉬나드가 좀 짜. 친구들 만나면 밥 먹고 각자 돈 내지. 아직도 찢어진 청바지 입고 말이야. 친구들은 그 많은 돈을 과연 어떻게 쓸지 주목하고 있어. 자식들에게 주진 않을 거고."

'쉬나드', '블랙 다이아몬드', '파타고니아' 등의 세계적인 브랜드를 만들어내며 사업에도 크게 성공한 그의 향후 거취는 주목할 만하다.

"야! 쟤들 되게 시끄럽다, 응?"

"네. 정말 귀가 쨍쨍하네요."

"그런데 말이야. 저게 재미있어."

인수봉이 떠나갈 듯 떠들어대는 아줌마와 아저씨들의 모습이 선우중옥에겐 활기차고 좋아 보이는 모양이다. 대충 하고 말자던 아침

나절의 마음이 이제는, 참 잘 왔다로 바뀌는 순간이다. 이렇게 추운 날에도 불구하고 사람을 끌어당기는 마력의 유효 기간은 40년이 넘어도 아직 다하지 않았나 보다. 피 끓는 산꾼들이여, 끝까지 공부 안 해도 가능성이 있다는 사실에 주목하라.

 등반 길잡이

취나드 B코스는 1963년 10월 선우중옥, 이강오, 이본 취나드에 의해서 하루 만에 초등되었다. 인수봉 전면인 동벽에 위치하며 귀바위의 머리 부분 아래까지 150미터의 길이를 지닌다. 대슬래브 아래에서 오른편을 따라 걸어 오르다가 우측 편에 김정일과 안영희의 이름이 새겨진 비석 아래에서 출발한다. 60미터짜리 로프를 쓴다면 첫째 마디와 둘째 마디를 제외하고 중간 매듭으로 후등자가 뒤따를 수 있다. 마디 중간마다 확보용 볼트가 박혀 있으며 퀵드로가 5~6개 정도 필요하다. 확보 장비는 프렌드 1호에서 5호까지면 충분하다. 등반 시간은 두 명이 한 조가 되어 지체 없이 오를 때 귀바위 아래까지 한 시간 정도면 가능하다. 그러나 언제나 그렇듯이 줄 처리나 파티의 능력에 따라 두 시간 이상 걸리는 일이 다반사다.

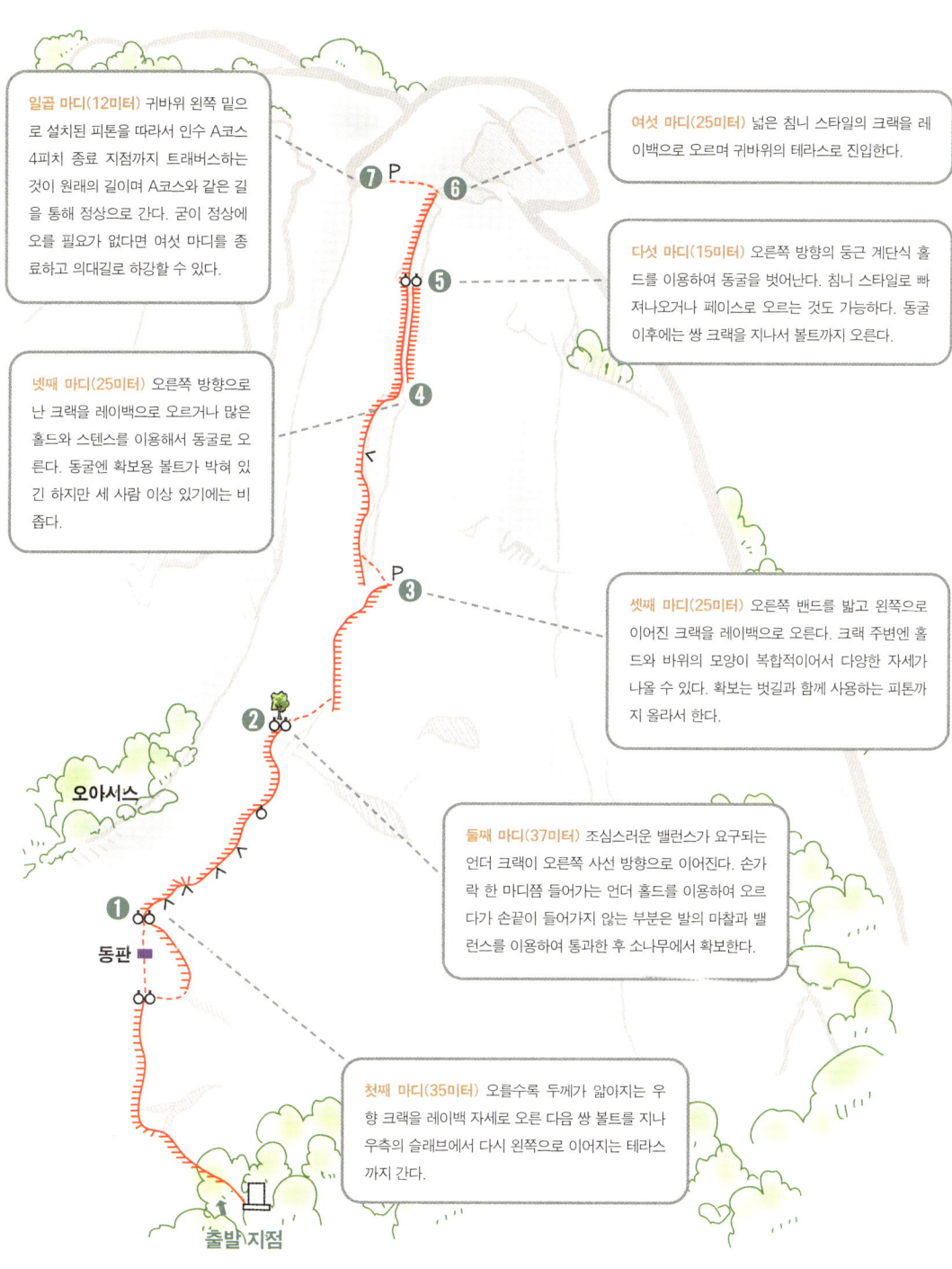

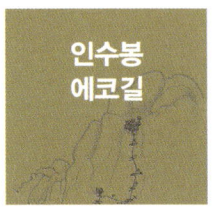

인수봉
에코길

# 남들이 설 수 없는 곳, 그곳이 좋았다

'삼 봉이 태초 시대로부터 깎아지르듯 솟은 산'이라 불린 북한산은 최고봉인 백운대를 비롯해서 인수봉과 만경대까지 3개 봉이 각각 비슷비슷한 키로 솟아 있어서 예부터 삼각산이라 불렀다. 이 북한산은 수도 서울에 자리 잡은 명산으로 시민들의 공원일 뿐만 아니라, 산악인의 요람이기도 하다.

특히 인수봉은 화강암의 암골이 그대로 드러난 독립봉으로 이 땅에 알피니즘이 전래된 이래 암벽 등반의 메카로 일컬어질 만큼 수많은 클라이머들의 동경과 애환을 간직한 곳이다. 대부분의 산악인들이 이 암봉에서 암벽 기술을 익히고 지혜를 배움으로써 보다 어려운 암봉을 향해 나아갔다. 인수봉이 초등된 지 80여 년이 지났다. 인수봉은 그로부터 수많은 루트들이 거미줄처럼 쳐졌다. 하지만 깔딱고

1967년 4월에 개척된 인수봉 에코길의 둘째 마디 구간. 밸런스가 필요한 곳이다.

개 밑에서 야영을 하고 나무로 불을 지피고 항고 버너를 사용했던 1967년 4월, 에코 클럽이 남면 십자로에 길을 낼 무렵에는 10여 개에 못 미치는 등반 루트가 동면벽과 서면벽에 있었을 뿐이다.

## 일명 '볼트길'이라 불리는 에코길 개척

인수봉 남면 십자로를 지나는, 일명 볼트길이라 불리는 에코길에는 아직도 초등자들이 개척하며 박아놓은 볼트들이 녹슨 채 남아 있다. 지난 9월 16일 에코길을 개척 등반했던 주인공들이 다시 인수봉 십자로 밑에 모였다.

그 당시 20대 초반의 클라이머들은 이미 50대 중반이 되었다. 에코길 개척자들인 유기수와 이일영과 에코 클럽 8대 회장인 이완석을 비롯한 회원들이 오늘 등반에 함께 나섰다.

두 갈래 크랙이 사선을 그으며 형성된 에코길의 첫째 마디와 둘째 마디. 두 파티가 각기 등반을 시도하고 있다.

등반은 코오롱등산학교 강사로 있는 윤길수가 확보를 보는 가운데 에코 클럽의 막내 축에 드는 김형식이 선등을 하기로 했다. 그는 코오롱등산학교를 수료하고 에코 클럽에 가입하여 등반을 시작한 지 3년이 되었다.

"내가 짐 지키고 있을게."

이일영이 몸이 안 좋다며 자진하여 남아 있겠다고 요청한다. 그는 고등학교 1학년 때 도봉산 아래서 고등학교 산악부원들을 만나 암벽등반을 시작했다. 학교 산악부에는 동기 김태종이 먼저 에코 클럽의 준회원으로 있었다. "시꺼먼 사람(유기수)이 꼬드기는 바람에……." 그래서 그도 에코 클럽 준회원이 되었다. 당시 정회원은 대학에 들어가야만 자격이 주어질 정도였다. 산악회 가입 조건은 그만큼 보수적이었다. 에코길 개척 등반은 이일영이 주도할 때였다.

에코길 첫째 마디 사선 크랙을 김형식이 선등하며 프렌드를 하나 설치했다. 개척 당시 앵글 피톤 하나 박고 갔다는 유기수의 확보물이 너무 아래 있는 것으로 여겨졌는지 "프렌드 하나 그곳에 박아봤자 추락하면 마찬가지 아냐? 사용하지 않는 게 낫겠다"라며 "처음 올라가는 거야?"라고 묻는다. 그 순간 김형식이 추락하며 손에 가벼운 상처를 입는다. 몸을 추스르고 다시 오른손을 크랙에 넣어 재밍을 하며 좁은 스탠스를 발로 딛고 일어서지만 손이 견디지 못하여 또다시 추락한다.

"여기 첫 스타트가 가장 어려웠지."

"그래도 쉽게 올라갔잖아."

"창서 형이 털 세우고 있으니 올랐지."

이완식과 이일영이 개척 당시를 회고하며 말을 건넨다. 1957년에 창립된 에코 클럽은, 자타가 인정하는 산악인들이 만든 산악회였다. 한때는 같은 이름을 가진 두 개의 산악회가 있었다. 이경현, 김일배, 유창서 같은 창립 회원들이 모인 1957년생 에코 클럽과 이완석, 이영수 등 암벽 등반 초년생들이 모인 1962년생 에코 클럽이 그것이다.

### 회원들끼리 암벽 등반 대회서 우승 다투다

이완석 회장의 말에 의하면 주봉에 등반 갔다가 밥 먹던 중 변완철과 같이 온 정호영이 "너희가 에코야? 에코 따로 있다"고 알려줬단다. 그래서 가입하기 위해 찾아갔지만 일언지하에 거절당했다. 후에 유창서와 김진수에게 간청하여 준회원으로 들어갔다. 유창서는 에코 클럽의 대표적인 클라이머였으며 현재 설악산 권금성 산장 주인이다.

"선후배를 잘 만났지. 우리들은 행복해. 이제는 태삼이가 리더야. 모두 일임했지."

이완석 회장은 당시의 선배들이 얼마나 뛰어났는가를 상기해보며, 이제는 후배들이 밑에서 받쳐준다고 흐뭇해한다. 이 회장이 말한 김태삼은 1980년대 중반에 전국 암벽 등반 대회에서 일반부 수상을 차지할 정도로 톱 클라이머였다. 이제 등산 관련 경기 지도자 1급 자격을 한국에서 최초로 취득한 프리 클라이밍 1세대로서, 코오롱등산학교 강사로 활동하고 있다. 이때 에코 클럽은 회원들끼리 전국 규모의 암벽 등반 대회에서 우승을 다툴 정도로 활력이 넘쳤다.

어느새 김형식이 슬링 하나를 개척 당시 박아놓았던 볼트에 걸고 왼발을 딛고 올라섰다. 다시 두 발로 좁은 스탠스를 딛고 양손을 언더로 당겨 크랙을 조심스레 걸어간다.

길을 개척하게 된 동기에 대해 유기수는 "남면의 십자로 코스가 재밌게 생겼잖아. 올라가보면 될 것 같아서 등반하기로 결정했지."라고 말한다. 그들은 에코길을 개척하기 위해 망원경으로 관찰한 후 로프 2동과 앵글피톤, 봉봉, 볼트 피톤 등을 사용하여 3일 만에 길을 냈다. 한 번도 위에서 내려오며 개척한 적이 없다.

유기수는 개척 당시 외국 등반책을 읽고 초등에 감흥을 받았다고 한다. 그는 인수봉뿐만 아니라, 1968년에 선인봉 B코스를 이일영과 함께 직상했으며, 1974년에 울산암 중앙벽 크랙을 회원들과 초등하는 등 괜찮은 바위가 있다는 소식만 들리면 달려가곤 했다.

십자로에서 직상하는 셋째 마디 볼트 구간을 등반하는 김형식의 모습을 유기수, 이완석이 주의 깊게 지켜보고 있다.

김형식이 확보를 하고, 타이즈와 반팔티를 입고 상하벨트를 한 이완석 회장이 등반에 나선다. 벙어리 크랙에 손을 집어넣고 "잠시 있다 당겨"라고 외치던 찰나 추락한다. 멋쩍었던지 "당기면 날아간다고"라고 작은 목소리로 말한다. 윤길수가 이완석 회장의 몸을 벽 쪽으로 밀어붙였다. "이번이 두 번째야. 제대하고 나서 한 번 왔었지"라고 말하는 이 회장은 퀵드로에 슬링을 길게 연결하여 올라갔다.

"나 괜히 등반했다. 동해물과 백두산이여!"

## 30년 지난 녹슨 볼트 그대로 남아

정상을 앞에 두고 마지막 마디 크랙을 오르는 유기수.

사선 크랙을 올라선 이 회장은 단신임에도 불구하고 젊은 사람 못지않은 열정과 힘을 쏟아 바위를 올랐다. 다음 차례가 되어 유기수는 퀵드로를 가리키며 "이거 잡아야 하나?"라며 묻곤 첫째 마디를 거뜬히 올라선다.

"어휴! 힘들어."

"늙어도 잘하네."

이일영이 맞장구친다. 모두가 올라서자 이완석 회장이 확보를 보는 가운데 김형식이 사선 크랙에서 내려와 다시 크랙을 타고 바위 너머로 사라졌다.

십자로에 도착하자 프렌드 하나를 끼워 확보를 하던 유기수가 크랙을 타고 좁은 테라스에 올라선다. 이 길은 이번이 고작 세 번째다. 그 이유를 그는 "바위 한 번 했으면 됐지. 올라가지 못한 바위도 많은데"라고 설명한다. 옛날에 후등은 해본 적이 없다는 그의 등반 세계는 고등학교 2학년 때부터 시작됐다. 처음 학교 친구들과 우이암에 올랐는데, 친구들이 마지막 마디를 남겨두고 올라가지 못하고 있자 자신이 죽기 살기로 선등을 해서 올랐다고 한다.

십자로를 7미터 정도 지난 다음 나타난 둘째 마디에 두 번째 녹슨 볼트가 박혀 있다. 당시 등반 첫날에는 십자로까지 앵글과 봉봉 피톤을 사용하여 길을 냈다. 로프를 고정하고 장비를 회수하여 왔던 길 그대로 되돌아왔다. 개척 등반뿐만 아니라 인수봉에 올라서도 지금처럼 하강하지 않고 후면으로 '클라이밍 다운' 했다고 한다.

인수봉 남면은 한산했다. 십자로에는 바람이 심하게 몰아쳤다. 선등을 서던 김형식이 등반하지 않은 채 한참을 기다렸다. 에코길로 뒤따라 선등을 해온 윤길수가 작은 너트 하나를 건네줬다. 두 번째 마디부터는 21개의 볼트를 이용하여 직상하는 코스다. 그러나 그것은 이미 30년이 지난 녹슨 볼트인 데다 머리 부분에 링이 없기 때문에 너트와 와이어를 이용하여 확보를 해야 하는데, 여간 조심하지 않으면 안 된다. 장비가 비싼 탓에 볼트 사용을 최대한 줄이느라 간격이 길었다.

이 회장은 "여기 십자로 코스를 하면서 선후배 할 것 없이 많이 밟았어"라며 "선인봉 박쥐길에서 추락해 머리 깨지고 피가 흘렀을 때는 혼날까 봐서 엄마한테는 먹지를 못해 떨어졌다고 했었지. 내가 짧잖아"라고 말한다.

에코 클럽에는 내로라하는 클라이머가 많았던 만큼 산에서 숨을 거둔 이도 많다. 에코길은 유기수와 이일영 외에도 유창서와 이만수도 개척 등반을 도왔다. 1969년 한국산악회 히말라야 원정대원이었던 이만수는 설악산 죽음의 계곡에서 눈사태로 목숨을 잃은 10명의 대원 중 한 명이다. 유기수 또한 훈련대에 선발됐으나 군에 입대하게 되어 살아났다고 한다.

남대문에서 장비점을 했던 김진영도 동양길을 오르다 추락하여 목숨을 잃었다. "참 열심히 살려고 했었는데……"라고 당시를 회상하며 이 회장은 씁쓸해한다.

그 밖에도 골수 회원인 정찬헌도 인수봉 취나드 A코스를 등반하다가 75미터나 추락하여 두 달 동안 깨어나지 못하는 사고를 당했었다.

"이번에 초오유 등반하다 고소증으로 죽은 김수야와 1991년에 시샤팡마에 갔었어요. 그때는 막내였었는데, 맥박이 40에 가까울 정도로 폐활량도 크고 강인한 데도 불구하고 고소에 적응이 안 됐지요. 그때도 폐수종 걸렸는데"라며 윤길수가 고인이 된 김수야를 회고한다.

산을 찾는 사람들에게 죽음이란 그림자처럼 상존한다. 그 자체가 자신의 한계에 대한 모험이기 때문이다. 아니, 산을 오르는 자는 이미 죽음을 던져두고 살아남기 위해 생을 불태우고 있는지도 모른다. 그래서 그 몸부림이 아름다운 것이 아닐까.

20여 분 정도가 지났을 무렵 위로부터 연락이 왔다. 유기수가 일어서자 "기술 좋은 사람은 신발끈도 안 묶어"라며 이 회장이 농담을 던진다. 이 회장은 "여기는 불안해. 녹슨 피톤이 박혀 있어서. 이 코스로 오른 사람 중에 나보다 나이 먹은 사람 있나?"고 말한다. 그는 체력적으로 부족한 능력을 슬링을 이용하며 볼트길을 올라온다. 경험이란 그래서 소중한 것이다. 그는 평소 꾸준히 헬스를 하며 건강을 다질 정도로 열정을 지니고 있다.

## 워커 신고 인수 A, B코스 자유 등반

셋째 마디를 끝내자 윤길수는 함께 올라온 후배들에게 지시하여 앞 조와 얽힌 로프들을 조정한다. 그는 코오롱등산학교 정규반 2기 졸업생으로 1989년 인수봉 봔트길을 단독 개척했으며 그 외에도 요세미티, 매킨리, 아이거 북벽, 시샤팡마, 탈레이 사가르를 등반하는 등 고산 등반에서 프리 클라이밍에 이르기까지 폭넓은 등반을 하고 있는 클라이머이다.

이미 2시가 됐다. 마지막 마디를 남겨놓고 윤길수가 선등으로 에코길 왼쪽의 변형 크랙을 타고 정상으로 올라갔다. 한결 쉬운 코스라 이완석 회장도 유기수가 등반한 후 쉽게 올라섰다.

인수봉에는 태양이 이글거리며 뜨겁게 내리쬐고 있었다. 등반을 끝내고 하나 둘 사람들이 모여들었다. 윤길수가 초입에서 이완석 회장의 발을 받쳐주다 뼈가 부러진 듯 통통 부어오른 손가락을 어루만진다.

"야, 미안하다."

"안 밟혔으면 아직 우리 시작도 못했어요."

윤길수가 아무렇지도 않은 듯 대꾸한다.

"요즘은 옛날처럼 끈끈한 정이 없어. 예전에 유기수하고 같이 했었을 때는 선후배 간에 예의가 있었어. 이제는 바위 하고 술 사줄 때만 원로와 후배들이 같이 산행하지. 애들이 불평할까 봐 같이 못 가. 눈치 보여서."

이완석 회장이 현재의 선후배 관계가 못내 서운한 투다.

"특히 선후배 교육이 투철했지요. 상당히 스파르타식이었어요. 키슬링 메고 비 줄줄 오는데 도봉산 남측 십자로에서 트레이닝했지요. 고등학교 시절에는 갈 데도 없고, 인수 봉 올라와서 담배 피우면 누구 뭐라 할 사람도 없어서 좋았어요."

바위 그 자체처럼 묵묵하던 유기수도 옛날이 생각난 듯 말문을 튼다. 당시 그는 혼자서 워커 신고 로프를 배낭에 넣고 인수 A, B코스를 자유 등반할 정도로 실력이 뛰어났다. 그는 한창 시절에 한라산에서 있었던 에피소드 한 토막을 들려줬다. 한라산 남벽이라는 소문을 들고 120개의 카라비너를 챙겨 무작정 한라산으로 향했다. 그러나 그가 본 것은 딴판이었다.

"남벽에 딱 갔는데 그게 뭐가 바위야. 가서 똥 한 번 누고 백록담에서 비누칠하고 왔지."

유기수가 그토록 달려갔던 그곳에 어떤 대가가 있었던 것은 아니었다. 단지 괜찮은 바위 하나 있다는 얘기를 들은 게 전부였다.

"산에 오르는 것은 이유가 없어요. 그냥 좋아서 오르죠. 남들이 설 수 없는 곳, 그곳이 좋았어요."

그에게, 아니 모두에게 인수봉의 바위는 그렇게 마냥 좋은 존재였다. 그곳에는 타협이나 거짓이 없었다.

 등반 길잡이

에코길은 1967년 4월 에코 클럽에서 초등한 코스로 인수봉 남면의 십자로에서 정상을 향해 뻗어 있다. 전체 등반 길이 135미터이며 다섯 마디로 이루어져 있다. 십자로 밴드를 따라 이동하며 직상으로 오르는 구간은 볼트로 연결되어 있다. 볼트 구간이 끝나면 크랙을 오른 후, 다시 쉬운 슬래브를 통해 정상으로 오른다. 전체적으로 확보 조건이 양호하고 탈출이 용이하며 다량의 카라비너와 작은 호수의 캠 등이 필요하다. 정상에 오른 후 하강은 남서면 하강 루트로 한다.

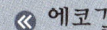

**다섯째 마디(20미터)** 홈통 모양의 쉬운 슬래브를 통해 정상으로 오른다.

**넷째 마디(22미터)** 정상으로 이어지는 크랙에 작은 호수의 캠을 한두 개 설치한 후 레이백으로 오른다.

**셋째 마디(45미터)** 정상을 향해 뻗어 있는 볼트에 카라비너 혹은 퀵드로를 이용하여 오른다. 짧은 수평 크랙을 지난 후 오른쪽 아래로 5, 6미터쯤 내려선 후 확보한다.

**둘째 마디(30미터)** 로프를 이용하여 테라스 아래의 밴드에 진입한 후 오른쪽으로 이동하여 십자로 건너 테라스까지 가서 확보한다.

**첫째 마디(20미터)** 짧은 오퍼지션 크랙을 오른 후 밴드 상으로 진입한다. 밴드 아래 볼트에 통과한 후 오른쪽으로 이동한 다음, 위쪽의 벽에 박힌 쌍 볼트에 확보한다.

출발 지점

인수봉
비둘기길

# 하강 코스에서 찾은 비상구

클라이머는 바위에서 수직 상승을 꿈꾼다. 새가 창공을 날 듯, 맹수가 청산을 넘나들 듯, 회색빛 바위에서 영혼의 비상을 추구하는 것이다. 그러나 아무리 뛰어난 클라이머라도 하강을 해야 한다. 목표를 달성했든 아니든 반드시 내려와야 한다. 그건 당초부터 클라이머를 따라다니는 운명이다.

인수봉의 하강 코스는 남서면과 서면에 있다. 인수봉에 오른 클라이머는 대부분 후면 하강 코스라 불리는 남서면으로 하강한다. 자유로운 몸짓으로 비상하던 클라이머들이 날개를 거두는 인수봉 남서면, 거기에 비둘기길이 있다.

하강용 피톤이 네댓 개씩 박혀 있는 남서면이 하강 코스로 각광받기 시작한 것은 1970년대 들어서이다. 현재는 비둘기길을 오르는 사람들을, 하강 코스를 거꾸로 오르는 사람들 정도로 인식할 수 있을 뿐이다. 하지만 남서면은 하강 코스로 이용되기 전부터 비상을 꿈꾸는 클라이머들의 거친 숨소리가 들리던 곳이었다. 1960~70년대 클라이머들의 추억의 갈피에 꽂혀 있는 비둘기길은 산비둘기 산악회의 이해영, 박용환, 안영채, 장헌서가 1967년 8월 16일에 시작하여 사흘 만에 초등했다. 초등자 이해영이 이 코스에 끌린 것은 한 장의 사진 때문이었다.

### 한 장의 사진에 끌려 개척을 꿈꾸다

비둘기길 넷째 마디 볼트 트래버스 구간. 줄사다리나 발걸이 슬링을 이용하여 건널 수 있다.

"엄선하(산비둘기 산악회 창립 멤버인 엄선일의 친형) 형이 측면 오버행을 등반하는 사진을 보고 나도 모르게 끌렸습니다. 호젓하고 아기자기한 맛이 있어서 코스를 개척하면 좋겠다는 생각을 했지요."

1966년 가을, 산비둘기 산악회원들은 남서면에 바윗길을 내기 위한 준비 작업에 들어갔다. 맞은편 봉우리로 올라가 사진을 찍은 뒤 등반선을 구상하고서는 등반이 가능하겠다는 판단을 내렸다. 하지만 비둘기길이 빛을 보기 위해서는 일 년을 더 기다려야 했다. 열악한 장비 사정 때문이었다.

요즘은 등산 장비점에 가면 볼트나 피톤이 널려 있지만 당시에는 볼트나 피톤 등을 거의 자체 제작했다. 산비둘기 산악회의 사정도 여느 산악회와 마찬가지였다. 장비를 구입하거나 제작하는 데 일 년이

볼트길을 건넌 후 마지막 다섯째 마디를 오르는 김원식. 창립 이듬해인 1966년 입회하여 지금까지 산악회의 지주 역할을 해왔다.

걸리는 것이었다.

물론 당시에도 등산 장비점에는 암벽용 볼트가 있었지만 가격이 비싸 엄두 내기가 어려웠다.

그 때문에 청계천에서 일반 볼트와 쇠고리를 사다가 만들었다. 바위에 구멍을 뚫는 드릴로는 석수가 쓰는 정을 대용품으로 구입했다. 사다리는 윷가락에 구멍을 뚫어 발 디딤을 만들었다. 바위에 부딪혀 달그락거리는 윷가락 소리는 개척자들에게 보이지 않는 힘이 되기도 했다.

이렇게 일 년간의 준비 끝에 마련한 장비는 자체 제작 볼트 7개(길이 3센티미터, 직경 8밀리미터), 드릴(정) 3개, 해머 2개, 피톤 10개, 앵글 피톤 3개, 줄사다리(3단) 5개, 카라비너 10개, 나일론 로프(36미터 2동, 40미터 1동) 등이었다. 초등자들은 이 장비들을 백운산장에 옮겨 놓고 기회를 엿보았다. 당시 백운산장은 인수봉을 찾는 클라이머들의 베이스캠프 역할을 하고 있었다. 처음에는 전체를 세 마디로 등반하면 될 것이라 생각했지만 실제로는 다섯 마디로 끊어야 했다. 출발지점에서 35미터 거리의 첫째 마디는 두 마디로 끊어 등반했다. 로프 길이가 길어지고 장비가 좋아진 지금은 전체를 네 마디로 끊어서 오르는 것이 보통이다. 창립 멤버들이 남긴 〈인수 측면 비둘기길 개척기〉를 보면 당시의 정황을 짚어볼 수 있다.

제1공격조는 해영, 용환 군이 맡기로 하고, 동제와 영채, 헌서는 테라스에서 확보를 보면서 제2공격조를 맡기로 했다.

첫날 해영, 용환, 영채, 동제, 헌서까지 도합 5명의 대원은 장비 점검 후 측면 제1마디 슬래브와 언더 홀드, 크랙을 통과하여 오버행 및 테라스까지 진출했다. 먼저 제1공격조인 용환 군이 오버행 테라스에 제1피톤을 박고 트래버스했다. 삼각바위 초입 리스에 제2피톤을, 계속해서 오른편으로 50~70센티미터 간격으로 제3, 제4피톤을 계속 박았다.

일행은 오버행 처마 아래까지 비교적 수월하게 올랐다. 오버행 밑의 테라스는 콧노래가 절로 나올 정도로 쉬기에 좋은 곳이다. 이해영은 '여기에 걸터앉아 백운대를 바라보며 요들송을 부르면 오버행 바위가 음악당의 하프돔처럼 공명 역할을 해주기 때문에 근사하게 울려 퍼졌'고 한다.

하지만 테라스에는 나무와 풀이 많이 우거졌고, 특히 흙이 많이 쌓여 있어 백운산장에서 빌려온 삽으로 흙을 퍼내야 했을 정도였다. 이 테라스를 지나는 넷째 마디 트래버스 구간에 일곱 개의 볼트를 박았는데, 이곳의 작업에 가장 애를 먹었다.

제1볼트를 박기 위해 제4피톤에 몸을 확보하고 드릴을 써서 힘차게 바위를 때리기 시작했다. 40~50분쯤 지난 후 3센티미터쯤의 홈이 파였고 첫 번째 볼트를 박을 수 있었다.

하지만 볼트 피톤 설치의 첫 시도였고 자세가 좋지 않아 쥐가 자주 났다. 해영 군과 교대로 첫날 공격을 끝내고 백운산장으로 돌아와 오늘의 시도에 대해 여러 대원이 토론을 벌이고 내일의 공격에 대한 여러 이야기를 교환해보았다.

다음 날, 인수봉을 비롯한 북한산 둘레는 짙은 안개에 바람까지 불어 등반하기에 좋지 않았다. 하는 수 없이 백운산장에서 시간을 지체하다가 바람이 수그러든 12시쯤 등반을 시작했다. 이해영이 세 번째와 네 번째 볼트를 박았다. 볼트 하나를 박는 시간은 30분쯤으로 단축됐다.

다섯 번째 볼트 작업이 거의 끝나갈 무렵 해머의 자루가 부러져나갔다. 작업이 잠시 중단되었지만 예비 해머로 다섯 번째 볼트를 박을 수 있었다. 이렇게 하여 일곱 번째 볼트까지 작업을 완료하고, 박용환이 사다리를 써서 선두로 직벽을 건너 테라스로 넘어가는 데 성공했다. 이제 남은 것은 약 20미터의 좁은 직벽 크랙이었다. 손바닥이 들어가는 크랙은 까다로운 곳은 아니었지만 인적이 없던 탓에 이끼가 많았다. 게다가 안개의 습기로 이끼가 살아나는 바람에 바위는 매우 미끄러웠다.

### 보수적인 분위기가 오히려 득이 되다

선등을 맡은 이해영은 두려움을 느끼지 않았다. 가장 어려웠던 트래버스 작업을 해머 자루 하나를 부러뜨렸을 뿐 무사히 마쳤기에 오히려 자신감이 넘쳤다. 그는 크랙에 앵글 피톤 하나를 두드려 박아 확보용으로 쓰고, 크랙을 따라 올라 마지막 마디도 무사히 올랐다. 이어서 안영채, 박용환, 장헌서도 짙은 안개를 뚫고 정상에 도착했

비둘기길의 시작 부분. 오른쪽의 밴드 형태의 크랙을 따라 확보 지점까지 간다.

다. 초등자들은 이 길의 이름을 자신들의 산악회 이름에 맞추어 비둘기길이라 불렀다. 이해영, 엄선일, 장헌서 등 3명은 개척 당시 설치한 볼트를 이듬해인 1968년 4월 5일부터 7일까지 사흘간 새로 제작한 볼트로 교체했다. 길이 5센티미터, 직경 1.2센티미터의 이 볼트들은 아직도 변함없이 비둘기길을 지키고 있다.

"산비둘기 산악회는 상당히 보수적이고 폐쇄적입니다. 초창기엔 다른 산악회와 별로 교류도 하지 않고 체육대회 같은 데도 참여하지 않았습니다."

창립 멤버이자 초등자 중 한 사람인 이해영은 이러한 보수성이 오히려 산비둘기 산악회의 명맥을 유지해 주었다고 믿는다. 당시 우후죽순처럼 생겨난 산악회 가운데 이름도 없이 사라진 산악회가 적지 않은데 산비둘기들은 그래도 꾸준히 인수봉을 찾았다는 얘기다. 산악회의 자체 첫 원정이었던 닐기리 북봉 등반이 창립 25년 만인 1990년에 꾸려졌던 까닭도 이런 성격과 무관하지 않다. 하지만 당시 원정에서도 "얻은 것보다는 잃은 게 많다"는 진단을 하고 이후 원정을 자제하고 있긴 하다. 개인적으로는 다른 팀과 합동으로 원정을 나서고 있다. 1992년에는 김현수가 서울시연맹팀의 일원으로 낭가파르바트를 등반했고, 유학재는 1997년 한국산악회 소속으로 가셔브룸IV를 등반하는 등 활발한 활동을 하고 있다. 우스갯소리로 '개천에서 난 용'이라고 하는 유학재는 중학교 3학년 때 북한산에 놀러 왔다가 선배들의 눈에 띄어 산에 입문하게 됐다.

1996년 10월, 비둘기길을 통해 인수봉 정상에 오른 산비둘기 산악회원들.

## 삼일절마다 60킬로미터 무박 걷기 행사

산비둘기 산악회는 1965년 5월 창립되었다. 산악회의 뿌리는 이해영, 엄선일, 장원서, 차윤석 등 4인방이다. 수도공고 동기생들인 이들은 학창 시절에 인수봉과 선인봉을 돌아다니며 어깨너머로 암벽 등반을 배웠다. 고등학교를 졸업한 1965년 봄에 박용환, 박해성, 김기순 등이 합세해서 산비둘기 산악회를 만들었다. 산악회의 이름은 당시 유행하던 강한 이미지에서 탈피하여 부드러운 느낌을 주고자 평화를 상징하는 날짐승인 비둘기에서 따왔다.

암벽 등반 시즌 전인 3월 1일에 개최하는 '삼일절 경춘가도 도보

'주파행사'는 산악회의 가장 큰 행사이다. 이날 구리시 도농삼거리에서 의암댐까지 60킬로미터 정도의 길을 무박으로 걷는다. 이 행사는 등반 시즌을 열기 전, 체력을 테스트하는 역할도 한다. 또 가을에는 13킬로미터를 달리는 마라톤 대회도 연다. 현재 70여 명의 회원이 있고, 매주 10명 이상은 산행에 참가한다. 신입회원 모집은 알음알음이나 낚시질(?)로 충원하는데, 깔딱고개에서 인수봉을 바라보며 입을 벌리고 있는 젊은 등산객은 골수분자가 될 확률이 아주 높다고 한다.

평화를 사랑하는 '산비둘기'들이 모두가 다 그런 경로를 통해서 모여든 것인지도 모른다. 분명한 건 이 모임에 제법 머릿수가 많다는 것이다. 새들이 자유롭게 하늘을 날지만 누구에게나 곁을 주듯, 고도감 삼삼해도 난이도는 높지 않은 비둘기길이 오늘도 마음 여린 산꾼들을 불러들이고 있다.

 등반 길잡이

인수봉 비둘기길은 1967년 8월, 산비둘기 산악회에서 하강 루트인 남서면에 개척한 바윗길이다. 비둘기길의 전체 마디는 다섯 마디이지만 오버행 코스와 겹치는 아래 부분의 세 마디를 제외하면 순수한 개척 부분은 상단의 두 마디이다. 전체 등반 길이는 83미터이고, 상단의 두 마디는 33미터이다. 요즘은 주로 네 마디로 끊어서 등반한다. 비둘기길에 필요한 장비는 로프를 비롯하여 러너 5, 6개와 퀵드로 10여 개가 필요하다. 오버행 밑의 볼트를 트래버스할 땐 줄사다리를 쓰면 편하게 건널 수 있다. 등반이 끝난 자리에서 그대로 60미터 로프 2동을 걸면 바닥까지 한 번에 하강이 가능하다.

≪ 비둘기길

**다섯째 마디(18미터)** 주먹과 발 재밍을 이용하여 크랙을 오른 후, 하강용 피톤까지 올라서 확보한다. 이곳에서 등반을 종료하고 60미터 로프 2동을 이용하여 한 번에 바닥까지 하강할 수 있다.

**넷째 마디(15미터)** 오른쪽으로 이어지는 밴드 형태의 슬래브를 지나 7개의 연속된 볼트를 트래버스 한 후 피톤에 확보한다. 카라비너를 걸고 줄사다리나 슬링을 이용하여 이 구간을 건널 수 있다.

**셋째 마디(17미터)** 홀드가 좋은 우향 크랙을 지나 오버행 밑까지 오른 후, 오른쪽으로 피톤에 확보한다.

**둘째 마디(15미터)** 덮개처럼 생긴 바위의 모서리를 삽고 오른다.

**첫째 마디(18미터)** 짧은 오퍼지션 크랙을 통과한 후 슬래브로 이어지는 길을 올라 피톤에 확보한다.

인수봉
우정 B코스

# 만남을 위해 무대에 다시 오르다

봄빛 사이로 진달래와 벚꽃이 울긋불긋 피어난다. 이맘때면 어김없이 보게 되는 개화지만 납덩이처럼 무거운 마음을 가진 자라도 그 앞에선 가슴을 열지 않을 수 없다. 산을 오르는 일이 체력 단련으로만 끝나지 않는 것은 바로 자연 속에서 이루어지는 일이기 때문일 것이다.

지난번에 우정 산악회와 함께 인수봉에 온 지가 엊그제 같은데 꼽아보니 7년이 흘렀다. 모두들 훌쩍 지나가버린 시간을 믿으려 하지 않는다. 우정길 개척자 박창규는 이제 우이동 오는 길도 잘 모르겠다고 세월 탓을 하지만 그때나, 지금이나 변함없이 팽팽한 얼굴이다. 그 당시 함께 했던 김성태, 이월출, 왕봉순, 등반대장 권문상과 송종만, 가우리 상카르의 원정대장 박종수, 1976년 이후 27년 만에 안전벨트를

1969년에 초등된 우정 B코스의 대슬래브를 권문상이 먼저 오르고 있다.

맨 홍일점 김옥란, 30년 만에 다시 바위를 시작한 김경훈 등이 모였다. 모두 다 혈기방장했던 세월을 넘긴 중년들이다. 이들은 결국 옛 친구가 소중하다는 것을 다시 깨달았다. 인수봉 무대에 다시 서보는 오늘의 목적은 그래서 '등정'이 아니라 '만남'이다.

그동안 회원들의 부재로 우정길에 오기를 부담스러워했던 이월출 회장의 고민은 오래된 산악회가 갖는 공통 과제이다. 새로운 흐름을 이어줄 사람들은 신세대들이건만 전통이라는 무거운 짐을 받아줄 듬직한 후배들을 만나기는 어려운 일이다. 그래서 선배들은 아직 산을 떠날 수 없다.

햇살이 눈부신 인수봉의 동면엔 봄나들이 나온 클라이머들이 줄을 이었다. 길을 만든 주인들도 줄을 서서 오를 수밖에 없다. 권문상이 먼저 앞장을 선다. 그는 1980년대에 만든 구형 RF 암벽화를 신고

대슬래브 아래 모인 우정 산악회 회원들. 앞줄 왼쪽부터 왕봉순, 권문상, 박창규, 김옥란. 뒷줄 왼쪽부터 송종만, 김성태, 이월출, 김경훈, 박종수.

왔다. 발 편한 그 신발을 보니 옛 친구 생각이 절로 난다. 우정길은 우정 슬래브라 명명한 오른쪽 대슬래브를 먼저 통과해야 한다. 신발의 성능에 루트를 맞춘다면 하단을 생략하고 오아시스로 빨리 오르는 것이 요즘으로서는 어울리는 일이다. 그에 맞게 능숙하게 오르는 김경훈에 이어 박창규가 바위에 붙었다.

"어휴! 이거 센데?"

"형님이 초등한 건데요?"

"30년 만에 융기작용이 일어났나?"

뒷 파티의 김성태를 따라오는 왕봉순이 외친다.

"야! 이거 신발이 껌이구먼!"

우정길에 사람이 많으면 공사 중이라는 팻말을 들고 오를까 궁리했다는 그는 새로 산 암벽화가 쩍쩍 붙는 걸 보고 감탄을 아끼지 않는다. 그러나 박창규는 요즘 신발이 불편하다. 일 못하는 사람이 연장 탓한다지만 너무 좋아도 탈이다. 비포장 길에서 성능 좋은 경기용 스포츠카가 무용지물이듯 감각적인 신발이 누구에게나 좋은 것은 아닌가 보다. 신발뿐 아니라 여럿이 매달려 있는 피톤도 그에겐 불안했다. 하지만 자신이 피톤을 박은 장본인이니 이를 어쩌랴.

오늘 새로운 마음가짐으로 바위에 오르도록 바람을 잡은 이는 김경훈이었다. 그는 군대를 마치고 복학하던 1973년에 바위를 떠났다. 그때 시작했어도 지금쯤 고참 소리를 듣고도 남았을 때다. 20대에 산에 빠졌다면 무조건 사귀어도 좋지만, 30대가 지나도록 산에 다니고 있다면 절대 결혼 상대로 꼽지 말라는 말이 있다. 모든 일에 때를 가려야 한다는 말일 테다. 김경훈은 산을 떠나 있는 동안 직장과 사업에 전념하여 성공한 사회인이 되었다. 아마추어 골프 대회에 나갈 정도로 여가도 충실히 즐기며 살았다. 그러나 산을 생각하면 그것은 결국 외도였다고 실토한다.

그랬던 그가 다시 산을 찾는 데는 계기가 필요했다. 그래서 생각해낸 것이 바로 초심으로 돌아가는 일이었다. 우선 등산학교를 찾았고 변화된 장비 사용법과 시스템을 그곳에서 다시 배웠다. 후배들에게 짐이 되지 않기 위해서다. 그의 진지함은 30년 공백을 메우기에 충분했다.

## 비에 젖은 손이 아직 뜨겁다

정면 벽에 퍼지는 사람 소리는 다소 시끄럽긴 하지만 그것은 따스한 온기가 느껴지는 소음이다. 오아시스를 지나 우정길 밑으로 오를 때 사람들의 움직임은 없고 소리만 들려왔다.

영길을 오르는 선등자가 엉뚱한 곳에서 미끄러지자 오른쪽 의대길에서도 연쇄 추락이 일어난다. 우정길 둘째 마디 크랙을 오르는 앞 팀도 계속 슬립을 반복하니 분위기가 썰렁해진다. 우정길의 주인들은 그저 아무 말도 못하고 기다릴 뿐이다.

우정 B코스의 백미는 둘째 마디 크랙이다. 이곳은 세 가지 방법으로 오를 수 있다. 중앙 크랙으로 오르는 것이 일반적이고, 크랙을 선호하지 않는 사람은 왼쪽 볼트 길로 갈 수도 있다. 초등 당시엔 오버행처럼 보이는 오른쪽 크랙에 5개의 피톤을 박고 돌파했는데, 지금 그곳에는 사람이 다닌 흔적이 없다. 이곳을 오를 때 손이 까지도록 고생했던 박창규가 초보 바위꾼처럼 질문을 던진다.

"여기는 어떻게 가면 편하지? 몇 미터나 되는가? 내가 그래도 옛날엔 명 세컨드였어. 주봉 K크랙에서 떨어지는 사람도 받았고. 어린 나이에 미국 간 한덕정 씨 다음으로 잘한다는 소릴 들었지. 그런데 그 양반……, 강호기 형은 지금 몇 살이지?"

"엊그제 돌아가셨습니다."

"어잉……."

놀랍고 허탈한 일이지만 모든 이유를 일거에 정리해주는 게 시간이다. 그런 일이 있을 때마다 드는 생각은 그저 잘 살아야지 하는 마음뿐.

처음 우정길은 A코스와 B코스로 나누어 개척이 되었다. A코스는 1969년 6월 15일에, B코스는 3일 후인 6월 18일에 완성을 보았다. 시작은 1965년 가을로 거슬러 올라간다. 버림받은 듯한 암벽을 망원경으로 관찰하며 줄을 긋고 스케치를 하면서 정찰을 시작한 것이 바로 이때였다. 그러나 1967년 초봄 설악산의 미답봉을 등반하던 중 박정규가 추락하는 일이 벌어졌다. 그가 없는 우정 산악회의 활동은 곧 정체를 의미했다. 결국 개척의 임무는 그의 동생 박창규에게 넘어갔고, 정면 벽에 새로운 길을 내기 위해 준비의 시작이 되었다. 박창규는 강영택, 이승균, 신유균, 한남수와 파티를 이루었다. 그리고 5월 21일 등반을 시작한 후, 6월 15일 우정 A코스 개척에 성공한다. 지원조인 이준성, 강대영, 채영민, 정충구, 박태부, 박찬훈 등이 밀고

우정길 B코스 둘째 마디 크랙을 오르는 박창규. 그는 1969년 6월 17일, 안전벨트도 없이 군용 워커를 신고 5개의 피톤을 박으며 이곳을 돌파했다.

우정 B코스 셋째 마디 35미터 침니를 오르는 김경훈. 신발의 마찰력이 향상된 지금은 등을 대지 않고 손과 발만을 써서 오르기도 한다.

당긴 결과였다. 그리고 이틀 후 여세를 몰아 또다시 15미터 오른쪽 크랙과 침니에 눈독을 들였다. 이번에는 박정규, 박창규 형제가 나섰다. 이준성, 정충구, 전진호, 차상규, 김진호가 지원을 맡았고 기술 지도는 김태진, 박정규, 이건일이 담당했다. 루트를 개척하는 일은 산악회 전체의 큰 행사이자 울력이었다. 과거의 사회적 상황과 산악 환경을 감안하더라도 개척 등반은 용기와 끈기 없이는 어려운 일이었다. 가장 힘든 상황은 장비 확보 문제였다. 당시 국가대표 빙상 선수로 이름을 날렸던 정충구는 일본에서 장비를 공수해오며 지원을 아끼지 않았고 우정 산악회의 결속력을 단단히 하는 데 한몫을 해냈다. 우정 B코스의 개척은 1969년 6월 17, 18일 양일간에 이루어졌다. A코스 성공의 여세를 몰아 이틀 후에 완성한 것이었다.

첫날 박창규는 첫째 마디 슬래브를 오르다가 두 번이나 미끄러졌다. 군용 워커를 신고 안전벨트도 없는 상황이었다. 둘째 마디는 지금처럼 오른쪽으로 비스듬히 찢어진 크랙 또는 왼쪽 볼트 길로 오르지 않고 오른쪽 크랙에 봉봉 피톤을 설치하며 돌파했다. 다음 날 이곳을 오를 때 크랙엔 물이 흐르고 있어 왼쪽의 볼트를 이용해서 올랐다. A코스에 성공하고 자신감이 가득 찬 형제는 어떠한 고난에도 물러서지 않는 사람들이 되어 있었다. 40미터에 달하는 대침니를 오를 때는 36미터 로프가 모자라서 확보를 보던 박정규는 결국 손을 놓아야 했다. 뒤이어 쌍 크랙이 남았으나 비가 내리기 시작했다. 나머지는 다음 날 도전하자는 형의 제의를 대학 2학년생이던 박창규가 자신 있게 거절한다. 잠시 시간이 흘렀고 갈등은 서로 선등을 하겠다는 투지로 바뀌어버렸다. 날씨는 점점 악화되어 비와 강풍이 몰아치기 시작했다. 박창규는 형의 허락을 받고 가슴이 뜨거워지는 것을 느꼈다. 손바닥이 벗겨지고 피가 흘렀으며 미끄러지고 또 미끄러지기를 반복했다. 크랙을 오른 후 나뭇가지를 잡았을 땐 칼에 베인 것처럼 손에서 피가 흘렀다. 지금도 이곳은 마무리가 애매하지만 비 오는 날에 워커를 신었다는 점을 감안하면 더욱 그렇다.

앞서 가는 팀이 또다시 정체를 보이자 김옥란이 떡과 과일을 안주 삼아 복숭아술을 돌리기 시작한다. 침니를 끝낸 우정 산악회 회원들은 이미 다 올랐다는 것을 잘 안다. 왕봉순의 손에도 어느새 잔이 돌아가고 있다.

우정 산악회와 술의 관계는 아직도 살아 있었다. 1975년쯤으로 기억되는 해에 우정 산악회 정충구 회장의 집에서 열린 파티에 간 일이 있다. 그때 내 옆자리엔 건장하고 우락부락하게 생긴 사람이 있었다. 건배 제창이 있을 때마다 컵에 담긴 술을 한입에 털어 넣던 그의 이미지는 오랜 세월이 지났어도 지워지지 않는다. 당시엔 원샷이란 용어가 생기기 전이었고 건배를 하면 꺾어 마시는 법이 없었다. 더구나 선배들 앞에선 마음대로 일어날 수도 없다. 그날 물 마시듯 술을 퍼붓던 사람은 1980년에 처음 '태백산맥 종주'를 해낸 박승기였다.

오후가 되자 좋던 날씨가 바뀌어 바람이 불기 시작한다. 얼마나 많은 산악인들이 이 급변하는 4월 바람에 당했던가. 술과 음식은 더 이상 앞서 오르는 사람들을 기다리는 핑계가 될 수 없었다. 다시 배낭을 추슬러 정상에 오르니 붉은 기운이 감돌기 시작한다. 마지막을 마무리하며 뒤따라 오르는 송종만의 모습에서 '진공 청소기'라는 별명의 축구 선수가 생각났다. 송종만의 모습이 마치 그와 같았다. 우정길을 마무리하던 1969년 6월 18일 박정규, 박창규 형제는 비에 젖은 채 뜨겁게 손을 잡으며 감격에 겨워했지만, 지금은 그때보다 훨씬 더 쉽고 안전해졌다.

어려움의 기준이 높아진 대신 우리는 감동 받는 일에 인색하게 되었다. 쉽게 안주할 수 없기 때문에 등반은 더 어려워지는 것일까. 인수봉을 찾는 산꾼들은 그래서 어제도 오늘도 고민에 빠지고 있다. 어디로 갈지보다 어떻게 오를지를.

 등반 길잡이

인수봉 우정 B코스는 1969년 6월 17, 18일 이틀 동안 박정규, 박창규 형제가 등반하여 일명 형제길이라고도 불린다. 전체 구간은 대슬래브 상단부 오아시스까지 이어지는 두 마디 슬래브를 제외한 네 마디 105미터로 이루어져 있다. 난이도는 둘째 마디가 5.7~5.9로 매겨져 있고 나머지 첫째 마디와 셋째 마디는 5.6, 넷째 마디는 5.7로 되어 있다. 등반이 끝난 후 하강은 인수봉 후면으로 한다.

### 우정 B코스

**넷째 마디(30미터)** 쌍 크랙을 재밍하여 오르다가 13미터 지점에 설치된 볼트에 확보하고 왼쪽으로 꺾어지는 길을 올라 등반을 마친다. 정상까지는 잡목 지대와 마지막 짧은 슬래브가 이어진다.

**셋째 마디(35미터)** 어깨를 바위에 대고 발과 손을 바꾸어가며 오르는 전형적인 침니 코스다. 벽에다 등을 기대지 않고 손과 발만을 바꾸어가며 오를 수도 있다. 안으로 깊이 들어가면 자세가 좁아지기 때문에 힘이 든다. 끝까지 오른 후엔 쓰러진 소나무를 이용하거나 단풍나무에 슬링을 걸고 확보를 한다.

**둘째 마디(20미터)** 나무에서 6~7미터쯤 올라 왼쪽의 밴드를 딛고 일어선 후 오른쪽으로 뻗은 크랙을 따라 오른다. 3~4미터쯤 오르면 다시 왼쪽으로 방향을 바꾸어 3미터쯤 오르고 나무를 지난 후 쌍볼트에 확보한다. 후등자는 나무 위로 갈 것인지 밑으로 갈 것인지 생각해두고 오르는 것이 좋다.

**첫째 마디(20미터)** 슬래브와 짧은 잼 크랙을 오른 후 나무까지 올라 확보한다. 나무를 타고 앉아서 볼트에 확보한다.

인수봉 하늘길

# 수평선 너머 가뭇없이 사라지는 조각배

1969년 9월 14일은 인수봉에 하늘길이 열린 날이다. 평안도 사투리 쟁쟁하던 이웃집의 소리를 떠올리며 그 무렵의 어린 시절을 추억해본다. 철든 아이들의 물 긷는 풍경, 새끼줄 손잡이의 연탄 한 장, 국수 가게에 늘어선 줄, 저녁이면 들려오던 노래 '타향살이'. 가난했지만 따뜻한 기억이 많은 시절이었다. 시장을 지나 청계천을 바라보며 박석 고개를 넘자면 친구가 필요했다. 집까지 한 시간을 걸어야 했기 때문이다. 끝없는 공상의 원천이었던 고물상과 어딘지 보암직한 땅바닥도 많은 시간을 심심치 않게 해주었다. 그러나 오랜 시간의 강을 건너오는 동안 사라진 동무들에 대한 환상은 없다. 대신 '덧없다'라는 어른들의 말이 그 빈자리를 차지해간다.

"어휴! 이런 바위를 무엇 하러 하나?"

"도대체 길은 어떻게 냈어요?"

"몰라, 기억도 잘 안 나. 이런 데를 올라가라고 하는 사람이 나쁘지."

엄살 끝에 하늘길 첫째 마디 크랙을 마친 박창규의 탄식에 정신이 번쩍 난다. 도도한 세월 앞에 물외한인이 되어버렸는지 등반이고 뭐고 힘이 들어 말도 못한다니. 그에게 과거를 미화하려는 거품이 있을 리 없다. 예전엔 래더를 쓰는 인공 등반이었으니 자유 등반으로 오르는 지금이 훨씬 힘이 드는 것은 당연하다. 첫째 마디 크랙에 매겨진 5.10이라는 난이도에는 인공 벽에선 해볼 수 없는 애매한 동작이 숨겨져 있다.

오늘의 선등자 김장원이 그동안 운동을 소홀히 한 탓인지 쉽게 치고 나가지 못한다. 왼손을 크랙에 꽂았다가 다시 바꾸어서 오른손을 꽂아본다. 무거워진 몸이 따라와줄까 하는 망설임이 엿보인다.

빡빡하게 둘째 마디 크랙을 끝내고 이어서 오르는 김경훈의 겸손한 얼굴에 땀이 삐져나온다. 어깨와 팔 근육이 정상이 아닌 그에게 두 번째 크랙이 수월하지 않은 듯하다. 만일 확보물이 없다면 공포감이 몸속 깊이 스며들 것이다.

크랙 밑에서는 또 한 파티를 이끌고 전투 태세를 갖춘 권문상과 이춘환, 그 뒤에 왕봉순이 버티고 있다. 다시 박창규의 입에서 신음소리가 터져 나왔다. 죽겠다는 비명 속에서도 동작에서만큼은 어딘지 학습된 능숙함이 엿보인다. 온몸이 찢어지도록 사력을 다해 모천을 찾아와 산란한 후 장렬한 죽음을 맞이하는 연어의 일생, 연어의 회귀 본능처럼, 아무리 오랜 세월이 흘러도 잊히지 않는 몸짓들. 언제까지 이런 기억이 남아 있을 것인가.

## '우정'이 인수에 그린 최난 코스

1969년 3월, 아직 찬바람이 완전히 가시지도 않은 때에 박정규, 박창규, 강영택, 장경린 등은 오봉으로 달려간다. 그리고 2봉에 '노을'이란 서정적인 이름의 길을 개척한다. 이 등반은 하늘길 개척의 서전인 셈이었다.

제5봉(오봉)의 감투 위에 벌렁 누워, 뉘엿거리는 서해의 낙조를 바라보면 담배 맛이 한결 더하다. 눈앞에 은어 떼가 뛰듯 반짝이는 한강 하류가 시원스레 김포 평야를 가로질러 그 너머 묘묘한 수평선으로 어울려 드는 그 한가운데를 꽃잎을 깔아놓은 듯이 벌겋게 물들이며 다가가는 일륜……

시인 김장호는 《나는 아무래도 산으로 가야겠다》를 통해 오봉의 노을을 그렇게 노래했었다.

우정의 젊은이들은 다시 두 달 후 인수봉에 매달린다. 그리하여 5월 21일부터 6월 15일에 걸쳐 박창규, 강영택, 이승균, 한남수 외에 6명의 지원조가 우정 A코스를 개척해낸다. 여세를 몰아 이틀 후엔 또다시 박정규, 박창규 형제가 6월 17, 18일 양일 동안 우정 B코스를 개척하는 기염을 토한다. 이때 이준성, 정충구, 전진호, 차상규, 김진호 등이 지원을 맡았고, 김태진, 박정규, 이건일이 기술 지도를

하늘을 향해 뻗어 오른 하늘길 슬래브의 실루엣.

개척 당시 어떻게 올랐었는지 기억조차 나지 않는다는 개척자 박창규가 사력을 다해 두 번째 크랙을 오르고 있다.

담당했다. 오봉을 시작으로 한 개척의 열풍은 우정 A, B코스를 완성하면서 탄력이 붙기 시작했다.

우정 산악회 회원들은 한결 가벼워진 몸으로 인수봉 남면에 도전장을 내밀었다. 9월 14일, 박창규, 강영택, 장경린 등 3기 회원이 주축이 되어 하늘길을 개척한다. 우정 산악회가 인수봉에 그린 길 중 최난 코스 하늘길 개척은 순풍에 돛 단 배처럼 이루어졌다. 그리고 성공을 거듭한 젊음의 열기는 거기서 식지 않았다. 박창규, 강영택은 신들린 무당처럼 10월엔 동녘길을 개척했다. 박정규, 박창규, 신유호, 김진호, 전진호, 서승우 등이 참여하여 서면 슬래브를 개척하기까지 인수봉을 휘감는 우정 산악회의 황금기는 그렇게 이루어졌다. 얼마나 신이 났을까. 그런데 도대체 기억이 전혀 안 난다는 박창규의 말은 과연 믿어야 하는가.

약수터 가듯 작은 배낭을 메고 나타난 박창규와 장경린은 고교 동창으로 하늘길의 주역이자 우정 산악회의 3기 회원이다. 두 사람은 강영택과 함께 하늘길을 개척했고 운명처럼 직업도 같다. 박창규는 양재동에서 한국 난원을, 장경린은 '우정'이란 이름의 꽃집을 운영한다.

이들은 6·25 전쟁 통에 유아 시절을 보냈으며 가난한 사회적 환경 속에서 자랐다. 우정 산악회에 첫째로 찾아온 전성기는 그런 3, 4, 5기가 활동하던 1960년대 말에서 1970년대 중반이라 할 수 있다.

28,000원. 이 돈은 1969년 9월 우정 산악회 회원들이 인수봉 하늘길을 오르는 데 쓰려던 돈이었다. 계획서에 의하면 피톤 구입에 5,000원, 사진 촬영과 프린트에 5,000원, 로프 구입에 10,000원, 동판 제작에 5,000원, 그리고 기타 비용으로 쓰일 것이었다. 회원들에게 걸 비용 13,000원은 남자 회원에 적용되지만 희망에 따라 여자 회원도 환영한다고 적혀 있다. 28,000원은 그 당시 참 많은 걸 할 수 있을 만큼 가치가 있었다.

공격조와 지원조로 나누어 고도의 기술과 팀워크를 발휘하여 안전 제일주의에 입각해서 사고 발생을 미연에 방지한다. 공격조는 6명 이내로 하고 지원조는 파트별로 교대하면서 일부는 지원을, 일부는 암등 훈련을 한다. 전체 행동은 막영으로 이루어지며 막영은 수덕암 막영지에서, 경우에 따라서 백운산장 위에서 한다.

이와 같이 대원 편성과 방법의 계획 하에 개척에 참여한 회원들은 20명에 달한다. 기술 지도는 박정규, 김태진, 이건일. 리더는 박창규, 대원은 강영택, 이승균, 이준성, 채영민, 강태영, 차상규, 신동석, 나도근, 장경빈, 신유관, 한남수, 박종훈, 전진호, 이영균 등이다. 로프는 8동, 피톤이 70개, 볼트 피톤 50개, 드릴 4개, 해머 5개, 헬멧 2개, 래더 6개, 버리는 줄 약간으로 되어 있는데 과연 이 장비가 다 쓰였는지 알 수 없다. 하늘길 개척이 4주 만에 이루어진 것을 보면 당시 산악회의 탄력이 살아 있었던 것은 분명하다.

### 산천은 변했어도 인걸은 의구하다?

과거에만 머물러 있는 전통은 때때로 발전의 걸림돌이 될 수 있다. 그러나 과거를 제대로 살린다면 전통은 엄청난 에너지로 탈바꿈하게 된다. 1960년 10월 3일에 창립한 우정 산악회는 행사만 하면 벌떼처럼 회원이 몰렸었다. 이제 패러다임이 바뀌었고 그 시절은 가고 없다. 새로운 등반의 흐름을 받아들이는 것도 초심으로 돌아가야 가능한 일이다. 새로운 집행부는 지금 과거의 영예에 머무르지 않고 제2의 전성기를 꿈꾸고 있다. 산천은 변했어도 인걸은 의구하길 바라는 것은 아직 버릴 수 없는 소망이다.

김경훈, 왕봉순, 이춘환, 권문상, 김장원, 박창규 등이 하늘길의 긴 크랙을 벗어나서 슬래브로 접어들 때 저 아래 이월출이 날렵해진 몸을 불쑥 내민다. 그는 허성돈과 일명 '나물반'으로 통하는 워킹부 회원 이중하를 대동하고 거룡길과 동양길을 좌충우돌하며 오르는 중이었다. 우정 산악회에는 힘차고 여유 있게 오르는 그의 발전된 실력을 비유해서, 일취월장 대신 '일취월출'이란 사자성어가 생겨났다.

"나에겐 인수봉과 도봉산이 히말라야나 다름없어요."

땀 흘리고 걷는 것만을 최고의 등산으로 알던 이중하는 오늘 인수봉 첫 등반을 통해 등반의 어려움이 무엇인지 철저하게 깨닫는 중이다. 오늘 시험이 끝남과 동시에 하산하면 그는 '나물반'에서 '암벽반'으로 올라설 전망이다.

"월출 형님 보면 짜증 나요. 선배가 쉬엄쉬엄 가야 하는데 바로바로 올라오니까 그보다 못하면 안 되잖아요. 조만간 선등 자리 뺏길 것 같아요."

다섯째 마디 짠 슬래브를 경험한 김장원의 푸념이 계속 이어진다.

"아! 이거 재미없는데."

그는 무서운 감정을 숨기지 않는다. 오버행에 많이 매달렸던 선수가 경사가 어중간한 슬래브에서 고전하는 경우가 있는데, 김장원이 그 예다. 그런 가운데서도 미끄러지지 않고 오른쪽, 왼쪽, 다시 오른쪽으로 나가는 그의 뒷모습이 망망대해로 나간 배처럼 작아진다.

오랜 공백 끝에 다시 산으로 돌아와 하늘길 슬래브를 오르고 있는 김경훈.

"하이 박, 할 만하냐?"

건너편 테라스에서 지켜보던 장경린이 박창규의 신변을 물어온다. 그는 아직도 하늘길을 올라주는 후배들의 모습이 대견스럽고 오늘의 만남이 즐거울 뿐이다. 하늘길 슬래브가 그늘 속에 포함되자 회원들의 모습이 드러나기 시작한다. 언제나 마지막에 서길 즐기는 왕봉순이 드디어 모습을 보인다. 야구의 포수, 축구의 골키퍼 같은 역할이 그가 즐겨 하는 일인 듯싶다. 그 큼직한 눈에 웃음이 퍼지며 등반이 끝나감을 알린다.

하늘길 슬래브는 넓고 시원히다. 검악길, 크로니길과 공유하기로 합의한 크랙의 한 마디인 25미터를 올라 다시 왼쪽의 쌍 볼트가 있는 테라스에 진입하는 동안 모여든 우정 산악회 회원들은 8명이나 된다. 마지막 슬래브를 오른쪽으로 붙어 4개의 볼트를 통과하여 정상에 오르자 귀바위 그림자가 저 아래 구조대를 가리고 있다. 인수봉 하늘로 가는 길은 그곳에서 온데간데없다. 더 이상 볼 것도 잡을 것도 없는 그곳에 이르면 한 잔의 막걸리 생각을 피할 길이 없다. 더불어 사라져간 시절이 불씨처럼 되살아난다.

 등반 길잡이

인수봉 하늘길은 1969년 9월 우정 산악회의 박창규, 장경린, 강영택 등을 주축으로 박정규, 김태진, 이건일, 이승균, 이준성, 채영민, 강태영, 차상규, 신동석, 나도근, 신유균, 한남수, 박주훈, 전진호, 이영균 등 많은 회원들이 참여하여 개척했다. 전체 등반 길이는 200여 미터로 총 9마디로 나누어져 있으나 7마디 또는 8마디로 나누어서 등반하는 것이 보통이다. 등반의 출발은 동양길 왼편 마애불상이 있는 곳의 왼쪽에서 시작하며 종료는 정상 왼쪽 넓은 바위에서 한다. 루트의 난이도는 첫째 마디와 둘째 마디 크랙이 5.10a, 다섯째 마디의 크랙에서 슬래브로 넘어가는 구간과 일곱째 마디의 슬래브가 5.10c로 매겨져 있다.

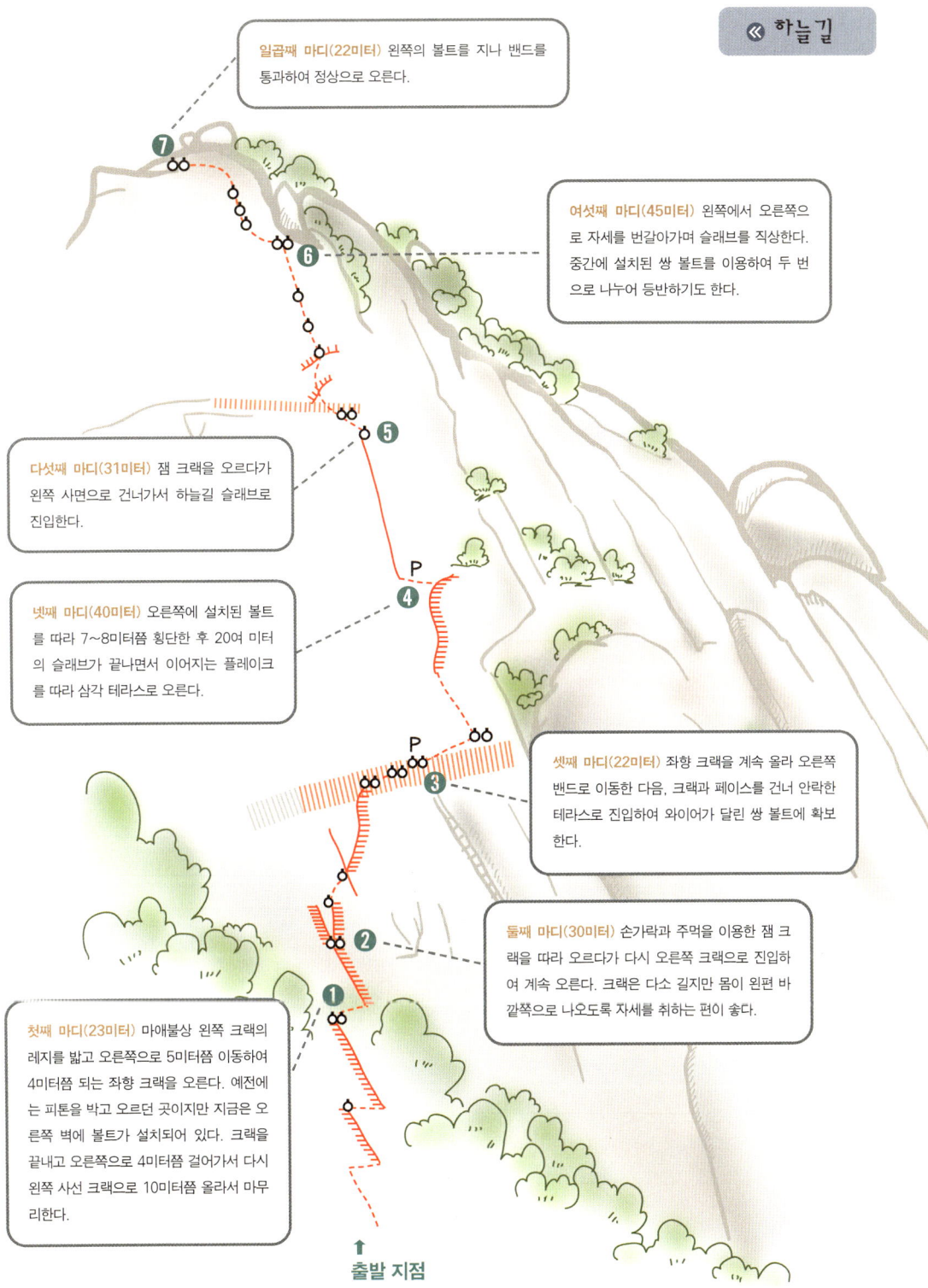

인수봉 서면벽

# 조용한 벽에 울린 알피니즘 메아리

누군가 보고 싶은 충동이 일어날 때 즉시 만나야 직성이 풀리는 사람들은 말한다. "벼르던 일 치고 신통한 일 없어. 번개팅이 좋지." 기약 없이 걸어둔 술 약속처럼 봄이 익도록 묻어두었던 인수봉 서면벽 등반 계획도 그렇게 순식간에 이루어졌다. 바위가 주는 느낌은 시간의 변화와 함께 오르는 사람에 따라 수없이 변한다. 그러나 그 앞에서 콩닥콩닥 뛰는 마음을 보면 바뀌는 것은 역시 사람이란 것을 알게 된다.

"자, 이제 마지막 크랙을 올라야지."

"영준아, 무섭나?"

"예. 갈비 부러지고 처음 선등하는 거예요."

"그런데 천상 이런 스타일밖에 안 되겠네요."

"래더 만드는 거야?"

"사기꾼……."

"자유 등반 한다 해놓고 인공 등반을 해?"

프렌드를 크랙에 꽂으며 멋쩍은 웃음을 지어 보이는 영준에게 사정없이 비아냥 멘트를 날리는 한상섭. 이미 두 사람은 술잔을 사이에 두고 수많은 산을 오른 듯하다.

"영준이는 알아서 가라고 하고 우리는 간식이나 먹지요."

"형근 씨가 저 아래 맛있는 족발집이 있다는데 신경 쓰이네."

"세상에서 제일 맛있는 게 하산주라는데 일찍 내려가야겠어."

서면벽 제1번 코스 출발점인 디에드르 크랙. 처음엔 나이프와 앵글 피톤을 설치하고 통과하던 곳이다.

온몸을 확보물처럼 사용하여 첫째 마디 크랙과 침니를 돌파한 일행들은 오르는 것은 대충 해도 하산주는 결코 포기하지 않겠다는 분위기다. 정상으로 가는 크랙과 한판 승부를 기다리는 한국산악회 회원 호경필, 유형근, 이영준, 그리고 인공 등반 장비로 단단히 무장한 이기범과 한상섭은 혹시 이런 분위기를 기대한 것일까. 아무튼 좀체 손님 들지 않는 인수봉 서면벽에 사람 소리가 울려 퍼지고 있다. 그 옆에서 함께 등반을 시작한 코오롱등산학교 강사들의 장비 소리가 정겹게 들린다.

스위스의 속도 등반가 에라르 로레탕은 세르파에 의존하지 않고 무산소로 히말라야 8000미터 3개봉 연속 등정과 함께 14좌를 세계 세 번째로 완등한 바 있다. 그는 "인간의 모든 능력의 발휘를 위해 알피니즘은 고귀한 비밀을 간직한 미스터리로 남을 필요가 있다"고 했다. 로레탕에 이어 세계 네 번째로 14좌를 완등한 멕시코의 철인 카를로스 카르솔리오 역시 8000미터 14좌 전부를 무산소로 등정했다. 그리고 대부분 새로운 루트를 단독 등반으로 올라서 세계의 철인들을 부담스럽게 했다. 기록 경신이라는 목표 앞에 놓인 산악인들은 그저 당혹스러울 뿐이다. 이런 관점에서 생각하면 인수봉의 신 루트를 대하는 것 역시 고민스럽다. 물리적 공간으로서의 인수봉은 너무나 유한하기 때문이다. 그곳에 새로운 선을 마음 놓고 그을 수 있었던 선배들의 시대가 그래서 부러울 수밖에 없다.

## 시대적 조류 따른 서면벽 등반 원칙

서면벽의 초등은 1969년에 이루어졌다. 자그마한 체구에 재기로 똘똘 뭉친 백경호, 최선웅, 그리고 민상기가 주축이 되었고 지금은 대한산악연맹 회장이 된 이인정과 차수남도 참여했다. 백경호는 고려대 산악부 출신이지만 어떤 틀에 있기보다 자유롭게 어울리는 것을 더욱 좋아했다. 1969년 2월 한국산악회 해외 원정 훈련대에 참가하여 설악산 죽음의 계곡에서 눈사태로 운명을 달리한 오준보와 홍종만은 백경호와 잘 어울린 사이였다. 그의 동생 백명호 역시 고등학교와 대학 산악부 출신이어서 서로 간의 만남은 스스럼없이 이루어질 수 있었다.

어느 날 백경호는 인수봉 등반을 마치고 하강하는 길에 우연히 최선웅을 만난다. 백경호는 당시 구경하기 힘든 봉봉 피톤을 내보이며

이영준이 정상으로 이어지는 셋째 마디 크랙을 오르고 있다. 인공 등반 구간이지만 지금은 자유 등반이 가능하다.

이런 장비라면 새로운 곳을 등반할 수 있지 않겠냐며 가능성을 제시했고, 두 사람은 이내 의기투합하게 된다. 백경호는 이미 1968년 가을, 미국인 친구 마이클과 숨은벽 능선에 올랐을 때 서면벽 등반의 가능성을 점친 바 있었다. 그는 시끌벅적한 전면과 달리 너무도 조용한 서면벽을 바라보며 보석이라도 발견한 듯 흥분을 감추지 못했다. 그리고 즉흥적으로 서면벽을 오를 꿈을 꾸며 하산길에서 그에 따른 원칙을 세운다.

첫째, 새로운 등로를 개척한다.
둘째, 가능한 한 짧은 시간 내에 등반한다.
셋째, 등반 방식은 요세미티 스타일로 하며 가급적 볼트 사용을 피한다.
넷째, 아침 일찍 등반을 시작하기 위해 야영을 원칙으로 한다.
다섯째, 시간을 절약하기 위해 식량은 인스턴트 식으로 한다.

셋째 마디 크랙 상단을 오르고 있는 한국산악회의 유형근.

그들이 세운 원칙에는 머머리의 등로주의에서 요세미티의 클린 클라이밍 사조까지도 반영되어 있었음을 알 수 있다. 만일 인수봉이 알프스였다면 어땠을까. 아마도 더 쉽게 히말라야로 방식을 옮겨가지 않았을까. 당시의 사회적 분위기는 주문진에 무장 공비가 출현하여 술렁댔고 박정희 정권에 대한 3선 개헌 반대로 학생 시위가 이어졌다. 그러나 그것은 바위를 향한 발길을 멈출 이유가 되질 않았다.

서면벽의 루트는 주말마다 하나씩 떨어져나갔다. 등반 개시 첫날인 1969년 8월 31일, 백경호, 최선웅, 이인정, 민상기 등이 안개와 비까지 뿌리는 흐린 날씨에도 불구하고 9시에 등반을 시작하여 11시 30분에 첫째 마디 크랙과 침니를 끝냈다. 처녀 등반에 첫째 마디를 2시간 30분 만에 마쳤으니 양호한 속도라 할 수 있다. 둘째 마디의 크랙을 돌파하여 오후 6시 15분에 정상에 섰고, 하강을 할 땐 소낙비가 내렸으나 이미 제1코스 개척이라는 대어를 건진 후였다. 장비는 2동의 로프와 보조 로프, 해머 2자루에 38개의 카라비너, 래더 7개와 35개의 피톤을 사용했다.

등반 둘째 날은 일주일이 지난 9월 7일이었다. 두 번째 코스는 크랙 사이에 흙과 풀이 잔뜩 끼었고 바위는 단단하지 않았다. 백경호, 최선웅, 민상기 트리오가 다시 벽에 매달렸다. 그러나 오후 1시 45분에 등반을 시작한 탓에 오버행 아래까지 오르는 것으로 등반을 마무리 지어야 했다. 2개의 피톤을 박아 하강을 완료한 시각은 오후 6시 30분.

이들의 세 번째 개척 작업은 그 다음 주인 9월 13일과 14일 양일에 걸쳐 이루어졌다. 하지만 백경호, 최선웅, 민상기 트리오는 그날 오버행을 넘지 못했다. 등반은 결국 9월 26일과 27일의 네 번째 작업으로 이어졌고 백경호, 최선웅, 차수남이 상부의 오버행을 볼트를 박으며 넘어갔다. 이후 크랙을 오른 다음 다시 4개의 볼트를 박고 1코스 크랙이 끝나는 지점의 밴드로 합류해 정상을 올랐다. 클린 클라이밍의 원칙을 세운 바 있지만 오버행 돌파를 위해 5개의 볼트 사용은 피할 수 없었다. 피톤은 봉봉, 로스트 애로, 앵글 피톤이 각각 5개씩 사용되었다.

　순서는 왼쪽 제1코스가 첫 번째였으며 가장 오른쪽이 두 번째, 그리고 중앙의 오버행을 세 번째로 돌파했다. 당시 오버행 아래로 이어지는 크랙엔 흙이 잔뜩 차 있어서 사레와 아이스 해머로 찍으면서 올라야 했다. 백경호, 최선웅, 민상기가 주축이 된 등반팀은 서면벽 개척의 여세를 몰아 그 이듬해에 MRS(Mountain Research Society)라는 이름으로 뭉친다. 그리고 여기에 이형삼, 오영복, 이번, 김찬진이 가세하여 숨은벽 개척 등반을 이루어낸다.

## 우연처럼 찾아온 운명적 만남

　1969년은 참으로 괄목할 만한 해였다. 인수봉에 그어진 길만 해도 우정 A코스와 B코스, 그리고 하늘길과 서면 슬래브, 남면의 십자길과 동양길에 이르는 새로운 루트들이 열렸고 굵직한 산악회들이 줄줄이 탄생했다. 그해 2월에는 한국산악회의 해외 원정 훈련대가

한상섭이 둘째 마디 침니에서 오른쪽 크랙을 넘어 잡목지대로 진입하고 있다.

《 서면벽

**셋째 마디(35미터)** 넓은 크랙에서 일정한 경사와 넓이를 지닌 곳으로 이어지는 직상 크랙을 오퍼지션과 재밍으로 넘어간다. 중간 호수에서 넓은 호수의 프렌드 설치가 가능하며 중간 부분의 작은 테라스를 거쳐 피톤이 설치된 곳까지 올라 확보한다.

**둘째 마디(25미터)** 침니를 따라 오르다가 밴드에서 오른쪽으로 펜듈럼하여 넘어간 후 잡목 지대로 간다. 아래 부분의 침니 등반은 손과 발을 넓게 벌리고 스테밍 등반이 가능하다.

**첫째 마디(15미터)** 출발 부분의 디에드르 크랙은 개척 당시 나이프 피톤과 앵글 피톤을 치고 인공 등반으로 올랐지만, 지금은 작은 호수의 프렌드를 설치한 후 레이백 자세로 오른다. 레이백 크랙이 끝나면 침니에 진입하여 프렌드를 설치하고 확보한다.

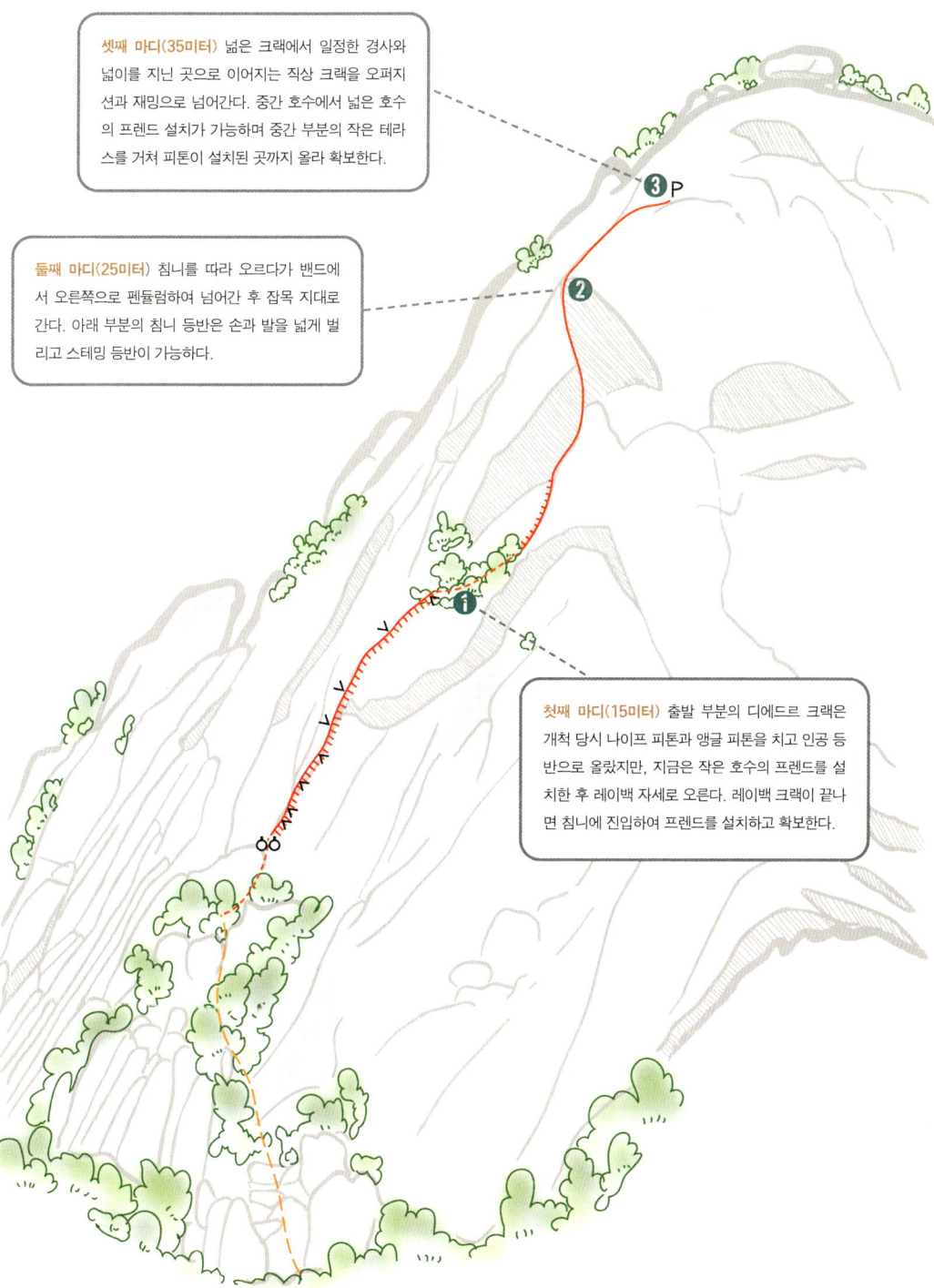

인수봉 크로니길

# 오랜 친구들, 그 인생의 8할은 바위

아침부터 때 아닌 소낙비가 내렸다.

"어이쿠, 이거 망했군. 비 소식이 없었는데 말이야……."

"금방 그칠 것 같지 않아."

여기저기서 체념이 들려왔다. 그러나 산과 술을 등가에 놓는 사람들은 오늘 같은 날 쾌재를 불러야 한다. 날 궂은 핑계로 전 부치고 판 벌릴 일이 흔치 않기 때문이다. 야영장 주변은 마치 단축 수업이 발표된 날처럼 술렁대는 분위기로 바뀌어갔다.

"크로니의 바둑이 실력을 보여주지."

입담 좋은 조병래가 먼저 오늘의 바둑이(캠프를 지키는 사람)를 자처하며 소주병을 조심스럽게 어루만진다. 바둑이란 집 지키는 개, 혹은 보신탕 재료를 일컫는 표현으로 짐작했지만 알고 보니 생각보다

1970년에 개척된 인수봉 크로니 길의 크래을 크로니 산악회의 김준형이 오르고 있다.

많은 의미를 지니고 있었다. 때로는 등반보다 어렵고 차원 높은 난이도를 갖는다. 바둑이가 되려면 무쇠 같은 심장과 폐를 가져야 한다. 부식과 술이 떨어졌을 때 번개처럼 조달해야 하기 때문이다. 만일 체력과 요리 실력이 미달되면 가차 없이 등반팀으로 보직 변경된다. 그렇게 되면 하루에 로프 100번 사리기 등의 강도 높은 훈련을 거쳐야 한단다. 세상에 그저 놀고먹을 수 있는 일은 없다.

## 주안상을 물리고 전쟁터로 향하다

1980년대 후반, 알프스의 아이거 북벽을 오르던 어느 괴짜 산친구가 갑자기 등반을 포기한 일이 있었다. 등반 능력이 모자랐다고 하야영장에 모인 크로니 산악회 회원들.
뒷줄 왼쪽부터 설웅환, 정근성, 김태성, 김준형, 김용운, 김미정, 양은석, 박재영, 금창연, 조병래, 유동옥, 장택훈.
앞줄 왼쪽부터 주우석, 최희철, 진기환.

지만 후일 밝혀진 바에 의하면 진실은 그게 아니었다. 이유는 담배가 떨어져서였다. 아이거 북벽과 담배 한 갑의 무게라……. 막걸리 두 잔에 공개된 그런 고백처럼 산에서의 일화들은 종종 생뚱맞기 그지없다. 원조 바둑이가 누구인지 알아내는 것 역시 크로니의 의식 구조를 밝히는 일만큼이나 간단치 않다. 사실인지 모르지만 장택훈, 양은석 등이 고수의 반열에 올랐다는 설이 있다.

된장이 보글보글 끓는 동안 인수봉에 갈 사람들은 무시로 하늘을 쳐다본다. 바둑이들은 집요하게 소주병을 바라본다. 크로니길이 태어나던 당시엔 얼마나 술을 마셨을까. 억수로? 그렇지만은 않다. 술을 살 돈이 없었기 때문이다. 그때나 지금이나 변하지 않은 게 있다면 역시 돈의 위력이다. 크로니길 개척자들의 면면은 아리송해도 4홉들이 귀한 소주를 선물했다는 이영화란 이름은 그래서 정확히 기억해낼 수 있는 것이다. 가난할 땐 세숫대야에 비누 하나 달랑 놓고 쓰다가 제법 살 만하게 되어 욕조에도 하나, 화장실과 세면대에도 비누 하나를 두니 무지하게 좋더라는 모 가수의 '성공담'처럼, 맘만 먹으면 날마다 소주를 마실 수 있는 지금의 산악인들은 부족한 것이 없다. 오히려 늘 많아서 문제가 된다. 사람이 많아 음식 쓰레기도 많이 생기고 바위에 볼트도 많고 탈도 많다.

하늘이 조금 밝아졌을 때, 우이동으로 급파됐던 김준형이 입가에 자랑스러운 미소를 흘리며 캠프에 도착했다. 빗속을 뚫고 돌아온 그의 배낭엔 막걸리와 소주, 그리고 족발이 가득 들어 있다. 크로니가 '주로니'가 될지언정 칭찬받아 마땅한 일이다. 그런데 김준형의 으쓱한 어깨에 힘이 빠지기도 전에 비가 그치고 햇살이 비치기 시작했다. 이렇게 되니 주안상을 물리고 전쟁터로 나갈 사람이 누군가. 이미 버린 몸이 된 노련한 선배들이 등반팀에 이름을 올리기엔 이미 늦은 터. 그 속에서 설용환 총무와 최희철 등반대장의 교통 정리로 8명의 전사가 분연히 일어난다. 온갖 유혹을 꾹꾹 참아낸 후배들이다.

"가자, 바위 하러."

크로니길은 다른 때처럼 붐비지 않았다. 일찍부터 벌린 판을 접기엔 이미 늦은 까닭이다. 오늘은 벙어리 크랙에 우드 팩을 때려 박으며 개척에 앞장섰던 금창연이 동참했다. 목표는 오리지널 크로니길이다. 2개 조로 나누어 출발한다. 최재영이 1조의 선등, 정근성이 2조의 앞장을 선다.

"어려워요."

아직 물기가 사라지지 않은 크랙에 발을 끼우며 최재영이 멈칫한다. 현역 육군 상사답게 군인다운 풍모가 넘치는 정근성도 물기 앞에서는 자유로울 수 없다. 첫째 마디 아래에 진을 치고 내려다보니 금창연이 선등을 해보겠다고 불쑥 나선다. 갑자기 무슨 생각이 들었을까. 그는 35년 전의 그 빛나는 젊음에서 얼마나 멀리 흘러와 지금에 이른 것일까. 아득하다고 하기엔 너무나 또렷한 기억들이 이 길에 묻혀 있다.

## 1970년 크로니길 개척 이후 10년간의 전성기

크로니길은 1969년 3월 홍진만, 하정문, 유동옥, 박영배, 김성국, 방만익, 장병채, 정범진 등에 의해 산악회가 탄생되고 그 이듬해인 1970년에 개척되었다. 창립 멤버를 포함한 8명의 회원이 그 산파들이다. 이들은 군대라는 산을 넘어야 하는 스무 살 또는 그 또래들이었다. 유동옥은 그때 망바위에서 루트 파인딩을 하고 제일 먼저 군에 입대했다. 서정주 시인의 표현을 빌리자면 이날 이때까지 그들을 키운 것은 결국 '8할이 바위'라고 해야 할까. 즐거우나 괴로우나 늘 같이하던 산친구들. 오랜 친구라는 뜻을 지닌 크로니의 이름으로 뭉친 지 어언 40년 가까이 되었다. 그동안 바위를 거르는 날이 얼마나 됐을까.

40여 년 전 그날, 크로니들이 신명나게 어울린 결과가 후일 한국 등반사에 한 획을 긋게 될 줄은 당시엔 아마 짐작 못했을 것이다. 1970년 인수봉 크로니길 개척, 1971년 서울 근교 113개 코스 연장 등반 및 설교벽 개척, 1975년 설악산 노적봉 남벽, 1977년 설악산 토왕성 빙폭 초등, 1978년 적벽 크로니길 개척, 1978년 제주도 성산 일출봉 초등, 1979년 변산반도 깃대봉 초등까지, 창립 이후 10년은 앞으로 영원히 다시 오기 힘든 크로니의 전성기였다.

1970년 5월, 약 15일간의 개척 등반을 마치고, 박영배와 김연태는 고려대 인쇄소에 가서 등사기를 밀어 보고서를 만들었다. 그리고 동숭동 카톨릭 학생회관에서 검악산악회 회장과 요델 산악회의 김방원, 인수산장의 이경구 등 산악인들을 초청하여 보고회를 가졌다. 당시 리더는 박영배였으며 대원은 김성국, 방만익, 김연태, 이승용, 금창연, 김정기, 김항원 등이었다.

등반 장비는 군용 로프 40미터 4동, 군용 US 스틸 카라비너 30개, 점핑 세트 4조, 래더 3조, 해머, 봉봉 피톤, 앵글 피톤, 리스 하겐, 홍진관 회장에게 받은 자동차용 볼트, 군용 버너와 코펠 등이다. 그리고 암벽화로는 군용 워커를 사용했다. 기록을 보면 대원들이 골고루 등반을 교대한 것이 눈에 띈다.

크로니길의 여섯째 마디 벙어리 크랙으로 건너가려면 로프를 잡고 출발 지점 근방까지 내려와서 과감하게 몸을 날리듯 건너야 한다.

1차 등반-박영배의 선등으로 룬제(쿨루와르)로 진입. 피톤과 볼트를 설치하며 첫째 마디 완료.

2차 등반-김성국의 선등으로 소나무 좌측 크랙을 7미터 정도 올라 앵글 피톤 설치. 25미터의 슬래브를 올라 넓은 테라스에 도착. 확보용 앵글 피톤을 설치. 둘째 마디 완료.

3차 등반-방만익의 선등으로 테라스 우측 슬래브를 출발. 10미터 정도 오른 후 좌측 10시 방향 6미터 슬래브를 오름. 다시 우측으로 5미터 슬

크로니길 여섯째 마디 벙어리 크랙 상부를 선등하고 있는 주우석.

래브를 거쳐 밴드로 진입. 확보용 볼트 설치. 셋째 마디 완료. 김항원이 올라보고 나서 어렵다고 하며 중간 지점에 해머로 인공 홀드를 만들었음.

4차 등반-벙어리 크랙 진입을 위해 5개의 볼트를 설치(당시 전진용 볼트가 5, 6개 이상이면 의미 없는 등반 방식이라 생각하였다). 상단 볼트에서 7미터 정도 내려와 펜듈럼으로 침니를 건너뛰어 벙어리 크랙 밑에 도달. 크랙에 풀과 이끼가 가득하여 베이스캠프로 철수. 기존 B코스로 올라가서 확보용 볼트 설치하고 하강하여 긴 나무와 해머로 풀과 이끼를 제거. 다음 날 아침부터 봄비가 내려 이틀간 휴식을 취했다. 이때 김항원, 김연태, 이승용, 금창연, 김정기 대원이 합류하여 분위기가 고조됨.

5차 등반-벙어리 크랙 밑에 확보용 볼트와 전진용 볼트를 설치하고 크랙에는 작은 봉봉 피톤을 설치하고 래더에 올라서다. 그러나 벙어리 크랙에 피톤을 설치할 수 없어 베이스캠프로 철수. 그날 밤 회의 끝에 백운산장 이영구 씨에게 톱과 낫을 빌려 우드 피톤을 제작.

6차 등반-박영배의 선등으로 우드 피톤과 낫을 옆구리에 차고 벙어리 크랙을 등반. 알맞게 낫질한 우드 피톤 2개를 설치하고 크랙을 돌파하여 끝나는 지점에 전진용 볼트를 박았다. 볼트에서 좌측으로 트래버스하여 Y 자형의 발 자세로 5미터 정도 직상하여 밴드에 도착.

7차 등반-방만익의 선등으로 직상 슬래브 10미터와 우측 15미터 크랙을 레이백 자세로 올라 동양길 왕 볼트에서 다섯째 마디 완료(처음으로 다른 길과 만남).

8차 등반-김성국의 선등으로 앵글 피톤을 설치하며 40미터 긴 크랙을 올라 확보용 볼트를 설치하고 여섯째 마디 완료. 다음 날은 비로 인해 하루 휴식.

9차 등반-방만익의 선등으로 이끼가 조금 낀 크랙을 등반. 작은 소나무를 지나 앵글 피톤과 봉봉 피톤 5개 정도를 박으며 무사히 정상에 올라서다.

## 세월이 흘러도 변함없이 남는 것

보고서에 기술된 표현을 빌려 당시의 정황을 살펴보지만 알 수 없는 사실들이 너무도 많다.

링이 떨어져 나간 볼트를 지나치는 순간, 저 건너 망바위에 오른 김준형과 주우석이 보였다. 그들이 빠른 속도로 오르기 시작하더니 저 아래 슬래브에 모습을 드러낸다. 바둑이에서 그새 보직이 변경되었나? 설용환이 '에프엠 자세'로 벙어리 크랙을 해치우는 동안 그 아래까지 곧바로 따라붙는다.

"으으으 발이야!"

"추락!"

얼마 전 몸이 으스러지는 추락 사고 이후 재기를 위해 노력해온 주우석의 신음과 벙어리에 붙은 금창연의 일성이 동시에 들려온다.

"펜듈럼해서 넘어오면 바위가 누워 있거든. 그런데 어느 날 보니 '빠~딱' 서 있는 거야."

벙어리 크랙은 이제 옛날만큼의 공포는 없다. 오른쪽 벽에 4개의 볼트를 추가로 설치했기 때문이다. 힘 빠지면 크랙 중간에 매달려 쉴

수도 있다. 그러나 어려웠던 옛 순간을 기억하는 사람들은 예외다.

  비를 뚫고 솟아오른 햇살의 위력이 수명을 다했는지 갑자기 안개가 차기 시작했다. 순식간에 앞을 분간할 수 없게 되었다. 앞서 간 최재영과 뒤에 선 최희철은 목소리만 들릴 뿐 모습은 보이지 않았다. 저 아래 누운 크랙에 마지막 주자가 보였다. 김준형이다. 크로니길이 태어난 이후 가장 많은 10명의 회원들이 동시에 붙었지만 모두 함께 정상에 갈 순 없다. 길기도 하거니와 급변한 날씨로 인해 하산을 서둘러야 했다.

  인수봉에서 가장 긴 하루 여행이 드디어 끝났다. 소설가 이외수가 어느 작품에서 구현했던 물방울 속 세상처럼 사라진 세월이 꿈같다. 젊음도 온데간데없고 사랑도 시간과 함께 지나갔다. 그런 가운데 남은 것은 아직도 고통과 공포를 즐기는 끔찍한 취미, 무엇이든 끝을 보는 집요함, 담배와 아이거를 교환하는 방법 등이다. 그리고 또 하나 있다. 크로니!

 **등반 길잡이**

크로니길은 1970년 3월에서 5월 사이에 크로니 산악회의 박영배, 방만익, 김성국, 이승용, 금창연, 김항원, 김연태, 김정기 등이 개척한 길이다. 전체 길이 250미터에 슬래브와 크랙이 골고루 섞여 있는 길로 처음엔 일곱 마디로 개척되었으나 아홉 마디로 나누어 등반하는 것이 편하다. 등반은 대슬래브 왼쪽에 있는 제단에서 오른편으로 뻗은 크랙으로 시작한다. 등반 도중 탈출 조건은 양호한 편이다.

인수봉 검악길

# 한 여인을 그리며 열십자에 낸 검법

소설과 영화는 끊임없이 사랑을 노래하고 탐미한다. 그러나 사랑은 바람이나 파도 같은 것. 보이지 않으며 흔적도 없다. 아무리 열병을 앓아도 가질 수 없는 사랑은 다만 가슴에 남을 뿐이다. 바윗길에 얽힌 산악인들의 삶에는 어김없이 사랑과 열정이 그 배후를 점하고 있다. 검악길도 예외는 아니다.

지난주부터 겨울을 재촉하는 비가 추적추적 내렸다. 평일에도 불구하고 백운산장까지 찾아온 검악 산악회원들은 8명이나 되었다. 더구나 검악길 개척자 김정명은 약속에 맞추어 미국에서 날아오기까지 했다. 하늘의 도움은 누구보다 산악인들에게 필요하다는 것을 새삼 깨닫는다. 모두들 장비를 착용했기에 오늘 등반을 포기하려면 악천후 말고도 더 그럴싸한 핑계가 필요했다. 산장 문을 나서는 일은 만

크로니길의 마지막 크랙과 합치되는 부분. 예전에 검악 산악회와 크로니 산악회가 각자 독자적으로 등반한 곳이다.

만치 않았다. 그때 벌써 점심때가 되었다고 누군가 소리쳤다. 어물쩍 넘긴 시간이 이미 뽑은 칼을 다시 넣는 일을 부끄럽지 않게 하는 구실이 되어주었다. 비가 멎기를 기다리며 마신 막걸리 한 사발이 망설임을 날려버렸고, 그 힘으로 미련 없이 산에서 내려왔다. 그 결과 다시 찾은 인수봉은 올가을 들어 제일 쌀쌀한 날로 우리를 맞았다. 두려움과 걱정 속에서 다시 검을 뽑는다.

"오늘 날씨 좋지요?"

"그래도 바람이 없어 너무 좋은데요."

겨울이 찾아오고 있는 인수봉을 오른다는 사실. 작은 홀드 하나에서도 발발 떨 준비가 된 우리는 '행복은 사소한 일에 만족하는 데 있다'는 조건을 이미 넘고 있는 셈이었다. 산과 같은 자유 공간에서 행복이란 단어를 쓰는 것은 그래서 옥상옥이나 다름없다.

검악 산악회의 행동대장 최정희는 예나 지금이나 앞장 체질이다. 후배들의 허락을 받지도 않고 검악길을 선등하는 것은 언제나 이곳만큼은 자신 있게 오르던 관성 때문으로 여겨진다. 함께 줄을 맨 권순재, 이영준, 오상훈은 검악 산악회가 아직 노쇠하지 않다는 사실을

검악길 셋째 마디 횡단 루트 구간. 난이도보다는 고도감이 심한 곳이다.

증명하는 후배들이다.

### 피톤에 새겨진 '69년 12월 검악'

첫째 마디 페이스는 첫 번째 피톤을 오른쪽으로 돌아가 오르는 곳으로 볼트에 의지하지 않고 오른다면 5.10d로 매겨질 만큼 까다롭다. 그러나 볼트를 잡고 불법 통과한다면 그다지 어려움은 없다. 첫째 마디는 그렇다 해도 둘째 마디 넓은 크랙은 언제나 애매함이 남는다. 난이도 문제가 아니다. 최정희가 넓은 크랙에 프렌드를 설치하고 오른다. 능숙하게 오르기는 쉽지 않아 보인다. 뒤이어 오르는 권순재가 너스레를 떤다.

"큰일 났네. 정희 형은 줄도 잘 안 댕겨주시던데."

"어휴, 다리 쥐 나네."

산전수전 다 겪은 고참이 섣부른 자신감을 앞세우지 않는 것을 지켜본 후 나는 혹점을 밟고 왼쪽 슬래브로 수월하게 가야겠다고 생각했다. 그런데 막상 그 자리에 서니 자연스럽게 크랙 안으로 손이 빨려 들어간다. 둘째 마디를 넘어 십자로 밴드에 서면 언제나 백운대에 오른 사람에게 시선이 간다. 사람 구경으로 한숨 돌리고 있는 사이 내 뒤의 오상훈은 숨소리 하나 내지 않고 오른다. 불평 따위는 하지 않을 것 같던 이영준이 셋째 마디 횡단 루트 구간을 앞두고 엄살을 뱉는다.

"여기는 쉽게 갔었는데 까리하네!"

"뭐가 까리하냐 이 시꺄. 버릇이 됐어……."

최정희가 놓치지 않고 엄살에 응수한다. 이영준은 입회한 지 3년 차 회원이다. 그런데 작년 5월에 선배들 틈에 끼여 매킨리를 올랐고, 11월엔 네팔 트레킹도 다녀왔다. 선배들은 30년 걸려서 간 곳을 이영준이 3년 만에 갔다는, 뼈 있는 칭찬을 모두들 아끼지 않았다. 그가 범상치 않았던지 최정희는 20년을 입었던 붉은 색 코르덴 바지를 덥석 물려주었다. 튼튼해 보이는 그 바지는 최정희의 트레이드 마크였다. 붉은색 바지를 입고 인수봉을 누비던 젊은 시절 추억이 담긴.

이영준의 모습에서 과거를 떠올리는 순간, 필름 한 통을 떨어뜨렸다. 그런 실수는 처음이어서 당황스럽기 그지없다. 그런데 이때 최정희는 퀵드로 하나를 떨어뜨리고 말았다. 그 역시 등반 중에 장비를 떨어뜨린 건 지금까지 두 번뿐이라고 한다. 마침 밑에서 후배들의 등반을 애정 어린 눈으로 지켜보던 선배 조병태가 그걸 찾아냈다. 꼭 필요한 곳에 그가 말없이 서 있었다.

후배들은 검악길을 오르다가 서투른 한문으로 '69년 12월 검악'이라고 새겨진 피톤을 발견하고 반가움과 자부심을 얻곤 했다. 그러나 검악길 개척의 배경을 세세하게 알 수는 없었다. 김정명이 일찍이 이민을 떠났고 선배들과의 오랜 공백이 있었기 때문이다. 1981년에 검악 산악회에 입회한 최정희는 당시 백운대 정상 밑에 세워져 있는 비석에서 추모제를 지낸 것을 기억한다. 그 비석은 바로 검악길 개척의 동기를 부여해준 백명순의 추모비다.

검악길 십자로를 횡단 중인 클라이머들. 십자로는 남성적이라고 표현되는 인수봉의 대표적 이미지다.

## 백명순과의 운명 같은 만남

　1968년 여름, 우이동 버스 종점. 김정명은 장대 같은 비를 피해 평양상회 앞에 서 있었다. 그런데 그 앞에 고급 외제차가 한 대 멈추었다. 당시는 우마차도 당당하게 다니던 때라 눈길을 끌기에 충분한 상황이었다. 영화의 한 장면처럼 그 안에서 내린 사람은 늘씬한 미모의 여자.

　세련된 차림에 배낭을 멘 그녀가 약속이라도 한 듯 평양상회 안으로 들어왔다. 누군가를 만나러 온 것도 아닌 두 사람의 눈이 딱 마주쳤다. 그녀는 숙명여대 4학년에 재학 중인 백명순이었다. 건강을 위해 등산을 한다는 사실을 알게 된 이후 김정명은 자연스럽게 그녀와 가까워지게 되었다.

검악길을 개척한 주인공들. 왼쪽부터 이근배, 원준길, 홍성도, 한민호, 오영호.

백명순은 김정명에게 인도되어 후일 검악 산악회에 입회한다. 초기의 검악 산악회 회원들은 숙명여대 사학과에 재학 중인 그녀의 친구들과 어울려 백운대를 함께 올랐다. 백명순은 세 살 위인 김정명을 스스럼없이 따랐고 좋아했다. 산행은 그래서 더욱 즐거웠다.

1969년 인수봉은 '장마다 꼴뚜기'가 나는 해였다. 하늘길, 동양길, 서면 슬래브, 서면벽, 피톤길, 우정 A코스, 우정 B코스 등 굵직한 루트들이 태어났으며 검악길, 크로니길, 숨은벽도 바로 이때 시동을 걸었기 때문이다. 한국 최초의 산악 잡지 《등산》이 태어난 것도 바로 그해 5월이란 사실을 상기하면 1969년은 한국 산악사에서 특별한 의미를 부여할 만한 해임이 틀림없다.

그러나 그런 이면에서 사고도 뒤따랐다. 1969년 2월에는 한국산악회 해외 원정 훈련대가 설악산 죽음의 계곡에서 눈사태를 맞아 10명이 사망하는 대형 참사가 일어났고 백명순의 사고도 바로 그해에 일어났다. 1969년 5월 31일. 그녀는 백운대 정상 아래 마등에서 불의의 추락으로 짧은 인생을 마감한다. 김정명을 만난 이듬해였다.

김정명과 검악 산악회 회원들은 백명순을 보내고 백운대 아래 비석을 세워 명복을 빌었지만 그로써 할 일을 다한 것은 아니었다. 그녀가 생전에 유언처럼 남긴 말을 지울 수 없었기 때문이다. 백명순은 깔딱고개를 넘어 백운산장에 올 때마다 열십자로 그어진 남면을 가리키며 "저 곳에 바윗길을 만들면 얼마나 멋질까" 하고 읊조렸었다. 김정명이 그해 9월에 검악길을 만들기 시작한 것은 결국 그녀가 사라진 공백을 메우기 위한 작업이나 다름없는 일이었다.

검악길의 개척 등반에는 홍성복과 홍성도, 한민호, 오영호가 참여했다. 그러나 십자로를 지나 횡단 루트를 건너던 중 김정명은 작업에서 손을 놓았다. 그리고 아픔으로부터 자유로워지려는 듯 1971년에 산을 떠났다. 그 후 1975년에 중동으로 나간 것을 계기로 1979년엔 프랑스 샤모니에서 1년 가까이 거주하다가 1980년 12월에 미국으로 건너간다. 그가 떠난 뒤 공백기를 맞은 검악 산악회는 사진작가였던 임석제가 2대 회장을 맡았고 3대 회장직은 홍성복이 이어받았다.

## 김정명에 이어 원준길, 이인희 등이 완성

검악길은 그 후 원준길과 이인희 등에 의해서 완성을 보았다. 처음엔 검악 산악회 회원들의 등반을 도와주다가 합류한 원준길은 당시 최고의 기량을 발휘하던 클라이머였다. 그의 수노로 1970년 5월 말, 드디어 검악길이 마무리되었고 6월 1일엔 20여 명의 산악인이 지켜보는 가운데 정상까지 시등을 해 보였다. 백명순이 죽은 지 꼭 일 년 만의 개가였다. 이 과정에서 빼놓을 수 없는 공로자 한 사람은 이근배 전 펜싱협회 부회장이다. 그는 부친의 철공소에서 제작한 피톤을 공급했고 물심양면으로 지원을 아끼지 않았다.

검악 산악회의 창립 또한 1968년 초 한국체육대학에서 펜싱 코치를 하던 이근배가 김정명에게 후배들의 체력 훈련 요청을 한 것이 계기가 된 것이다. 김정명은 처음에 그들과 함께 '에스크림 알파인 클럽'을 만들었다. 에스크림은 펜싱의 프랑스어다. 지금의 검악이란 이름은 서울시 산악연맹에 등록하기 위해 한국어로 바꾸는 과정에서 퍼뜩 '검' 자를 생각해낸 강호기의 조언이 결정적인 역할을 했다.

건국대 62학번인 김정명은 최수남, 김인길, 신성삼, 김명수, 최창민, 김인섭 등과 동시대를 지냈고 인수산장의 이경구와 친구 사이다. 그리고 그는 크로니 산악회의 사람 좋은 후배 김항원을 세세하게 기억한다. 지금의 검악 산악회는 선배들의 공백 이후 장세규, 조병태, 이명걸, 이준 등이 주축이 되어 새롭게 일구어낸 단체다. 송원우, 한근상, 최정희, 김재봉, 권희서, 오광석, 장윤학, 엄운용 등이 현재의 근간을 만들었다.

검악 산악회는 벽 등반을 추구하고 즐긴다. 1988년 뉴질랜드 마운트 쿡 캐롤라인 남벽을 비롯하여, 1989년엔 아이거, 마터호른 북벽, 1990년엔 세로토레, 피츠 로이에 이어 2002년 알래스카 헌터 피크, 매킨리, 남미 아콩카과, 히말라야 시샤팡마 등의 등반을 성공으로 이끌어냈다. 그리고 다시 매킨리 동계 등반을 준비 중이다.

검악 산악회의 선배 세대들은 백운대에서 죽은 백명순을 잊지 못하지만 지금의 후배들은 장윤호를 가슴에 묻고 산다. 호랑이 굴을 등반하다가 생긴 근육 파열이 발단이 되어 희귀병으로 세상을 떠난 장윤호는 의리 있고 정 많은 친구였다. 그가 살았더라면 지금 검악 산악회의 모습도 달랐을 거라고 모두 입을 모아 말한다.

## 여자가 없는 검악 산악회

검악 산악회에는 여자가 없다. 언제부터인가 이들은 남자들만의 분위기를 고집한다. 그래서 애교 있는 여자들의 몫까지 후배들에게 돌아갈 수밖에 없다. 그 사랑의 표현이 채찍이 될지라도 더 큰물을 경험하기 위한 조건에 불과하다.

셋째 마디가 '까리' 하다는 이영준의 엄살을 그래서 최정희는 그냥 보아 넘길 수 없다. 보다 더 어려운 벽에 오르길 바라는 선배들의 마음은 그렇게 일상에서 던지는 한마디에도 복선이 깔려 있다. 십자로 크랙은 넷째 마디에서 끝이 난다. 이후의 길은 실처럼 희미한 금으로 이어진다. 횡단 구간을 건너온 후 마지막 다섯째 마디를 앞두고 최정희가 내게 루트를 확인한다. 그동안 하늘길이나 동양길 등의 슬래브를 통해 올랐던 것이다.

다섯째 마디의 긴 크랙은 크로니 산악회와 공동으로 올랐다고 합의한 곳이다. 두 산악회가 같은 시기에 개척을 시작하여 마무리 또한 같은 때 했기 때문이다. 어려운 곳을 통과한 후 정상으로 오르는 한마디 크랙을 두고 서로 우리 길입네 하는 식의 선점은 의미가 없다고 판단한 것이다. 보고서를 발간한 크로니 산악회도 이 길을 통해 정상으로 선을 그었고, 오늘 루트를 확인한 검악 산악회도 정상으로 이어지는 길을 되찾은 셈이다.

마지막 여섯째 마디는 등반 루트로 치기엔 어색하지만 그래도 이곳을 통해야 정상을 밟을 수 있다. 잡목 지대를 헤치고 정상으로 올라서니 좋은 날씨에 행복해하는 산악인들과 코오롱등산학교 38기 졸업생들이 반가움을 아끼지 않는다. 그들도 우리처럼 무진장 애쓴 결과 이곳에 오른 사람들이다. 쉽게 오르는 것이 의미가 없다 해도 정상에 서는 것마저 보람 없지는 않다. 언제 올라도 인수봉은 사라지지 않는 우리들의 비전이다.

 등반 길잡이

검악길은 1969년 5월에서 1970년 5월에 걸쳐 김정명, 홍성복, 원준길, 이인기, 홍성도, 한민호, 오영호, 이근배 등에 의하여 개척되었다.
등반 길이는 총 6마디에 153미터로 인수봉에서 가장 긴 횡단 코스이다. 남면의 십자로를 수직으로 오른 후 오른쪽으로 밴드가 끝나는 곳까지 간 후 다시 크랙을 따라 정상까지 진행이 독특한 길이다. 난이도는 첫째 마디 크랙 아래의 페이스가 자유 등반 난이도 5.10d이다. 그 이후 볼트를 이용하여 밴드를 횡단하는 구간은 어렵지 않으나 고도감이 심하다. 횡단이 끝나면 계속 오른쪽으로 이동하여 크로니길과 함께 사용하는 크랙을 따라 정상까지 오른다. 하강은 후면 하강길로 한다.

**« 검악길**

**여섯째 마디(20미터)** 넓은 침니를 걸어서 통과한 후 잡목 지대를 통과하여 정상으로 오른다.

**다섯째 마디(40미터)** 오른쪽으로 나간 후 크랙으로 진입한다. 이 크랙은 정상 밑의 나무가 있는 곳까지 이어지며 크로니길과 동일한 구간이다. V자형 벙어리 크랙으로 경사는 심하지 않다. 왼손과 왼발은 크랙에 재밍하고 오른발은 슬래브의 마찰로 오르면 편하다. 크랙이 끝나면 침니 아래 나무를 이용해 확보하며 왼쪽의 하늘길 슬래브로 올라서기도 한다.

**넷째 마디(28미터)** 남면을 가로지르는 밴드를 따라 오른쪽으로 이동한다. 동양길과 하늘길이 교차하는 구간으로 정확한 길은 밴드 선의 끝까지 나가는 것이다.

**셋째 마디(20미터)** 볼트로 연결된 트래버스 구간으로 바위 턱에 매달려 출발하면 자세가 편하다. 과거에 설치된 피톤 외에 5개의 볼트가 새로 설치되어 있다. 마지막 볼트에선 오른쪽 밑의 스탠스가 좋은 곳으로 내려섰다가 올라서면 편하다. 이 구간은 난이도보다 고도감이 심하다.

**둘째 마디(20미터)** 좌향 크랙을 레이백으로 7~8미터쯤 오른 후 오른쪽 벽의 볼트에 확보한다. 이후 돌출된 혹점에서부터 넓어지는 크랙을 손과 어깨를 비비며 오른다. 이곳은 과감하게 왼쪽 슬래브로 나와서 오를 수도 있다. 크랙이 끝나면 오른쪽 테라스로 진입하여 확보한다.

**첫째 마디(25미터)** 남면 아래 요철이 많은 바위 지대에서 출발한다. 십자로를 오르기 위해서 먼저 모서리의 피톤에 줄을 통과하고 오른쪽 페이스로 넘어간다. 페이스에는 볼트가 이어져 있으며 짧은 크랙과 슬래브를 통과하여 십자로 아래 움푹 파인 테라스의 피톤에서 확보한다.

**출발 지점**

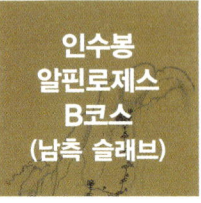

인수봉
알핀로제스
B코스
(남측 슬래브)

# 인생은 허무하고 꽃은 시들지 않네

우연과 필연이 있다. 사전적 의미로 우연은 뜻밖에 저절로 되는 것이고, 필연은 반드시 그렇게 되는 것이다. 세상을 이분법적으로 본다면 모든 결과는 둘 중 하나이며 그것의 반복이라고 할 수 있겠다. 평소에 무심하게 지나치던 일이 어느 날 필연처럼 현실로 나타나면 눈에 보이는 것 이상의 세계를 한번쯤 생각하지 않을 수 없다.

인수봉 남면에 바윗길로 피어난 알핀로제스. 그 꽃은 바로 숭실고등학교 산악부가 만들어낸 작품이다. 그 작품을 탄생시킨 주축은 곽효균. 오래된 소문을 더듬어 웹 서핑으로 찾아낸 숭실고 산악부의 회원 명단에서 제1번이 바로 곽효균이었다. 그 아래로 유명균, 이태호, 나주순, 김영수, 김영기, 조재명, 조성찬, 이광운 등의 명단이 30기 엄만용까지 이어지는데 내 눈은 10기의 고봉규에서 멈추었다. 그리고 어렵지 않게 그와 통화할 수 있었다.

알핀로제스의 흔적을 찾기 위해 숭실고등학교 오비들을 만났다. 그들은 김원중, 고봉규, 박진균이었다.

"저, 안면이 있는데요. 오래전인데…… 우린 양평에서도 같이 잤어요."

"어이쿠 이런! 빚이라도 지고 있었으면 큰일 날 뻔했네."

자세히 보니 박진균은 뜻밖에도 안면이 있는 사람이었다. 그는 내게 어떤 신세를 졌다고 기억한다. 기록을 더듬어보니 설악산 비선대 산장에서, 정확히 1990년 9월 10일에 그를 만났다.

비선대로 가는 길이 물에 잠겨 없어질 정도로 대홍수가 났던 해였다. 박진균은 산행 도중 비를 피해 하산하던 중이었고, 나는 '오이지'라는 별명을 지닌 전준수와 함께 산장에 갇혀 있었다. 그와 50여 판의 장기를 두면서 시간 싸움을 벌이던 3일째 드디어 비가 멎었고 서둘러 산장을 빠져나올 수 있었다.

박진균은 그때 내 차를 타게 되었고 서울로 향하던 중 양평에서 길이 끊겨 여관에서 하루를 묵을 때까지 함께 있었다. 그는 뜻밖에도 그때를 생생하게 기억하고 있었다.

박진균은 오이지로 통하던 전준수를 잘 따랐다. 전준수는 알핀로제스길을 개척한 곽효균과 '패시'라는 이름의 등산학교를 운영하며 일찍부터 어울린 사이였다. 우린 필연적으로 다시 만나야 할 사이였는지도 모른다.

## 완력과 밸런스 등반의 추억

결전을 앞둔 검투사처럼 인수봉 남면 아래 알핀로제스길로 갔다. 구파발에서부터 마라톤으로 달려온 지정배가 거기 와 있었다. 그는 마라톤 풀코스를 3시간대에 완주하는 체력을 가진 사람이다. 격전장으로 오르기 위해 장비를 꺼내는데 배낭에서 쏟아져 나오는 것은 떡볶이에 막걸리였다. 찬바람 쌩쌩 부는 소림사를 연상케 했던 남면은 졸지에 장터 분위기가 되었다. 자전거로 단련된 김원중이 막걸리 두 잔을 연거푸 마시더니 스스로 음주 등반은 반칙이라는 선언을 한다.

지정배마저 망설임을 보였지만 고봉규는 이에 아랑곳하지 않고 줄을 묶고 선등으로 간다. 알핀로제스길을 앞서 오르는 그는 1952년생인 곽효균의 8년 후배여서 학교 생활을 같이 할 수 없던 세대였다. 그러나 그는 지금 숭실고의 맥이 끊어지지 않도록 노력하는 사람이 되어 있다. 할 수만 있다면 산을 떠나지 않으려고 하다가 결국 등산 장비 업에 종사하게 되었다. 그가 갖고 있는 브랜드 역시 '알핀로제스'다.

고봉규가 쉬운 첫째 마디 크랙을 생략하고 올라서자 후등으로 지정배와 박진균이 레이백 자세로 그곳을 넘어간다. 그동안 건너편 능선에서 사진을 찍은 후 얼른 달려와 마지막 순번으로 바위에 붙었다. 숨 가쁘게 첫째 마디에 올라서자마자 고봉규는 둘째 마디로 신중한 스텝을 밟아 나간다. 연출보다 실제를 우선하는 내게 가장 무서운 일은 고난도 등반도 아니고 추락도 아니다. 재빠르게 움직이는 도중 실수로 떨어뜨릴지 모르는 카메라 장비다. 다소 두터운 몸매를 가진 그가 미세하게, 그러나 밀리지 않고 까만 흑점을 지나 볼트를 넘고 오버행 아래까지 가자 안도의 한숨이 흘러나왔다.

알핀로제스길의 둘째 마디 크럭스를 돌파하는 고봉규. 이곳을 지나서 오버행 아래로 나간다.

알핀로제스길을 개척하던 당시인 1973년에 찍은 사진. 선후배들이 함께 어울려 있다. 왼쪽에 이훈태와 장봉완. 그리고 중앙엔 명예 회원인 김명숙, 그 왼쪽으로 나주순이 있다. 맨 오른쪽에는 이동식 헬멧을 들고 있고 그 왼쪽에 곽효균의 모습이 보인다.

과거 곽효균은 둘째 마디의 흑점 밑에 볼트를 설치하지 않고 왼쪽 위의 짧은 균열 속에 앵글 피톤을 박고 조금 내려와서 오른쪽 둥근 모양의 바위 쪽으로 등반했었다. 그러나 클라이머들이 피톤을 이용하여 펜듈럼으로 흑점을 잡으려다가 다시 원점으로 돌아가는 것을 여러 번 목격하고 흑점 밑에 볼트를 박았다. 만일 피톤이 빠지면 큰 사고로 이어지기 때문이다.

이 길을 만들던 당시는 스포츠 클라이밍이 태동하기 전이었고 주로 밸런스에 의지하는 등반이었다. 이 길을 오르며 그 당시 곽효균은 새털처럼 가벼운 몸놀림을 가졌을 거라는 생각을 해본다. 고등학교를 졸업하고 대학에 진학해서도 그는 후배들과 어울렸다. 그가 산에 오는 날이면 후배들은 긴장했다.

"효균 형이 산에 오면 모두 차렷 자세를 했어요."

후배들은 그를 '곽틀러' 라 부른다. 철두철미하고 집요한 성격의 소유자이기 때문이리라. 그러나 그 별명은 존경심의 발로였다.

## 30년이 흘러도 식지 않는 열정

알핀로제스길의 주인공 곽효균은 대개의 선구적 산꾼들이 그렇듯 어린 나이에 산으로 출가하는 수순을 밟는다. 중학교 3학년 때인 1967년, 친구와 함께 우이동에 갔다가 물들인 군복에 로프를 메고 온 대학생들을 만난다. 그들은 우이령을 넘어 오봉으로 가는 길이었다. 운동화 차림의 곽효균은 친구와 함께 대학생들의 뒤를 쫓아갔다. 그리고 제일 아래 있는 1봉(지금의 오봉)을 거쳐 2봉까지 갔다. 그곳까지 간 이상 하산도 만만치 않았지만 자석처럼 끌려간 몸은 쉽사리 떨어지기 어려웠다. 그는 깜깜하게 어두워질 때까지 대학생들을 기다려야 했다. 인왕산이 있는 사직동에 살았던 그는 그렇게 신들린 사람처럼 바위에 접신한다.

곽효균은 숭실고등학교에 입학하자 윤성모, 유명근 등의 동기들과 스스로 산악부를 만들었다. 그리고 2년 동안 바위에 푹 빠져 지냈다. 그 후 대학교 1학년 때인 1970년에 서면벽 뱀길을 시작으로 이듬해 1971년 6월부터 1974년 봄까지 남측 슬래브를 포함한 총 4개의 알핀로제스길을 만들어낸다. 이때는 래더를 사용하지 않는 에이드 등반, 일명 볼트따기가 성행할 때였다.

그의 등반은 1977년 군대에서 제대한 이후 제2의 전성기를 만들어가며 장봉완, 박일환, 윤대표 같은 동기들과 인수봉을 무대로 등반 활동을 펼쳐갔다. 그리고 1970년대 말에는 후배 전준수와 함께 패시 PASI(Professional Association Sports Instruct)라는 이름의 센세이셔널한 등산학교를 만들지만 시기상조임을 느껴 곧 문을 닫았다.

그러나 또다시 1984년에 윤대표, 장봉완, 이용호, 홍옥선 등과 함께 '알파인 프로 가이드 협회'를 만들어 산에도 가고 돈도 벌겠다는 꿈을 펼친다. 그해 5월, 곽효균은 네팔 히말라야 샤르체 동봉 원정에서 윤대표, 셰르파 니마 옥추와 함께 정상 등정에 성공한다. 그러나 이때 마지막 캠프에서 동상에 걸려 양쪽 발가락의 일부를 절단해야 하는 시련을 겪는다.

"사고를 당한 이듬해, 발이 너무너무 시려 따뜻한 LA로 왔지요.

캘리포니아가 좋기도 했지만 무지무지 노력했어요."

그는 미국으로 건너가서 발 관리를 열심히 했다. 그리하여 현재 5.12a/b 정도의 등반 실력을 갖고 있다. 구체적으로 말하면 실내 암장에선 5.12, 자연 암장에선 5.11 정도의 난이도를 오를 수 있다. 그는 현재 요세미티 엘 캐피탄의 아메리칸 월에 난이도 A4~A5급 루트를 단독으로 개척 중이다. 작년엔 그 길을 등반하다가 바닥까지 추락했고 올봄에도 떨어져서 어깨, 허리, 갈비뼈, 팔목 등이 성치 않다. 그런 가운데 넷째 마디까지 작업이 진행되어 있다. 그는 한국의 바위 등급이 과대평가되어 있다고 말한다. 그에 대한 반증으로 미국 바위에서 다치거나 오르지 못하고 가는 상위급 클라이머들의 예를 든다. 최근에는 추락으로 부상당하는 사고가 거의 매년 생긴다.

알핀로제스길의 개척에 참여한 사람들의 면면을 다 기억하지 못할 정도로 긴 시간이 흘렀다. 그러나 곽효균은 미국으로 이민 간 조성찬, 이동식, 백중식, 이광운, 안홍선 같은 사람들의 이름을 쉽게 떠올린다. 한국을 떠난 지 20년이 되었지만 아직도 그는 열심히 바위를 오르고 더 잘하기 위해서 노력을 아끼지 않는다. 생업인 등산복 제조에 열을 올려야 하지만 아직은 그레이드를 더 높이고 싶기 때문이다. 그래서 남들처럼 컴퓨터 앞에 앉아 있을 시간이 없다.

### 망망대해 너머 사라져가는 길

오버행을 우회하여 오른쪽으로 살금살금 기어가던 고봉규가 셋째 마디 슬래브를 끝내고 완료 소리를 외친다. 그곳에 펼쳐지는 남측 슬래브는 마치 망망대해 같다. 그 넓은 바다로 나가는 길을 곽효균은 하나로 만들지 않았다. 일명 '로제스 C코스'가 되는 변형 길 하나를 추가해놓은 것이다. 길은 둘째 마디에서 오른쪽으로 시계추처럼 펜듈럼하여 긴 테라스에서 시작한다. 그곳에서 2개의 볼트를 박고 다시 오른쪽으로 나간 후 만만치 않은 슬래브를 올라야 비로소 셋째 마디로 합쳐진다.

알핀로제스길이 개척될 당시의 장비들. 붉은색의 헬멧과 래더, 알루미늄 카라비너, 피톤, 점핑 세트와 링 볼트 등이 눈길을 끈다.

현재 알핀로제스길로 통용되고 있는 알핀로제스 D코스는 1973년 봄에 착수한 곽효균의 마지막 작품이다. 에코길 왼쪽에서 시작되는 이 길은 첫째 마디 십자가 위에 인공 홀드를 파고 자유 등반을 했다. 이후 오른쪽으로 이동 도중 시계추처럼 추락하면서 곽효균은 어깨와 엉덩이, 무릎을 다치기도 했지만 어려웠던 시작 부분을 완전한 자유 등반으로 오를 꿈을 아직 버리지 않았다.

비교적 쉬운 넷째 마디는 더 갈 수도 있고 끝낼 수도 있는 선택 사항. 그곳을 건너 하강길에 신 박진균, 고봉규의 어울림이 좋아 보일 때 등반은 끝났다. 문득 해가 기우는 때, 이곳에 서서 동쪽을 보며 누군가를 아쉬워하던 기억들이 아련하다.

  해는 서산에 지고 쌀쌀한 바람 부네
  날리는 오동잎 기을은 깊었네
  꿈은 사라지고 바람에 날리는 낙엽
  내 생명 오동잎 닮았네
  모진 바람을 어이 견디리

지는 해 잡을 수 없으니

인생은 허무한 나그네

봄이 오면 꽃 피는데 영원히 나는 가네

30년 전에 피어난 알핀로제스. 그 꽃은 해가 서산으로 기우는 역광에 바위가 살아 일어날 때 한 폭의 그림이 되었다. 그리고 시한부 인생을 살다간 리칭의 〈스잔나〉와 같이 오래된 영화를 떠올리게 했다.

"수고하셨어, 봉규. 슈퍼맨이야."

선배의 한마디 위안에 등반의 고단함은 씻은 듯 사라진다. 알핀로제스는 열정을 가진 사람들의 보이지 않는 기운 덕분에 언제나 시들지 않는 꽃으로 인수봉 남면에 피어나리.

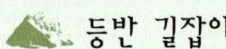 등반 길잡이

알핀로제스길은 1970년에서 1974년 사이에 숭실고등학교 산악부의 곽효균을 비롯한 오비들에 의해 개척되었다. 그 길의 첫 번째가 뱀길로 통용되는 알핀로제스 A코스이며, 회원들 간에 알핀로제스 B코스라고 불리는 남측 슬래브는 1971년, 남측 슬래브의 변형인 알핀로제스 C코스는 1972년, 그리고 알핀로제스로 부르는 에코길 위로 뻗은 알핀로제스 D코스는 1973년과 1974년 사이에 각각 개척되었다. 알핀로제스 B코스인 남측 슬래브의 등반 난이도는 둘째 마디 종료 지점 직전이 5.10b로 평가되어 있다. 전체 등반 길이는 90미터에 달하며 각기 4마디에서 5마디로 나누어 등반할 수 있다.

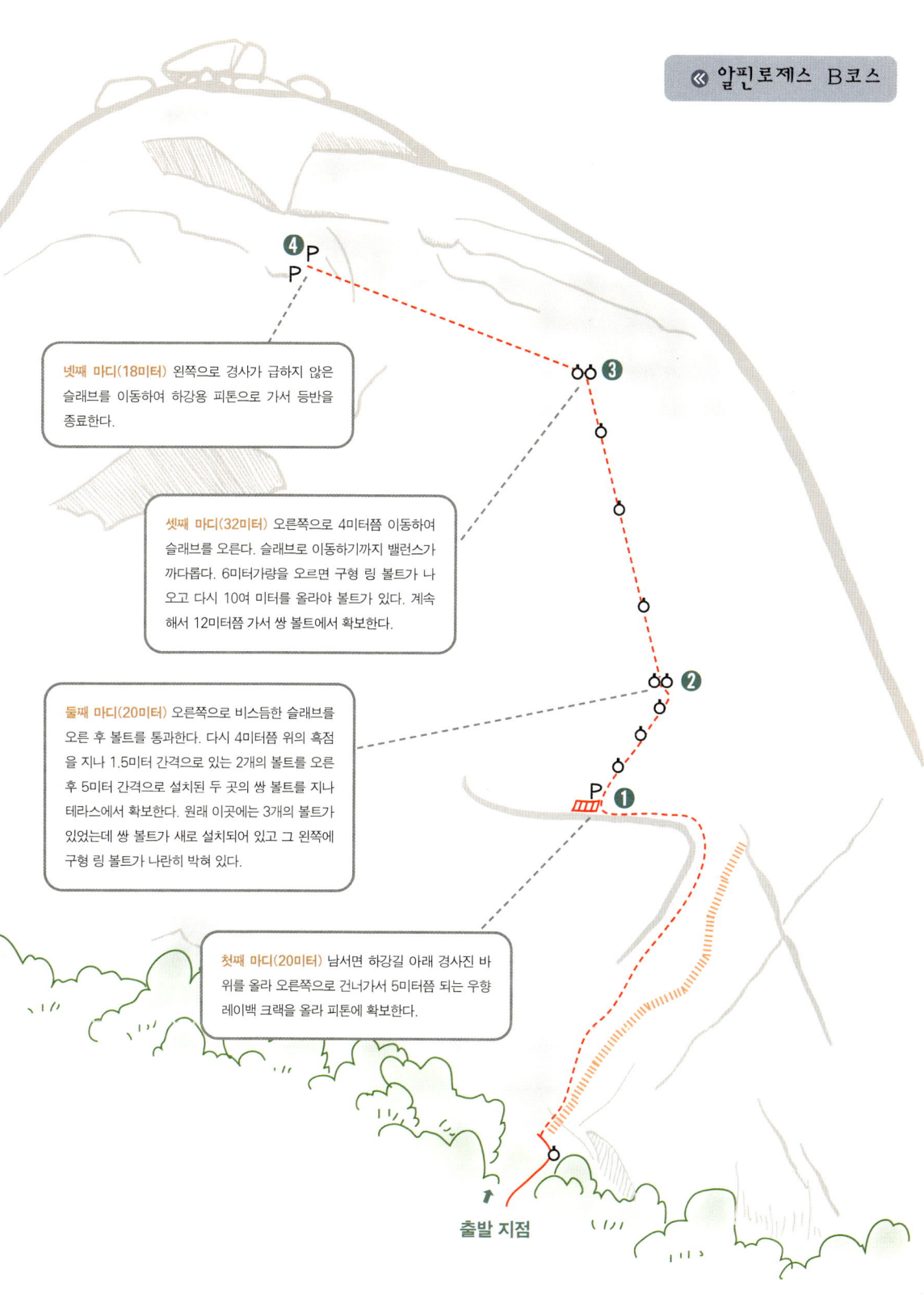

인수봉 의대길

# 그곳에 서면 너의 웃음소리가 떠오른다

배낭을 메고 한밤중에 산길을 걸어본 사람은 안다. 함께 오르는 이의 소중함과 작은 랜턴 불빛이 주는 위안을. 그것은 일상에선 느끼지 못하는 일이다. 산이 주는 특별한 느낌을 아는 사람들은 늘 어디론가 떠날 꿈을 꾸기 시작한다. 굶주림과 갈증 속에서도 즐거움과 희열을 찾아낸 일들을 기억하며.

1971년 8월 하순. 한 무리의 산꾼들이 북한산 인수산장으로 들어섰다. 이들은 주말이면 단골로 산장을 점령하던 무리들은 아니었다. 관리인이었던 이경구는, 방학도 끝나가는 평일에 나타난 이들을 등록금 '삥땅' 치고 산장으로 놀러온 학생쯤으로 보았다. 그것도 서울대 의대생을 사칭하며. 그러나 그 생각은 며칠 가지 않아 바뀌고 만다.

그들은 바로 인수봉 의대길을 만든 주역들로 당시 서울대 의대 본과 4학년인 이남규, 오규철, 예과 2학년인 최태식, 이병달, 허준평, 그리고 1학년인 김성환 등이었다. 오규철과 이남규는 시험을 앞둔 때였지만 후배들과 함께 남은 여름을 후회 없이 바위에서 놀자고 의기투합했던 터였다. 졸업하면 의사라는 직분으로, 산에 가는 것이 쉽지 않기 때문이다. 이경구는 오규철이 허구한 날 옥상에서 죽치며 춤추고 놀던 '썩은 오씨'였다고 서슴없이 말하지만, 그때의 대원들을 아직도 잊지 않는다. 귀바위 슬래브라고 부르던 이 루트를 이경구는 서울대 의대생들이 낸 길이라고 해서 의대길로 부르기 시작했다. 그러나 정작 길을 낸 당사자들은 보고서에조차 이름을 만들어 기록하지 않았다. 자신들이 한 일을 스스로 평가하거나 이름 짓는 것이 내키지 않았던 것이다. 그러나 산악인들은 자연스럽게 그 길을 의대길이라고 불러주기 시작했고, 지금은 그렇게 굳어져버렸다.

원 없이 등반을 하고 싶어 했던 그 학생들은 지금 어디서 무엇을 할까. 예상은 어렵지 않다. 그들은 의사가 되었거나 안정된 사회인이 되었다. 그중 허준평은 군인의 길을 택하여 이른바 장군이 되었다. 그것도 별을 두 개씩이나 단 육군 의무감이다. 그러나 산에서만큼은 선배들 사이에 끼여 있는 조용한 후배일 뿐이다. 오규철은 '앙카 바짝' 소리 한마디 없이 둘째 마디를 구렁이 담 넘어가듯 오르던 타고난 바위꾼이 허준평이었다는 칭찬을 입에서 떼어놓지 못한다. 결국 그가 바로 오늘의 큰 바위 얼굴이 된 것은 아닐까.

오규철은 산을 떠난 후 산악 자전거, 마라톤, 철인 경기 등을 새로운 도전의 대상으로 잡았다. 그의 마라톤 기록은 풀코스 완주에 3시간 40분이다. 오규철만이 아니라 이병달 역시 마라톤 풀코스와 180킬로미터의 사이클링, 3.8킬로미터의 수영을 13시간에 주파하는 철

▶ 의대길의 고빗사위, 둘째 마디 쌍 크랙을 오르고 있는 이현수를 장우영, 이의준이 확보하고 있다. 과거에는 고정 피톤 세 개를 설치하며 올랐으나 지금은 프렌드를 설치하며 오른다.

인이 되어 있다.

## 개척자 정신을 이어받은 전국구

길을 만든 개척자들에 비해 30년은 족히 차이가 날 까마득한 후배들과 함께 의대길을 찾았다. 세련되지 않은, 그렇다고 노련하지도 못한 이들의 품새는 학생다워서 보기 편하다. 오가는 그들의 대화에서는 산과 삶이 뒤죽박죽되지 않을 만큼의 이성도 엿보인다.

어느덧 50년 역사에 이르는 서울대 의대 산악부의 분위기는 달라진 게 없는 듯하다. 오늘의 리더는 비교적 등반 경험이 많은 부산 출신 이현수, 그리고 학년은 같지만 나이가 많은 장우영, 대구 출신 이수영, 익산 출신 김동현, '어깨동무' 글씨가 새겨진 배낭을 메고 소풍 가듯 동참한 서울내기 이의준. 이렇듯 서울대가 갖는 특성처럼 '전국구'로 합쳐진 5명은 모두 안경을 썼다. 산악부의 규율쯤은 없어도 관계없는 듯보이는 재학생들이 초행인 의대길을 잘 해낼지 궁금했다.

"각자 산행비 내고, 학생증 걷어서 600원 아껴야지."

이현수는 재학생들을 이끌어야 한다는 의무감을 지닌 리더다. 등반에선 모두 그의 결정을 기다린다. 대학 산악부답게 헬멧을 쓰고 먼저 오르는 것도 그의 몫이다. 얼음이 붙어 있는 취나드 B코스를 우회하여 슬래브를 오른다. 세련되지 않지만 믿음직한 몸짓을 보이는 김동현이 두 번째로 따라 붙었다.

"동현아, 매듭 풀지 말고 후등자 확보 보는 법을 가르쳐줘!"

의대길의 마지막인 여섯째 마디. 총 130여 미터에 달하는 의대길은 1971년에 다섯째 마디까지 개척이 되었고 마지막은 그 이후에 연결이 되었다.

"손 선생님이 제 세컨을 봐주실 수 있겠어요?"

이현수의 주문에 후배들을 염려하는 마음이 담겨 있다. 좌향 크랙을 지나면 까다로운 한 스텝의 슬래브가 있다는 것을 알기 때문이리라.

이현수의 확보를 봐주고 사진을 찍기 위해 영길 쪽으로 가야 하는데 안심이 되지 않는다. 그가 심리적 부담을 느끼는 것이 눈에 보이기 때문이다. 둘째 마디 쌍 크랙은 의대길의 고빗사위. 아직 경험 없는 신참들이 붙기엔 쉽지 않은 곳이다. 아니나 다를까. 적지 않은 시간을 끌고 있는 이의준에게 현수는 셋째 마디에서 하강을 권유한다. 결국 이의준, 김동현, 이수영은 도중 하강하고 장우영, 이현수와 함께 넷째 마디를 오른다.

'죽어도 함께, 살아도 함께' 라는 말은 이제 산에서도 빛이 바래가는 느낌이다. 대신 언제부터인가 '자유롭고 즐겁게' 라는 말이 그 공백을 차지하기 시작했다. 참 좋은 말이다. 산에서 어떻게 해야 하는지는 어떤 자세로 산을 대했는지에 따라 다를 수밖에 없다.

### 함께 웃고 더불어 오른다

앞장선 이현수에게서 인수봉에서의 일화가 독백처럼 흘러나왔다. 언젠가 산악회 선배와 검악길을 올랐을 때 초보 후배가 초스피드로 올라온 것이 너무 신기해서 모두들 감탄을 아끼지 않았다. 그런데 알고 보니 후배는 참을 수 없을 정도로 대변이 마려웠단다. 힘겹게 올라온 그곳에 화장실이 없는 것은 당연한 일. 그는 빨리 내려가기 위해서 정신없이 올라왔을 뿐이다. 결국 팀 전체가 그곳에서 하강을 하고 말았다. 며칠을 굶어가며 험난한 벽에 붙어서 싸울 수는 있어도 밀고 내려오는 대변을 참는 일은 용기와 끈기로 해결할 수 없다. 자연 앞에서 인간은 나약하듯 생리적 현상 앞에서는 모두가 평등할 수밖에 없다. 오늘 등반에서는 일사불란한 팀워크는 보이지 않는다. 분수에 맞게 느릿느릿 오를 뿐이다.

셋째 마디를 넘는데 시간을 끌다 보니 짧은 햇빛마저 벽 너머로 사라진다. 정강이가 시려왔다. 의대길은 햇빛이 있을 때 넷째 마디를 끝내는 것이 좋다. 그렇지 않으면 요철이 드러나지 않아서 고도감이 더 느껴지기 때문이다.

옛날 사람들이 보았던 것처럼 인수봉을 독이나 손잡이가 달린 그릇에 비유하지면 의대길은 돌출된 손잡이에 해당된다. 따라서 해가 사각 지역을 비출 때 의대길의 위용은 한층 더 실감난다. 개척자들은 바로 그런 돌출된 바위를 면밀히 관찰했다. 20여 일간 망원경으로 전 코스를 정찰하고 10개 루트를 하강하면서 근접 촬영까지 하는 수고를 아끼지 않았다. 그 결과 20미터 간격으로 가로놓인 밴드를 발견했다. 그것이 바로 등반의 열쇠였던 것이다. 그런 연후에 시도된 의대길은 짧은 시간에 집중도를 높인 것이 주효했다. 1971년 8월 26일 이남규와 이병달은 A코스를 올라 귀바위 뒤 테라스에서 나무에 로프를 걸고 35미터를 하강한 곳에서 슬래브 등반에 성공한다. 그리고 의대길 등반의 가능성을 확인했다. 그리하여 8월 30일에 이남규, 오규철, 이병달, 김성환 등이 주축이 되어 개척을 마무리하고, 9월 첫째 주와 둘째 주엔 최태식, 정흠, 김주이 등이 가세하여 시험 등반을 마치며 의대길은 비로소 탄생했다.

대개의 대학 산악부와 달리 서울대 의대 산악부는 조금 다른 분위기를 지니고 있다. 이들은 합리주의에 입각한 의학도답게 관계가 매우 수평적이다. 의대길 등반이 끝나고 발간한 개척 보고서에는 대장의 이름이 없다. 산악부장 이름도 명기하지 않았다. 졸업을 앞둔 이남규, 오규철, 최태식 등의 선배들이 리더였고, 재학생인 이병달, 허준평, 김성환 등은 촬영과 기록을 담당한 대원이었을 뿐이다.

서울대 의대 산악회는 1956년 4월 첫 총회를 개최한 후 오늘날까지 200명에 달하는 '점 조직'이 만들어졌다. 조중삼 교수가 초대 회장을 지냈고 부회장에 심상황, 산악부장엔 문일영 외에 이민재, 고재경, 박찬웅 등, 한국산악회의 오랜 주축 멤버들이 서울대 의대 산악부 출신이다. 1958년엔 서울대 공대생인 박승준, 서립규, 남정현, 마석일, 선우문옥 등 산악계 유명 인사가 된 사람들과 지리산 하계 등반을 떠난 기록도 눈에 띈다.

2학년 학생들을 내려 보내고 이현수, 장우영과 함께 다섯째 마디를 마친다. 이곳은 15미터쯤 되는 쉬운 슬래브이지만 중간에 확보용 볼트가 하나쯤 필요한 곳이다. 취나드 B코스가 끝나는 테라스에 오

의대길 개척의 주역들. 왼쪽부터 김성환, 이병달, 오규철, 허준평.

른 이현수의 에코 소리가 퍼져나간다.

"어허이!"

사투리가 섞인 소리가 마치 의대의 '의'자로 들린다. 피톤에 확보하고 작은 바위 턱에 올라서서 왼쪽 끝으로 올라서는 여섯째 마디 슬래브는 출발이 조금 과감해야 한다. 미끄러지면 몸이 허공으로 뜰 것 같은 공포감이 발밑에 있기 때문이다.

애당초 의대길은 다섯째 마디까지 만들어졌다. 마지막 슬래브는 이후에 연결되었다. 이곳은 4개의 볼트로 이어진다. 슬래브를 지나 정상에 서면 인수봉에서 분리된 독립된 봉우리처럼 느껴진다.

바람이 세차게 부는 정상에 이현수와 장우영이 섰다. 참 행복해 보인다. 여기에는 심각한 몇 시간 동안의 몸싸움이 응축되어 있다. 어깨동무한 두 사람은 먼 훗날 오늘의 기억을 떠올릴 때마다 미소 지을 수 있을 것이다. 둘은 웃으며 합의한다. 먼저 내려간 후배들이 꼭

대기에 무엇이 있더냐고 물으면 이렇게 대답하기로. 정상에 찰떡 파이와 자동 판매기 커피가 있다고. 사실 여부는 직접 가서 확인하길 바란다고.

 **등반 길잡이**

의대길은 1971년 8월 하순에서 9월 중순에 걸쳐 서울대 의대 산악부가 개척한 길이다. 전체 루트는 총 여섯 마디로 되어 있으며 등반 길이는 약 130미터에 달한다. 최고 난이도는 마지막 마디의 슬래브가 5.10b로 매겨져 있으며 장비는 프렌드 1, 2, 3, 5호 등이 필요하다. 등반의 시작은 일명 오아시스라고 부르는 대 슬래브의 중단 잡목 지대의 오른쪽에서 시작한다. 여섯째 마디에서 등반을 끝내면 올랐던 루트로 하강을 할 수 있으며 기존 A코스 쪽으로 한 번의 하강을 한 후에 인수봉 정상에 오를 수도 있다.

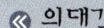

**여섯째 마디(20미터)** 하강용 피톤에 확보한 후 왼쪽 끝으로 이어지는 작은 바위 턱을 딛고 슬래브에 올라선다. 그 후 4개의 볼트를 지나면 등반이 끝난다. 여기서 갈라진 바위를 건너뛰면 귀바위 정상이다. 이곳에서 인수 A코스 넷째 마디 종료 지점으로 하강하여 인수봉 정상으로 갈 수도 있고, 쌍 볼트에 줄을 걸고 오아시스로 하강할 수도 있다.

**다섯째 마디(20미터)** 어렵지 않은 슬래브이지만 중간에 볼트가 설치되어 있지 않으므로 신중해야 한다. 슬래브가 끝나면 취나드 B코스의 크랙이 끝나는 넓고 평평한 테라스다.

**넷째 마디(30미터)** 경사 70도에 가까운 슬래브이지만 바위면의 요철이 잘 발달되어 있다. 4개의 볼트를 지나 왼쪽으로 이어지는 밴드형 홀드를 따라 오른다. 원형 피톤과 볼트에서 확보한다.

**셋째 마디(12미터)** 짧은 슬래브와 연속된 5개의 볼트를 지나 고정 피톤까지 오른다.

**둘째 마디(20미터)** 두 개의 크랙 중 아래의 크랙을 재밍이나 레이백으로 5미터쯤 오른 후 오른쪽 크랙으로 진입하여 재밍을 하며 테라스로 오른다.

**첫째 마디(25미터)** 출발 지점의 소나무 오른쪽 밴드로 이동한 후 왼쪽의 볼트를 통과한 후 다시 왼쪽의 그립 홀드를 이용해서 슬래브를 오른다.

출발 지점

인수봉 설교벽

# 크로니들의 놀이터,
# 눈 내린 한적한 성 밖의 벽

　아직도 산에 가야 할 명분이 있다면 그것은 친구로 인해서 가능해진다. 추억이란 곧 친구에 대한 기억이므로. 산이 친구라는 말은 크로니 산악회에서 정답으로 여겨진다. 크로니란 말의 뜻이 오랜 친구이기 때문이다. 설교벽의 등반 루트는 바로 그들이 만든 작품이다.

　1971년 11월 30일자 조선일보엔 인수봉 후면 오버행에서 하강하다가 7명이 동사한 사고 내용이 일면에 실렸다. 이것은 설교벽의 기록을 뒤지다가 우연히 보게 된 기사였다. 사고가 났을 때 한국산악회의 변완철이 구조 작업을 지휘했다. 그때까지 32년간 98명의 인명을 구조해낸 영원한 구조대장이던 그가 그날도 어김없이 현장에 있었던 것이다. 신문 기사엔 낯익은 이름도 눈에 띄었다. 그 이름은 김항원. 바로 인수봉 설교벽 루트 개척의 주역이었다. 당시 김항원은 조난자

눈 내린 인수봉 설교벽. 정상에서 오른쪽으로 뻗은 능선이 인수 리지이고 그 아래 북면이 설교벽이다. 그늘벽이라고 부르던 설교벽은 '눈 내린 한적한 성밖의 벽'이라는 뜻으로, 김항원이 이름을 지었다는데 이견이 없다.

의 시신을 수습하기 위해 4명의 크로니 회원들과 하강 루트를 오르내리며 힘겨운 작업을 해냈다. 기자들은 이들의 희생적인 행동을 놓치지 않았다. 옛 기록을 뒤지는 일은 무언가 손해 보는 느낌이 없지 않다. 하지만 추억이 묻힌 단서를 보면 이제껏 기다렸다는 듯이 끌려가기 마련이다. 김항원의 행적을 옛날 신문에서 보게 되리라고는 생각하지 못했었다.

1970년대는 산악인들에게 희망의 연대였다. 인수봉과 선인봉의 기존 루트가 대부분 개척된 것도 이때였고 그로 인해 본격적으로 해외 원정도 꿈꾸게 되었다. 새로운 활로를 모색할 때 찾아낸 설교벽은 보물과도 같은 곳이었다.

김항원은 크로니의 회원들과 취나드 A코스를 오르다가 인수봉의 동북면으로 연결된 병풍같이 넓게 퍼진 페이스를 발견한다. 훌륭한 암벽을 보니 흥분을 감출 수 없었다. 김경호와 최선웅 일행이 숨은벽을 개척한 것이 한 해 전의 일이었다. 그러므로 인수봉에도 숨겨진 루트가 있으리라는 기대가 없지 않았다. 김항원과 크로니 식구들은 개척 등반 준비를 서둘렀다. 그리하여 인수봉에 때 이르게 흰 눈이 내린 1970년 10월 24일 개척의 신호탄을 올렸다.

## 김항원이 개척 총지휘

설교벽 개척 당시 20대 초반의 김항원(우)과 그의 동료였던 이길호. 그 당시의 유행이었던 줄이 쳐진 스톰 파커와 크레터 슈즈를 신고 있다.

설교벽은 인수봉에서 가장 은밀한 바윗길이다. 항상 그늘지는 북면에 있어 그늘벽이라 부르기도 했다. 그러나 이곳이 크로니의 무대가 되면서 설교벽이라는 이름이 붙기 시작했다. 그 이름은 김항원이 지었다는 데 이견이 없다. 200자가 넘는 교자 중에 선택한 교郊는 성 밖의 교외를 뜻하는 말이다. 인수봉의 북면을 산성 밖이라고 본 것이다.

김항원은 에너지가 충만하며 예능에도 자질이 있었다. 대학에서 연극 영화를 전공했고 국립영화제작소에서 20년씩 근무하기도 했다. 1995년 4월 30일 작고하기 전해에는 설악산을 담은 기록 영화로 이탈리아 샬레르노 국제 영화제에서 입상하기도 했다. 그는 서예의 대가 여초 김응현에게 오랫동안 사사를 받아 한문에도 조예가 있었다. 산친구 박영배를 서예에 빠지게 만든 것도 김항원이었다. 그런 그가 '눈 내린 한적한 성 밖의 벽'이라는 서정적인 이름을 지어낸 것은 이상한 일이 아니다. 그와 함께 루트 개척에 참여한 김연호는 다음과 같이 그를 회고한다.

"형은 참으로 신선한 리더였다. 일요일에 만나서 바위 하고, 내려와서는 거창하게 술을 마셨다. 산에 있었던 시간보다 더 길게 혹은 아예 밤을 새우며 마셨다. 그래도 아쉬우면 그 다음 날까지 하산주를 마셨다. 그런 크로니 악동들에게 항원 형은 자연스러운 술자리처럼 우리에게 다가왔다……. 형은 멋진 사람이었다. 누런 키슬링을 메고 줄지어 다니며 식민지 냄새를 풍기던 산사람들 사이에서, 멋있는 반바지에 윗옷을 당당히 벗고 작은 배낭을 메고 나타나 최신 등산 패션을 선보였다. 형이 있기에 크로니의 등산 패션은 단연 압권이었다. 우리 시선에서 본다면 다른 명문 산악회의 친구들도 참으로 꾀죄죄하고 냄새나는 복장들뿐이었으니까. 어디 복장만 그랬나. 장비는 물론 여자 친구들도 최고였다. 우리 인생에서 크로니를 뺀다면 얼마나 건조해질까. 형은 우리 젊은 날의 우상이었다. 크로니와 항원 형은 내 인생의 가장 아름다운 추억이었다."

## 1970년 10월부터 1년간 8개 루트 개척

김항원은 설교벽을 보물처럼 닦고 보듬었다. 직접 스케치도 해보고 코스마다 길이를 재고 확보물까지 설치하며 본격적인 작업에 들어갔다. 등반대원은 원정대와 같은 진용을 갖추었다. 개척대원은 A조에 안상갑, 김연호, 이승용, B조에 금창여, 남순철, 김태성, C조에 정명환, 김정기, 방만익으로 구성되었고 리더엔 김성국 그리고 김항원은 총지휘를 담당하게 되며 지원조엔 김효숙, 유인희, 김철욱, 이현식이 가세한다.

1970년 10월 24일, 설교벽 오른쪽의 제1코스를 시작으로 11월 2

일에서 4일까지 제2코스와 제3코스, 11월 28일엔 제4코스까지 작업을 마쳤다. 루트 개척은 다시 이듬해 여름으로 넘어간다. 그리하여 제5코스는 1971년 8월 14일, 제6코스는 10월 3일, 제7코스와 제8코스는 11월 7일에서 14일까지 이루어지며 총 8개의 루트가 탄생하게 되었다.

설교벽에 올 때마다 궂은 날씨를 만난 탓으로 취재는 어느덧 여름에서 늦가을로 넘어오고 말았는데 그토록 벼른 오늘도 날씨는 신통치 않다.

"영배 형! 가시죠."

"아니야. 창연이가 가야 돼. 장본인이 가야지 누가 가나."

"나도 너무 오래돼서 아리삼삼해요."

금창연은 개척 등반 도중 봉봉 피톤을 떨어뜨려 지금까지도 남순철의 이마에 상처를 남긴 장본인이다. 그러나 남순철이 손해 배상을 청구하지 않은 것은 물론 지금까지도 친구로 지내는 걸 보면 산이 법보다 우세한 것은 확실하다.

"래더를 밟고 앞쪽으로 돌아서 떨어졌는데 죽는다는 생각은 안 들고 마치 70밀리 영화를 보는 것 같았어. 한 20미터 떨어졌나? 어이쿠 했던 생각밖에 안 나. 그런데 항원 형이 다시 끌고 올라갔어. '오늘 안 하면 다시는 바위 못 한다'고 해서 오른쪽으로 다시 올라갔지. 설교벽은 졸때기일 땐 안 갈라 그랬어요. 선배들은 반찬 투정부터 술 심부름에다 '빳따'도 많이 쳤지. 그땐 나도 육군 중위였는데 산에 오면 졸병이 하나도 없는 거야. 그래서 밥하고 설거지하고……."

금창연은 마치 어제 일처럼 속속들이 선배들의 치부를 들추어낸다. 등반대장 김상일은 아이들 꼬드기듯 선배들을 바위로 끌고 가려

하지만 날씨 때문인지 다들 사양한다. 오늘처럼 우중충한 날은 후배들을 올려 보내고 뒤에 남아서 소주판 벌이는 재미가 쏠쏠하다는 걸 산전수전 겪은 선배들은 너무도 잘 안다. 이곳에만 오면 크로니의 악동들은 내 집처럼 마음이 편안해지는 모양이다. 결국 오늘의 등반은 시도 때도 없이 오르고 싶어 하는 신참들과 뒤를 지켜줄 김상일과 함께다.

## 크로니, 우리만의 아지트

언젠가 바둑의 고수 서봉수가 세계 바둑 대회에서 우승했을 때 해외에서 수업을 거친 경력 없이 정상에 오른 그를 '된장 바둑'이라고 불렀다. 오늘 함께 오르는 크로니의 등반대장 김상일은 '된장 바위'라고 불러주고 싶은 사람이다. 그는 하체가 가늘고 상체와 손가락 힘은 무지하게 센 스포츠클라이밍형이 아닌 선천적으로 단단한 장사형이다. 기존 루트는 언제든 힘차게 오르기에 충분한 몸이다.

설교벽의 첫째 마디는 부담스럽지 않은 슬래브다. 모두들 성큼성큼 잘도 오른다. 그러나 언더 크랙에는 아직도 물기가 남아 있어 망설임이 따른다. 날씨가 차가워 손을 호호 불어댄 다음 한 차례씩 힘을 쓸 수 있나. 김상일에 이어 정근성, 이시종, 이건호, 금창연 순으로 소나무까지 잽싸게들 오른다. 그런데 다시 설용환이 둘째 마디로 오르기 시작하자 선배들은 선수들만 놔두고 내려가기 시작한다.

"난 취재한다고 해서 설교벽이 우리가 개척한 길인 줄 알았어요."

뜻밖의 말이다. 등반대장도 모를 정도로 크로니 산악회 회원들은 설교벽을 잊고 지냈다. 오늘 오르는 길도 개척 당시 1번이었는지 2번이었는지 혼동이 갈 정도다. 하지만 장택훈 회장은 회원들이 해야 할 일을 정확히 생각하고 있다. 그는 등반이 끝나고 다시 이 길로 하강하려면 하강 피톤 박을 자리를 생각해두어야 한다고 말한다. 사실 설교벽은 재정비가 필요하다. 이것은 꽤 귀찮긴 하지만, 비 오는 날 설교벽에 왔을 때 소주보다 바위가 좋은 사람이 더 많아지면 쉽게 해결될 것이다. 크로니 산악회의 간판스타 유동옥은 설교벽에 대한 남다른 애착이 있다. 그는 설교벽이 어떤 곳이었는가를 다음과 같이 기록해두었다.

1970년대에는 이곳이 우리만의 아지트라고 생각했고 사실이 그러했었다. 손바닥만 한 이곳 비탈진 베이스캠프 주위의 굵은 나무들을 잘라 나무 사이에 걸쳐 장비 걸이로 이용했고 엉덩이를 걸치는 의자로 쓰기도 했었다. 지금은 흔적조차 없어졌지만 베이스캠프에 사람 높이의 케언을 쌓아 우리의 영역임을 표시해놓았다. 겨울에는 눈이 가슴 높이만큼이나 쌓여 있었고 춘사월까지도 녹지 않았던 이곳은 눈 장난을 많이 했던 추억 어린 곳이다.

그의 글 일부만으로도 설교벽이 크로니의 젊은 가슴에 어떤 추억을 새겨놓았는지 알 것 같다. 어쩌면 이곳은 더 이상 산에 오르기가 벅찰 때 먼발치에서 바라만 보아도 눈시울이 젖어드는 곳이 될지도 모르겠다.

## 인수 리지 통해
## 인수봉 정상 도착

설교벽 아래 모인 크로니 산악회 회원들.
앞줄 왼쪽부터 박영배, 남순철, 브랜든, 양은석.
두 번째 줄 오른쪽부터 이건호, 장택훈, 이시종.
뒷줄 왼쪽부터 금창연, 머리 뒤의 진기환, 오른쪽으로 박선현, 박준석, 토마스.
마지막 줄 왼쪽부터 진설희, 주우석, 김상일, 박문자, 박미영.

잡풀이 많은 둘째와 셋째 마디가 끝나고 왼쪽으로 넘어가는 트래버스. 설용환이 상수리 나무에 슬링을 걸고 확보한 후 5미터쯤 올라 피톤에 줄을 걸고 좌측으로 건너간다. 머리 위를 올려다보니 오른쪽에도 날렵한 수직 크랙이 있다. 그 속에 초등 당시의 것으로 보이는 피톤이 눈에 띈다. 과연 이 길로 완등을 했을지 의심이 갈 정도로 그 위로는 확보물의 흔적이 없다.

"워디로 간 것이여?"

정근성이 침니 속으로 들어가며 난색을 표한다. 침니와 크랙에 친하지 않게 된 것은 인공 홀드라는 괴물 덕이다. 인공 홀드는 당기고 밀고 비트는 기술을 발전시키며 예술적 몸짓을 만드는 데 엄청난 공헌을 했다. 그러나 크랙이나 침니까지 인공으로 만들기는 쉽지 않다. 자연 암장은 위험과 모험의 변수가 있다. 언제까지 이 불확실한 변수가 등반의 세계를 붙들고 갈지 모르겠지만, 이것이 나태함에 빠지는 것을 막아주는 것이라면 다행이라고 여겨야겠다.

설교벽은 트래버스와 침니를 빠져나오면 간단히 끝난다. 이곳에서 인수 리지를 통해 정상으로 가는 것은 선택 사항이다. 우리는 저 아래 소주의 유혹을 포기하고 정상으로 향했다. 크랙을 넘어서면 고도감이 삼삼하지만 시원스러운 조망이 열린다. 그 길에 올라섰을 때 시야가 흐려지기 시작했다. 등반은 끝이 났다. 인수봉 정상이다. 그곳에 서서 마음속으로 외친다. 아직까지도 바위는 할 만한 일이라고. 어둠이 내리기 시작하는 밤, 바람을 뚫고 우리는 다시 아래 세상으로 내려간다.

"크로니는 우리 기수하고 박영배, 유동옥 이런 구세대가 빠져야 발전해!"

"후배들에게 참견할 게 뭐 있어."

"내가 먼저 총대를 메겠어."

하산주에 거나해진 금창연이 선배들 모두 자폭하자고 말하자 박영배가 빙그레 웃음으로 화답한다. 과감하게 선배가 물러나야 한다는 말은 참 파격적이다. 그러나 이들은 이미 한 걸음쯤 뒤로 물러나 있는 것은 아닌가. 술잔을 앞에 두고 밀고 당기며 오늘까지 쌓아온 우정. 저렇게 격의 없는 선배들이 그 옛날 어떻게 '빳따'를 쳤을까 싶다. 참 다행이지. 저들에게 두들겨 맞지 않고 막걸리를 마실 수 있으니…….

### 등반 길잡이

설교벽은 1970년 10월 24일부터 그 이듬해 11월 14일까지, 거의 일 년의 작업 끝에 총 8개의 루트가 개척되었다. 당시 루트를 개척하고 보고서를 내며 개념도가 작성되었지만 한두 개 루트를 제외하곤 오랫동안 방치되어 있어 정확하게 루트를 찾아 오르기가 쉽지 않다. 1번과 2번 코스가 비교적 접근과 등반이 용이하다. 설교벽으로 가려면 인수산장 아래의 계곡으로 조금 내려가다가 인수봉 북면으로 방향을 잡아 오른다. 낙엽이 길을 덮으면 크로니 회원들도 매번 같은 길로 가질 못할 만큼 애매하지만 정확한 방향만 잡아 오르면 출발 지점인 슬래브까지 20여 분에 갈 수 있다.

인수봉 거룡길

# 용의 등줄기에 묻어둔 추억

　토요일을 노려 거룡길 아래에 도착했을 때 그곳엔 먼저 온 임자들이 있었다. 예전처럼 손님이 뜸할 줄 알았는데 예상이 빗나갔다. 그들 앞으로 새치기라도 해야 할지. 어찌할까 망설이고 있는 순간 일행 한 명이 인사를 건넨다. 돌아보니 6주 동안 한솥밥 먹던 코오롱등산학교 동문이다.

　우리의 사정을 알았는지 슬그머니 자리를 비켜 하늘길 쪽으로 내려간다. 검게 그을린 얼굴의 장봉완과 부리부리한 눈을 가진 김제훈이 우선권을 넘겨준 그들을 보며 속삭였다.

　"개척은 우리가 하긴 했지만 주인은 아니지요."

　젊은 날의 열정을 다 쏟았던 인수봉에서 배운 것 중 아직 버릴 수 없는 게 있다면 등반 윤리와 질서다. 그리고 이론적으론 잘 알지만 실천은 어려운, 겸손도 빼놓을 수 없다.

거룡길은 예나 지금이나 클라이머들의 발길이 뜸하다. 산천은 물론 인걸마저 의구하지 않은 시대를 살고 있건만, 그 길은 여전히 만만치 않다. 인수봉 등반을 마치고 터덜터덜 내려오는 길에 거룡길 밴드에 붙은 사람을 보면 '음, 오랜만에 손님 들었군' 하고 눈길을 주곤 했었다.

"점심은 가다가 중간에 먹자구. 이 나이에 굶어가면서 바위 하냐?"

"그럼 봉완이 형이 톱이야?"

"아니야, 말려야 돼."

한 5년 넘게 바위를 떠나 있었다는 박희영이 첫째 마디 레이백 크랙을 성큼 오른다.

인수봉 남면을 휘감고 있는 거룡길의 첫째 마디를 오르는 박희영과 장봉완(아래).

그는 오늘 혹시 장봉완이 선등을 하지 않을까 긴장했었다. 5척 단신 박희영은 아직 고무줄같이 탱탱한 근육을 지니고 있다. 그러나 첫째 마디 크랙을 지나 구멍 홀드를 통과하는 일은 역시 키가 작아 불리하다. 두 차례나 꺾는 동작에 실패한다. 잠시 휴식 끝에 구멍에 발을 넣고 일어서는 데 성공하여 꿈틀대는 거룡의 등으로 올라탄다. 장봉완이 두 번째로 술을 묶는다.

"야, 제훈아, 옛날에 우리 이렇게 간 거 맞냐?"

"맞겠지……."

작은 홀드 하나조차도 훤히 외우고 있을 그는 날렵한 몸은 아니다. 강력한 파워를 지니지도 않았다. 하지만 힘을 안배하는 노련함만큼은 버젓이 살아 있다.

## 먼저 간 악우에 대한 추억

거룡길 첫째 마디 사선 언더 크랙을 래더를 이용하여 등반하고 있는 1972년 당시 모습. 선등자는 장봉완, 확보를 보는 사람은 전재운이다.

인수봉이 바라다 보이는 능선 곳곳에는 저마다 애달픈 사연을 지닌 비석들이 있다. 대부분 산에서 죽어간 젊은 청년들의 넋이다. 그 가운데 전재운의 비석도 섞여 있다. 그는 장봉완, 김제훈과 함께 거룡길을 만든 사람이다. 종로 거리에 서유석의 '아름다운 사람'이 흘러나오던 시절, 전재운은 통기타를 치며 'You are the reason' 이란 노래를 즐겨 불렀다. 그는 거룡길을 개척하며 의기투합한 산친구 장봉완, 김제훈과 달리 활달하고 사교적이었다.

전재운은 20대 초반의 나이에 한국등산학교 강사로 활동했으며 대한산악연맹의 '77에베레스트 원정대' 훈련 대원으로 선발될 만큼 탁월했다. 설악산 훈련 등반에서 전재운은 최수남 조장이 이끄는 제1조의 대원이었다. 최수남은 1971년 로체샤르 원정에서 한국인으로는 처음으로 8000미터를 넘어선 사람이었다. 에베레스트 원정을 준비하는 과정에서도 단연 선봉장이었다.

전재운은 1976년 2월 15일 김호진, 송준송, 박훈규, 이기용 등과 함께 폭설이 쏟아지는 가운데 설악골의 좌측 공룡 능선상의 1275봉 안부인 제1캠프로 진출했다. 그날 밤 훈련 본부에서는 폭설에 의한 눈사태를 예측하고 전 훈련대에 철수 명령을 내렸다. 그러나 그때만 해도 무전기가 귀할 때라 제1조는 철수 명령을 모르고 있었다. 다음 날 아침 눈이 1미터 이상 쌓인 상황에서 야영지를 출발했다. 깔때기처럼 생긴 깊은 계곡은 적설량이 많을 경우 눈사태가 종종 발생하기 마련이다. 피해갈 수 없는 하산길. 까치골을 통과하다가 드디어 걱정하던 눈사태가 덮쳤다. 그로 인해 6명의 대원 모두가 매몰되었다. 김호진, 박훈규, 이기용은 살아났으나 안타깝게도 최수남, 송준송, 전재운은 사망하고 말았다.

전재운이 설악산에서 사고를 당했을 때 군복무 중이던 장봉완은 마침 휴가 중이었다. 얼핏 방송으로 전해진 설악산 훈련대의 사고 소식이 장봉완의 귀를 스쳐갔다. 그는 즉시 설악산으로 달려갔다. 그러나 이미 상황은 끝난 뒤였고 남은 것은 사후 처리였다. 전재운의 시신 앞에는 장봉완과 가족뿐이었다. 동숭동에서 노제를 지내고 벽제로 가서 화장하여 가족들과 함께 유골을 빻았다. 그런데 도대체 이 유골을 어떻게 해야 할지 난감했다. 그러던 중 북한산이 생각났다. 우선 유골을 잠시 우이산장에 안치했다. 친구의 주검을 받아준 우이산장이 그렇게 고마울 수가 없었다. 다음 날 전재운이 생전에 그토록 사랑한 인수봉이 보이는 깔딱고개에 올라 유골을 묻었다. 장봉완의 휴가 15일은 그렇게 친구를 세상에서 떠나보내는 일에 고스란히 바쳐졌다. 한동안 장봉완은 전재운을 그리워하거나 혹은 그에게 진 빚을 갚아야 한다는 심정을 누를 수 없었으리라.

"이제 재운이를 떠나야지요……."

그는 긴 세월 동안 전재운의 빈자리를 메워왔다.

1972년 거룡길 개척 당시, 등반에 앞서 산악회 회장이었던 김조현에게 훈시를 듣는 모습. 왼쪽 세 번째부터 오른쪽으로 전재운, 장봉완, 김제훈이 나란히 서 있다.

## 거룡의 상징 P크랙

둘째 마디를 떠나 노출된 곳으로 나가자 그곳엔 하늘길, 동양길, 크로니길이 교차하는 슬래브의 바다가 펼쳐져 있다. 이곳에서도 P크랙은 온전한 모습을 보이지 않는다. 온사이트로 오른다면 P크랙으로 연결되는 길은 마치 숨은그림찾기나 다름없다. 슬래브를 올라 펜듈럼을 하여 P크랙 하단부에 이르는 답을 모른다면, 알피니즘에 충실한 일이기는 하나 위험 부담을 안아야 한다. 이곳에서는 곧바로 슬래브를 직상하다가 추락하는 일이 가끔 벌어진다.

장봉완, 전재운, 김제훈은 개척 당시 안전벨트를 가질 수 없었다. 변변한 등산화 한 켤레도 귀했다. 전재운과 김제훈은 크레타를 신었지만 장봉완은 정글화를 신고 보울라인 매듭으로 로프를 질끈 묶은 후 이 반반한 슬래브를 올랐다. 그리고 위로 전진이 안 되자 볼트를 박아 돌파하기보단 우회하는 방법을 생각한 것이다. 여기서 볼트를 박고 경사 급한 슬래브를 넘어섰다면, 그래서 벙어리 구멍 홀드의 P크랙을 외면했다면 거룡길의 상징인 P크랙은 이내 다른 루트가 되었을 것이 빤한 일이다. 북한산에 출근 도장을 찍다가, 아예 거처를 옮기다시피 했던 장봉완은 인수봉에서 잔뼈가 굵었다. 인수파와 선인파로 나누어 말하자면 장봉완은 인수파였던 것이다.

박희영이 앞장서 가는 동안 장봉완이 그의 확보를 맡는다. 한국등산학교의 학감답게 제동력이 좋은 튜브 하강기로 직접 확보를 보는 손놀림이 자연스럽다. 아직 현역으로 뛰고 있다는 반증이다.

그의 등반 경력은 손꼽힐 만큼 화려하다. 1979년 알프스 3대 북벽 등반부터 1986년 K2, 1988년 에베레스트 등정을 이룬 후 지금까지도 새로운 등반을 준비 중이다. 그는 에베레스트 등반 중 3캠프에서 위경련이 일어났을 당시 조대행의 처방과 이의현의 보살핌을 잊지 않는다. 그렇게 원기를 되찾아 다시 정상을 오를 때, 장봉완은 셰르파에게 루트 공작을 맡기지 않았다. 1981년 일본의 하세가와가 왔을 때 인수봉을 함께 올랐고 피터 하벨러가 왔을 때는 취나드 A코스를, 쿠르티카가 왔을 때는 인수봉 A코스를 올랐다. 그런 경력에 비해 그가 남긴 사진 기록은 거의 전무하다시피 하다. 남들 같으면 평생 한 번도 가기 힘든 남극을 다녀왔을 때도 사진 한 컷을 남기지 않았다.

"허무주의자……."

"모든 것을 마음속에 가지고 있지. 내 성격이야."

이따금씩 짓는 그의 허탈한 표정에 바람 부는 벌판이 연상되지만 젊은 시절을 떠올릴 때마다 눈이 반짝였다.

"'편지'를 불렀던 임창제와 친했어. 빌라의 김태호는 우크렐레 잘 치고 방랑기가 있었지. 재운이는 '눈동자'란 노래를 좋아했고……."

장경덕, 곽효균, 원중길, 김기홍은 그 시절 한 식구처럼 지내며 인수봉에 출근 도장을 찍던 악우들의 이름이다. 위의 사람들 역시 한결같이 장봉완의 이름을 떠올린다.

## 바위벽에 묻은 추억이 안겨준 만남

거룡길은 장봉완, 전재운, 김제훈의 작품이지만 거리회를 창립한 김조현과 김인식의 후원을 빼놓을 수 없다. 1959년 4월 5일 김조현을 비롯 20명이 모여 창립한 거리회는 산악회의 틀은 갖추었지만 앞장서서 이끌 청년들이 필요했다. 그리하여 1972년에 김조현과 김인식은 인수봉을 제집 드나들 듯하는 세 친구를 거리회로 영입한다. 3월 26일 거리회 청년부가 만들어졌고 젊은이들이 활동할 수 있는 재정을 지원했다. 든든한 후원자를 얻은 이들은 1971년 가을부터 거룡길을 집중적으로 작업하여 1972년 5월 28일 개척을 완수한다. 인수봉에 지워지지 않을 이름을 내걸게 된 거리회의 창립 회원들은 서울시 산악연맹 창립에 결정적인 역할을 했고 서울시 산악연맹 가맹단체 1번 자리를 차지한다.

"거저먹는 데가 없군."

청년부장 이원택이 줄곧 따라가도 선등과의 거리가 좁혀지지 않자 푸념 섞인 소리를 뱉어낸다. 그는 P크랙 위로 직상하는 다섯째 마

거룡길 등반을 마치고 인수봉 정상으로 뛰어오는 장봉완의 모습.

디의 긴 슬래브를 한 번에 치고 오르는 박희영을 결국 등반이 끝나서야 만난다. 바람도 없는 인수봉 정상엔 김제훈, 장정애, 서방원, 박남규 등이 먼저 올라와 기다리고 있다. 완만한 마지막 슬래브를 장봉완이 뛰듯이 오른다.

"재미있어?"

"힘들어. 만만한 게 없어."

"그런데 우리, 산에 와서 전원 등정은 처음 있는 일이지?"

"기록?"

"그렇지."

흔치 않은 기록을 안고 산장으로 돌아오니 낯익은 얼굴이 보인다. 몇 년이나 되었는지 모를 만큼 오랜만에 나타난 회원 송정두다. 오늘도 인수봉은 또 하나의 만남을 선사해준다. 200여 미터에 불과한 바위벽일 뿐이지만 이렇게 헤어졌다 다시 만나고, 울고 웃을 곳이 또 어디 있으랴.

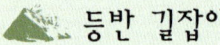 등반 길잡이

인수봉 거룡길은 1972년 5월 거리회의 장봉완, 김제훈과 전재운이 주축이 되어 개척한 남면의 바윗길이다. 개척 당시엔 인공 등반이 가미된 루트였지만 지금은 거의 전 구간 자유 등반이 가능하다. 처음엔 9마디였지만 지금은 긴 로프와 확보용 쌍 볼트 설치로 6~7마디로 끊어서 등반하는 것이 보통이다. 루트 난이도는 첫째 마디 볼트에 이르는 페이스와 셋째 마디와 넷째 마디 사이의 슬래브가 5.10a이며, P크랙으로 횡단하는 슬래브의 자유 등반 난이도가 5.11b로 평가되어 있다.

## 《 거룡길

**여섯째 마디(20미터)** 경사가 완만해진 슬래브를 통해 정상으로 오른다.

**다섯째 마디(40미터)** 오른쪽 6미터 위의 첫 볼트에 통과한 후 5개의 볼트를 지나기까지 계속 오른쪽 사선 방향으로 이동한다. 이후 혹점이 있는 방향으로 직상하여 쌍 볼트와 피톤이 있는 테라스에 올라서 확보한다.

**셋째 마디(30미터)** 슬래브를 직상하여 첫 볼트를 통과한 후 3개의 볼트를 지나 오른쪽으로 갔다가 왼쪽으로 방향을 틀어 직상한다. 그곳에서 다시 10미터쯤 오르면 간격이 1.5미터인 볼트 5개를 연속으로 지나게 된다. 이곳을 통과하여 슬래브에 있는 하강용 링에 로프를 클립, 펜듈럼으로 P크랙 하단부로 건너간다.

**넷째 마디(30미터)** 왼쪽으로 방향을 잡아 P크랙을 향해 오른다. 왼쪽 움푹한 곳과 오른쪽 구멍 홀드의 재밍할 수 있는 곳에 이르기까지 13미터쯤 되는 거리에 5개의 볼트를 통과한다. 구멍 홀드는 양호하지만 확보물을 설치하기엔 좋지 않다. 그곳에 프렌드를 설치하고 P크랙을 등반하여 10미터 위에 있는 밴드상의 테라스에 도착하여 확보한다.

**둘째 마디(20미터)** 인수봉 남면을 휘감아 도는 넓은 밴드를 따라 오른쪽으로 횡단하여 나간다. 시야가 트이는 넓은 곳에 도착하면 하늘길과 동양길, 그 옆으로 크로니길이 교차한다. 거룡길은 이곳에서 왼쪽 방향의 슬래브를 올라 P크랙을 향하여 오른다.

**첫째 마디(35미터)** 빌라길과 하늘길 사이에 위치한 양호한 레이백 크랙에서 등반을 시작한다. 크랙 구간을 통과하면 스탠스가 양호한 곳에 이르고 이곳 오른쪽엔 사선 언더 크랙이 있다. 로프가 짧고 장비가 부족하던 시절엔 한 마디를 더 끊던 곳이다. A0구간인 이곳을 넘어 사선 방향으로 직상하면 구멍 홀드가 나온다. 이곳에 발을 넣고 일어서는 동작은 과감성이 요구된다. 이곳에서 반원형의 딛기 좋은 스탠스를 지나 테라스의 쌍 볼트에 확보한 후 마디를 끊는다.

↑ 출발 지점

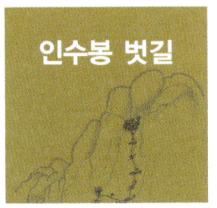

인수봉 벗길

# 스무 살 청춘들이 만든 자유 공간

　사랑과 우정은 계속 우리들의 세상을 움직일까. 이것은 샘물처럼 아무리 퍼마셔도 줄어들지 않을 것이라는 기대가 있다. 그러나 생각만으로 감정과 의사를 전달하는 일이 가능한 지금 한번 반문해 볼 일이다. 특유의 공상으로 미래를 사유하는 소설가 베르나르 베르베르는 그의 단편에서 인간 흉내를 내는 기계를 등장시킨다. 그리하여 '살아 있는 물건들이여, 그대들에게 영혼이 있는가. 지구상에 살아 있는 유기체가 존재하지 않게 된 것은 이미 오래전의 일이야. 꿈에서 깨어나야 해'라고 구시렁대도록 만든다. 인공 심장을 달고 사랑을 할 수 있느냐고 꾸짖는 놈이나 기계인 주제에 상대를 반박하는 녀석들을 등장시켜 기계시스템과 인간의 지배 구조가 바뀔지도 모르는 미래를 암시하고 있다.

안전을 위해 개발된 신장비들은 몸으로 때우던 시절을 그리워하는 것조차 쑥스럽게 만든다. 그리고 장비의 발전에 따르는 등반의 대중화는 끊임없이 '순수'라는 친구를 통속화하려 든다. 그 속도만큼이나 산이 팍팍해져 간다면 사람들은 '이제 인수봉에 우정이 존재하지 않게 된 것은 이미 오래전의 일이야'라고 덤덤히 말하게 될까. 생각 가능한 일은 결국 현실이 되지 않았던가? 이것은 의문이다.

등반을 마치고 원점으로 하강하는 오철의 뒤로 인수봉 그림자가 드리워져 있다.

생식을 섞은 우유 한 모금을 마시고 맞이하는 가뿐한 가을 아침. 인수봉에 청춘을 바친 산사람들을 만났다. 아기발 산우회의 오철, 안동수, 윤병선, 권구훈, 그리고 이들의 산친구 유학재다. 사람의 만남이란 보이지 않는 끈으로 연결된 인연의 연속이다. 여명 산악회의 이찬경을 알지 못했다면, 그리고 그에 의해 김태승을 만나지 못했다면 오늘의 만남도 이루어질 수 없었을 것이다. 산사람에게 소속 산악회는 마치 운명과도 같이 결정되지만 이런 어울림은 즐거운 일이 아닐 수 없다.

오철은 박용욱, 장순욱, 양남기 등에 의해 벗길이 세상에 태어나도록 한 사람이며 안동수와 윤병선, 권구훈은 그의 후배나. 유학새는 오철의 손에 이끌려 고등학교 1학년 때 인수봉 남측 슬래브를 처음 올랐다. 말하자면 오철이 그의 바위 스승인 셈이다. 면면을 보니 오늘 버벅거릴 사람은 아무도 없다. 내 몸이나 잘 간수해야겠다는 생각

벗길은 인수봉 동면에서 밸런스 등반의 묘미를 느낄 수 있는 곳이다. 개척 당시 이곳은 크랙 사이에 풀이 자라고 볼트의 흔적이 없는 깨끗한 곳이었다.

이 든다.

벗길을 오르자면 먼저 크랙과 슬래브가 혼합되어 있는 길을 한 마디 올라야 한다. 이곳은 본격 루트라기보단 어프로치로 여기는 곳이다. 취나드 A코스로 가기 위한 진입로일 뿐 긴장할 만큼 어렵지 않기 때문이다. 사진 찍을 틈도 없이 이곳을 훌쩍 지나 페이스가 펼쳐지는 출발점 아래로 오르니 그곳에 먼저 온 임자들이 있다. 그들이 준비되길 기다리며 쉬는 시간을 번다.

## 임자 있는 곳에 손대지 않는다는 불문율

1973년 5월, 박용욱과 장순욱이 굳이 이곳에 눈을 돌린 이유는 아직 손을 댄 흔적이 없기 때문이었다. 이들은 취나드 B코스 쪽을 관찰하다가 볼트 하나를 발견하고 '음, 임자가 있군' 하고 발길을 돌려 아직 깨끗한 취나드 A코스 쪽으로 방향을 잡게 된 것이다. 누군가 볼트를 한 개라도 박은 흔적이 있으면 그곳엔 손을 대지 않는 불문율이 그때는 엄연히 있었다. 지금 같으면 어림없는 일이다.

그곳으로 가는 오늘의 선등은 안동수다. 날렵한 몸을 가진 그는 벗길처럼 섬세한 밸런스를 필요로 하는 곳에 딱 제격으로 보인다. 요철이 있는 울퉁불퉁한 페이스에 수직으로 뻗은 가는 크랙을 지나는 첫째 마디. 8미터 지점과 그 위의 3미터, 그리고 다시 5미터쯤에 설치된 볼트의 유혹을 물리치려는 안동수의 갈등이 읽힌다. 볼트를 잡고 밟자니 구태의연하고 안 잡자니 마음이 요동치는 것이다. 레지에 올라서고 왼쪽 날개 크랙을 지나 다시 밴드로 오르기까지 팽팽한 긴장이 느껴진다.

뒤이어 오철이 붙는다. 10년 전의 암벽화를 신었지만 몸놀림은 거침없다. 전쟁에서 끝까지 죽지 않고 살아남아 너덜너덜해진 아군들에게 마지막 일갈을 내리는 노병처럼 그는 후배들의 등반을 세세히 읽는다.

"병선이는 감회가 새롭겠어. 강산이 변하도록 안 왔지."

밀리는 발에 주춤하는 유학재의 몸놀림도 놓치지 않는다.

"공백이 있었다는 이야기지."

아직 가벼운 몸을 유지하고 있는 권구훈이 그곳을 깔끔하게 오르지만 둘째 마디 슬래브에서는 볼드따기의 유혹이 살아난다. 안동수가 넘어가고 또다시 오철의 차례. 수없이 벗길을 오른 몸짓이 틀림없지만 신중한 자세다.

"한때 인수봉에서 오철이 모르면 간첩이었지."

선배들은 오철을 그렇게 표현했다. 사선으로 이어지는 트래버스를 지나고 셋째 마디에 도달해도 왼쪽으로 이어지는 방향은 계속된다.

그를 보며 1980년대 초반, '첫 바위' 하는 후배를 인수봉에 데리고 왔던 기억이 떠올랐다. 공포 속에서 등반을 마친 후배는 인수봉의 모든 길이 이렇게 아삼삼한 줄 알았다고 했다. 그땐 거침이 없었지만 지금은 그저 조심스럽다. 사선 트래버스를 유학재가 살금살금 기어오른다. 노련하고 끈질긴 특유의 스타일이다.

넷째 마디가 시작되는 곳에서 벗길의 진행은 취나드 B코스와 나란히 직상하게 된다. 이곳에서 고도감이 껄끄러워 마음이 바뀌면 취나드 B코스의 넓은 크랙으로 안겨도 무방하다. 아직은 중앙선 침범이라고 위반 딱지를 끊는 것은 아닐 테니.

"그리로 왜? 원래 길로 가. 크랙은 아무것도 아니야. 거기서 오른발 딛고 왼손 푸시로 일어서면 끝나."

안동수가 왼편의 만만해 보이는 크랙으로 가려 하자 오철은 고지 탈환의 사명을 일깨운다.

"아! 맞아요. 옛날에 이렇게 갔어요."

그가 다시 직상한다.

"그렇지. 오리지널은 그거야."

왼쪽의 경사진 면을 푸시로 밀고 오른쪽으로 중심을 이동하여 다시 왼쪽으로. 볼트에 볼트, 우향 레이백 크랙까지 오르자 날 듯한 그의 몸이 잠시 주춤한다. 볼트 위의 혹점을 딛고 일어서기 전에 마디를 끊던 곳이다. 아무래도 확보점이 불안한지 그곳에서 15미터 정도 위의 밴드까지 오른 후 확보를 마친다.

1970년대 말에 인수봉에 오른 아기발 산우회 회원들. 뒷줄 왼쪽부터 시계 방향으로 김진민, 김갑승, 박용욱, 조선휘, 오철, 이진호, 홍기천, 박용윤, 박수택.

 벗길의 주인공 박용욱과 장순욱은 유독 죽이 잘 맞았다. 이 두 사람은 원래 여명 산악회 회원이었다. 당시 인수 야영장엔 언제나 반가운 친구들이 있었고 산천지, 여명, 산비둘기, 인덕, 아기발, 그리고 장비가 많아 부러움을 산 마운틴빌라 등 분위기 맞는 산악회끼리는 살림 밑천까지 훤히 알고 지내는 터였다.

 "따지고 보면 그때는 산악회가 달라도 한솥밥을 먹고 살았던 셈이지요."

 "인수산장 지게 한 번씩 안 멘 사람 없고……."

 바위를 하지 않는 워킹 산행 때도 두 사람은 인수봉에 출근 도장을 찍었다. 이들로서는 계속 인수봉에 오기 위해 소속감이 필요치 않

1973년 벗길 개척 당시 사진. 취나드 B코스와 만나기 전 둘째 마디에서 박웅욱이 셋째 마디를 오르는 장순욱의 등반을 확보하고 있다.

았다. 그리하여 산악회를 떠나 인수봉을 안방처럼 드나들기에 이르렀고, 넘치는 에너지는 결국 등반 루트의 개척 작업으로 이어졌다. 두 사람은 후배 양남기와 함께 1972년부터 눈독 들여온 동면 오른쪽 페이스에 개척을 착수한다. 그리고 1년 후 1973년 5월에서 8월에 걸쳐 벗길이란 정감 있는 이름의 150미터 길이의 깐깐한 슬래브를 탄생시킨다. 그 길은 취나드 A코스와 B코스 사이에 그어진 그들만의 자유 공간이었다.

"벗길은 셋이서 굶어가면서도 좋아서 만든 길이지요."
"하루에 세 코스 하고 밤 바위까지 했으니까."

## 스무 살 청춘의 집중력이 만들어낸 벗길

바위는 '짬밥'이다? 난 이 말에 동조하지 않는다. 그들이 입증했듯 바위는 집중이기 때문이다. 미쳐야 한다. 미치지 않고서 어찌 이들이 군에 입대도 하기 전인 스무 살 청춘에 이런 계획을 실행할 수 있었을까. 떨어진 바지와 터져버린 등산화에서 애처로움보다 아름다움이 느껴지는 이유를 달리 설명할 재간이 내겐 없다. 벗길은 바로 그런 젊은이들의 집중력에 의해 생겨났던 것이다.

벗길을 완성시킨 박용욱과 장순욱은 이듬해에 나란히 군에 입대한다. 그리고 후배였던 오철과 동료들은 1974년 11월 10일에 아기발이란 이름의 산우회를 만든다. 오철, 이승관, 박용민, 김진민, 김유천, 박용윤 등이 주축이 되고 박용욱과 장순욱을 고문으로 추대한다.

'산행은 걷는 것부터, 아기 발처럼 고운 발로 순수하게.' 아기발은 이런 취지로 조용히 세상에 태어났다. 그렇게 의기투합하여 활동을 시작하지만 정작 주인공들은 더 이상 인수봉에 바칠 순결이 남지 않은 듯했다. 장순욱은 제대 후 연고지인 대전으로 가고 박용욱은 결혼과 동시에 산을 떠난다. 그들의 집중은 마치 벗길의 운명처럼 짧고 간명하게 끝이 난다.

"앙카 바싹!"

맨 뒤로 오르는 윤병선의 구호가 오늘의 깔끔하던 분위기를 바꾼다. 아무래도 그는 인수봉 결석 기간이 좀 길었나 보다. 요즘은 '줄 당겨'로 통하고 예전에는 '줄 먹어', '자 먹어' 등으로 쓰이던 말. 한때 선배에게 '줄 먹어'라고 반말하기가 어려워 '줄 잡수세요'라고 외치며 웃음 짓던 기억도 있다. '앙카 바싹'은 1980년대 이전에 활동하던 세대가 쓰던 말이었다.

이제 더 이상 거친 숨을 몰아댈 일이 없는, 마지막 다섯째 마디. 바위가 거무튀튀한 색이 되어갈 때 슬래브와 크랙을 지나 널브러져도 좋을 넓은 테라스에 오르고야 만다. 거기엔 맑은 단풍이 언뜻 보이고 짧은 해가 인수봉의 그림자를 야영장에 길게 드리워놓고 있었다. 긴장을 풀어버린다. 오늘 세 사람의 젊고 순수한 빛을 기억하는 후배들은 그들을 따라 되뇔 수 있으리라. '산에 다닐 때가 행복한 거야'라고.

 등반 길잡이

인수봉 벗길은 취나드 A코스 왼쪽에서 취나드 B코스 상단을 향해 뻗은 슬래브 코스다. 루트 개척은 박용욱, 장순욱, 양남기 등에 의해 1973년 5월에서 8월에 걸쳐 이루어졌으며 전체 등반 길이는 150미터에 달한다. 루트의 난이도는 둘째 마디 상단 슬래브가 5.10d로 평가된다. 소요 장비는 50미터 로프와 10여 개의 퀵드로, 작은 호수의 프렌드와 너트 2~3개가 필요하다. 등반이 종료되는 곳은 의대길과 취나드 B코스가 만나는 넓은 테라스다. 이곳에서 등반을 마치면 다시 원점으로 하강하는 편이 무난하다.

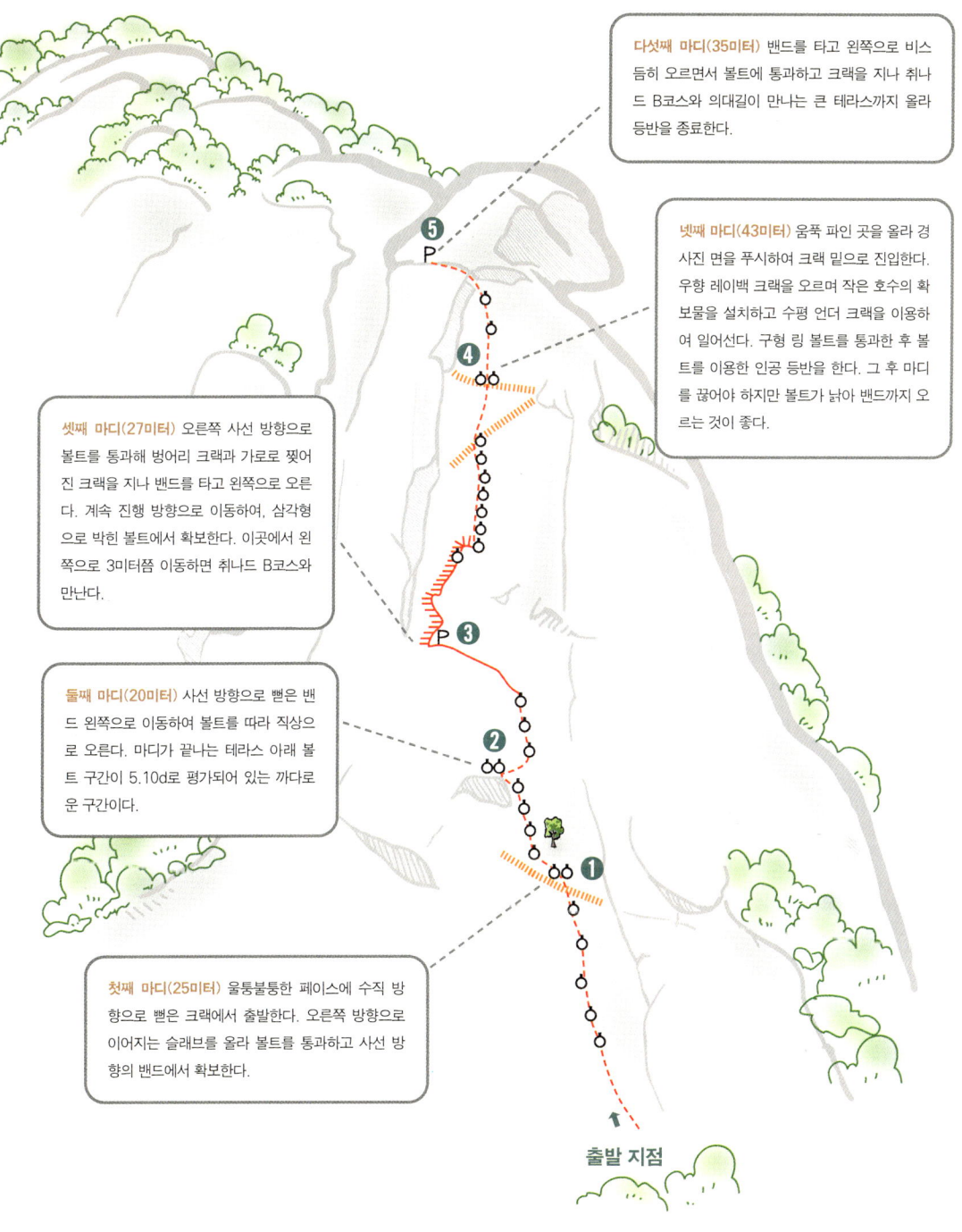

« 벗길

**다섯째 마디(35미터)** 밴드를 타고 왼쪽으로 비스듬히 오르면서 볼트에 통과하고 크랙을 지나 취나드 B코스와 의대길이 만나는 큰 테라스까지 올라 등반을 종료한다.

**넷째 마디(43미터)** 움푹 파인 곳을 올라 경사진 면을 푸시하여 크랙 밑으로 진입한다. 우향 레이백 크랙을 오르며 작은 호수의 확보물을 설치하고 수평 언더 크랙을 이용하여 일어선다. 구형 링 볼트를 통과한 후 볼트를 이용한 인공 등반을 한다. 그 후 마디를 끊어야 하지만 볼트가 낡아 밴드까지 오르는 것이 좋다.

**셋째 마디(27미터)** 오른쪽 사선 방향으로 볼트를 통과해 벙어리 크랙과 가로로 찢어진 크랙을 지나 밴드를 타고 왼쪽으로 오른다. 계속 진행 방향으로 이동하여, 삼각형으로 박힌 볼트에서 확보한다. 이곳에서 왼쪽으로 3미터쯤 이동하면 취나드 B코스와 만난다.

**둘째 마디(20미터)** 사선 방향으로 뻗은 밴드 왼쪽으로 이동하여 볼트를 따라 직상으로 오른다. 마디가 끝나는 테라스 아래 볼트 구간이 5.10d로 평가되어 있는 까다로운 구간이다.

**첫째 마디(25미터)** 울퉁불퉁한 페이스에 수직 방향으로 뻗은 크랙에서 출발한다. 오른쪽 방향으로 이어지는 슬래브를 올라 볼트를 통과하고 사선 방향의 밴드에서 확보한다.

**출발 지점**

**인수봉 여명길**

# 위를 봐도 달달달 밑을 봐도 달달달

여명 산악회 김기홍은 인수봉에서 '솔로'라는 별명으로 통했다. 궁금했다. 과연 그는 괴력의 소유자인지 혹은 고독한 클라이머인지. 우이동에서 안경 너머로 반짝이는 그의 눈을 본 순간 한 가지 의혹이 사라진다. 외로움의 그늘이 감지되지 않았기 때문이다.

비가 오면 도시락이나 까먹자고 했던 타협이 무색하게 날씨가 어중간하다. 그 사이 발길은 한 걸음 한 걸음 자력의 중심 대슬래브로 끌려갔다. 더 이상 날씨 탓을 할 수는 없고, 도시락을 뚝딱 해치우는 것을 신호로 등반이 시작된다. 선등은 부담스럽다는 개척자 김기홍을 대신하여 품앗이 나온 산천지 산악회의 이창윤이 먼저 첫째 마디 슬래브를 오른다. 어정쩡하게 시작된 등반이지만 오아시스 중앙에서 ㄱ자 형의 크랙에 이르는, 물기가 가시지 않은 10여 미터의 슬래브는 엄벙덤벙 오를 수 없다. 미끄러지면 여지없이 바닥까지 떨어지기 때문이다. 언더 크랙을 왼쪽으로 이동하여 오버행 턱 너머 크랙으로 진입하기까지 긴장이 팽팽하다.

'송림 크레타 4200원, 정글화 1500원, 줄무늬 육상화에 톱날 같은 고무바닥을 깎아내고 가죽을 덧대어 만든 암벽화는 1600원, 버스 요금 20원, 커피 값 50원, 모임 회비는 300원, 돈 남으면 제과점에 가서 소보로빵이나 크림빵을 사 먹었음.'

30년 넘도록 흐려지지 않는 김기홍의 기억은 도통한 사람처럼 명쾌하다. 그 능력은 담배와 술을 멀리하고 오직 빵과 과자만을 좋아한 결과일까. 그래서 그의 또 다른 별명은 '완제품'이라던데…….

내겐 한국의 큰스님들을 두루 찾아다니던 때가 있었다. 그 시절 스님들에게 귀동냥으로 듣던 법문은 다소 지루한 감이 없지 않았다. 그러나 그들이 수행의 고지를 오르기 위해 견지했던 자세는 허투루 보일 수 없었다. 넘볼 수 없는 그 무엇. 김기홍에게서 바로 그런 유의 맑은 기운과 몸에 밴 겸손이 느껴졌다. 1970년대에 인수봉에 오른 횟수가 1000회를 상회하며, 그중 적어도 200회 정도는 단독 등반이었다는 기록도 결코 치기 어린 영웅심의 발로가 아니었다는 생각에 이른다. 쉬운 기존 루트는 10분 이내에 끝냈는가 하면 후면 오버행같이 부담스러운 루트에서는 추락도 경험했다고 한다.

"폭주족이 이해가 된다니까. 그들처럼 나도 바위에서 응어리를 발산한 셈이지요."

"바위가 참 여러 사람 건졌어요."

한 가지 일에만 전념할 수 있다는 것. 그것은 음악 듣고 몸을 흔들면서 동시에 채팅에다 공부까지도 동시에 해결하는 신세대들로서는,

여명길 첫째 마디 슬래브에서 ㄱ자 모양 바위에 올라서는 김기흥.

'쉰세대'나 할 일이라고 고개를 저을지도 모를 일이다.

## 전셋집 장만하듯 개척한 여명길

1950년생 김기홍은 고교를 졸업한 스무 살 나이에 역도로 단련한 튼튼한 몸을 가지고 오로지 바위를 위해 산으로 출가한다. 아버지와 형이 목사였을 정도로 집안 분위기가 건실했지만, 아버지가 돌아가신 후부터는 형에게 의지해야 했다. 그런데 스스로 오갈 데 없는 몸이라 자처하며 인수봉으로 삶의 중심을 옮기던 시절을, 김기홍은 오히려 다시없이 행복한 때였다고 회상한다.

1970년 6월 21일, 차창희, 윤종만, 이상목, 김기홍, 박유, 신증기 등이 발기인이 되어 여명 산악회를 창립한다. 그리고 다음 달인 1970년 7월 19일, 김기홍은 당시의 리더 윤종만과 함께 책을 보며 익힌 B코스를 통해 처음 인수봉에 오른다. 윤종만은 대학산악부 활동 경험이 있으며 김기홍보다 한 살이 많다. 그러나 윤종만의 중학교 동창 이상목이 김기홍과 고교 동창인 덕분에 둘은 동기가 된다.

바위에 빠져들자 집보다 산에 사는 날이 더 많았다. 두세 달에 한 번쯤 집으로 돌아갔으나 부모님이 안 계시니 곧바로 산으로 돌아오기 일쑤였다. 파트너가 없을 땐 혼자 바위를 오르기 시작했다. 김기홍은 곧 '솔로'라는 별명으로 불리기 시작했고 선등을 지향하는 윤종만은 '톱'이란 별명으로 인수봉을 누볐다.

적금 부어 모은 돈으로 전셋집 장만하듯 여명 산악회는 창립 3주년 만에 드디어 인수봉에 길을 낸다. 돈 없어도 잘 어울리던 분위기

속에서 창립 회원들이 힘을 모은 결과였다. 개척 대원은 차창희였다. 윤종만, 김기홍, 이찬경, 박용욱, 김순욱 그리고 산천지 산우회의 김진섭, 허수원, 박화석 등도 참여했다. 김기홍은 역도부 선배였던 방영철이 산천지 산악회 회원인 이유로 그들과 잘 어울렸다. 산천지 산악회가 여명을 도와 개척을 마치고 이틀 후 산천지길 개척에 착수한 것도 그들이 이웃처럼 지낸 결과다.

1973년 5월 22일부터 6월 10일에 걸쳐서 여명길은 개척되었다. 장비는 군용 청로프 4동, 정글화, 다수의 US 카라비너, 피톤 30여 개, 볼트, 점핑 세트, 해머, 래더 등을 사용했다.

개척 작업에 매달린 '솔로'는 가장 힘들었던 점의 하나로 배고픔을 꼽았다. 취사와 야영이 자유롭던 시대의 단골 메뉴인 감자, 양파, 꽁치 통조림이 부식의 대부분이었고 밀가루 수제비도 빠지지 않았다. 먹기 위해 산다는 사람들이 적지 않던 시절. 다른 것은 몰라도 엥겔이라는 사람이 만든 계수만큼은 아주 높을 때였다.

여명길 개척의 마지막 토요일. 전날부터 쫄쫄 굶어 구호의 손길만 기다리는데 어디서 '하이야 록' 하는 에코가 들려왔다. 눈이 번쩍 뜨였다. 그 소리의 주인공은 라면을 한 박스나 사들고 온 산천지 산우회 김진섭의 부인 송희정이었다. 솔로는 그때 허기를 채우기 위해 라면 세 개를 한 번에 해치웠기 때문에 그 일을 잊지 않는다.

그의 고향이 금호동이라는 말에 문득 한 사건이 생각났다. 김기홍이 고등학교 2학년 시절 미군 C-46 항공기가 학교를 스치고 추락한 일이 있었다. 50명이 넘게 죽고 수십 명이 부상을 입은 대형 사고였다. 김기홍은 그 사건을 정확히 기억하고 있었다. 그때 나는 그곳에서 10분 거리 떨어진 곳에서 코흘리개 친구들과 자치기 놀이를 하고 있었다. 인연이란 것도 따지고 보면 엇비슷한 시공간에서 적용되는 듯하다. 김기홍과 파트너 윤종만은 이제 중년을 넘긴 평범한 산꾼이다. 이들의 대를 이어 2대 회장을 지냈고 여명산악회의 역사를 간직해온 이찬경과 이상길도 바위에서 놀던 품새를 좀체 짐작할 수 없다. 도를 깨친 후 홀연히 저잣거리로 나가서 평범한 삶을 살다 간 선승과도 같이. 그런 걸까?

이창윤이 일명 '고구마바위'로 이어지는 고빗사위를 통과하고 있다.

## 비장함을 익살로 표현한 여유

일명 '고구마바위'라 불리는 둥글고 매끈한 바위를 왼쪽으로 휘돌아가도 경사는 죽지 않는다. 울퉁불퉁한 슬래브를 올라 쌍 볼트에 도착한다.

이쯤 와도 아직 오버행을 완전히 벗어나지 못했다는 생각이 사라지지 않는다. 밑둥치가 잘린 고구마가 저 아래 있다는 강박관념이 남아 있다. 묘하게도 더 높이 올라가야 고소 공포증이 없어진다. '여명가'에 나오는 장소를 추정한다면 아마 고구마바위쯤으로 생각된다.

위를 봐도 달달달 밑을 봐도 달달달
눈 감아도 달달달 눈을 떠도 달달달달
하이야 록이 퍼진다 산마다 계곡마다
우리들은 즐거운 하이야 록 여명 가족
하나 둘 셋 선 라이스

작자 미상인 '여명가'는 바위에서 떨던 심정을 익살스럽게 표현했다. 그러나 윤종만의 형 윤철이 구두를 심벌로 회기를 만들었고 윤종만이 '봉타령'을 읊조린 재주로 보아 작자의 정체를 다분히 짐작할 수 있다.

북한산 인수봉을 올라가며는
이 코스 저 코스 많기도 하지
A코스 T침니 몸이 빠지고
B코스 말바위는 말 타는 재미
C코스 대침니 길기도 해라
우정 A 삼각바윈 전망이 좋고
우정 B 스랍은 오줌이 마려
귀바위 코스들은 힘만 들구요
벙어리 크랙 애를 먹이는 크로니 코스요
턱걸이 연습에는 동양길이 최고
세계 일주 검악길을 돌고 도는데
십자로 코스 볼트는 많기도 해라
서면 스랍 볼트잡기 아찔하구나

경사가 가파른 여섯째 마디 슬래브를 오르는 솔로 김기홍.

피톤 박고 대롱대롱 오버행이요
크랙 째고 올라서는 후면 크노라
인수봉 꼭대기에 올라섰더니

도봉산에 선인봉이 손짓을 하여
쫓아가서 선인에 붙어봤지요
박쥐 똥이 냄새 풍기는 박쥐 코스요
라스트 스랍 짜기도 한 표범길이라
처녀 허리 돌고 도는 허리길이라
뜀까 말까 망설이는 뜀바위 코스
A코스 올라서는 힘이 빠져서
오르기 좋은 B코스 생략하구요
만장봉 자운봉을 넘고 돌아서
비석 같은 주봉을 찾아갔었죠
천장 벽 매달려서 사진을 찍고
K크랙 헐레벌떡 올라섰더니
좁은 침니 가슴 안 빠져 아우성이네
하산길에 뛰어보는 오버행 짬푸
아무래도 우이암 재미가 있어
시계 잡혀 쌀을 사서 오봉 샘터로
로프 길이 모자라는 스랍 코스에
오르락내리락 감투바위요
주머니 통통 비었기에 집에 와보니
집사람 두 도봉이 기다리더라

전지전능한 컴퓨터의 백그라운드만 없다면 여명길이 태어나던 당시 산악계는 지금보다 더 문화적이었던 것 같다. 1965년 10월 15일 창립된 산악동인 '돌뫼모딤'이 발표한 각 산악회 회지는 87가지나 되었다. 심지어 어느 단체는 매주 회보를 발간하기도 했다. 산행이 끝나면 강평을 하고 다음 주엔 더 좋은 산행을 하자며 헤어지던 일이 보통이었다. 그런 분위기 속에서 태극기 달고 군가와 구호를 외치던 비장함을 익살스럽게 풀어버린 것이 여명의 분위기였다. 여명 산악회의 심벌은 군용 워커다. 워커는 당시 등산화의 상징이었지만 내 눈엔 마치 술에 취한 듯한 호쾌함이 느껴진다.

활동이 가장 활발하던 1978년, 20대 중반 나이에 한라산 적설기 등반에 나선 여명 산악회 회원들. 뒷줄 왼쪽부터 김종석, 정의영, 김인환, 장동진, 신재영, 윤용주, 이찬경, 박재호, 박상도, 윤철. 앞줄 왼쪽부터 박은호, 김세동, 박송희, 박선자.

## 끝까지 쉽지 않은 길

해가 넘어가도록 종일 고구마 위에서 뒹굴다가, 이제 경사 급한 슬래브가 끝나는가 했더니 아직도 벽이 떡 버티고 있다. 우정 B코스 침니가 끝나는 곳과 합해지는 쌍 크랙이다. 길은 중앙을 버리고 밸런스를 요하는 오른쪽 크랙을 넘어 슬래브로 이어진다. 긴장은 아직 사라지지 않았지만 더 오를 곳은 없다. 끝까지 쉽지 않은 길을 선택한 것에 대해 솔로 김기홍은 오히려 가볍게 대하는 곳에서 사고가 난다는 이유를 든다. 숱하게 단독으로 바위를 오르던 자신은 누구보다 사고의 위험이 많지 않았겠는가. 그러나 그는 여기에 대한 대답을 1953년 7월 3일 29세의 헤르만 불이 대장의 명령을 무시한 채 단독으로 낭가파르바트의 정상을 밟았다는 사실에서 찾는다. 이것은 오늘날까지 무너지지 않는, 그의 든든한 구실이 되고 있다.

'자연을 경시했을 때 자연은 무자비하다.'

'행복이란 마지막 순간에 최후의 역량을 투입하는 것.'

위대한 산선배들의 어록을 한마디씩 남기고 바위를 마무리한다. 아무래도 비 안 맞고 바위 잘한 건 도선사에서 200배 올렸다는 이상길의 덕택으로 돌리지 않을 수 없다. 세상에 저 잘난 일은 너무도 적다.

 등반 길잡이

여명길은 차창희, 윤종만, 김기홍, 이찬경, 박용욱, 김순욱 등이 1973년 5월 22일부터 6월 10일 사이에 개척한 길이다. 등반의 출발은 대슬래브 중간 지대인 오아시스에서 한다. 전체 길이는 113미터에 6마디로 되어 있지만 흐름에 따라 4~5마디로 끊어서 등반이 가능하다. 부분적으로 볼트에 의존하는 등반이 가미되어 있으며 첫째 마디 종료 지점에서 고구마바위를 넘는 오버행 구간의 자유 등반 난이도가 5.11a로 평가되어 있다.

**≪ 여명길**

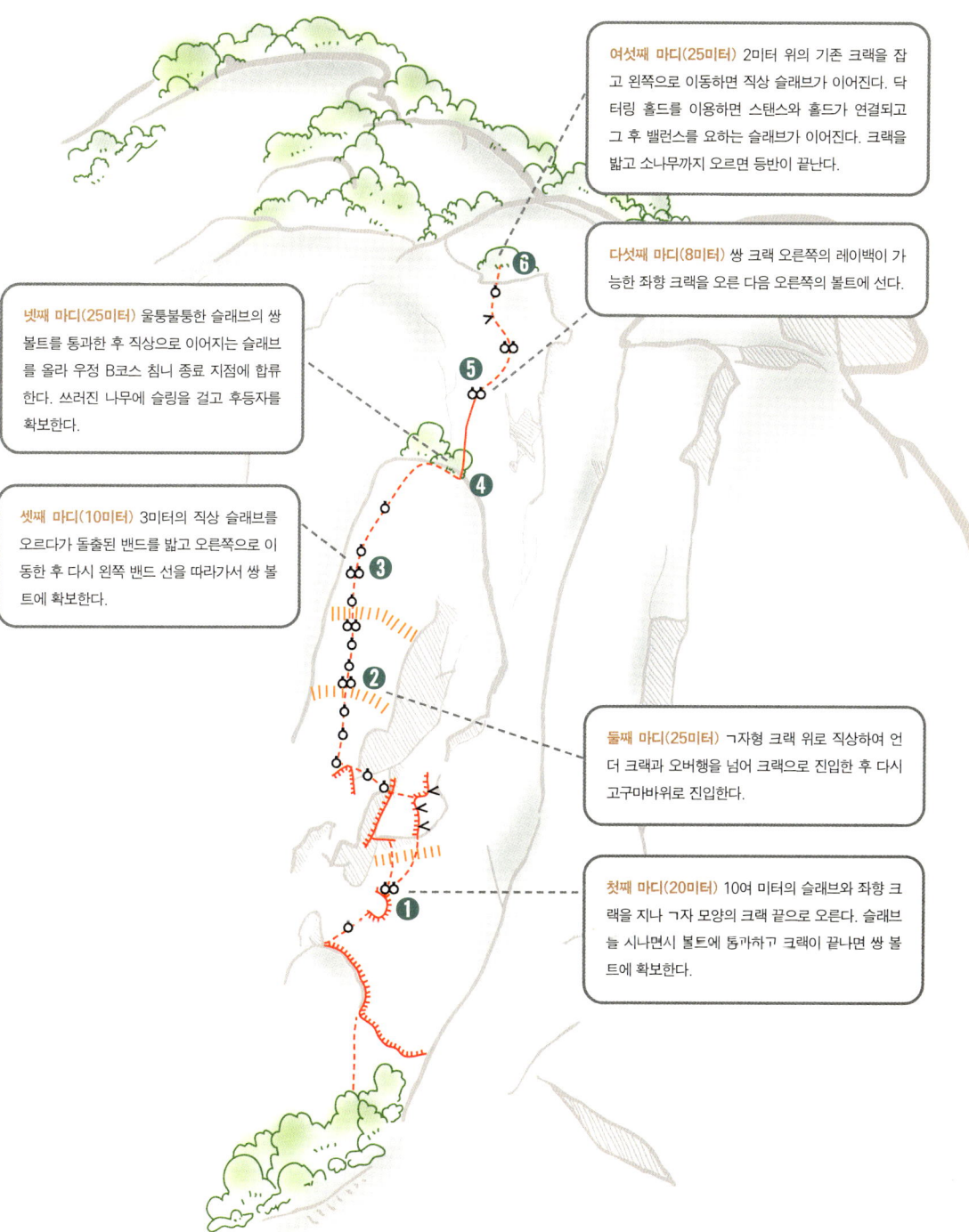

**여섯째 마디(25미터)** 2미터 위의 기존 크랙을 잡고 왼쪽으로 이동하면 직상 슬래브가 이어진다. 닥터링 홀드를 이용하면 스탠스와 홀드가 연결되고 그 후 밸런스를 요하는 슬래브가 이어진다. 크랙을 밟고 소나무까지 오르면 등반이 끝난다.

**다섯째 마디(8미터)** 쌍 크랙 오른쪽의 레이백이 가능한 좌향 크랙을 오른 다음 오른쪽의 볼트에 선다.

**넷째 마디(25미터)** 울퉁불퉁한 슬래브의 쌍 볼트를 통과한 후 직상으로 이어지는 슬래브를 올라 우정 B코스 침니 종료 지점에 합류한다. 쓰러진 나무에 슬링을 걸고 후등자를 확보한다.

**셋째 마디(10미터)** 3미터의 직상 슬래브를 오르다가 돌출된 밴드를 밟고 오른쪽으로 이동한 후 다시 왼쪽 밴드 선을 따라가서 쌍 볼트에 확보한다.

**둘째 마디(25미터)** ㄱ자형 크랙 위로 직상하여 언더 크랙과 오버행을 넘어 크랙으로 진입한 후 다시 고구마바위로 진입한다.

**첫째 마디(20미터)** 10여 미터의 슬래브와 좌향 크랙을 지나 ㄱ자 모양의 크랙 끝으로 오른다. 슬래브를 시나면시 볼트에 통가하고 크랙이 끝나면 쌍 볼트에 확보한다.

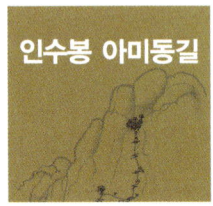
인수봉 아미동길

# 바람처럼 꽃처럼 사라져간 장다리 형

어떤 일의 실마리가 뜻하지 않은 장소에서 풀리는 경험을 종종 한다. 인수봉 아미동길의 개척자 이동일. 중계동의 근린공원에서 그와 만나던 일이 문득 생각난 것도 배 속의 무거운 덩어리를 비워내다 벌어진 일이다. 산을 떠나 조기 축구에 한창 빠져들던 그는 말했다.

"나도 한때 열심히 산에 다녔어. 인수봉에 아미동길 있지? 그거 내가 만든 거야."

아니 그 빤빤한 아미동길이 설마……. 뜻밖이었지만 그 말은 사실이었다. 스포츠형 머리에 권투 선수 같은 단단한 이미지의 이동일은 그 발언 이후 사뭇 다르게 보였다. 1970년대 한국 등산화의 역사였던 레드 페이스 등산화를 보급한 주역이었다는 사실도 새롭게 느껴졌다. 이마 가운데 생긴 사마귀가 마치 별처럼 느껴지는 것도 그가 아미동의 개척자란 사실을 알고부터다.

이동일은 자신이 만든 길을 다시 오르는 일에 적지 않은 부담을 느끼고 있었다. 바위를 그만둔 지 너무 오래되었기 때문이다. 등반을 결정하기까지 마음을 다지는 데 1년 가까이 뜸을 들였다. 그러나 가벼운 걸음걸이에서 그가 오늘을 기다려왔다는 감을 잡는다.

## 아카데미 산악회의 약자와 이동일의 중간자 따서 명명

대슬래브를 오른 후 기존 B코스의 왼쪽 크랙으로 오르는 것이 보통 사람들이 오르는 아미동길이다. 그러나 원래 아미동길의 출발은 언제나 무심히 지나치던 대슬래브에서 왼쪽으로 50여 미터나 동떨어진 누운 크랙이다. 그간에 오르던 길은 앞뒤가 생략된 길이란 걸 그를 통해 확인할 수 있었다.

"개가 사월 초파일날 죽었어."

"우이산장에서 삼학소주 사홉들이 다섯 병을 마신 다음 날 로프 2동에 암벽 장비를 잔뜩 짊어지고 선인봉으로 갔지."

아미동길의 내력을 밝히는 과정에서 이용민이란 이름이 코오롱등산학교 이용대 교장에게서 나왔다. 이동일이 따르던 선배 이용민은 이용대의 막냇동생이었던 것이다.

이동일은 180센티미터가 넘는 훤칠한 키에 자상한 성격을 지닌

넷째 마디 크랙을 통과하는 이동일. 그는 1970년대와 1980년대의 산악인들이 레드 페이스라는 이름의 등산화를 신게 만든 장본인이다. 그러나 그도 요즘의 개량된 암벽화의 신력에 감탄한다.

1968년쯤으로 추정되는 해에 인수봉 정상에 오른 산악인들. 왼쪽부터 이용민, 전수철, 이덕찬, 미상.

이용민을 '장다리 형'이라고 불렀다. 인수봉에서 죽치던 일이 생에서 최고였다고 말할 수 있었던 그때. 이들은 바람재 오른쪽 등성에 움막을 치고 거주하던 '장씨'의 방을 자주 드나들었다. 그의 움막에 연탄 한 차를 둘이서 져 올린 추억은 아직 지울 수 없는 무용담이다. 한 장이 3킬로그램쯤 되는 연탄을 자신이 20장 질 때 29장이나 지고 오르던 이용민의 괴력을 그는 아직도 잊지 못한다.

아미동길은 1973년 4월 12일부터 6월 22일 사이에 이동일을 등반대장으로 김춘근, 김병호, 권성진, 그리고 이용민에 의해서 개척되었다. 틀림없이 아름다운 뜻이 담겨 있을 거라고 생각했던 이름의 유래는 예상과 달리 싱겁게도 간단하다. 모 월간지에는 육군사관학교 생도와 연관이 있어서 아미Army라고 지었다고 기록되기도 했었다. 그러나 실상은 아카데미 산악회의 약자와 이동일의 중간자를 따서 붙인 이름일 뿐이다.

개척에는 김덕현과 강관원, 이동환, 백정일, 박정명, 유인희, 박해자, 그리고 육군사관학교 학생들에게도 많은 도움을 받았음을 보고서에 적고 있다. 장비는 40미터 로프 2동을 썼으며 해머와 피톤, 그리고 군용 정글화를 신었다. 그들은 볼트를 많이 박는 것이 수치라고 여겼을 만큼 클린 클라이밍 사조도 염두에 두었다.

이용민은 아미동길 개척 중에 선인봉에서 추락사했다. 바로 우이동에서 짐 싸들고 선인봉으로 간 그날이었다. 수삼 일 만에 개척이 끝나리라 생각했지만 이용민의 돌발적인 사고로 작업은 주춤하게 된다. 아무리 그럴듯한 가정도 죽음을 정당화시키기엔 미흡할 수밖에 없다. 하지만 공교롭게도 이용민의 죽음은 평소 그가 흠모하던 영웅들의 삶과 너무나 닮아 있었다. 사고가 나던 날, 이용민은 만나기로 한 후배가 나오지 않자 개의치 않고 그대로 선인봉으로 달려갔다. 그리고 로프 2동을 풀지도 않고 배낭에 넣은 채 단독으로 바위에 붙었다. 박쥐길의 날개를 단숨에 꺾고 올랐다. 밑에서 보던 사람들이 그를 주목하기 시작했다. 그러나 잠시 후 흑점을 지나는 슬래브 위에서 꽃잎 하나가 바람에 날리듯 떨어지는 모습이 목격되었다. 바로 이용민의 추락이었다. 불같은 열정을 지닌 27세의 청춘은 바로 그 반반한 슬래브에서 바람처럼 사라져갔다.

## 30여 년 만에 꺼낸 이용민의 피 묻은 수첩

이동일은 '장다리 형의 익살스러운, 덥수룩한 수염의 미소 짓는 얼굴이 나를 안심시켜준다'고 느끼며 4월 12일에 등반을 시작했지만 믿고 따르던 선배가 졸지에 사라진 탓에 전진을 멈추고 말았다. 두 달간의 애도 기간을 가졌지만 장다리 형의 환영은 머리를 떠나지 않았다. 그럼에도 이동일은 6월 21일 아미동 크랙과 슬래브를 거쳐 이틀 만에 등반을 끝낸다. 이때 김춘근과 홍건식의 참여가 큰 힘이 되었다. 샴페인을 들고 정상에 올랐으나 곁에 있어야 할 이용민 생각에 기쁨보다 착잡한 마음을 금할 길이 없었다.

이용대가 고이 간직해온 이용민의 수첩을 조심스럽게 내놓았다. 아직도 피로 얼룩진 그의 수첩 속에는 결코 버릴 수 없는 사항들이 깨알 같이 적혀 있다. 1888년 19세의 나이로 바이스호른에서 죽은 오

인수봉 서면으로 내려오는 아미동 하강길. 남서면의 하강길이 붐빌 때를 고려하여 만들었지만 요즘은 이용이 뜸하다.

스트리아의 천재적인 등반가 게오르그 빙클러, 그리고 1885년 도피네의 라메이주 남벽에서 추락한 에밀 지그몬디. 모두가 단독 등반가로 알려진 인물들이다. 그들의 이름을 푸른 볼펜으로 꾹꾹 눌러 쓴 수첩엔 당시 산꾼들에게 묵시록과 같았던 로제 뒤플라의 시 〈만약 어느 날〉이 또렷하게 남아 있다.

> 만약 어느 날 내가 산에서 죽게 되면
> 로프로 맺어진 오랜 친구인 자네에게
> 이 유언을 남겨두겠네.
> 우리 어머니를 만나서 전해주게.
> 내가 행복하게 죽어갔다고.
> 내 마음은 언제나 어머니 곁에 있었기에
> 조금도 괴롭지 않았다고.
> 아버지한테 말해주게.
> 나는 어엿한 사나이였다고.

아우한테 말해주게.
이제 바통을 넘긴다고.
아내한테 말해주게.
내가 아내 없이 산에서 살아왔듯이
내가 없어도 꿋꿋하게 살아가라고.
자식들한테 전해주게.
에탕송 계곡의 암벽에서
언젠가는 내 손톱자국을 발견하게 될 거라고.

그리고 나의 벗 자네한테도 부탁이 있네.
내 피켈을 거두어주게.
이 피켈이 치욕스럽게 썩는 걸 바라지 않네.
등산로에서 멀리 떨어진
인적 없고 전망 좋은 비탈에 가져가서
오직 이 피켈만을 위하여 작은 케언을 쌓고
그 위에 피켈을 꽂아주게.
빙하를 비추는 아침 햇살에 빛나고
산마루 너머의 핏빛 석양을 받을 수 있도록.


## 볼트가 유혹하는 빤빤한 슬래브

   항아리 크랙으로 향하는 둘째 마디의 슬래브를 선등하는 코오롱 등산학교 대표강사 윤재학이 볼트 간격을 두고 놀라움을 감추지 않

정상으로 오르는 이용대(우)와 윤재학이 기우는 햇살에 의해 실루엣이 되었다.

는다.

"아! 옛날엔 여기 만만치 않았겠어."

'고양이 발톱'이란 별명을 가질 만큼 몸이 가벼운 그에게 이런 말이 나올 때 이용민의 큰 키를 다시 생각하지 않을 수 없다. 아미동길의 상징인 크랙 부분은 '신력'이 좋아지고 '초크'라는 응원군이 있다는 가정에선 어렵다고 할 수 없다. 다만 볼트에 의지하지 않고 온전한 밸런스로 오르는 다섯째 마디 구간이 숙제다. 볼트를 잡거나 딛는 것은 하나의 유혹이다. 자유 등반이 어려운 것은 바로 그런 유혹을 견디기 힘들기 때문이다.

이동일의 결정이 빠른 덕에 우리의 등반은 순조롭게 진행이 되었다. "옛날에 이 빤빤한 데를 어떻게 올랐지" 하며 혀를 내두르면서도 일곱째 마디의 가파른 슬래브를 또다시 뛰어오른다. 그런 이동일의 행동에 카메라가 멎을 수가 없다.

고등학교 1학년 때 구파발에서 동양 산악회의 서순만을 만나 원효 리지를 같이 오른 것이 계기가 되어 암벽 등반을 시작한 그도 이제 쉰 살이 넘었다. 그러나 아직 포기할 수 없는 나이다. 그런데 이동일의 어금니는 벌써 틀니로 대체되었다. 허구한 날 소주 까는 데 쓴 탓이다. 그 귀한 이를 한낱 소주 병따개로 써도 후회하지 않는 그의 삶의 방식에서 파이팅이란 단어가 떠오른다.

일등이 아니면 기억하지 못하는 수많은 세상사를 생각할 때 영국의 탐험가 어니스트 섀클턴이 남극 탐험 때 보여준 일화는 참 유쾌하다. 그는 '우리는 성공하거나 아니면 죽을 것입니다' 라는 말을 남겼다. 그러나 27명의 대원들과 함께 634일 동안 남극의 바다를 떠다니며, 성공하지도 못했고 죽지도 않았다. 그러나 영국의 BBC 방송국은 20세기를 마감하는 1999년 11월에, 지난 천 년간 최고의 탐험가 10인을 선정했을 때, 마르코 폴로, 페르디난드 마젤란, 아문센 같은 엄청난 인물들과 함께 섀클턴을 당당히 포함시켰다. 위대한 실패란 때론 평범한 성공을 능가하는데, 섀클턴이 바로 그에 해당하는 인물이다.

"구조되길 원하지 않았는데 괜히 가서 꺼내준 것 아닐까?"

"그곳에서 살게 내버려두지."

"영하 70도가 넘으면 사람이 어떻게 돌아버리는지 관찰하고 싶었나?"

"배도 더 고파봐야 해……"

그 유명한 일화를 두고 칭찬을 빙자하여 빈정대보는 것은, 거지가 되어가도 낙천성을 잃지 않았던 섀클턴에 대한 부러움에서 비롯된 것이다.

  오늘 해거름이 되기 전에 아미동길의 전 루트를 오르고 인수봉 정상에 선 것은 이동일의 빠른 판단 덕이라 해야겠다. 그것은 고민을 담아두지 않으려는 이동일의 낙천성 때문이리라. 머리 나쁜 사람은 화장실에 앉아 한 생각을 간신히 건질 뿐인데…….

 등반 길잡이

인수봉 아미동길은 1973년 봄, 아카데미 산악회의 이동일과 김춘근, 김병호, 권성진, 그리고 경기대 산악부 출신 이용민에 의해 개척되었다. 등반 루트의 전장은 240미터이며 총 여섯 마디로 나누어 등반을 했으나 그 이후 정리 과정에서 일곱 마디로 끊었다. 난이도는 인수 B코스의 항아리 크랙의 왼쪽을 지나는 이후의 다섯째 마디 슬래브가 5.10a로 평가되어 있다. 사람들의 무관심 속에 있던 일곱째 마디 슬래브의 난이도 역시 비슷하다. 출발은 인수 정면 슬래브에서 왼쪽으로 50미터쯤 돌아간 지점의 하단부 누운 크랙에서 한다. 등반 루트는 오랫동안 방치되어 있어서 융통성 있는 연결이 필요하다. 아미동은 서면벽의 오버행으로 하강길을 뚫어 '아미동 하강길'이라고 명명한 것이 특징이다. 하강길은 1971년에 인수봉의 대형 조난 사고 이후 남서면의 하강길이 붐빌 때를 고려하여 만들었다. 하강 길이는 총 80미터로 두 번에 나누어 하며 하단부는 오버행을 거쳐 내려와야 한다.

« 아미동길

**일곱째 마디(40미터)** 볼트와 피톤을 이용하여 슬래브를 오르다가 15미터쯤 왼쪽 위에 설치된 쌍 볼트에서 직상한다. 오래된 볼트가 연이어 있으며 부분적으로 미세한 홀드에 안정된 밸런스를 요한다. 상단부는 움푹 파인 슬래브를 지나 나무가 있는 곳에서 끝난다. 왼쪽 크랙이 끝나는 쌍 볼트에서 마디를 끊고 볼트를 통과하여 정상까지 오른다.

**여섯째 마디(40미터)** 넓은 쉼터에서 왼쪽 슬래브와 넓은 크랙을 지나 15미터쯤 오르면 키 낮은 소나무가 나온다. B코스의 마지막 디에드르 크랙이 시작되는 곳에서 왼쪽 슬래브로 이어 오르게 된다.

**다섯째 마디(40미터)** 왼쪽 방향으로 연결된 볼트를 지나 벙어리 크랙을 오른손으로 당기며 오른 후 왼쪽으로 이동하여 확보한다. 개척 당시에는 뼈처럼 돌출된 바위를 잡고 직상했다.

**넷째 마디(30미터)** 언더 크랙으로 연결한다. 이후 레이백이 가능한 크랙을 지나고 좌향 크랙 위의 볼트를 넘어 왼쪽의 경사진 턱으로 오른다.

**셋째 마디(20미터)** 인수 B코스 크랙 쪽으로 이동하여 왼쪽 V형 침니를 올라 마디를 끊는다.

**둘째 마디(30미터)** 홀드와 스탠스가 양호한 밴드 왼쪽을 건너 오래된 링 볼트를 따라 오른다. 이후 움푹 파인 곳을 스탠스 삼아 슬래브를 오르게 되며 상단부는 얄팍한 밴드를 통과하는 반반한 슬래브나.

**첫째 마디(40미터)** 홀드와 스탠스가 양호한 반침니 스타일의 누운 크랙을 스테밍 자세로 오를 수도 있다. 크랙이 넓어 확보물 설치가 애매하다. 25미터쯤 오른 후 왼쪽으로 가서 쌍 볼트에 확보한다.

인수봉 산천지길

## 밖을 향한 동경보단 안으로 다져진 내공

　한 국회의원 당선자가 '다시 광야에 섰다'는 말로 소감을 말한 적이 있다. 그의 잔잔한 말투에서 바람 부는 벌판에 선 나그네의 고단함이 느껴졌다. 오르고 또 올라도 끝이 없는 바위를 목표로 삼았던 1970년대의 산악인들. 그들은 기쁘거나 슬플 때 산으로 갔다. 세상이 어지러워도 아랑곳할 수 없었고, 친구가 그리울 때면 바위로 달려가곤 했다. 배고픔과 추위는 서로 나누어야 했다.

　산으로 가자.
　산은 하늘이 가까워 좋다.
　햇빛 가려줄 산림이 있고 누워 뒹굴 바위가 있다.
　온몸이 땀에 흠뻑 젖어도 서늘하게 식혀줄 바람이 있다.

산에는 구름이 떠돌아 좋다.

오르는 발자국에 깨우침이 있고 바라보는 눈길에는 꿈이 펴진다.

여기 가냘픈 운명이 외진 곳으로 청운의 뜻을 띄우러 가자.

1972년 3월 10일 발행된 산천지 산우회의 회보 《바우》 2호의 전문을 장식한 시다. 지금으로부터 30여 년 전인 그때. 가수 김민기는 '아침 이슬'과 '친구'가 수록된 단 한 장의 음반으로 시대를 우울하게 보낸 청년들의 서러움을 달래고 있었다. 그의 노래는 어두운 터널을 빠져나오는 길동무였으며 그들의 저항은 하나의 문화가 되었다.

하늘의 뜻에 따라 살라는 오십 지천명을 넘긴 산천지길의 개척자들은 6·25전쟁을 기억에 담고 있는 세대이자 1970년대에 젊음을 보낸 세대들이다. 고향을 두고 38선을 넘어와 삶을 개척해야 했던 실향민들의 터전 해방촌. 김진섭, 최광국, 안병찬, 허수원 등 산천지 산우회의 창립 회원들은 바로 남산 아래 해방촌에서 놀던 동네 친구들이었다.

"우린 모두 태권도장을 다녔어요. 그땐 교회 안 가고 태권도 못하면 행세하기 어려웠죠."

"해방촌이 좀 거칠었어요. 주먹 못 쓰면 만날 얻어맞으니까."

"그래도 그때의 싸움은 몽둥이와 주먹뿐이었지요."

## 해방촌 친구끼리 산천지 산우회 창립

1947년생인 김진섭이 18세 되는 1965년. 해방촌 친구들과 어울려 다니던 태권도장이 정릉으로 이사를 가자 에너지를 발산할 대상이 필요했다. 그 일행들은 9시만 되면 서울역 시계탑에서 만나 산으로 달려갔다. 1970년부터는 산악회의 체제를 갖추기 시작한다. 어느 날 김진섭은 백운대 뒤에 있는 칼바위에서 우연히 김동숙을 만났다.

"칼바위에 갔는데 해방촌 놈들이 깝작거리더라고요. 알고 보니 많이 보던 친구들이라……"

"후암동 종점. 그리고 수원이는 방앗간 동네. 나는 파출소 해방교회 동네."

동네가 같은 해방촌이라는 사실 하나로 이들은 단번에 친구가 되어버린다. 그리하여 1972년 4월 셋째 주, 산천지 산우회는 초대 회장 김진섭을 비롯하여 허수원, 안병찬, 최광국, 김광선, 김동숙, 임은하, 강동찬 등 8명의 창립 발기인과 변석원, 허기원, 윤완희, 안병숙, 송복희, 송경희, 유영숙, 김봉순 회원 등 8명의 회원이 가세하여 창립을 맞는다.

실력 못지않게 주력酒力이 등반 능력의 상당 부분을 점하던 1970년대. 히말라야나 알프스는 책에서나 보던 꿈의 대상이었다. 해외 원정은 등반 능력 이외에도 자금과 기획까지 담당하는 종합적 능력을 필요로 했다. 지금은 웬만한 백수도 갈 수 있는 일본의 북알프스나 대만의 옥산도 당시엔 그리 쉬운 곳이 아니었다.

산천지라는 이름에서 밖을 향한 동경보단 안으로 수렴되는 내공을 미루어 짐작한다. 해외 등반을 실현할 수 없던 청년들의 끓는 에너지는 우리의 산과 바위에서 펼쳐졌다. 많은 꿈들이 그 속에서 피어났다가 사라지고 아쉬움 속에서 멀어져가곤 했던 것이다.

"로프 있어요?"

"세 동."

"유마르는?"

"유마르 없어도 올라간다, 임마."

오랜 산친구가 아니면 나눌 수 없는 대화들이 대슬래브에서 오간다.

"1973년에도 평양상회는 있었어요. 28번은 없었던 걸로 기억하고요. 방학동 비포장 길을 걸어올 땐 배 밭을 거쳐 오다가 배를 까먹으며 넘어왔지요."

배는 곧 배고픔을 같이했던 친구의 기억일 것. 김진섭은 당시의 기억을 떠올리며 회상의 산을 오른다.

## 허수원, 김진섭 등이 1973년 6월에 개척

동면의 여느 루트와 마찬가지로 대슬래브는 모든 길의 출입문이다. 산천지길은 대슬래브 위의 오아시스에서 왼쪽 크랙으로 등반을 시작한다. 취나드 B코스 왼쪽의 슬래브를 이제 막 통과한 일행은 마치 점심시간이 되기도 전에 몰래 도시락 꺼내 먹던 때처럼, 오아시스에 도착하여 첫째 마디도 오르기 전에 싸들고 온 김밥을 꺼내어놓는다.

밥부터 먹고 수업을 시작하려는 학생들은 김진섭, 김동숙, 이창윤, 김중연이다. 김진섭은 산천지 산우회 초대 회장을 지냈으며 산천지길 개척의 핵심이었다. 김동숙은 김진섭과 동기생이며 산천지 산우회의 창립 발기인. 김중연은 60대이지만 기계체조 선수 출신으로 탱탱한 근력의 소유자. 이창연은 40대 후반을 바라보는 나이지만 오

산천지 산우회의 창립 회원인 김동숙이 셋째 마디가 끝나는 슬래브를 오르고 있다.

늘은 막내일 수밖에 없다.

"오늘의 선등은?"

"창윤이가 갑니다."

김진섭이 그에게 교시를 내린다. 산천지 산우회는 특별한 경우가 아니면 회원끼리만 등반을 한다. 현 회장인 최유섭의 동기 안원호 총무는, 산천지 산우회에는 등반 실력이 아무리 뛰어나도 딴 데 한눈을 팔 수 없게 만드는 만족감이 있다고 말한 바 있다. 그래서 그런지 산천지 산우회에는 가족이 많다. 네 쌍이나 되는 산우회 커플은 김진섭과 송희정 회원으로부터 시작되었다. 그 사이에서 태어난 두 아들의 이름을 인수와 선인으로 지을 정도로 이들의 바위 사랑은 타의 추종을 불허한다. 그런 분위기 속에서 산천지길의 개척은 필연처럼 진행되었다.

1973년 6월 12일에서 24일 사이에 개척된 산천지길은 허수원을 리더로 김진섭, 김기홍, 허기원, 윤완희, 박화식 등과 회원 일동의 결집된 힘을 바탕으로 만들어졌다. 김기홍은 여명 산악회 회원이지만 개척 작업에 참여할 정도로 산천지 산우회 식구들과 절친한 관계였다. 산천지길은 1973년 5월 여명길 개척 때 선을 발견한 것이 동기가 되었다.

 기분 좋을 정도로 맑은 날씨에 톱 로프를 단단히 매고 6월 12일에 시작된 개척 작업은 14일에 이어 18~20, 22~24일까지 7일 동안의 작업 끝에 마무리되었다. 등반 장비는 60미터와 40미터 로프 2동, 해머 3개, 점핑세트 드릴 2개, 12개의 각종 피톤, 볼트 8개, 래더 4개, 카라비너 24개, 안전벨트 6개, 4미터의 슬링이 쓰였다. 인수봉의 기존 루트에서는 이때도 등반 순서를 기다리다 올라야 하는 경우가 다반사였고, 급증하는 클라이머들의 수를 소화하기가 어려운 터였기에 새로운 길의 개척은 필연적이었다.

## 세월도 막지 못한 산천지 산우회의 친구 사랑

 여러 갈래로 뻗은 가는 크랙 사이를 샅샅이 외우듯 거침없이 오르는 이창윤의 움직임은 인수봉에서 '한 바위' 한 몸놀림이다. 그의 왼쪽 옆의 패시길로 유학재가 출발한다.

 한 마디를 끝내고 신중한 밸런스가 요구되는 둘째 마디의 크랙. 이창윤이 프렌드를 설치하고 볼트를 통과하여 간다. 예전에는 피톤 치고 래더를 걸던 곳이다.

 "야! 그 위는 벙어리 크랙 끝내고 내가 슬립 먹은 데 아니냐?"

1973년 개척 당시 산천지길을 오르는 김진섭. 크랙에 나무가 살아 있는 모습을 볼 수 있다.

"맞아요."

아픈 기억은 그렇게 오랜 세월이 지나도 잊혀질 수 없다. 그곳을 지나 슬래브까지 가뿐히 오른 이창윤이 셋째 마디 크랙 초입에 있던 나무를 못내 아쉬워한다. 그 나무가 살아 있을 때 끝을 밟고 튕기듯이 일어서던 일은 이제 더 이상 할 수 없는 몸짓이다. 한 스텝만 일어서면 레이백 자세로 연결되는 좌향 크랙은 오른쪽 턱을 넘어 홈통처럼 파인 슬래브로 연결된다. 이곳에서 보면 활처럼 휘어서 '활크랙'이라 부르는 곳으로 길이 이어진 듯이 보이지만, 왼쪽의 밴드를 지나 오른쪽 크랙으로 가야 맞다.

"동수야, 올라와."

"야, 스타트한다. 근데 요기가 좀 이상해. 발이 따라 올라야 하는데 자꾸 짝발이 되잖아."

다섯째 마디 깐깐한 슬래브가 이어지는 곳이 몸집 큰 김동숙에게 부담스러울 수밖에 없다. 그는 친구들 사이에서 아직 김동수로 불린다. 해방촌 시절부터 이름이 동수였으나 군대를 다녀온 이후로 동숙으로 바뀌었다고 한다. 호적을 만들 때 물가 '수'의 삼수변에 잉크가 떨어진 것을 동사무소 직원이 손으로 쓱 지우려다 맑을 '숙'처럼 보인 것이 이름이 바뀌게 된 원인이다. 군대에서 교관이 호적에 적힌 그의 이름을 보고 김동숙으로 불렀으니 김동수가 알아들을 수 없는 것은 당연한 일. 결국 조인트 댓 방 얻어맞고 난 후 그는 동숙이란 이름을 물려받았고 김동숙이 되었던 것이다. 그는 오늘날의 성공이 바

대슬래브 아래 모인 산천지 산우회 회원들. 왼쪽부터 이창윤, 김중연, 김진섭, 김동숙.

뀐 이름에 기인한 것이라고 숙명처럼 결과를 받아들인다.

9월 어느 일요일에 비 맞으며 인수봉에 처음 오른 소감으로 '이제는 도저히 떨어질 수 없는 정든 산, 사랑의 산'이라는 글을 《바우》지에 발표하던 그가 아직 등반의 현장에 있는 것은 결코 떨어지지 않을 거라는 낙관이 습관이 된 것이리라. 사고 없이 산에 다닌 걸 감사하게 생각하는 김동숙은 가난하게 산에 다녔기 때문에 더더욱 원정 자금을 열심히 모았는데, 그 돈을 쓸 새 없이 세월이 지나가버린 것을 아쉬워한다.

"한창 때는 돈이 없어 못 갔는데 돈이 모이니까 갈 사람이 없는 거야……."

여섯째 마디의 쉬운 슬래브를 마치고 정상으로 오르는 길은 몇 가지 길이 합해지는 곳이어서 볼트가 산재해 있다. 그중 오른쪽 벽에 박힌 볼트를 이용하는 것이 자연스러운 흐름이다. 조금도 망설이지 않고 앞서서 정상에 오른 이창윤. 그는 아직도 환상적인 파트너 이수복과 여명 산악회의 솔로 김기홍을 잊지 않는다. 김동숙의 묵직한 걸음, 김진섭의 의지, 김중연의 세심한 등반. 산악이란 말보다 산우라는 말을 좋아한 산천지의 친구 사랑은 흘러만 가는 세월에도 멈추지 않는다.

 등반 길잡이

산천지길은 1973년 6월 산천지 산우회의 김진섭, 허수원 등이 주축이 되어 개척한 길로 대슬래브 상단의 잡목 지대에서 등반을 시작한다. 등반 길이는 총 121미터이며 둘째 마디의 벙어리 크랙에서 짧은 슬래브로 이어지는 구간의 자유 등반 난이도는 5.10d로 평가되어 있고, 넷째 마디의 오버행을 지나는 슬래브는 5.11a의 난이도가 매겨져 있다. 전체적으로 루트 파인딩은 불량하지만 확보와 탈출 조건은 무난하다.

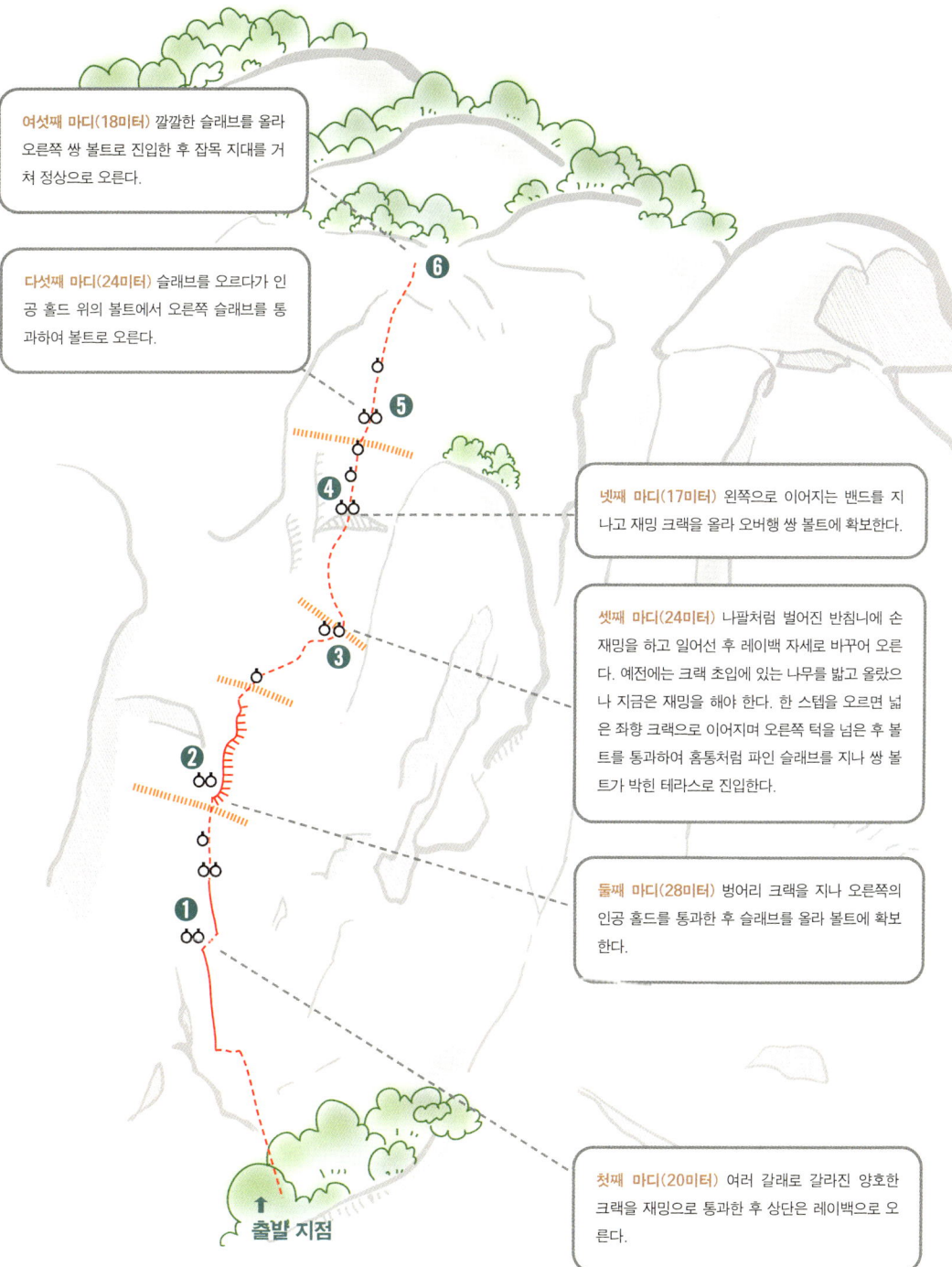

인수봉 빌라길

# 페이스에 빌라 짓고 거벽을 꿈꾸다

  '학문을 하면 나날이 늘어갈 것이고 도를 행하면 나날이 줄어들 것이다.'

  노자의 한 구절이다. 가진 게 너무 많아 행복하지 못한 인간에게 '선'은 끊임없이 비울 것을 요구한다. 그리하여 송곳 하나 꽂을 자리가 없을 때 비로소 대자유가 열린다 했다. 더 어려운 곳을 오르기 위해 줄이고 절제해야 하는 산꾼들에게 어울리는 비유라 생각된다.

  문학을 하는 모 작가는 방송 인터뷰에서 다음 생에 다시 태어난다면 가수가 되어 게릴라 콘서트를 하고 싶다는 말을 남겼다. 자신의 글을 읽어준 수많은 독자들은 아쉽게도 만날 수 없는 불특정 다수지만, 팬들의 환호를 눈앞에서 볼 수 있는 가수야말로 해볼 만한 일이라고 생각했던 것이다. 그러나 그는 지금껏 누렸던 인기가 거품 같긴

해도 결국 문학의 길을 가지 않을 수 없다고 덧붙였다.

오랫동안 바위를 했어도 실력은 제자리요, 풋내기 때 가졌던 패기와 열정도 없건만, 아직 산에 오를 수 있고 산친구를 만나는 일은 그나마 지속되는 위안이다. 그러나 때론 그것도 집착과 소유의 산물이 아닌가 의심이 든다. 지난 세월에 안주하지 않아야 할 터인데…….

## 가문의 영광, 마운틴빌라

한창 바위에 빠져들던 1970년대 중반, '빌라'라는 소속명을 가진 사람들이 참 궁금했었다. 오두막처럼 안온한 빌라에 둥지 튼 그들의 강한 결속력이 부러웠던 것은 비단 나뿐만은 아닐 것이다. 지금은 강남의 호화 빌라와 혼동되어 이름에서 오는 신비감은 사라졌다 해도, 빌라는 아무나 들어갈 수 없는 곳이었다. 회원이 될 수 있는 단 하나의 조건은 서울고등학교를 졸업해야 한다는 점이었다.

인수봉에 고난도 바윗길을 낸 것도 그렇고 설악산의 울산바위 리지를 개척한 것만 봐도 마운틴빌라는 만만한 클럽이 아니다. 졸업 후에도 대학 산악부에 들지 않고 오로지 마운틴빌라에 순정을 바치는 것이야말로 그들이 갖는 자존심의 바탕이다. 이들에게서 아직 열정이 느껴지는 것은 바로 그런 '가문의 영광'에서 나오는 것은 아닐까.

우이동에서 밤중에 만난 최대성과 이동혁은 아직 가능성을 포기할 수 없는 30대 중반이다. 등반대장 오호근 역시 기라성 같은 선배들 앞에선 내세우기 어려운 명함이다. 이들 가운데 점잖게 배낭을 메고 선 두 사람이 오늘의 최고참 강준수와 이상경이다. 이상경은 장경덕과 함께 빌라길을 개척했던 장본인이다. 세대를 뛰어넘은 선후배가 모인 인수 야영장. 이동혁이 밤새 요리해내는 샤브샤브에 소주판 분위기는 밤늦도록 이어졌다. 다음 날의 늦잠은 피할 수 없는 수순. 그래도 먼저 일어나 회원들을 깨워야 하는 사람은 등반대장 오호근이다. 그러나 그게 무리라는 것을 잘 알고 있는 후배 재혁과 함께 먼저 빌라길로 간다.

뜨거운 햇볕이 예상되는 아침, 오호근이 선등으로 40미터 좌향 크랙을 치고 나간다. 벙어리 크랙에 캠 2호와 3호를 설치하고 첫째 마디를 끝내자 뒤늦게 회원들이 도착했다. 둘째 마디는 최재혁의 선등이다. 지그재그로 오르는 그의 뒤로 또 한 팀이 붙고 보니 결국 빌라길은 주인들이 전세를 내고 말았다.

"야! 빌라길 생긴 이래 최대의 인파다. 아홉 명이나 되네."

"용식이는 처음 해보는 거지?"

"네."

"못했냐? 그 나이 먹도록?"

"생각할 겨를이 없어! 그냥 막 와야 돼. 생각하면 더 힘들어."

"열화와 같은 성원에 힘입어 그냥 올라갑니다."

생각을 하거나 안 하거나 빌라길은 긴장하지 않을 수 없는 곳이었다. 신발이 좋아서 '신력'으로 오른다고 하는 요즘도 예외는 아니다. 경사 70도가 넘는 페이스에서 오는 고도감도 만만치 않다. 둘째 마디에서 셋째 마디로 가는 길. 볼트 간격이 멀어진 탓에 신발끈 단단히 매고 까치발을 하지 않을 수 없다. 자유 등반은 물론 볼트를 이용해 오르는 것도 쉽지 않다.

인공 암장에서 만난 견우병과 소속을 넘어 친밀해진 후배 김동윤

인수봉 남면의 거대한 모습. 마운틴빌라 회원들은 이곳을 거벽 등반을 대비한 겔렌데로 꿈꾸어오다가 1971년에 개척을 시작하여 1974년에 완성했다.

인수봉 야영장에 모인 마운틴빌라 회원들.
뒷줄 왼쪽부터 홍종화, 이상경, 최대성, 오호근.
가운뎃줄 왼쪽부터 이동혁, 박종원, 김용식, 견우병.
그리고 맨 앞줄 왼쪽부터 강준수, 윤형규, 김동윤.

은 보성고등학교 출신의 현역 UDT대원이다. 건장한 몸을 자랑하지만 아무래도 어제 마신 술이 과했는지 둘째 마디를 넘어서질 못한다. 결국 그는 손가락에 이상이 생겨 하강을 한다. 오호근과 최재혁이 셋째 마디를 여유 있게 넘어가는 동안 모두들 묵묵히 자기가 맡은 구간을 해치우느라 여념이 없다.

등반의 속도는 느려진다. 넷째 마디의 볼트 역시 첫 번째와 두 번째 사이가 멀어져 자유 등반으로 오르기가 부담스러운 곳이다. 선등인 최재혁이 발을 떼지 못한다.

'아! 옛날 선배들은 여길 어떻게 올라갔지?'

마운틴빌라 회원들은 등반이 더 어려워진 현상에 대해서 별 다른 코멘트를 하지 않는다. 뒤늦게 합류한 견우병도 묵묵히 오르고 있다.

## 3년 공백 후 1974년 가을에 완성

빌라길은 거벽 등반에 대비한 겔렌데로 꿈꾸어왔던 페이스였다. 늘 그 벽을 쳐다보며 살아온 마운틴빌라 회원들은 남면의 장쾌한 벽에 선을 그을 수 없을까 궁리하게 되었다. 어느 날 이들은 밑에서 위로 뻗은 크랙과 한 개의 침니, 그리고 세 개의 밴드가 합쳐지는 곳에서 양호한 스탠스를 발견한다. 그리고 이것을 잘 연결시키면 지금까지 경험할 수 없었던 페이스 등반을 할 수 있지 않을까 생각하게 되었다.

당시 주역이었던 장경덕과 이상경은 빌라길 개척의 동기를 이야기하다가 T. J. 부르스라는 이름을 거론했다. 미국 공군 파일럿 구조대였던 부르스를 만난 것이 개척에 시동을 건 계기였다고 한다.

1971년 5월. 마운틴빌라 팀은 도봉산 선인봉의 전면에 매달려 도움을 요청하는 사람들을 발견한다. 어둠이 늦도록 바위에 매달려 있었던 그들은 미 공군 파일럿 구조대 상사 부르스와 두 명의 일행이었다. 이들은 구조 훈련으로 암벽 등반과 스쿠버 다이빙 등을 주기적으로 하는 사람들이었다. 마운틴빌라 회원들은 등반이 너무 늦어지면 조난으로 이어질 수 있다고 판단, 허리길로 올라가서 그들을 도와 함께 하강했다.

도움을 준 부르스와는 그때부터 형제 같은 인연을 맺게 되었다. 빌라 회원들은 그를 통해서 11센티미터 로프 300피트와 취나드 피톤, SMC볼트 50개, 점핑 세트와 윌리안스 벨트, MSR 헬멧 등 구하기 힘든 외제 장비를 손쉽게 구입한다. 혁신적인 장비를 갖게 된 빌라 회원들이 힘을 얻어 페이스의 문을 두드렸음은 물론이다.

그해 9월, 장경덕, 이상경, 허경열, 이건성, 윤지현, 김용하 등은 등반에 박차를 가했다. 11월에 셋째 마디가 끝나는 밴드 부분까지 1차 개척을 마무리 지을 수 있었다. 이때의 장비는 300피트, 165피트, 135피트 로프가 가 1동, SMC 점핑 세트 2조와 SMC 볼트 16개, 체인형 1개, 시몽 4개, 시몽 피톤 1개, 미군용 1개, 톱 앵글 1개, 모래내 앵글 2개, 에추리(래더) 6개, 카라비너 30개, 클립 행거 2개, 어센더 3개, 해머 2자루와 슬링 등이었다. 이 정도 장비만 하더라도 몇 개의 카라비너와 로프 1~2동으로 길을 만들었던 1960년대에 비해 대단한 성장이라고 할 수 있다. 빌라길은 대부분 등반을 하면서 볼트를 박았기 때문에 그 사이가 아슬아슬하게 이어지는 것이 특징이다. 이때 몇 개의 볼트는 190센티미터가 넘는 장신 허경열을 이용해서 박았으므로 키가 작은 사람들은 지금까지도 억울할 수밖에 없다. 1차 개척이 끝난 후엔 3년간의 공백이 있었다. 그러나 1974년 가을, 이상경과 장경덕이 상단부 100여 미터를 마무리 지어 드디어 완전한 빌라길이 만들어졌다. 마지막 마무리 등반 때는 알펀로제스길을 열었던 곽효균도 확보를 봐주는 등 도움을 아끼지 않았다.

빌라길은 22~24회 졸업생들이 의기투합하여 개척한 것이나 서울고등학교 산악회의 활동은 그보다 훨씬 이전인 1955년 1월로 거슬러 올라간다. 6·25전쟁 이후 학업의 분위기조차 잡혀 있지 않던 시절. 서울고 산악회는 고등학교 2학년생이던 김창국, 이기주, 유양선, 조근길, 명형식, 박영준 등의 8회 졸업생들이 주축이 되어 창설했다. 창립 산행은 2박 3일 동안 도봉산과 북한산을 잇는 종주 등반으로 장식했다. 이듬해 여름, 1956년에는 한국산악회 독도 탐사대에 김창국 회원과 3명이 참가했고 1958년 여름엔 고등학교 3학년인 감관, 김덕치, 주명덕, 한수환, 한수웅 등이 천불동 계곡을 거쳐 대청봉에 올랐다. 그 여세로 서정완, 이영세, 명노철 등이 한라산 등반을 마치면서 산악반의 모양새를 갖추기 시작했다.

그 후 10여 년간의 활동을 바탕으로 1965년 4월 20일. 김석원을 필두로 한 17회 졸업생들이 마운틴빌라를 탄생시켰고, 이성환, 김태호, 이기주, 성주천, 이상경, 윤형규로 이어지는 흐름이 만들어진다.

인수봉의 대표적인 페이스인 빌라길 첫째 마디 크랙을 오르고 있는 오호근.

## 토왕성 폭포와는 개운치 않은 인연

"빌라길 개척의 동기?"

"인수봉 남면에 다이렉트 코스를 생각하던 중 장비와 멤버가 좋았고 분위기가 무르익어서……. 시건방 떨자면 자부심이 들었지."

"그렇게 산에 미쳤었는데 대학엔 들어갔나요?"

"아! 그럼. 모두들 갔지."

정말로 이들은 그렇게 산에 다니고도 모두들 대학에 들어갔다. 공부도 못하고 산에도 열심히 안 다닌 산꾼들의 자격지심을 자극하기에 충분한 사실이다. 마운틴빌라 팀과 긴밀하게 지냈던 경기고등학교 산악반 '라테르네'는 졸업 후 대학 산악부에 입회를 했지만, 서울고등학교 산악부원들은 계속 오비로 활동하길 고집했다. 서울고등학교 출신 선배들이 피톤 클럽에 많이 입회하긴 했으나 마운틴빌라가 만들어진 이후엔 그럴 이유가 없었다.

그렇듯 빠진 게 없어 보이는 마운틴빌라에도 아쉬움은 있다. 그중 하나가 토왕성 빙폭 등반이다. 이상하게도 토왕성 빙폭은 빌라와 인연을 맺지 않았다. 처음 토왕성 빙폭에 엄두를 낸 것은 김석원이었다. 그러나 그는 오르지 못한 토왕성 빙폭을 가슴에 묻고 일찍이 미국으로 건너간다.

둘째 마디를 선등해 가는 최재혁을 오호근이 확보하고 있다.

그가 떠난 이후 1978년 1월, 장경덕을 필두로 최영규와 김기환이 토왕성 빙폭 등반에 나섰다. 이들은 전년도에 크로니 산악회가 초등을 이룰 때 12일이나 걸린 시간을 나흘로 줄이는 놀라운 속도를 보였다. 그것은 초등의 영광을 차지하지 않았더라도 충분히 인정할 만한 기록이었다.

마침내 최영규가 상단을 깨끗이 해치우고 토왕성 빙폭 제3등을 이루는 순간이었다. 그러나 나무에 확보줄을 걸기 전에 눈에 찍은 해머가 쑥 빠져버리고 말았다. 최영규는 어이없이 30미터를 추락했다. 다행히도 그의 몸은 테라스 아래에서 멈췄다. 하지만 그는 이 사고로 양 발목이 부러지면서 등반을 접어야 했다. 나머지 동료 대원과 하산을 위해 벌인 작업은 상상을 초월한 사투였다. 결국 최영규는 발가락에 동상이 걸렸으나 목숨을 건진 것을 다행으로 여겨야 했다.

이런 대형 사고 이후에도 마운틴빌라의 토왕성 도전은 그치지 않았다. 1979년 2월에는 김성택과 송원기가 토왕성 우벽 상단을 거의 오른 지점에서 볼트를 박다가 추락하는 사고가 있었다. 이 사고로 김성택이 목숨을 잃으면서 마운틴빌라와 토왕성은 다시 개운치 않은 기록을 남기고 말았다.

어쨌거나 오늘에 이르렀다. 빌라길에 붙은 회원들은 아직도 선택된 산꾼임을 자부해도 좋으리라. 마운틴빌라 캠프장에는 후배들의 등반을 지켜보느라 윤형규 회장을 비롯한 선배들이 줄곧 고개를 들고 지켜 서 있다. 선등이 아니라면 차라리 스포츠클라이밍을 하는 게 낫다는, 그래서 바위를 잘 안 하게 된다던 이상경은 오늘 줄을 묶지 않았다. 고밀도의 긴장을 즐기기엔 어제의 과음이 만만치 않았던 모양이다.

마지막 부분의 흑점을 밟고 두 개의 볼트를 지나 삼각 볼트로 가는 것도 생략한 채 왼쪽으로 길을 건너뛴다. 마지막 다섯째 마디 크랙을 끝내고 물고랑 같은 길을 오르니 같은 처지에 있던 산꾼들이 불쑥불쑥 고개를 내민다. 탈출과도 같은 등반은 어느덧 끝났다. 힘들게 오르는 와중에 부지불식간에 나타나는 인수봉 정상은 그냥 걸어 오른 정상과는 느낌이 다를 수밖에 없다. 긴장을 풀고 멋대로 누워 건너편을 바라다본다. 오늘도 우리는 백운대에 올라 이곳을 쳐다보고 있는 사람들이 결코 넘볼 수 없는 큰 자유를 누린다.

 등반 길잡이

빌라길은 마운틴빌라 회원들이 1971년에서 1974년 사이에 만든 인수봉 남면의 대표적 페이스 루트로 전체 길이는 165미터에 모두 여섯 마디로 이루어져 있다. 개척에 참여한 사람들은 장경덕, 이건성, 이상경, 김용하, 윤지현, 허경열 등이다. 빌라길은 대부분 등반을 하면서 선을 이었기 때문에 지금도 볼트 간격이 아슬아슬한 부분이 많다. 난이도는 자유 등반으로 오를 경우 둘째 마디 상단부 슬래브가 5.12a로 매겨졌고, 넷째 마디 연결 부분도 5.11c로 평가된 고난도 루트다. 등반의 출발은 남면 중앙 왼쪽의 사선으로 뻗은 크랙에서 한다.

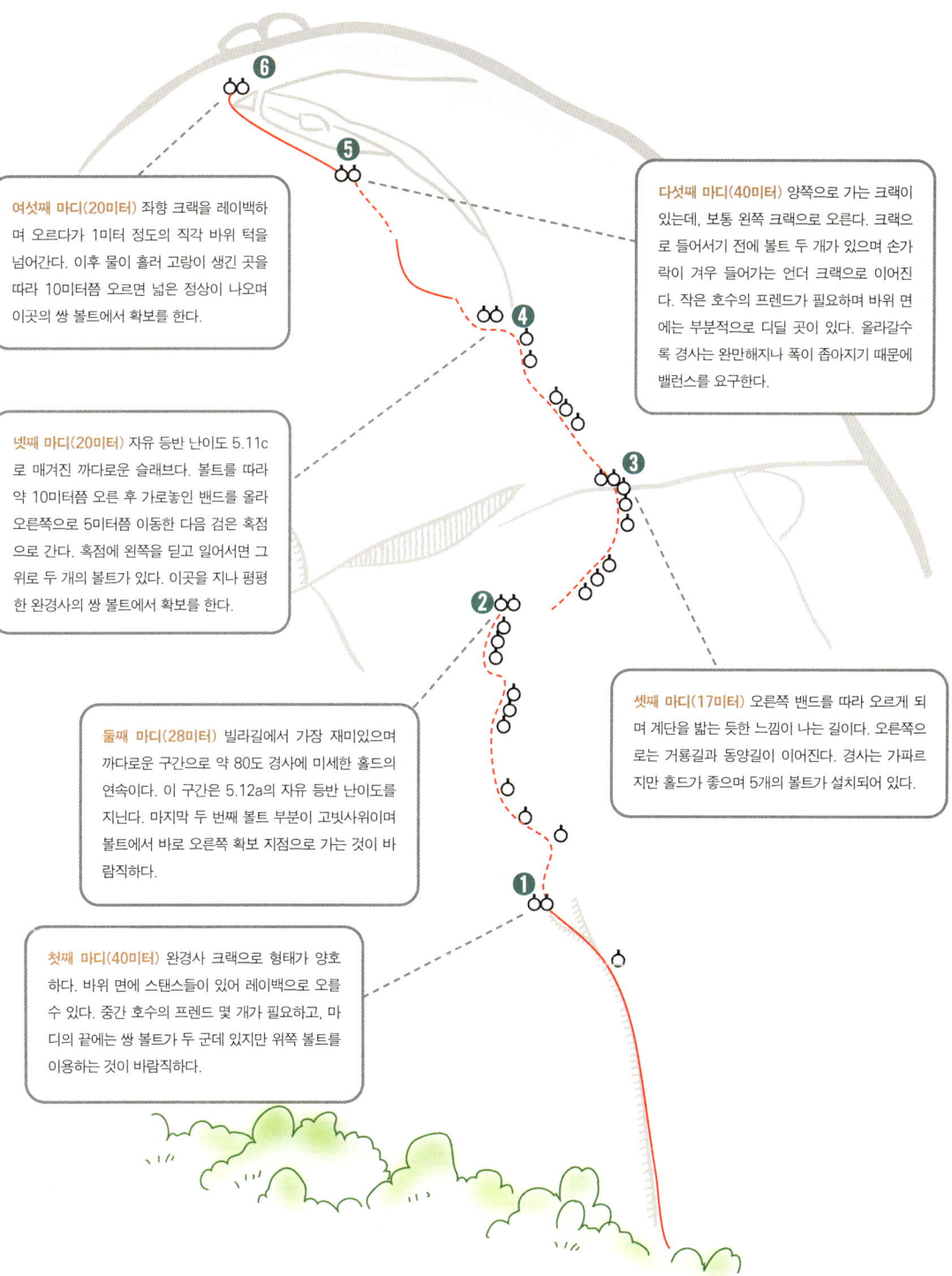

**인수봉 궁형길**

# 활처럼 부풀어오르는
# 팽팽한 긴장감이여

초강력 태풍 매미가 남기고 간 상처는 너무 컸다. 기상 관측 사상 국내 최고 풍속을 기록했던 태풍은 제주와 남부 지역을 초토화시키고, 그 여파는 서울까지 불어 닥쳤다. 큰 재난이 닥칠 때마다 인간은 자연 앞에서 너무나 나약한 존재임을 깨닫는다. 사람 많은 일요일을 피하려던 계획은 깨지고 말았다. 그렇게 닥쳐온 궂은 날씨 탓이다.

너 나 할 것 없이 오늘을 기다려왔는지 이용대 코오롱등산학교 교장을 비롯해 김재근, 윤철상, 윤재학 등 오늘의 일행 외에도 많은 사람들을 만난다. 한국산악회 이정환, 김영, 김영만, 이봉만, 그리고 류정병과 이동윤, 이재화, 박현숙, 김선복, 이내응 등도 오늘을 벼르고 온 사람들이었다. 일요일을 선택한 보상이 바로 이런 즐거운 만남이라는 생각이 든다.

대슬래브에 도착하자 저 멀리서 정호진과 주영이 우리를 알아보고 손을 흔든다. 그들은 이미 개미 같은 대열에 합류했고, 아직도 맨땅에 있는 우리를 깔보듯 내려다보고 있다. 일단 저곳에 끼면 오도 가도 못할 일이 걱정인데, 크로니 산악회의 김상일, 김홍경, 설용환 등이 땀을 훔치며 나타난다. 만나는 사람마다 반가움을 나누다 보니 아침 시간이 후딱 지나갔다. 일행들은 오히려 느긋하다. 별수 없이 오후반을 선택하고 보니 기다리는 시간이 맨송맨송하다. 이번엔 언제 왔는지 정승권이 또 불쑥 등장한다. 이토록 반가운 만남이지만 모두 각자의 계획이 있기에 그만 스쳐 지날 수밖에 없다. 일요일의 해후는 그렇게 짧다.

## 활 모양의 바위, 활줄과 같은 크랙

궁형길의 출발점은 의대길과 같은 소나무다. 윤철상이 덥석덥석 그곳까지 슬래브를 올라간다. 너무 오랜만이라 안전벨트 매는 것도 혼돈스럽다지만 모두의 찬사를 받기에 충분하다. 첫째 마디의 고비는 의대길 출발점을 우회하지 않고 직상하여 오르는 둥근 크랙 위의 짧은 슬래브다. 예전엔 크랙에 나이프 피톤을 박았으며 매듭의 통과를 위해서 후등자의 도움을 받던 곳이다.

장년의 내로라하는 실력자 윤재학이 앞장섰다. 아무도 신경을 쓰지 않는다. 믿음직스럽기 때문이다. 그러나 무관심은 경계해야 한다. 1976년 여름, 비에 젖은 대슬래브를 오르던 이용대의 추락이 그런 사례다. 그는 50미터에 가까운 슬래브를 다 오른 후 시커먼 물줄기에

궁형길의 넷째 마디. 오른쪽 벽의 각도가 좁아져서 손은 크랙으로 넣는다. 발은 벌리는 자세가 편하다.

미끄러져서 바닥까지 추락했다. 그때 확보를 보던 후배들은 "어! 용대 형이 어디로 사라졌지?" 하며 뒤늦게 소리쳤다. 그런데 그는 이미 바닥으로 떨어졌고 상황은 끝났다. 순식간의 일이었다. 설마 그가 떨어지리라고는 아무도 생각지 못한 것이다. 그는 결국 척추 부상으로 병원 신세를 져야 했다. 이때 오랜 친분을 갖고 있던 홍석하의 도움으로 치료를 잘 마무리했다고 한다. 한편 그 사고 이후 김재근은 이용대의 병실을 놀이터로 만들었고, 후배들은 혹시 그의 윌런스 벨트를 물려받게 되지 않을까 하고 약을 올렸단다.

윤재학의 뒤를 이어 오르는 둘째 마디는 홀드가 큼직하고 좋다. 의대길이 보이는 부분을 벗어나서 디에드르 안쪽으로 진입하여 배낭만 한 바위를 잡는 순간 눈앞이 번쩍한다. 바위가 통째로 들렸기 때문이다. 전 체중을 실었다면 어떻게 되었을지 상상하니 전율이 일어난다. 확보를 보던 윤재학이 그 모습을 보았다. 아직 터지지 않은 폭탄을 궁형길에서 발견한 셈이다. 예전부터 이 바위는 이렇게 겁먹을 만큼 들렸을 것이다. 그리고 그 정도에서 그쳤겠지만 분명한 것은 배낭만 한 삼각바위에는 앞으로도 체중을 실으면 안 된다는 것이다.

중간에 선 김재근의 모습이 눈길을 끌었다. 개척 이후 다시 찾을 일이 없었던 그의 몸놀림이 자못 궁금하다. 그를 아끼는 사람들은 강직하고도 딱 부러지는 성격을 잘 기억한다. 어떤 선배도 그를 쉽사리 대할 수 없었다. 그러나 이용대와는 '지독한 악연' 또는 스스로 '30년 딱가리'라고 할 정도로 애증이 있다. 신기한 일이다. 그의 관점으로는 당시 어울리던 산악회는 모두 술 '주' 자로 형용된다. 주센트(어센트), 주로니(크로니), 주벽(은벽), 주델(요델) 등등.

셋째와 넷째 마디가 이어진 좌향 크랙을 김재근이 터프한 몸짓으로 천천히 오른다. 힘에 부치면 쓰려고 유마르까지 준비했다. 그러나 윤철상은 심호흡을 크게 하고 재빠르게 손과 발을 바꾸고 다시 숨을 한참 몰아가며 이곳을 올랐다. 신음 나올 만큼 힘쓰던 옛 기억을 아직도 잊지 않은 것이다.

## 인수봉의 마지막 남은 자연선을 따라

생각해보니 나 역시 궁형길을 올라본 지가 10년은 된 것 같다. 그때나 지금이나 변한 게 없는 것은 루트 마지막까지 이어지는 긴장감이다. 궁ㅋ형은 활처럼 휘어진 바위 모양으로 인해 지어진 이름이다. 크랙이 활에 비유될 때, 그 긴장감은 바로 팽팽한 줄에서 온다는 것을 비로소 깨닫는다.

궁형길은 동양 산악회의 서순만, 이용대, 정해욱, 윤철상, 이건범과 어센트 산악회의 김재근 등이 1976년 5월 23일과 30일 양일에 걸쳐서 개척했다. 당시 25세의 정해욱은 산을 떠났고, 21세였던 이건범은 이미 고인이 되었다. 이용대는 대슬래브에서의 추락 사고로 척

궁형길 셋째 마디 출발점에 모였다. 궁형길에서 가장 안정된 테라스다.

추를 다치고도 상체와 하체를 연결하는 코르셋을 차고 산에 나타나던 팽팽한 사람이었다.

궁형길의 등반사적 의미는 1960~70년대에 성행하던 인공 등반을 가급적 배제하고 인수봉의 마지막 자연선을 따라 등반을 시도했다는 데 둘 수 있다. 개척에는 단 이틀이 걸렸으며 사용한 피톤 수는 8개, 볼트는 넷째 마디 중간에 딱 1개만 설치했을 뿐이다. 당시의 사조대로 래더를 사용했으며, 왼손으로 해머를 박아야 했던 것이 가장 힘든 일이었다. 인공 등반을 가미했지만 가능한 한 자유 등반을 하려던 시도가 눈에 띈다.

김재근은 경희대 산악부이면서 어센트 산악회 회원이지만 동양산악회 회원과 어울려 궁형길 개척에 참여한 특이한 이력을 갖고 있다. 그는 1975년 2월에 구곡 폭포를 초등한 파이오니어였다. 그의 체력은 육상으로 다져진 주력에서 나온다. 그리고 주재근으로 불릴 정도의 주력은 말술을 사양치 않던 주력酒力에 있다. 윤철상은 당시 이건범과 함께 21세의 열혈 청년이었다. 정해욱과 이건범은 슬래브의 귀재였고 윤철상은 크랙의 도사였다. 윤철상은 이건범과 동네 친구였다. 그는 고등학교 1학년 때, 이층집에 살던 선배에게 하강하는 법을 배웠다. 두 개의 이층집 사이를 로프로 연결하여 티롤리안 브리지라 부르는 외줄타기를 하며 모험심을 키웠다.

## 고등학생 윤철상과 이건범의 모험

영등포 당산동에서 의기투합한 윤철상의 친구들은 모두 7명이었다. 줄타기에 재미 붙인 그들은 동대문에서 군용 '청짜(청색 로프)'를 구입하여 불암산을 드나들었다. 까까머리들은 어느 정도 암벽에 익숙해진 후 드디어 인수봉으로 진출했다. 그리고 남 보기 창피하여 으슥한 길을 선택한 것이 취나드 A코스였다.

대담하다고 하기엔 너무 섣부른 행동이었으며 위험하기 짝이 없는 일이었다. 그들은 둘째 마디를 오르다가 발견한 봉봉 피톤이 어디에 쓰는 물건인지도 몰랐다. 이들이 취나드 코스를 다 오르지 못한 것은 불 보듯 빤한 일이었지만 허구한 날 옥상에서 연습하던 하강만은 잘 해냈다.

그러던 어느 날, 한 친구가 취나드 B코스에서 낙석을 맞아 머리가 깨지는 사고를 당한다. 이 충격으로 7명의 청소년들은 뿔뿔이 흩어질 수밖에 없었다. 하지만 이건범과 윤철상은 산을 포기하지 못했다. 그 이후 동양 산악회 회원들을 만난 것이 오히려 더 열심히 산을 찾게 되는 계기가 되었다. 서순만은 당시 산악회의 정신적 지주였고, 이용대는 행동대장이었다.

이건범은 1978년 1월 동양 산악회 동기 이휘찬과 선배인 김철호, 김성자와 함께 실악신 겨울 등반에 나섰다. 권금성을 출발하여 화채봉에서 대청봉을 오를 예정이었는데 이때 1미터 50센티미터가 넘는 폭설을 만났다. 하는 수 없이 소토왕골로 탈출을 시도하다가 이들은 어이없게도 모두 동사하고 말았다. 회원들이 눈굴을 파고 비바크하던 현장에는 라면을 끓이던 흔적이 있고 성경책과 옷을 태우며 추위를 달래던 잔해가 발견되어 가슴을 더욱 아프게 했다.

우정 어린 시절을 함께한 친구 이건범의 주검을 수습하고 돌아온 윤철상에게는 3일 남은 입대 영장이 기다리고 있었다. 눈물이 채 마르기도 전에 윤철상은 군에 입대했다. 그리고 첫 휴가를 나오자마자 제일 먼저 북한산 영봉에서 육모정 방향에 세워진 비석으로 달려갔다. 화강암에 음각으로 새겨 넣은 먹빛을 보며 그는 평소 '성자 누나'가 좋아하던 윌리엄 워즈워스의 시구를 떠올렸다. 그리고 이건범과 함께 셋이 어울려 지내던 따뜻하고 행복했던 때를 생각하며 또다시 눈물을 펑펑 쏟아내고 말았다.

여기 적힌 먹빛이 희미해질수록 당신을 향하는 마음이 희미해진다면 난 당신을 잊겠습니다……. 다시는 그것이 돌려지지 않을지라도 서러워하지 말지니.

수덕암 야영장에서 이건범은 윤철상의 하모니카 반주에 맞춰 '과거는 흘러갔다'를 즐겨 불렀다. 그들의 노랫말처럼 세월은 흘러갔다. 윤철상은 제대 후 한동안 홀로 산을 올랐다. 그러나 혼자 하는 산행은 한계가 있을 수밖에 없었다. 그는 점차 산에서 멀어져갔다. 그러나 오늘 궁형길 등반에 참여하면서 이제 산악 활동을 다시 생각하고 있는 중이다. 그의 몸짓은 결코 산을 떠날 수 없는 아픔의 표현이리라.

넷째 마디는 셋째 마디보다 힘이 덜 들긴 하지만 비에 젖은 이끼가 부담스러운 곳이다. 마지막 오버행에 연결된 이곳을 다섯 명 모두가 각기 다른 방식으로 통과한다. 등반이 끝나가도록 해가 들지 않아 바위 하긴 좋았지만 사진 찍기엔 더없이 맥없는 날이다. 윤재학이 한 마디 남은 오버행을 깨끗하게 넘어가자 탄성이 흘러나왔다. 어둠이

대슬래브 아래 모인 궁형길 등반팀. 왼쪽부터 윤재학, 김재근, 윤철상, 이용대.

밀려 들어왔고 나머지 등반은 선택 사항이 된다. 귀바위에 오른 사람들 사이로 밤안개 같은 짙은 가스가 스민다.

"어! 그런데 어디서 박충길 목소리가 들린다."

이용대는 외마디의 음성을 듣고 또 한 사람의 동지를 찾아냈다. 충주에서 일요일마다 인수봉으로 달려오는 박충걸이 아닌 산바라기산악회의 박충길이 숨은 그림처럼 인수봉에 있었다.

후면의 하강길로 더 오르지 않고 대슬래브로 내려오면서 시간을 벌긴 했어도 어둠을 피할 재주는 없다. 배도 고프고 술도 고파지는 어두운 밤, 인수봉을 뒤로하고 달려간 곳은 '인수봉 식당'. 술이 가까운 곳에 이르자 김재근의 목소리가 우렁차다. 그의 말이 온 동네에 울려 퍼졌는지 어디서 박영배가 불쑥 나타난다. 뜻밖의 일이다. 1970년대 산악계를 풍미한 두 사람, 토왕성 빙폭을 초등한 박영배와 구곡 폭포 초등자인 김재근의 만남이다. 반가움이 넘쳐 욕이 앞선다. "야 이~ 씨팔!" 그냥 헤어질 수 없는 만남은 2차로 이어지고 또 한 팀의 동지를 만나기에 이른다. 어센트 산악회의 전완근과 김융기다. 그들과 함께 길었던 하루의 시간을 정리한다. 그러나 헤어져 돌아가는 길에는 아직도 길거리 술집의 좌판을 차지하고 있는 정승권과 이기범을 또 만났다. 끈질긴 인연들. 인생에 이렇게 반가운 만남만 있다면 가난하고 힘들어도 불행하진 않을 텐데……. 

### 등반 길잡이

궁형길은 동양 산악회가 1976년 5월 23일과 30일에 걸쳐서 개척한 길이다. 바위가 활처럼 휘어진 모양이라 '궁형'이라고 이름 지었다. 길이는 100여 미터에 달한다. 출발은 기존 A길과 의대길 중간 지점의 소나무에서 한다. 대부분이 디에드르 형태의 크랙으로 많은 완력과 밸런스를 요한다. 초등 때는 34미터, 41미터, 25미터의 세 마디로 끊어서 등반을 했다. 든든한 확보 지점과 테라스가 필요했기 때문이다. 그러나 요즘은 볼트의 출현으로 네 마디 또는 다섯 마디로 끊어서 등반하는 것이 일반적이다. 궁형길의 난이도는 마지막 마디 오버행이 5.11b이며 셋째 마디를 넘는 크랙이 5.10a로 평가된다.

**≪ 궁형길**

**넷째 마디(25미터)** 계속하여 우측 벽이 수직인 넓은 크랙을 지나게 된다. 레이백과 스태밍 자세로 10여 미터 오른 후, 왼쪽 벽의 확보용 볼트를 통과하고 3미터쯤 더 오른다. 오버행 턱에 설치된 볼트에 통과하고 자유 등반하거나 런너를 이용해 넘어간다. 오버행에서 귀바위 밑 피톤까지 6~7미터쯤 되는 크랙은 레이백 홀드가 양호하다. 이 크랙을 돌파하면 등반은 끝난다. 하강은 의대길로 할 수 있고 기존 A코스로 내려서서 해도 좋다.

**셋째 마디(28미터)** 좌향 크랙을 3~4미터쯤 올라 왼쪽 벽에 설치된 볼트에 통과한다. 수직 방향으로 이어지는 크랙에 중간 호수의 프렌드를 설치하면 좋다. 이후 10여 미터쯤 오르면 크랙이 좁아지지만 손가락은 확실히 걸린다. 의대길 밴드가 연결된 부분에 설치된 삼각 볼트에서 마디를 종료하고 확보한다.

**둘째 마디(32미터)** 디에드르 형태의 누운 크랙에 발을 끼우고 레이백과 스텝을 밟아 10미터를 오르면 A코스 첫째 마디가 끝나는 지점이다. 그곳에서 오른쪽 홀드가 좋은 짧은 턱을 지나 넓은 좌향 크랙을 6미터쯤 오르면 풀이 있는 삼각형 모양의 배낭만 한 바위를 지나게 된다. 이 바위는 흔들리므로 주의를 요한다. 이곳을 지나 크랙의 각진 홀드와 돌출된 바위를 잡고 쌍 볼트가 설치된 곳으로 오른다.

**첫째 마디(20미터)** 취나드 B코스의 시작점과 같은 큰 소나무에서 출발한다. 7~8미터쯤 오른 후 빈인형 크랙의 볼트에 확보하고 경사가 급한 짧은 슬래브를 통과하여 2개의 볼트가 있는 지점에서 첫째 마디를 끊는다.

출발 지점

**인수봉
귀바위길**

# 그건 영락없는 시시포스의 몸짓이었다

때때로 삶은 고독하다. 생활이 힘들어질 때 그리고 아름다운 젊은 날을 생각할 때도 그렇다. 고독의 수렁에서 헤어나 얼음 같은 현실을 마주할 땐 운명을 생각하지 않을 수 없다.

인수봉의 귀바위. 그 은밀한 곳에 과거를 묻어둔 사람들은 고독으로 젊음을 불태우던 청춘들이었다. 그때의 기억을 떠올리기 위해 모인 최중광, 김남준, 이종화 등이 바로 고독으로 젊음을 불태우던 주인공들이다. 거꾸로 선 천장에 바윗길을 낸 이들은 당시 20대 중반이었다. 불세출의 프랑스 등산가 가스통 레뷔파(1921~1985)는 당시 한국의 클라이머들을 너 나 할 것 없이 충동질했다. 클라이머들은 그의 모습이 담긴 《설과 암》의 사진들을 보며 산을 향한 꿈을 키우곤 했다. 최중광은 어느 날 책 표지를 장식한 그림 같은 사진을 보면서 스스로 그와 같은 사진의 주인공이 되겠다는 꿈을 품는다.

## 최중광 등이 1977년 9월에 개척

"외로운 일이잖아요. 산에 가는 일……."

그는 외롭게 산에 다녔다고 말한다. 아니, 산에 다닌다는 일 자체가 외로움과 싸우는 일이라고 믿었다. 최중광은 함께 산에 올랐던 친구 김재열이 선인봉의 십자로에서 추락하여 산을 떠나자 고등학교 동기생인 김남준, 이종화, 그리고 선배 이능수와 함께 1976년도에 '고악'이란 이름의 산악회를 창립한다. 그리고 그때부터 높을 '고'가 아닌 외로울 '고'를 마치 굴레처럼 써버린 것이다.

"인수봉에 코스를 내고 싶은데 선배들이 이미 다 했고 볼트 때릴 데만 남았더라고요. 그래서 기왕 할 바엔 힘든 데로 하자고 마음을 먹었지요. 굳이 오버행을 택한 이유는 무식해서였지요."

당시 인수봉에는 이미 굵은 선이 다 그어졌고 남은 것은 정말 볼트길 뿐이었다. 때마침 리오넬 테레이와 발터 보나티가 등반 불가로 판정했던 남미의 세로토레 동벽에 이탈리아의 마에스트리가 에어 컴프레서를 사용하여 루트를 뚫은 사실에서 힌트를 얻는다. 이 루트 개척은 찬사와 비난을 동시에 받았었다.

1977년 여름이 끝날 무렵, 최중광과 그의 동기 김남준, 이종화, 유광호 등은 전년도에 설악산 비선대 장군봉 전면에 네 마디짜리 길을 개척한 데 이어 귀바위길을 만들기 위해 다시 모였다. 그해는 대한산악연맹이 파견한 에베레스트 원정대가 국내 최초로 정상을 등정하기 위해 분투하고 있을 때였다. 고상돈이 9월 15일 에베레스트를 등정하여 산악계가 술렁대고 있을 때 고악 산악회 회원들은 한창 귀바위 길의 개척을 마무리하는 중이었다.

에델바이스 40미터 로프 2동, 에버뉴 점핑 세트와 익스펜션 볼트, 그리고 알루미늄 사다리 등으로 무장하고 귀바위 천장에 붙었다. 볼트 작업에서는 돌가루가 날려 눈에 들어가는 것이 가장 힘들었다. 이를 막기 위해 물안경을 쓰고 작업을 진행했다. 볼트 방향을 45도 각도로 때린 것은 힘을 수직으로 받는 것을 피하기 위해서였다. 2동의 로프로 두 사람이 이중 확보를 보았으며 사다리는 가스통 레뷔파가 오버행 천장을 건너갈 때처럼 2조를 사용했다.

볼트는 총 15개를 박았지만 지금은 출발점으로 접근하는 부분에 2개, 바닥에 1개, 천장에 16개의 볼트가 박혀 있다. 오버행이 끝나면 턱 위에 또 하나의 볼트가 있고 그 위에 확보용 쌍 볼트가 있다. 약 6주에 걸친 작업 끝에 루트는 완성되었다. 개척이 끝난 후에도 딱히 소감을 남기지 않았을 정도로 작업은 무난했다. 그러나 귀바위는 지금 '고악'을 지향했던 이름처럼 쉽게 손님이 들지 않는 외로운 길이 되어버렸다. 더구나 주인들이 산을 떠났으니 보수 작업도 쉽사리 할 수 없었다.

### 인생의 벽을 넘은 개척 3인방

최중광은 초등학교 5학년 때 아버지가 돌아가신 이후 성장하기까지 세 명의 동생을 두고 산과 삶을 저울질하면서 산을 앞에 놓을 수

귀바위의 마지막 볼트를 넘고 있는 초고리 악우회의 박민남.

없었다. 1978년에 북알프스 동계 등반을 떠난 것은 산과 이별하기 위한 그의 마지막 여행이나 다름없는 일이었다. 그 이후 30대 초반에 산을 떠나 사회로 돌아간 일은 오늘날의 안정된 삶이 결과를 말해준다. 그는 아마추어 무선 통신인 햄을 취미로 하다가 그와 관련된 액세서리 사업을 시작했다. 지금은 업계에서 제일 규모가 큰 도매업체로 일구어놓았다.

최중광과 함께 3인방이었던 김남준과 이종화는 아직 젊은 날 산에서 배운 추진력을 간직하고 있다.

"어찌 보면 인생의 황금기를 산에서 보낸 것이 허비일 수도 있는데……. 그러나 괴로울 땐 그때의 기억을 떠올립니다."

'지금 산에 오르지 않는다면 클라이머라고 말하지 말자. 과거에 클라이머였다고 말하는 대신 인생의 큰 벽을 넘어라.' 이종화는 뜻밖에도 당시에 박인식이 썼다는 글의 요지를 마치 경문처럼 기억하고 있다.

"그래서 인생의 벽을 넘었습니까?"

"음……. 아직 넘고 있지요."

귀바위길의 개척자 최중광, 김남준, 이종화는 정말 인생의 벽을 넘은 듯하다. 김남준은 경륜 있는 기업인이 되었으며, 이종화는 산을 떠나 스키에 심취했다. 굳이 스키에 빠진 것은 산만 다니다가는 경제적으로 곤궁하게 될 수 있다는 교훈을 믿었기 때문이다. 산에서 배운 추진력과 에너지가 스키라는 취미에 그대로 반영되었다. 이종화는 프리 스타일로 아마추어 대회까지 출전할 정도의 고수가 된 것이다.

오늘 이 3인방과의 만남을 가장 기뻐한 사람은 다름 아닌 박민남이다. 이들과 첫 대면한 박민남은 3년 전 귀바위길의 볼트를 전면 교체한 사람이다. 통상 바위 루트를 변형시키거나 보수하는 작업은 길을 만든 장본인이 하기 마련이다. 그러나 오랫동안 방치된 길들은 이 작업이 가능하지 않다. 그가 볼트를 교체하면서 개척자들의 어려움을 짐작하는 것은 당연한 일. 작업을 해놓고도 동의를 받지 못한 박민남은 주인공들을 만나는 일이 설렐 수밖에 없었다. 개척자들과의 만남을 그는 행운이라고 표현한다.

1977년 귀바위길 개척 당시의 이중화(좌)와 최중광.

그런데 주인공들은 오늘 귀바위 아래까지 올라 사진이나 한 장 찍으면 되는 것으로 생각하고 안전벨트조차 갖고 오지 않았다. 옛날식으로 하자면 귀바위 아래까지는 로프도 묶지 않고 다녔기 때문이다. 결국 궁여지책으로 인수산장과 구조대에 들러 로프와 장비를 빌려야 했다.

나이 서른이 되는 해인 1985년에 산에 입문한 박민남은 그 이전까지는 소위 '날라리'였다.

"처음엔 수통 차고 아가씨들 꼬신다고 한탄강이나 다니고 그랬어요. 그러다가 산악회에 입회한 후 그런 산행을 접었지요."

박민남은 인수봉 A코스 앞에서 슬래브를 오르지 못해서 딱 멈추었는데 그곳에 거봉 산악회의 회원들이 있었다. 그들에게 인도되어 산악회에 입회한 것이 바위에 오르게 된 동기다. 지금까지 그가 인수봉에 박은 볼트는 줄잡아 100여 개는 된다. 대슬래브 오른편의 하강용 볼트도 그가 박았다. 귀바위 오버행의 볼트 교체 작업은 3년 전에 안경채, 최왕삼, 김성수 등과 어울려 한 것이다. 그러나 그렇게 열심히 인수봉에 오른 결론은 조금 쓸쓸하다. 남는 게 없다는 것이다.

"산에 다니면서 망했어요. 그래서 후배들에게는 이것저것 다 포기하고 산에 오르지는 말라고 합니다."

선배들을 대신하여 시등을 자처한 그는 오늘을 기다려온 눈치다. 그러나 아직 잔설이 남아 있는 인수봉에서 중력의 반대 방향으로 거슬러 오른다는 것은 아무래도 즐거운 일은 아니다.

"오버행 끝까지 갈까요?"

"네, 그럽시다."

"퀵드로를 회수할 수 있다면 턱 밑에서 돌아와도 좋고요."

벌벌 떨게 될지도 모를 것에 대비하여 박민남이 다운 파카를 입은 뒤에 장비를 착용하고 먼저 오른다. 그도 우리도 한 해의 등반을 시작하는 첫 바위다. 볼트에 로프를 통과한 후 확보줄에 연결된 피피를 걸어 상체가 처지지 않도록 한 후 래더를 옮기며 나간다. 퀵드로를 걸고 래더를 이동한 후 또다시 피피를 사용하는 인공 등반은 순서를 정확히 반복하는 것이 요령이다. 그런데 막상 매달리면 줄의 간격이 맞지 않고 순서가 엇갈리기 일쑤다. 마치 인수봉을 머리에 이고 있는 듯한 형상으로 오버행에 대롱대롱 매달린 박민남이 또 외친다.

"기왕에 여기까지 왔는데 그냥 계속 올라가는 게 편하겠네요."

이 말은 퀵드로를 회수해달라는 주문이다. 그에게 등반을 중단하고 내려가자고 말하고 싶었지만 이제 그것도 번복할 수 없다. 확보줄과 래더의 간격도 확인하지 않은 채 엄벙덤벙 먼저 붙고 본다. 막상 천장에 매달리니 생각보다 춥지 않다. 확보줄을 걸어 피피로 몸을 당긴 다음 래더를 걸고 퀵드로를 빼내며 한 손 한 손 그리고 한 발씩 앞으로 나간다. 머리는 바위를 떠받치고 다리는 허공을 딛는 동작은 지옥에서나 할 일이다. 현실에서 이보다 더한 형벌이 어디 있겠는가. 그것은 바위가 언제나 산꼭대기에 있게 하라는 신의 가혹한 벌을 받

보는 방향에 따라 여러 가지 형태의 느낌을 주는 인수봉 귀바위의 모습.

아 끊임없이 바위를 밀어야 하는 시시포스의 몸짓이나 다름없는 것이다. 30여 년 전에 박힌 볼트만이 이곳에서 벌 받은 사람들의 몸짓을 고스란히 기억한다.

'이제 형벌이 끝난 것일까?'

드디어 마지막 볼트에 매달려 얼굴을 내미는 순간 박민남이 소리친다.

귀바위길 등반의 전형적인 실루엣 모습.

"어, 벌써 와부렀네!"

'벌써라니 지옥에서 왔는데…….'

입장이 다르면 기다림의 길고 짧음도 다르기 마련이다. 매달리고 뒤틀고 꺾어야 하는 3월의 첫 바위. 그 형벌 와중에 해가 져부렀다.

###  등반 길잡이

인수봉 귀바위길은 1977년 9월 최중광, 김남준, 이종화, 유광호 등의 고악 산악회 회원들이 만든 두 마디짜리 볼트 길이다. 20년 넘게 방치되어 오다가 최근 초고리 악우회의 박민남과 안경채, 최왕삼, 김성수 등이 노후된 볼트를 교체하였다. 귀바위길을 등반하기 위해서는 고독의 길을 통하여 오른 다음 마지막 마디가 끝나기 전에 왼쪽으로 트래버스한 후 천장 등반을 시작한다. 래더 1조와 퀵드로 20개 정도의 장비가 소요된다. 피피를 사용하면 이동이 편리하며 로프는 50미터 1동으로 가능하다. 등반이 끝난 후에는 1동의 로프로 하강하여 내려올 수 있으며 그 이후 다시 고독의 길로 하강하거나, 정상으로 오를 수도 있다.

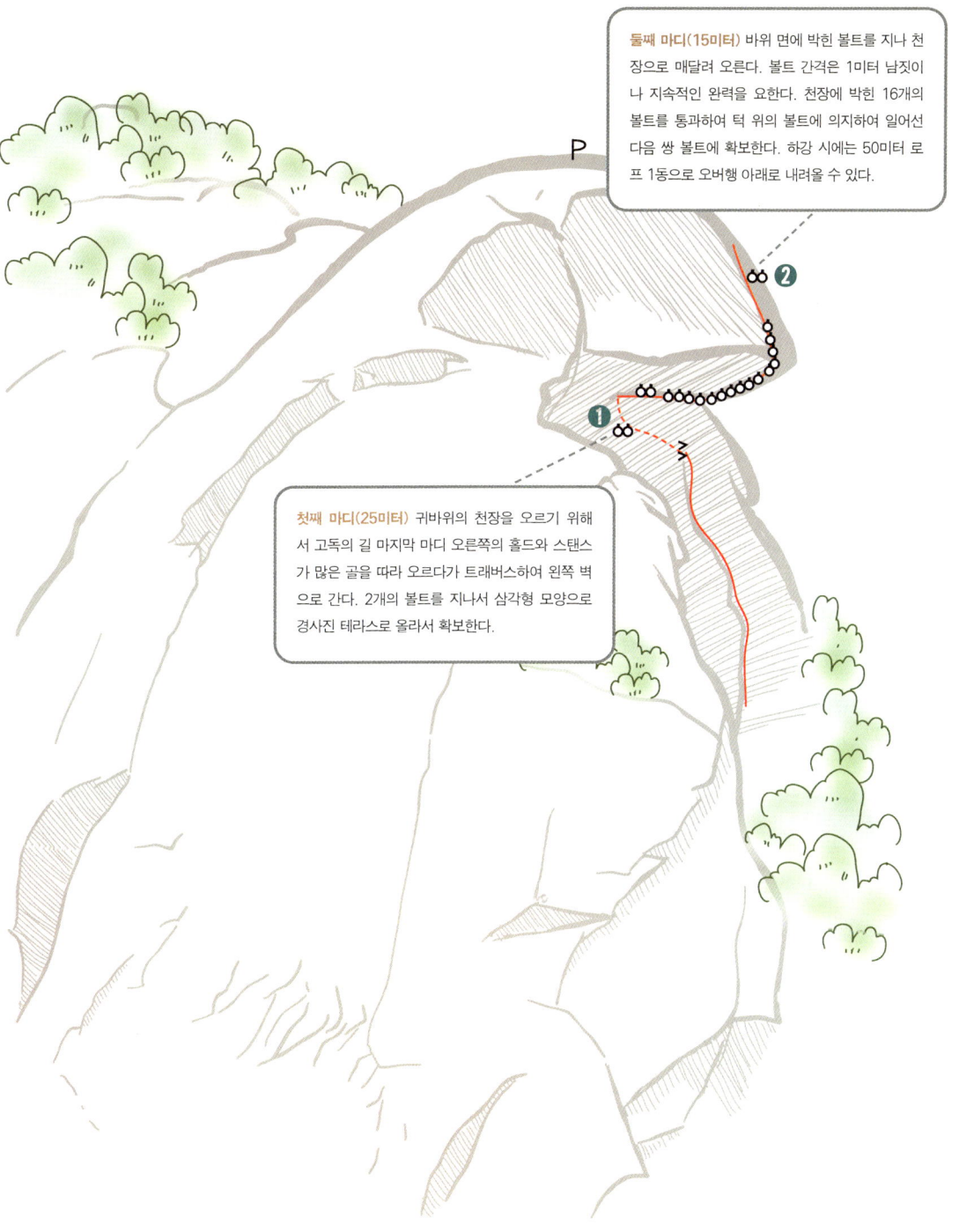

인수봉 북벽
창가방 가는 길

# 우리는 빛나는 벽을 오르리라

　북한산 등산을 마치고 하산주를 즐기던 사람이라면 우이동의 한 호프집에 걸린 인상적인 사진 한 장을 기억할 것이다. 그 사진 속 주인공들은 언제나 반반하고 거대한 벽을 한가롭게 바라보고 있었다. 맥주를 마시며 갈증을 달래는 것만으로 충분하다면 그곳이 어디인지 궁금해할 이유가 없다. 그러나 그 벽이 인도의 창가방이란 것을 아는 클라이머들은 마음 한구석에 꿈틀거리는 욕구가 싹텄을 것이다.

### 언젠가 저곳을 오르고야 말 거야

　꿈이란 운명이라는 틀을 빌려 현실에 나타난다. 사진의 모델이었

하루재에서 본 인수봉 전경. 오른쪽의 그늘에 가려진 부분이 북벽이다.

던 곳, 창가방에 오르겠다는 도발적 꿈을 꾼 사람들은 바로 정승권등 산학교 동문들이다. 다섯 명의 눈 밝은 대원 정승권, 이근택, 김지성, 하호성, 이민숙이 그 아름다운 창가방을 접수하리라 다짐했다. 우선 전초전으로 꼽은 곳은 인수봉의 북벽. 그곳에 직등 루트를 뚫고 오버행을 넘으려는 것이다. 실제 원정 등반에서는 오히려 그런 과정을 그리워할지도 모르겠다. 하지만 주사위는 던져졌다. 드디어 인수봉 북벽을 넘고 창가방 북벽으로 가는 것이다.

《산의 영혼》이란 책으로 산에 대한 깊은 서정에 눈뜨게 했던 탁월한 등반가이자 작가이며 사진가였던 프랭크 스마이드는 창가방의 반반한 모습을 '정상에서 단칼에 잘라낸 듯한 바위 봉'이라 묘사했었다. 창가방은 영국의 크리스 보닝턴이 이끄는 강력한 원정대에 의해 인수봉 정상에 오른 창가방 원정대원들. 왼쪽부터 이근택, 김지성, 이민숙, 하호성, 정승권.

1974년 초등반이 이루어졌다. 이후 에베레스트 남서벽과 북동릉 원정대의 핵심 멤버였던 피터 보드맨과 조 태스커의 서벽 등반, 보이치에흐 쿠르티카, 알렉스 매킨타이어, 존 포커의 남벽 직등으로 세인의 관심을 끌었다. 그 후 1997년엔 영국 원정대가 북측면을, 1998년에는 러시아, 미국 합동대가 요세미티식 거벽 등반 스타일로 북벽을 초등했다.

해외 원정이 하늘의 별따기로 비유되던 시절을 거친 사람에게 북벽이란 말은 의미심장하다. 고향이란 단어에서 신선했던 유년의 기억을 떠올리듯 뜨겁게 타오르던 열정을 북벽이란 고독한 단어에서 살려낼 수 있다. 배고픔과 추위에 떨던 시간들, 시시때때로 느껴야 했던 공포, 눈물겹도록 아름다운 우정과 생의 소중함도 그 속에 함께 공존한다. 북벽에 담겨진 의미를 더 파헤쳐 내려가면 100년이 넘도록 깊은 뿌리를 내리고 있는 도전적 등반의 정신과 조우하게 된다.

1865년 에드워드 휨퍼의 마터호른 등정으로 알프스 황금시대가 끝났을 때 알프레드 프레더릭 머머리(1855~1895)는 말했다. 이미 길이 된 곳이라면 가지 않겠노라고. 1879년 당시엔 그 누구에게도 불가능해 보였던 마터호른의 츠무트 능선을 오르면서 시작된 그의 등산관은 '보다 더 어렵고 다양한 루트로'였다. 당시까지 최선이었던 등정주의는 그때를 분수령으로 빛을 다하고 말았다. 새로운 사조에 반신반의하던 산악인들은 결국 안락의자를 팽개치고 노숙자처럼 비바크를 밥 먹듯이 하게 되었으며, 파트너 없이 단독 산행을 결행하기에 이르렀다. 법 없어도 너끈히 살아갈 착하고 유순한 산악인들을 굶주리게 하며 햇빛조차 들지 않는 곳에서 벌벌 떨게 한 장본인이 누구던가. 그는 바로 럭비공과도 같은 희대의 반항아 머머리였다.

머머리즘이 자가발전하게 된 이후의 진정한 산악인들은 어디로 갔을까. 다름 아닌 북벽으로 눈을 돌렸다. 1931년 마터호른 북벽은 독일의 슈미트 형제가, 그랑드조라스 북벽의 중앙 버트레스는 1935년 루돌프 패터스와 마틴 마이어가 초등했다. 또 워커 스퍼는 1938년 리카르도 카신 일행에게, 아이거 북벽은 1938년 헤히마이어, 하인리히 하러, 루트비히 푀르크, 카스파레크 등 독일과 오스트리아 합동대에게 각각 초등을 허락했다.

1970년대 산악인들에게 친숙한 프랑스의 장 코스트(1904~1926)는 북벽 시대로 일컬어지는 1920년대를 살다 간 사람이다. 그는 알프스와 카프카스의 아름답고 다양한 풍광을 동경했다. 고귀하고 위대한 것이 산에 있다고 믿었으며 그곳에 온몸을 다 바쳤다. 늘 산으로 떠날 생각에 차 있던 장 코스트는 어느 날 아침, 아버지로부터 한 통의 편지를 받는다. 그 편지엔 그의 등반 계획이 무척 위험한 것이며 중용을 지키는 것이 현명한 것임을 잊지 말라는 내용이 적혀 있었다. 그러나 그는 세상 사람들이 모두 다 분수를 지킨다면 훌륭한 발전을 이룰 수 없을 것이며 자신은 평범함에 안주하지 않으리라 다짐하며 산으로 간다.

'라메이주 북벽으로 출발, 장 코스트, 샤르르 샤바네, 1926년 7월 26일 새벽.' 이런 짧은 메모를 남긴 후 장 코스트와 한 명의 동료는 라메이주 산정에 우뚝 섰다. 그리고 하산 도중 폭풍설 속으로 사라졌다. 스물 세 살의 아름다운 불꽃 장 코스트는 그때까지 알프스 14개 봉을 초등반한 후 세상을 떠나갔다. 그가 사라진 지 80여 년의 세월이 흐른 지금 그의 기록은 종이 냄새 풀풀 나는 고전이 되어버렸어도 아직 내 책상의 한 귀퉁이를 차지하고 있다. 수동 카메라에 표준 렌즈 하나만으로 아름다운 세상을 담을 수 있을 거라는 기록의 소중함도 그가 남긴 단상에서 비롯되었던 것으로 기억한다.

### 성을 초월하는 북벽의 일상

2005년 2월 9일 설날 아침, 오늘은 남들처럼 가족과 함께 있어야 하는 날이다. 창가방 등반대원들을 만나야 하지만 할 수만 있다면 산에 가지 못할 핑계를 만들어내고 싶었다. 하지만 날씨가 음산해져가도록 구실을 찾지 못한 나는 결국 리지화의 끈을 조여 매고 집을 나섰다. 도선사 주차장에서 인수봉 북벽 아래까지는 1시간 남짓. 혼자 가는 길의 허전함을 메우기 위해 어린 시절의 설레던 때를 떠올려 최면을 건다. 설교벽 아래에는 아무도 없었다. 만나기로 한 정승권도 없

바다 위의 조각배처럼 걸려 있는 포타렛지와 인수봉 북벽에 직등 루트를 뚫고 있는 대원들.

다. 적막을 깨뜨리기에 북벽은 너무나 조용하다. 창가방 등반대원들이 설치해놓은 포타렛지가 북벽에 매달려 있고 한 대원은 이미 중단을 넘어가고 있다. 소리쳐서 등반의 분위기를 깰 엄두가 나지 않는다. 배낭을 벗어두고 살금살금 북벽 아래로 올라갔다. 그리고 아주 작게 소리쳤다.

"어이!"

"아, 손재식 선생이신가요?"

"네."

"안녕하세요. 올라오시지요."

"정승권은 안 왔나요?"

"지금 도선사에서 오는 중이랍니다."

그 말에 다시 장비를 착용하고 주머링으로 빠르게 중단의 캠프로 올라갔다. 그제야 뒤늦게 도선사에서 출발한 정승권으로부터 무전이 왔다.

"재식이 형, 어떻게 하실 건가요?"

"포타렛지가 2인용인데 3명씩 자면 방해가 되지 않을까?"

"이미 올라왔으니 그냥 한번 지내보지요."

적어도 포타렛지보다는 편안한 천막에서 소주잔 기울이며 밤하늘의 별을 노래하리라던 기대는 사라지고 오늘의 노숙지가 정해져버렸다. 그렇다면 이 허공 침대에서 밤을 따뜻하게 보내는 일이 과제다. 어둠이 짙게 깔린 설교벽 아래로 불빛 하나가 뱀처럼 꼬리를 움직이더니 어느새 벽 밑으로 진입한다. 잠시 후 정승권이 이승엽의 외다리 타법을 연상시키듯 유마르 스텝을 능숙하게 밟으며 불쑥 포타렛지로 올라왔다.

"화장실 갔니?"

"아니요."

"그러면 훈련을 제대로 하는 게 아니야."

"호성이는 등반 어떻게 했어?"

"재, 미, 있, 게······."

"아니, 그게 아니고 장비 뭐 썼냐고."

"탈론, 리벳 볼트."

"등반의 문제점은?"

"이끼 낀 크랙에 피톤이 안 들어간다는 것 외엔 없었어요."

"거기는 코퍼헤드가 제격인데······."

대원들은 먹기, 자기, 죽치기 등을 통해 북벽과 친해지는 법을 익혀야 한다. 포타렛지 프레임을 수평으로 잘 맞추고 그 위에 매트리스

하늘에 걸어놓은 허공 침대 뒤로 멀리 도봉산이 눈에 들어온다.

를 평평하게 깐 다음 버너를 피워 물을 끓이는 일과 소변과 대변을 해결하는 일까지, 그 과정에서 온갖 궁상을 다 떨지 않을 수 없다. 땅에서처럼 습관적으로 천막 문을 열다가 밖으로 발을 헛디디는 상상은 순간순간 머리를 쭈뼛하게 만든다. 어디든지 데이지 체인을 걸어두는 것만이 신상에 이롭다.

"누나가 소변본다는데 그쪽으로 건너가도 돼요?"

"그냥 돌아서 있어……."

"민숙아. 소변 성공했어?"

"네. 지성이가 가려주었어요."

"야, 그냥 돌아서서 하지."

"엉덩이 정도는 좀 봐도 되잖아."

"아무에게도 보여주지 않았는데 지성에게 보여줄 순 없잖아요."

정초부터 구리한 이야기가 퍼진다. 저 아래 세상에서라면 엽기에 가까운 이야기도 찬바람 부는 북벽에선 있는 그대로 드러나는 일상이다. 성을 초월하는 중요한 일은 바로 똥오줌을 해결하는 것이다. 그런 순간 대원들은 남성도 여성도 아닌, 동물적 본능과 함께 동일한 성을 지닌 산악인일 뿐이다. 이근택, 이민숙, 김지성이 한 조, 나는 정승권, 하호성과 짝을 지어 자리에 누우니 자세가 영 말이 아니다. 세 사람이 ㄱ자와 ㄴ자 그리고 그 가운데 l자를 삽입한 형태로 몸을 포개어 눕는다. 하늘의 별을 노래하기엔 다소 섬뜩한 밤이다.

## 북벽으로 눈을 돌린 크로니 산악회와 YD 산악회

기록상 인수봉에 처음 오른 영국인 아처를 제외하면 북면을 통해 정상으로 길을 낸 사람들은 크로니 산악회와 YD(Young Dragons) 산악회 회원들이다. 인수봉의 황금기였던 1960년대와 1970년대에 대부분의 굵은 선이 그어졌을 때 크로니 산악회의 김항원이 인수 북면으로 눈을 돌렸다. 그는 안상갑, 김연호, 이승용, 금창연, 남순철, 김태성, 정명환, 김정기, 방만익 등의 회원들과 함께 1970년 10월 24일 설교벽 오른쪽의 제1번 코스를 시작으로 이듬해 1971년 11월 14일까지 총 8개의 루트를 개척했다.

1971년도에 창립된 YD 산악회는 크로니의 설교벽 개척이 이루어진 6년 뒤인 1977년 5월부터 이듬해 가을까지 단영철, 임영근, 박태병, 김용문, 이재우, 이병주, 최찬열, 이정상 등이 합세하여 인수봉 정상까지 이어지는 사실상의 직등 루트를 뚫었다. 단영철은 40세의 나이로 초대 회장을 지냈고 29세의 박태병과 27세의 이정상이 리더 역할을 했다. 나머지 대원들은 20세 약관의 나이였다.

당시에는 설교벽 중앙 슬래브를 올라 오버행을 왼쪽으로 이동하여 북벽으로 진입하였다. 수직 벽으로 이어진 크랙을 지나 8개의 볼트를 설치한 후 왼쪽 수평 크랙에 피톤을 박고 이동하여 귀바위 쪽으로 나갔다. 볼트의 간격이 약 1.5미터 안팎인 것은 볼트를 밟고 다음 볼트를 박았기 때문이다. YD길은 개척 이후 수덕암 주변에 모여들던 산악회 회원들과 함께 3시간에 걸쳐 시등을 한 바 있다. 그러나 이후 사람들에게 알려지지 않자 루트는 사장되다시피 했다. 현재 루트 상의 볼트는 녹이 슬었지만 거의 원형 그대로 보존되어 있다.

동이 트는가 싶더니 한 줄기 빛도 없이 북벽에 새날이 밝아왔다. 차가운 바람에 코끝이 찡하다. 이런 등반에서 선등만큼이나 용감한 행동은 무엇일까. 그것은 침낭을 박차고 일어나 따뜻함과 이별하는 것이다.

지원조가 된 정승권과 이민숙이 물을 끓이며 기다리는 동안 이근택과 김지성은 루트에 1센티미터의 구멍을 파고 리벳 볼트를 치며 왼쪽의 턱이 낮은 오버행을 넘어간다. 등반 루트의 오른쪽엔 오래된 링 볼트와 녹슬긴 했지만 손상되지 않은 피톤이 개척 당시 그대로 박혀 있다. 그 시절 클라이머들의 투지를 생각한다면 춥거나 무섭다는 엄살도 함부로 피울 수 없다. 남은 짐들을 홀백에 넣고 철수 준비를 마쳤을 때 위에서도 작업이 완료되었다는 소리가 전해져왔다. 머리 위로 해가 비치기 시작할 무렵 줄줄이 주머링으로 오버행을 넘어 정상으로 오른다. 오후 2시. 작업을 끝낸 대원들의 어깨 뒤로 광명의 빛이 춤추고 있다. 작곡가 하호성은 그 순간 누구에게도 보이지 않을 붉은 저녁 노을을 본다. 눈으로 볼 수 없지만 감으로 느껴지는 뜨거운 열기가 인수봉 정상에 가득하다. 오늘처럼 흔들림 없이 그리고 개미처럼 집요하게 오른다면 원정 등반에서도 틀림없이 정상의 밝은 햇빛을 만날 수 있을 것이다.

'창가방, 빛나는 벽이여. 창가방 가는 길을 통해서 우리가 그곳을 오르리라.'

### 등반 길잡이

인수봉 북벽은 설교벽이 시작되는 왼쪽 사면에서 시작한다. 정상까지의 높이는 약 150미터 정도이며 수직에 가까운 벽이다. 부분적으로 역층의 오버행을 이루는 이곳은 크로니 산악회에서 1971년 설교벽 개척 때부터 관심을 보였다. 그 후 1978년에 YD 산악회에서 정상으로 이어지는 직등 루트를 뚫었고, 2005년 2월 7일에서 10일 사이에 이근택, 김지성, 하호성, 이민숙, 정승권 등 창가방 등반대원들이 인공 등반 직등 루트를 추가했다. 북벽으로의 진입은 설교벽 슬래브 아래에서 왼쪽 사면을 따라 오르다가 직벽이 시작되는 부분에서 등반을 시작한다. 루트에는 창가방 대원들이 리벳 볼트를 박았다가 곧바로 회수하여 볼트는 박혀 있지 않다. YD길의 오래된 볼트는 녹이 슬어 믿을 수가 없다. 루트 중간에 포타렛지를 설치하기 위해 볼트를 설치해놓았고 그곳에서 한 마디를 오른 지점에도 확보용 볼트가 설치되어 있다. 여름철이라면 부분적으로 과감한 등반이 가능하겠지만 이곳을 등반하기 위해서는 인공 확보물을 새로 설치하며 올라야 한다. 소요 장비는 작은 호수의 캠, 버드빅, 마이크로 너트, 코퍼헤드, 훅, 탈론, 리벳 볼트, 점핑 드릴, 해머, 래더, 앵글, 나이프 피톤 등이다. 등반을 마치면 나무에 로프를 걸고 등반 루트로 하강이 가능하며, 후면 하강 코스로 내려설 수도 있다.

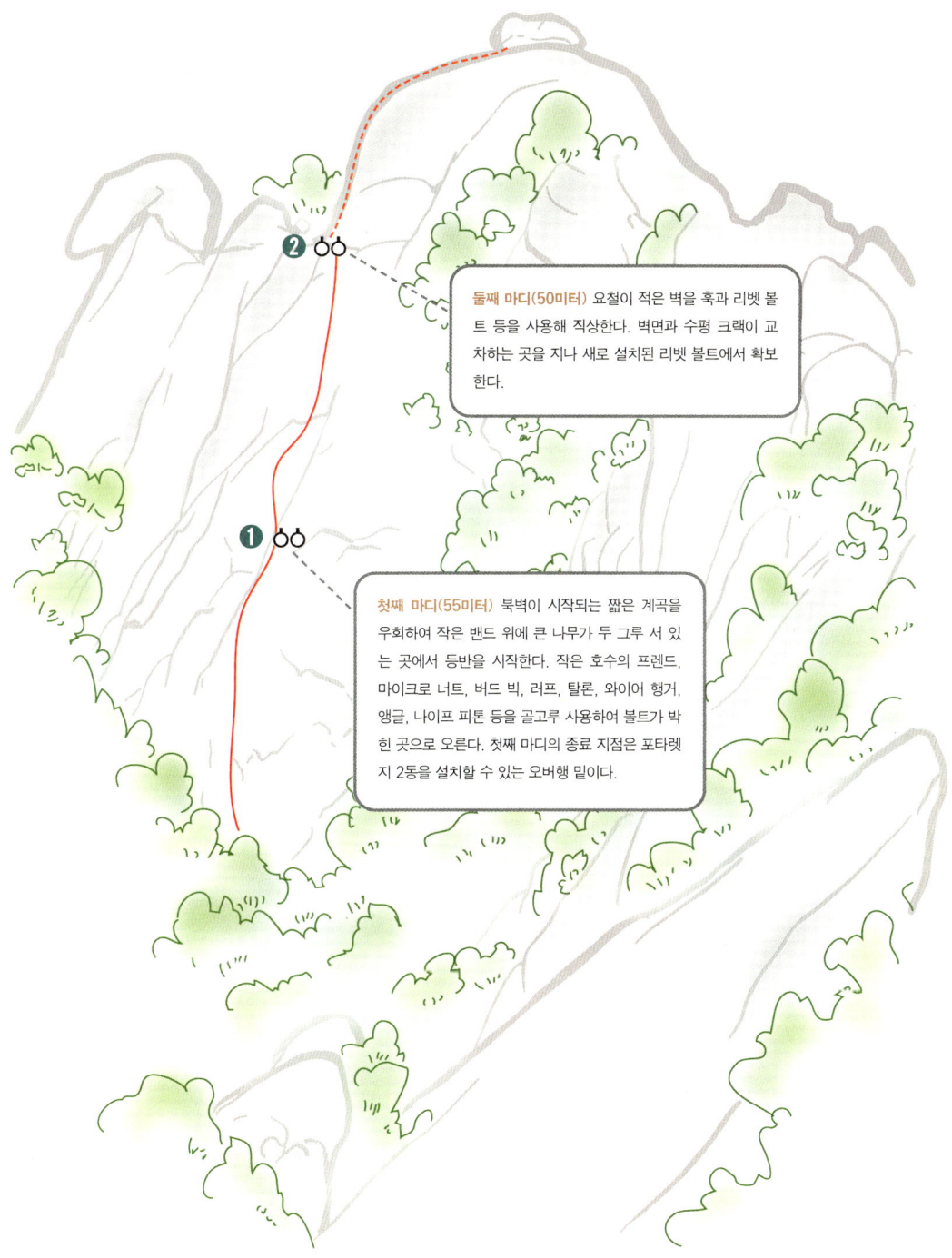

**인수봉
고독의 길**

# 아처 이전에는 어디로 올랐을까

어깨 위로 내리는 햇볕이 따사롭다. 가장 좋은 계절이 언제냐고 물으면 서슴없이 가을이라고 말하곤 했었다. 지금은 4월이 좋다. 연둣빛 5월이 세상을 덮어주리라는 기대가 있기에. 그러나 아직 남쪽으로 방향을 완전히 바꾸지 않은 북풍은 4월에 특히 경계해야 할 대상이다. 오늘같이 화창한 날도 인수봉에서는 반쯤만 믿는 게 좋다.

인수봉의 동북면 아래 모인 오늘, 우리의 관심사는 인수봉의 초등반 루트. 일행은 김선미와 남영호, 그리고 김석우, 권국희, 유한옥 등 '고독의 길'을 즐겨 찾는 사람들과, 40여 년 전부터 열심히 인수봉을 오르내리던 구인모 선생이다. 구인모는 고등학교 시절인 1961년에 처음 인수봉을 오른 것으로 기억한다. 가장 열심히 바위를 오른 사람 중 하나인 그였지만 당시엔 '고독의 길'이란 이름은 들어보지 못했다고 한다. 몇몇 경험 많은 산악인들도 그와 같은 증언을 한 것을 보면 '고독의 길'이라는 이름은 1960년대와 1970년대 사이에 붙여졌을 거라는 추론을 해본다.

## 기록은 없어도 길은 있었다

먼저 1929년 9월에 영국인 외교관 아처가 기록상 처음 올랐다는 북면과 우리 선조들이 그 이전에 올랐을 것으로 추정되는 후면 루트의 등반 가능성을 살펴보자. 인수봉의 초등반을 이야기할 때 '기록상'이란 단서는 결코 뗄 수 없는 불가분한 단서이다. 기록이 없는 역사는 후대로 갈수록 오류와 왜곡이 심해지기 마련

1929년 9월에 인수봉을 등반한 후 《알파인 저널》에 등반기를 남긴 영국인 아처는, 당시 사진에서 보는 바와 같이 명암이 뚜렷이 갈라지는 북면으로 오른 것으로 전해진다.

이다. 심지어 종교 경전마저도 그 당시의 관습과 사회상을 반영하는 흔적이 발견된다. 소위 말하는 '전해 들은 바' 또는 '목격한 바'로 이어지는 구전은 전수자의 구술이 바탕이 된다. 어떠한 상황에서도 믿을 것은 정확한 기록이지만, 그러나 구전 속에 남겨진 진실을 알기 위해선 섣부른 단정은 무익하다.

1976년 5월 우정 산악회는 인수봉 초등 50주년을 기념하는 심포지엄을 열고 기념 등반을 한 바 있다. 이때 발표에 근거하면 연세대학교의 설립자인 언더우드 박사 일행 5명이 1927년에 '고독의 길'을

통해서 인수봉을 올랐으며, 그에 앞서 1926년에 임무가 두 명의 파트너와 함께 후면 C코스로 인수봉을 초등한 것으로 집약되어 있다. 1926년 임무의 초등반을 기준으로 한다면 1976년은 초등 50주년이 되는 셈이다.

그러나 심포지엄 이후 19년이 흐른 1995년 5월, 그동안 영국 알파인 클럽 고문서실에 잠자고 있던 아처의 등반기가 김우선에 의해 번역 발표되어 그동안 불확실한 근거로 이야기되어온 설에 쐐기를 박았다. 아처의 등반기에는 종래의 설과 달리 임무의 이름이 전혀 언급되지 않으며 다만 동료인 페이시, 야마나카가 동행한 것으로 기록되어 있다. 이것은 그동안 전해져오던 초등설을 뒤집어놓기에 충분한 내용이었다. 그리하여 아처가 1929년 9월에 처음 올랐다는 북면 루트로 이용대, 김운형, 김우선 등이 탐사 등반을 실시해 아처의 등반기에 언급된 동굴과 어려운 슬래브 등의 위치를 확인한 바 있다.

아처는 1929년 9월에 동료 페이시, 야마나카와 함께 인수봉을 올랐다. 그는 1922년 처음 인수봉을 보았으며 7년이 흐른 뒤에 인수봉을 오르게 되었다. 처음엔 세 갈래의 갈퀴를 매단 장대를 들고 올랐으나 운반하기도 힘이 들고 동작이 불편하여 등반에 실패했다. 두 번째는 갈고랑쇠를 운반하기 좋게 하나로 만들어 그것을 반반한 슬래브와 크랙에 걸면서 인수봉 정상을 오르는 데 성공하였다.

갈고랑쇠를 사용한 것으로 보아 아처의 등반 능력은 뛰어나지는 못했던 것 같다. 그러나 공개된 사진에서 동료 야마나카가 입고 있는 복장을 볼 때, 그들이 알피니즘에 입각한 등반을 이해했던 것으로 보인다. 야마나카는 초기 알프스의 등반가들처럼 피켈을 손에 들었으며 니커보커 바지에 스타킹과 제대로 된 륙색을 메고 있었다.

## 아처 이전에도 누군가 올랐다

아처는 인수봉 정상에 오른 후 몇 주 지나, 처음에 시도했다가 실패한 크랙을 통해 북서릉을 공략했다. 그리고 이들은 별 어려움이 없이 정상에 도달했다. 하강은 지금의 C코스로 불리는 후면을 통해서 하였는데 그곳은 훨씬 짧고 모든 면에서 쉬운 곳이었다고 술회했다. 나중에 알고 보니, 그곳은 아처 일행보다 이전에 올랐던 모든 팀들의 등반 루트였다는 것이 드러났다. 인수봉의 초등자는 아처 이전 사람이라는 게 확실하다는 것을, 아처 또한 기록에 남기고 있었다.

이런 정황을 근거로 앞서 내려오는 구전과 기록을 여과 없이 받아들인다면 인수봉의 후면 C코스는 1926년에 임무 일행 또는 어떤 다른 인물이 초등반했고, 언더우드 박사 일행은 1927년 '고독의 길'을, 아처 일행은 1929년에 북면 루트를 초등반한 셈이 되는 것이다. 한국 사람이 인수봉에 처음 오른 것은, 기록에 따르면 1935년 백령회의 김정태와 그의 일행 엄흥섭, 김금봉 등에 의해서다.

어쨌든 중요한 것은 인수봉에 오른 사실이다. 우리 선조들이 인수봉을 1929년 이전에 오른 사실은 틀림이 없는 것 같다. 그것은 구전에 의해서도 확인된다. 1924년부터 백운암(현 백운산장)에 기거하던

북면으로 인수봉을 오른 아처 일행과 고독의 길을 통해 오른 원한경 일행 모두, 인수봉을 앞두고 나타난 이곳의 벙어리 크랙이 가장 오르기 힘들었다고 한다.

고독의 길을 통하여 마지막 난관인 벙어리 크랙으로 오르는 길.

이해문이 목격한 바에 따르면 이미 인수봉 정상에 사람이 쌓아 올린 돌탑이 있었다고 한다. 그의 말이 틀림없다면 선조들은 루트 파인딩 능력이 세계 최초의 금속 활자처럼 선구적이었든지, 바람같이 오를 수 있는 신통력을 지닌 도인들이었든지 둘 중 하나일 것이다.

북아시아에서 베링 해를 건너 아메리카를 발견한 뒤 인디언이 된 몽골리안은 그 1만 년의 여정과 역사의 기록을 오로지 구전으로 전수해왔다. 그들은 선대의 이야기를 전해 듣고 후대에 전하여주기 위하여 어릴 때부터 기억력을 단련시키는 훈련을 받아야 했다.

모든 일에 완벽한 주의력을 기울이며 정신을 집중하여 노래와 시를 통째로 암기할 수 있을 때 비로소 이야기의 전수가 이루어진다. 그리고 하나의 이야기를 완전히 되뇔 수 있을 때만이 또 다른 이야기를 전수한다.

1932년 로스앤젤레스에서 출생하여 2000년에 사망한 폴라 언더우드는 미국 북동부에서 살아온 인디언 구전사의 마지막 계승자였다. 그들은 사물을 표현할 때 명사를 사용하기보다는 동사를 빌려 표현하기를 즐겨 했다. 낮과 밤을 표현할 때, 각각 '나는 태양을 본다'와 '달과 별만 본다'라고 하는 식이었다. 영화 〈늑대와 함께 춤을〉에 등장하는 주인공들의 이름이 '주먹 쥐고 일어서' 또는 '머리를 스치는 바람'이 되어야 했던 것도 바로 그런 사실을 바탕으로 한 것이다.

구전은 굳이 사실로 믿지 않아도 좋다. 그러나 구전을 역사로 받아들여야 하는 이유는 사실의 진정성 때문이리라. 인디언의 역사는 남지 않았어도 인류사에서 인디언을 부정하지는 못하는 것이다.

둘째 마디 크랙을 지나 '고독의 길' 셋째 마디. 크랙이 막힌 곳까지 올라 오른쪽으로 건너가는 이곳은 야간이 고도감도 있고 등반 기분이 제법 나는 곳이다.

너무 높이 오르기 전에 삼각형 모양의 스탠스를 딛고 오른쪽으로 돌아야 하는 이곳을 지나면 눌러 앉고 싶은 기분이 들 만큼 편안한 동굴 앞이다. 일행들은 이 동굴 앞을 가장 난이도 높은 곳으로 친다. 배낭에 담아 온 와인을 꺼내 마시고 싶은 마음을 뿌리칠 수 없기 때문이다.

두 갈래 길인 동굴은 직진하여 오르거나 오른쪽으로 걸어서 통과할 수 있다. 아처가 인수봉을 등정한 후 또다시 인수봉을 올랐을 때, 그와 같은 자연 동굴이 있다는 사실을 알고 감탄했다는데, 나 역시 그가 처음 올랐다는 북면의 상황이 궁금했다.

동굴 위에 올라서 북면과 만나는 지점 아래로 내려가보니 과연 걸어서 오를 수 있을 만큼 잡목이 많다. 오늘의 관심사는 아처가 갈고랑쇠를 이용하여 통과했을 거라는 마지막 빤빤한 슬래브보다는 아처보다 먼저 등반이 이루어진 후면이다.

정상에 올라서 기념 촬영을 한 후에 후면 C코스를 향해 내려가니 예상대로 세찬 북풍이 분다.

"고독의 길, 정말 고독하던데요?"

앞 사람을 잘 볼 수 없는 루트의 특성 때문인지 일행들도 그렇게 '고독의 길'을 실제로 고독하게 여긴다. 자주 올라서 길이 익숙해진 나는 그 말을 잘 들어둘 필요가 있었다. 줄을 묶어서 내려 보낸 후 한 사람씩 하강한다. 60미터 로프 2동을 걸면 편안한 곳까지 한 번에 내려설 수 있는 이곳을 두 번에 나누어 하강한 다음, 건너편 능선으로 달음질친다. 후면의 바위를 보다 더 세세하게 지켜보기 위해서다.

인수봉에 이르는 길은 아무리 보아도 역시 후면뿐이다. 아처가 남긴 확실한 기록이 있더라도, 구전되어 내려오는 한국인의 초등 기록에 근거한 자료를 더 찾아볼 만하다고 생각된다. 인수봉이 꼭 한국

인수봉에 처음으로 루트가 열린 곳으로 전해지는 후면으로 하강하고 있다.

바위이기 때문만은 아니다. 어쨌든 인수봉 초등정 고증은 아직 현재 진행형이라고 해두고 싶다.

 등반 길잡이

인수봉 동면 오른쪽의 고독의 길은 인수봉 정상으로 오르는 가장 수월한 길로 알려져 있다. 등반 길이 약 170여 미터에 최고 난이도는 5.6 정도로 쉬어가는 공간이 많아 호젓하게 인수봉을 오르고 싶은 사람들에게 인기 있는 루트다. 고독의 길이라는 이름이 지어진 배경과 등반 기록은 현재 정확히 남아 있지 않다. 다만 미국인 선교사 언더우드 박사 일행이 1927년에 처음 오른 것으로 구전되어 내려왔다. 고독의 길이라는 이름은 1970년대 초부터 널리 불리기 시작했다.

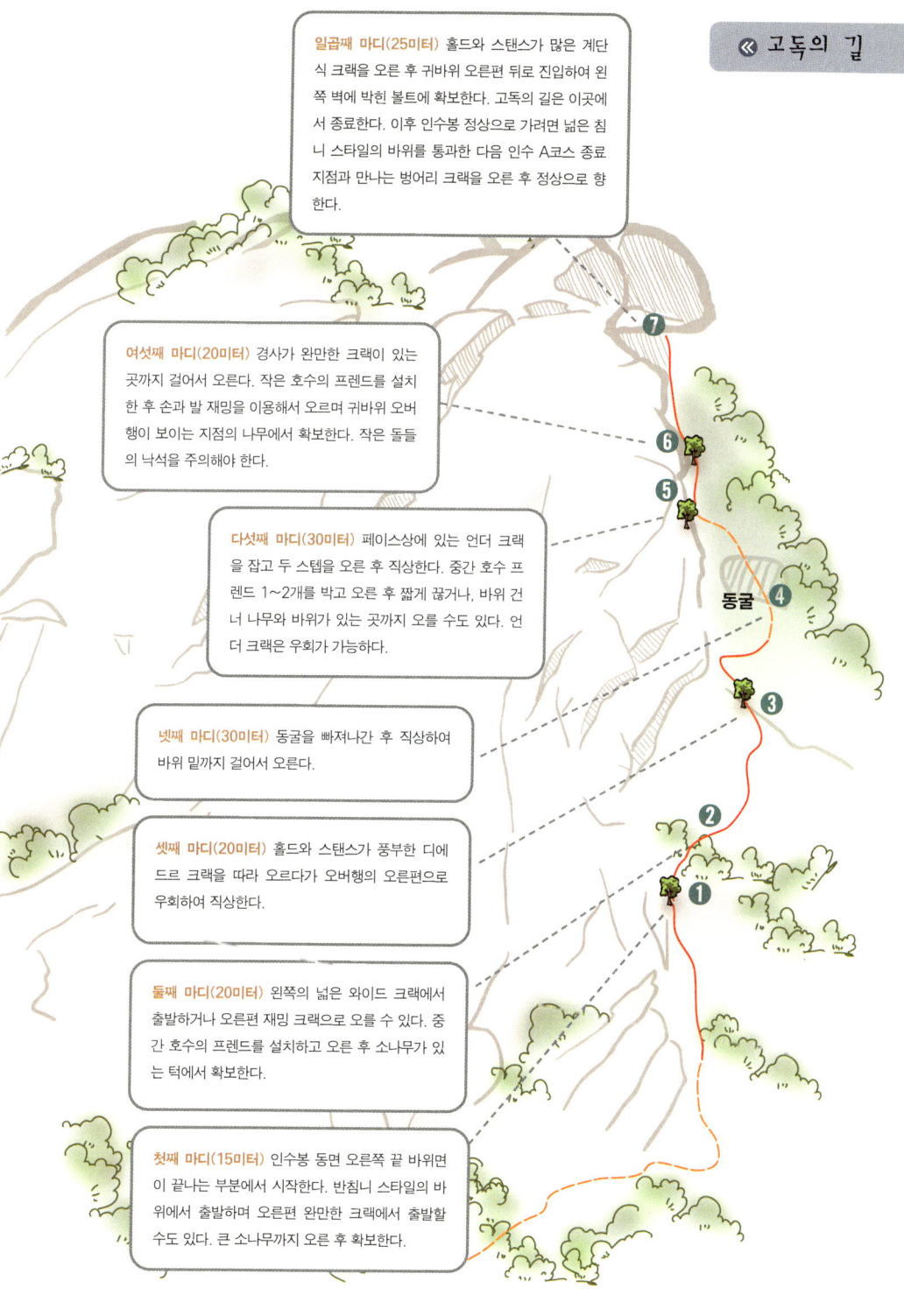

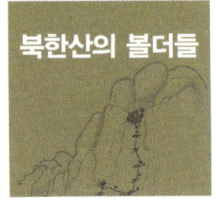
**북한산의 볼더들**

# 5미터 바위에 존재하는 극한의 세계

"어! 감이 온다, 감이 와. 이번엔 될 것 같은데……. 다시 한 번 해볼게요."

손상원은 팔을 털며 호흡을 가다듬었다. 국내 볼더 중에 가장 어려운 '매드락'을 오르기 위해 안간힘을 쓰는 그는 지난 2년간 이곳을 세 번 오른 바 있다. 그리고 방금 이곳을 네 번째 오르는 데 성공했다. 그럼에도 거기에 머무르지 않고 또다시 새로운 싯다운 자세를 취한다.

싯다운은 말 그대로 앉아서 출발하는 것이다. 이렇게 하면 매드락에서의 다섯 동작을 좀 더 어렵게 구사하게 된다. 매드락은 경사 100도의 실낱같은 크랙에 손가락 한 마디로 체중을 끌어당겨야 하는 난해한 곳. 현재 세계 최고 난도의 볼더 등급은 V15이며 매드락은 V11

쯤으로 추정한다. 손상원의 등반 능력이 5.14대에 진입해 있으므로 매드락의 등급 역시 그에 준하여 비교 적용할 수 있겠다.

매드락의 오버행 크랙에서는 강력한 근력이 필요하다. 게다가 매드락은 지푸라기 하나의 도움도 버릴 수 없을 만큼 크랙이 가늘다. 쌀쌀한 날씨에도 손상원의 싯다운 출발은 20여 차례나 계속 이어졌다. 그의 단단한 근육이 달아오르는 데는 예열이 필요하며, 감각이 최고조에 달하는 순간을 끌어내야 한다. 그런데 그의 몸이 막 풀리려는 순간 결정적인 일이 발생했다. 왼발을 지탱해주던 콩알만 한 크기의 바위 조각이 '똑' 하고 부러져 나간 것이다. 체중을 싣는 왼발의 바위 면을 살펴보니 그 콩알이 약에 필요한 '개똥'이란 것을 깨달았지만, 그것이 부러져 나가면서 결국 손상원의 몸짓은 끝이 났다. 앉아서는 물론 서서도 성공할 수 없어졌기 때문이다. 어쩌면 그 작은 바위 부스러기 하나가 떨어져 나감으로써 매드락은 오랫동안 '쳐다보지 못할 나무'로 남게 될지 모른다. 인수봉 대슬래브를 오르기 위해서 온 사람들은 불과 5미터도 채 안 되는 바위에 매달리는 손상원의 오름짓에 별 관심이 없다. 갈 길이 너무도 다른 사람처럼 느껴진다.

매드락의 실 크랙을 오르는 손상원. 손가락 첫 마디만 들어가는 곳이다.

## 볼더링의 아버지로 불리는 존 길

사람이 자극적 쾌락을 얻고 싶어 하는 것은 본능이라고 한다. 오르고 싶은 욕구 역시 그럴까. 그렇다면 인수봉 등반은 길고 드라마틱한 자극인 반면 자유 등반은 짧지만 강한 자극일 것이다. 여기에서 단 몇 동작으로 끝나는 볼더링은 어떻게 말해야 될까. 그것은 42.195킬로미터를 달리는 장거리 마라톤과 10초도 안 되는 순간에 끝나는 100미터 단거리 경기에 비견될 수 있다. 질과 양의 문제를 떠나 최대 능력의 발휘란 점에서 이것은 차이가 없는 것이다.

볼더링의 아버지라는 수식어가 붙은 클라이머 존 길은 한 마디짜리 볼더와 900미터의 엘 캐피탄 대암벽을 두고 예이츠의 시와 헤밍웨이의 소설에 비유한 바 있다. 그의 명쾌한 정의에 의하면 두 가지 모두 독립적이고도 훌륭하다.

존 길은 볼더링에 필요한 동작을 위해 구도자와 같은 절제와 체계적인 트레이닝을 생활화했다. 그는 손가락 첫 번째 마디로 턱걸이를 해 보였다. 그리고 한 손에 12킬로그램의 추를 매단 채 다른 한 팔로 턱걸이를 할 수 있게 되었다. 그렇게 무장된 몸으로 거벽을 외면하고 요세미티와 콜로라도 등지의 작은 볼더로 갔다. 그곳에서 수없이 많은 볼더링 문제를 푸는 것으로 그의 등반은 충분히 성공을 이루었다. 친구인 이본 쉬나드는 존 길을 두고, 철저히 계산된 동작과 근력, 그리고 정신적 무장에 이르기까지 완벽한 경지를 이룬 사람이라고 평가했다. 쉬나드의 말대로 존 길은 범상한 사람이 아니었다. 그는 극한의 어려움은 8000미터에만 있는 것이 아니고 단 5미터의 작은 바위에도 충분히 존재한다는 점을 철저하게 파고 든 것이다.

미국 뉴욕에 거주하는 산악인 신승모의 기록에 의하면 볼더링이란 말은 문헌상 1914년에 등장된다. 존 길은 제자가 되기를 자청했던 팻 아멘트와 함께 1956년에 콜로라도의 로스트 캐니언에서 볼더링을 시작했으니 50년 가깝게 한 길을 달려왔다고 할 수 있다. 그렇게 되기까지는 정신적인 배경 외에도 아름답고도 기이한 볼더가 산재한 환경을 무시할 수 없다. 다양한 형태의 암질을 갖고 있으며 분석적 사고에 익숙한 선진국 사람들은 현재 루트 등반과 볼더링을 확연히 다른 장르로 설정하고 있다. 루트 등반의 최고수는 볼더링의 최고와 엄연히 다르다. 오늘날 특히 일본의 볼더링은 세계 최고 수준이다. 이것은 그들의 꼼꼼하고 집요한 성향이 볼더링 분야에서 잘 발현된 것으로 볼 수 있다.

1980년대 중반, 상궁바위 맞은편 볼더를 오르는 정호진. 이곳은 방앗간을 지나치지 못하는 참새에 비유하여 '방앗간 볼더'라 불리기도 했다.

그러나 국내 상황을 보면, 볼더링은 아직도 통합적인 등반의 틀에서 벗어나지 않고 있다. 산속에는 눈과 얼음뿐 아니라 대암벽도 있으며 작은 바위들도 함께 있는 것. 볼더 역시 그의 일부분일 뿐이다. 과거에는 볼더링이 인수봉 또는 더 큰 암벽을 오르는 데 필요한 연습이란 생각을 떨칠 수 없었다. 그런데 클라이머들의 등반 능력이 극대화되면서 이것은 또다시 관심의 대상이 되기 시작했다. 고난도 문제를 푸는 해법이 볼더링에 있음을 나시 확인하게 된 것이다.

자유 등반의 열기가 고조되기 시작한 1980년대 중반, 독일의 등반가 제프 귀스벤트너가 내한하여 인공 등반으로나 가능했던 5.11a 난이도의 호랑이굴 크랙을 자유 등반하여 국내 산악계에 큰 변화를 가져다주었다. 이어 1985년 미국의 러스 클룬이 코끼리 크랙과 선인

난이도가 V8~V9인 동굴 볼더의 오른쪽 날개를 오르는 이재용.

봉 남측에서 자유 등반을 시도했다. 윤대표를 비롯한 서울의 젊은 클라이머 김동칠, 최재칠, 조계주, 정승권, 이의현, 심재홍, 권구훈 등은 이런 흐름에 빠르게 부응했다. 관점을 같이하는 사람들의 집단적 움직임은 하나의 사조를 만들어내기에 이른다. 장르로서 볼더링의 가능성은 이때 이미 제시된 것이다.

## 작은 바위의 가능성

2002년 여름, 볼더링을 위하여 원정을 다녀온 김동현은 미국 요세미티에서 수십 마디의 큰 바위를 외면하고 5미터도 채 되지 않는 작은 바위만을 오르고 돌아왔다. 그는 기존의 선운산이나 간현암 등에 맴돌 수밖에 없는 현실과 더 이상 스포츠적인 루트를 낼 바위가 부족하다는 데 갈증을 느꼈다. 더구나 본래의 루트 사이를 침범하는 비상식적인 자유 등반에도 식상해하고 있는 자신을 발견한다. 그러던 중 요세미티와 비숍에서의 볼더링을 통해 자신이 정체되는 이유를 찾은 듯한 후련한 기분이 들었다고 밝혔다. 마치 존 길이 그랬던 것처럼 굳이 높은 바위를 피하고 키 작은 바위에서 가능성을 확인한 것이었다.

1998년 김동현은 탈레이사가르에서 사고를 당한 최승철, 김형진 그리고 미국인 제임스 루크 마치와 함께 북한산의 볼더를 찾은 석이 있었다. 그때의 답사는 연속성과 집중도에 있어서 미완성이었다. 그러나 그 내용이 수록된 북한산 볼더링 가이드북을 보고 충격을 받는다. 서덕환에게 입수한 그 책은 당시의 조사 내용을 갖고 일본 산악인 고지 오쿠무라가 펴낸 책이었다. 이미 일본인들은 볼더와 같이 작은 바위에 큰 의미를 두고 가이드북까지 만들어 우리를 멋쩍게 하는 것이었다. 이에 김동현은 볼더링의 중요성을 새롭게 실감하고 주위에 산재한 작은 바위에 다시 주목하게 된다. 그리하여 이재용, 김희조, 손상원, 김동식, 한정희, 이광민 등 발군의 젊은 클라이머들과 함께 북한산 볼더 조사에 나섰다. 안전용 매트인 커다란 크래시 패드를 메고 뒤뚱뒤뚱 걸어가는 모습이 우스꽝스러운 옷을 입은 광대를 연상케 하지만 그것으로서 바위에 대한 이들의 남다른 관점은 표출되기 시작했다.

즐겁고 자유롭게 진행된 조사를 통해 우이 대피소 앞의 아이거 볼더를 비롯하여 19개 볼더에서 70여 개 문제를 풀거나 검증했다. 또한 북한산의 볼더에 요세미티 그레이드 대신 V그레이드를 적용시키기 시작했다. 이런 시도만 하더라도 볼더링을 장르로 여기지 않던 때와는 엄연한 차이가 있는 것이다. 1980년대 중반에 볼더링의 중요성을 실감하고 북한산의 볼더를 촬영 기록한 적이 있었는데, 이때 편의상 붙인 볼더의 이름을 이들이 그대로 사용하는 것을 보고 작은 기록도 소홀히 할 수 없음을 새삼 느꼈다. 볼더링을 체계화하려는 노력은 아직도 많은 노력이 필요하지만 이런 젊은 그룹의 자유롭고 집중적인 움직임은 등반의 단계를 끌어올리는 데 중요한 견인차가 될 것이 분명하다.

## 최고난도는 인수봉 대슬래브 왼쪽의 매드락 볼더

현재까지 국내에서 가장 어려운 볼더는 북한산 인수봉 대슬래브 왼쪽의 매드락이라 불리는 곳이다. 자유 등반의 열기를 타고 생겨난 고난도 루트의 집결지는 선운산이지만 최고난도의 볼더가 북한산에 있다는 것은 다분히 상징적이다. 이 루트는 이재용과 김동현이 처음 방문했을 때 너무 어려워 해결을 못하던 곳이었다. 언뜻 보기에는 쉽게 느껴졌는데 막상 시도해본 결과 손상원과 한정희 같은 1급 클라이머들조차 땅에서 발도 떼지 못할 정도였다. '공룡 스크래치'라 명명했었던 이 실크랙은 2002년 여름 이후 손상원의 집요한 시도 끝에 과제가 풀렸다. 초등자의 의견을 존중하는 관례에 따라 '매드락'이라 이름 지어졌고 이제껏 다른 사람이 완전하게 오른 기록이 없다.

1986년 아이거 볼더를 오르는 심재홍의 유려한 동작. 지금은 이곳에 9개의 문제가 있다.

볼더링은 뭐니 뭐니 해도 장비에 의존하지 않고 순수한 사람의 능력으로 오른다는 데 의미가 있다. 그럼으로써 클라이밍의 본질에 순수하게 집중할 수 있는 것이다. 물론 여기에 암벽화와 초크의 도움마저 부정하지는 못한다. 볼더의 높이가 짧으니 동작의 연결은 단순해도 난이도는 극도로 높아질 수밖에 없다. 현대 등반에서의 한 가지 길이 볼더링에 이미 예시되어 있는 것이다.

볼더는 확보 없이 오르다가 뛰어내려도 다치지 않아야 한다. 이런 점에서 볼 때 로프를 매야 하는 높이의 바위는 볼더라고 하기엔 무리가 있다. 등반에서 모험성은 피할 수 없을 것이다. 그러나 아무리 홀륭하고 뛰어난 등반이라 할지라도 목숨과 바꿀 수는 없다. 따라서 등반에 합리성을 도입하는 것이 허용된다면, 앞으로 나아갈 방향은 위험보다는 어려움 쪽으로 갈 수밖에 없는 것이다. 스포츠 클라이밍 역시 위험의 요소를 배제한 상태에서 난이도는 극도로 어려워져가고 있지 않은가. 일명 '판때기'라 불리며 저급하게 취급했던 인공 암벽의 출현은 사실 시대가 요구한 것이었다.

시원한 멀티 피치를 오르면서 파트너와 함께 나누는 성취감. 볼더링에 이것은 없다. 단지 바위에 적용되는 동작을 구사하는 한판 승부가 있을 뿐이다. 게다가 언제나 혼자 할 수 있으며 별 장비도 필요 없어 편리하다는 현대적 요소를 갖추고 있다. 자연은 보호해야 하고 고요했던 암벽은 줄을 서야 오를 수 있으니 어쩐다. 별수 없이 대안이 나와야 하지 않겠는가. 볼더가 그 역할을 조금이나마 대신해준다면 참 자연스러운 일이 아닐 수 없다. 그렇게 될 때 볼더링은 오늘의 클라이머들에게 새로운 선물로 다시 돌아오는 것이다.

### 북한산 볼더링 길잡이

북한산에는 여러 가지 크기의 바위들이 산재해 있다. 그중 클라이머들이 즐겨 찾는 볼더는 우이동을 기점으로 우이산장과 도선사, 무당골 그리고 수덕암 주변에 몰려 있다. 이 외에도 볼더라고 하기엔 조금 길고 자유 등반 루트라고 하기엔 어중간한 바위들도 여러 군데 있다. 여기서는 로프를 매지 않고 어프로치하기가 쉬우면서 확연한 문제들이 있는 친근한 볼더를 우선 언급한다.

우이산장 밑에 있는 아이거 볼더는 시작점이라 해도 좋다. 주차장에서 5분도 채 안 되는 거리에 있기 때문이다. 이곳엔 V0에서 V3에 이르는 비교적 어렵지 않은 7개 정도의 문제가 있다. 그러나 앞서 말했듯이 볼더링의 동작이 걸음마처럼 쉽지는 않다는 것을 염두에 두어야 한다. 도선사 매표소에서 용암문 방향으로 30분 거리에 있는 상궁 바위와 맞은편 칸테의 방앗간 볼더 역시 오래전부터 사랑을 받아온 곳이다. 이곳의 오른쪽 페이스엔 1980년대 중반 심재홍이 시도한 고난도 볼더 '스카이 댄싱'이 있고, 그 맞은편 왼쪽 모서리에는 V2급짜리가, 오른쪽에는 V1급 볼더 칸테가 있다. 무당골로 불리던 계곡 위쪽의 공터 주변에도 많은 볼더가 있지만 현재 자연휴식년제로 묶여 있다.

뭐니 뭐니 해도 볼더가 가장 많이 있는 곳은 21야영장과 수덕암 주변이다. 이곳엔 총 18개의 크고 작은 볼더에 60여 개의 문제가 있다. 먼저 수덕암과 맞붙어 있는 바위에 '김치 볼더'로 명명된 바위가 있고 경찰 구조대에서 계곡 위쪽으로는 '동굴 볼더'가 있다. 이곳엔 힐 후킹의 두 동작으로 끝나는 오른편 V1짜리부터 오른쪽 벽 모서리의 V8급 날개까지, 12개 정도의 다양한 문제가 있다. 여기엔 V7짜리 맨틀링과 슬라이더 문제가 포함되어 있다.

수덕암 뒤 기도터엔 깍두기 모양의 단순하지만 만만치 않은 볼더도 있다. 그리고 수덕암 너머 볼더 타운은 오래전부터 클라이머들의 사랑을 받아온 곳이다. 이곳은 레이백, 힐 후킹, 페이스 등을 혼합한 7~8가지의 문제가 있다. 수덕암에서 대슬래브로 이어지는 길 왼쪽에는 현재까지 조사된 것 중 가장 어려운 크랙 볼더가 있다. 다시 말하면 손상원이 처음 올라 매드락이라 이름 지어진 곳이다. 이 볼더는 경사 100도 정도에다 손가락 한 마디 정도만 들어가는 사선 크랙을 따라 다섯 동작이 이어지는데 보통 사람들은 발을 떼기도 어렵다. 수덕암 주변에서 많은 시간을 보내며 수련을 거친 후 이곳으로 발길을 옮기는 것이 순서이며 상궁 바위 일대 역시 별도의 도전 대상으로 설정해야 한다.

1990년대에 자유 등반의 물결이 국내에 도래하면서 등반의 난이도는 한 차원 높아진 게 분명하다. 볼더링이 다시 클라이머들의 관심을 끌게 된다면 척박해지는 자연 암장의 분위기는 하나의 돌파구를 찾게 되지 않을까.

## 등반 길잡이

북한산에는 여러 가지 크기의 볼더들이 산재해 있다. 그중 클라이머들이 즐겨 찾는 볼더는 우이동을 기점으로 우이산장과 도선사, 무당골, 그리고 수덕암 주변에 몰려 있다. 물론 이 외에도 볼더라고 하기엔 조금 길고 자유 등반 루트라고 하기엔 어중간한 바위들도 여러 곳이 있다. 여기서는 로프를 매지 않고 오를 수 있으며 어프로치가 쉬우면서 확연한 문제들이 있는 친근한 볼더들을 우선 언급한다.

우이산장 밑에 있는 아이거 볼더는 북한산 볼더의 시작점이라 해도 좋다. 주차장에서 5분도 채 안 되는 거리에 있기 때문이다. 이곳엔 V0급에서 V3급에 이르는 비교적 어렵지 않은 7개 정도의 문제가 있다. 그러나 앞서 말했듯이 볼더링의 동작이 걸음마처럼 쉽지는 않다는 것을 염두에 두어야 한다. 도선사 매표소에서 용암문 방향으로 30분 거리에 있는 상궁바위와 맞은편 칸테의 방앗간 볼더 역시 오래전부터 사랑을 받아온 볼더이다. 이곳의 오른쪽 페이스엔 1980년대 중반에 심재홍이 시도한 고난도 볼더인 스카이 댄싱이 있고, 그 맞은편 왼쪽 모서리에는 V2급 칸테, 오른쪽에는 V1급 칸테가 있다.

무당골로 불리던 계곡 상부의 공터 주변에도 많은 볼더가 있지만 현재 휴식년제로 묶여 있다. 이곳을 제외하면 볼더가 가장 많은 곳은 수덕암 주변이다. 이곳엔 총 18개의 크고 작은 볼더가 있으며 통틀어 60여 개 문제가 있다.

먼저 수덕암과 맞붙어 있는 바위에 김치 볼더로 명명된 바위가 있고 경찰 구조대에서 계곡 위쪽으로는 동굴 볼더가 있다. 이곳의 오른쪽에는 힐후킹 두 동작으로 오를 수 있는 V1급짜리 볼더에서부터 오른쪽 벽 모서리의 V8급 날개까지, 12개 정도의 다양한 문제가 있다. 여기엔 V7급짜리 맨틀링과 슬라이더 문제가 포함되어 있다. 수덕암 뒤 기도터엔 깍두기 모양으로 생긴, 단순하지만 만만치 않은 볼더도 있다. 그리고 수덕암 너머의 볼더 타운은 오래전부터 클라이머들의 사랑을 받아온 곳이다. 이곳은 레이백, 힐후킹, 페이스 등을 혼합한 7~8가지의 문제가 있다. 수덕암 주변을 벗어나서 대슬래브 방향으로 가다가 왼쪽 부근에는, 현재까지 조사된 것 중 가장 어려운 크랙 볼더가 있다. 이곳은 손상원이 처음 오른 후 매드락이라 이름 지은 곳이다. 손가락 한 마디 정도만 들어가는 경사 100도의 크랙이다. 다섯 동작이 이어지는 이 사선 크랙은 수덕암 주변의 볼더와는 달리 보통 사람들은 발을 떼기도 어렵다. 수덕암 주변에서 많은 시간을 보내며 수련을 거친 후 이곳으로 발길을 옮기는 것이 순서이며, 상궁 바위 일대 역시 별도의 도전 대상으로 설정해야 한다.

# 도봉산
# 선인봉 외

선인봉 측면길

# 온몸을 비벼 오른 반세기의 이정표

미적미적 글쓰기를 미루고 있었다. 흔적도 없이 시간이 가는 사이 마감이 임박해왔다. 취재 수첩을 찾아보았다. 그러나 도무지 둔 곳을 알 수가 없다. 혹시 기록을 하지 않았던가 하고 의심하기 시작했다. 애써 지난 일을 떠올려보지만 사람의 기억이란 메모지 한 장보다 나을 게 없다. 결국 어설픈 소설이라도 써볼 요량으로 폐기한 수첩을 뒤졌는데 다행스럽게도 거기에 찾던 내용이 있었다.

'측면길 211번째 등반', 용케 찾아낸 수첩에 그렇게 적혀 있었다. 지난해까지 문남길이 선인봉의 측면길을 오른 횟수다. 30년 가까이 참여해온 한국등산학교 과정이 있었고 지인들과 함께 한 등반의 횟수가 어느덧 그렇게 된 것이다. 그에게 등반은 곧 삶의 방식이었고 40년 넘도록 끝나지 않은 만행萬行이었다. 그럼에도 이제까지 화려한 경력을 수식할 만한 등반 기록은 없다. 집요했던 행위에서 오로지 자유 하나만을 갈구해왔음을 알 수 있다.

문남길은 젊은 프랑스 친구들을 데리고 측면길에 나타났다. 무술을 배우러 온 문하생들이었다. 사단법인 한국무술협회 공인 9단인 그는 프랑스 무술인들에게 잘 알려져 있다. 등반은 담력을 키우는 데 제격이고 담력은 곧 무술에 절대적으로 필요하다는 것이 그의 지론이다. 그래서 이들이 장비가 있건 없건 개의치 않았다. 당연히 그는 선등으로 오를 생각이었겠지만 그가 10여 년 전 위 절제 수술을 받은 사실을 알고 있던 터라 내심 걱정이 되었다. 게다가 발도 약간씩 절었다.

"스키 타다가 근육이 늘어났어. 지난 1월에 샤모니에서 그랬지……."

궁금해하는 눈치를 채고 그가 말했다.

## 211번째 오르는 측면길

언제라도 돌아갈 수 있는 곳. 문남길에게 선인봉은 귀소 본능의 귀착점이었다. 그리고 지금까지도 가장 마음 편한 곳이 되고 있다. 그동안 측면길을 함께 오른 사람은 77세 노년의 의사, 프로 레슬러, 스님, 그리고 조르주 파이요와 이본 취나드 같은 유명 산악인도 있었다. 파이요는 1971년 10월, 한국산악회가 알프스 등반 기술의 연수를 목적으로 프랑스에 대원들을 파견했을 당시 그의 담당 교수였고, 지금도 특별한 친분을 유지하고 있다. 안나푸르나를 초등한 모리스

에르조그가 교장으로 있던 프랑스 국립스키등산학교에서 한국산악회원들이 받은 위탁 교육은 산악계 최초의 공식적인 등산 유학이었다. 8명의 훈련대는 대장 전담을 비롯, 이재인, 한덕정, 조천용, 백인섭, 이강오, 진교춘, 구인모 등이었으며 그곳에서 40일간의 교육을 받고 돌아왔다. 그리고 그들이 익혀온 프렌치 테크닉과 프런트 포인팅 기술은 국내 빙설벽 등반 기술을 한 차원 높이 끌어올리며 산악계에 새 바람을 불러일으켰다.

1970년대에 전성기를 보낸 산악인에게 알프스의 의미는 더없이 특별하다. 히말라야를 안방처럼 드나들 수 있는 지금의 분위기에서 알프스를 꿈꾸던 당시의 정서를 비교하기는 쉽지 않다.

알프스엔 책에서나 볼 수 있었던 당대의 별들이 생존해 있었다. 그들의 체취가 있는 알프스는 향유할 수 있는 그 무엇이 있었고 문남길은 그런 알프스를 동경했다. 한국산악회 2차 알프스 훈련대의 김인섭, 김항원, 유재원, 차양재 등이 파견되고 2년 후인 1974년에 문남길은 처음 알프스로 날아갔다.

그는 운 좋게도 아주대학교 교수인 볼보자스키의 주선으로 국립스키등산학교에 입학하여 샤모니에 1년쯤 머물렀다. 거기서 15개쯤의 봉우리를 올랐다. 그때 유재원과 차양재는 이미 체류 기간을 넘기며 고국으로 돌아가지 않고 있었다. 알프스에서 6년을 거주하며 추구한 23개의 등반에서 15개가 단독행이었던 유재원의 삶은 오래도록 우리의 마음을 울렸다. 그는 결국 1977년 에귀유 누아르 드 푀트리 등반을 끝으로 사라져갔다. 눈사태로 추정되는 사고였다.

그런 일이 있은 후에도 문남길의 샤모니 행은 그치지 않았다. 에코 클럽의 유기수, 김종욱, 백성현, 은벽 산악회의 후배 허정식과

측면길의 별명이 되기도 한 둘째 마디 '뜀바위' 구간.

측면길에서 첫째 마디 침니를 빠져나오는 지점.

함께 드류 서벽에 도전하는 등 오히려 기세를 더 높였다. 한국의 산악인들을 자식처럼 아끼던 띠띠네 집을 오가며 가스통 레뷔파, 르네 드메종, 리카르도 카신, 라인홀트 메스너, 실뱅 소당, 야닉 세뇨리, 모리스 에르조그, 크리스 보닝턴 등 등반사의 한 페이지를 장식한 거물들과도 조우하게 되었다. 문남길에게 샤모니는 고향처럼 친근한 곳이 되어갔다.

211번째 측면길 침니에 몸을 비비는 그의 마음은 평온을 되찾은 듯했다. 뒤를 따라 오르는 프랑스 친구 파브릭스와 밥티스트도 신기하리만치 겁을 내지 않았다. 모두들 6년 이상의 경력을 지닌 무술의 소유자다웠다. 그러나 둘째 마디 뜀바위 앞에서의 망설임은 어쩔 수 없다. 피레네가 고향인 파브릭스가 먼저 엉거주춤한 자세로 뜀바위를 건너고 밥티스트 역시 망가지는 자세를 보이고 만다. 역시 산과 무술은 다르다. 겨우 그곳을 건너 꼼짝 않고 처분을 기다리는데 이번엔 반반한 반침니가 기다리고 있다. 일명 계란바위다. 이곳을 알바위 또는 참기름바위로 부르는 것은 그만큼 미끄럽다는 뜻이다. 그곳을 비비고 넘어간 후 넓은 침니에 도달한 문남길의 완료 소리가 들려왔다. 이제 어려움은 끝났다 싶었는데 어디서 웅성대는 소리가 났다. 반대편 S침니 방향에서 넘어온 사람들이다.

"도대체 여기가 어디예요?"

"여기가 어디라니. 여기가 여기지."

"아니 무슨 길이냐고요?"

"여기가 측면길이지요. 그런데 어디에서 온 거요?"

"선, 인, 봉."

알 수 없는 대답이다. 이들이 요즘 바위를 주름잡는 '줌마씨(아줌마, 아저씨)'들이 아닌가 생각되었다. 하나의 정상보다 여러 루트를 횡단하며 퓨전을 즐기는 사람들. 제대로 길을 가는 것은 그들에게 별 재미없는 일이다. 수단과 방법을 가리지 않고 유쾌한 등반을 즐기는 것이 목표일 뿐이다.

## 김정태와 엄홍섭이 초등반

측면길은 1938년 4월 김정태와 엄홍섭 등이 초등한 코스로 전해진다. 지난 반세기 동안 김정태는 누구도 흉내 낼 수 없는 선구적 활동을 펼쳤다. 그리고 어떠한 산행이든 반드시 깨알 같은 기록을 남겨놓았다. 행동이 앞선 사람에게 부족하기 쉬운 사색하고 기록하는 습관이 그에겐 있었다. 1988년 1월 그가 세상을 떠난 후 진부령 스키박물관에 보관되어 있던 50여 권의 등반 수첩을 접한 일이 있다. 언제 어느 날 누구를 만나 무엇을 했는지는 물론, 심지어 누구에게 신세 진 일까지도 거기에 소상히 적혀 있었다.

앞에서도 언급한 바 있지만 한국의 초기 산악사를 돌아볼 때 반복해서 되뇌도 좋을 만큼 김정태는 중요한 인물이었다. 1916년 대구에서 출생한 그는 1929년 백운대에서 처음 바위를 접한 이후 평생 산

측면길 넷째 마디를 끝내고 교차로에 선 일행들.

을 올랐다. 한국 산악 운동의 핵심 무대인 인수봉과 선인봉의 정면벽도 그에 의해서 초등반되었다. 1937년 한인들의 조직인 백령회와 1945년 한국산악회, 그 이듬해 대한스키협회 창설도 그의 기획과 실행력이 있어 가능한 일이었다. 등산가로서 가장 이상적인 삶을 살았던 그에게 한 가지 슬픈 일이 있다면 산 때문에 돌볼 수 없었던 가정과 경제적 궁핍이었다.

한국산악회 일로 김정태와 많은 시간을 함께했던 원로산악인 손경석은 그에게 삼한恨, 삼희喜, 삼호好가 있다고 표현했다. 좋아하는 일 세 가지, 삼호는 커피와 노래와 사진이었다. 늘 현장에서 등반을 진두지휘한 야전 사령관인 그는 커피를 특히 즐겼다. 언제나 흥이 있었기에 노래를 좋아한 것은 당연한 일이었고 사진을 좋아한 것은 철저히 기록하는 습관의 반영으로 볼 수 있다. 세 가지 기쁜 일은 1942년 초에 성공한 백두산과 마천령 산맥 동계 등반, 대관령을 스키장으로 개발한 업적, 그리고 그런 일에 대한 공로가 인정되어 수상한 서울시 문화상이다.

그런 가운데에서도 그에게는 세 가지 한이 남아 있었다. 어떤 상황에서도 산을 떠나지 않았지만 1948년 한라산 동계 등반에 참가하지 못했고, 1960년 스키협회의 첫 올림픽 출전 때도 함께하지 못했다. 그리고 마지막 남은 한은 1982년 한국산악회 마칼루 원정 때 신체적, 경제적 이유로 대장을 맡을 수 없었던 일이다.

그를 만나면 항상 어디론가 떠날 계획이 세워졌고 그와 함께하는 동료들은 그의 단단한 의지와 강건한 육체에 감화되고 들뜨는 경험을 했다. 단 한 번이라도 그와 같이 산행을 해본 사람은 그 경험을 무용담으로 간직했다. 그는 1980년대 중반까지 한국산악회 사무실에 출근하여 도수 높은 안경 너머로 늘 책을 읽고 기록을 정리하던 모습을 보였다. 이미 그의 전성시대는 흘러갔지만 산악회 자리를 끝까지 지키는 것으로 마지막 그의 열정을 불태웠다. 늘 산을 이야기하고 산을 생각하게 하는 김정태는 탁월한 등산가이자 실천가였으며 그 자신이 하나의 우뚝 선 산이었다.

정상에서 만장봉 방향으로 이어지는 후면 하강길.

참기름바위에 올라서니 여기가 어디냐고 묻던 사람들은 테라스 오른쪽으로 우회하여 슬래브 아래로 사라져가고 우리가 그곳을 점령했다. 이제 불안감은 말끔히 사라졌다. 처음 측면길에 온 프랑스 친구들도 쉬워진 낌새를 알아차렸는지 희희낙락하다. 초등반 당시 김정태는 정상까지 직상하지는 않았던 것으로 전해진다. 좁아지는 크랙에 볼트는 물론 없었고, 당시 인공 등반이 불가능했기 때문이었을 것이다. 그래서 중간 부분의 로프에 의지하여 밑으로 내려온 후 동굴을 통해 정상으로 갔다. 문남길 역시 크랙으로 오르지 않고 오른쪽으로 나갔다. 오른쪽 슬래브는 그의 불편한 다리로도 어렵지 않게 횡단할 수 있었고 그것으로 사실상 측면길 등반은 종료되었다. 이제 동굴로 들어가는 일만 남았다.

이곳에 서면 옛 산친구의 선인봉 첫 바위 일화가 가끔씩 떠오른다. 극도로 시력이 나쁜 친구가 어느 날 선인봉에 와서 박쥐길 날개를 꺾어 올랐다. 첫눈에, 그것도 박쥐를 올랐으니 스스로 생각해도 월척을 낚은 듯 대견한 일이었다. 친구는 한껏 흥분이 되어 어쩔 줄을 몰랐다. 그러나 그 위엔 또 다른 고빗사위인 흑점 슬래브가 있다는 것을 생각지 못했다. 지금의 기준에서는 혹점에 올라서는 것은 그리 어렵지 않지만 당시는 아니었다. 박쥐길을 초등반한 선우중옥도 그곳에서 가장 많은 고민을 했다고 술회했었다. 슬링을 걸어 혹점을 돌파한 초등 때의 방법은 아니지만 친구는 미끄러지지 않고 그곳을 올랐다. 그런데 슬래브를 끝내고 보니 또다시 직상 크랙이 가로막고 있었다. 크랙을 오르자니 날이 저물 것 같고 그냥 내려가자니 찜찜했다. 하는 수 없이 사력을 다해 크랙을 타고 오르기 시작했다.

그사이 이미 날은 어두워졌고 크랙을 끝냈을 때는 꼼짝할 수 없는 지경이 되어 있었다. 어찌 된 일인지 정상이 나와야 할 곳에는 동굴이 떡 버티고 있었다. 원래 그곳에 동굴이 있으며 그곳을 빠져나가야 정상에 오른다는 사실을 모른 채 선인봉에 붙은 결과였다. 오르기만 하면 모든 일이 끝날 것으로 생각했던 계산은 완전 착오였다. 결국 계획에 없는 비바크를 감행할 수밖에 없었고 다음 날 아침 주린 배를 움켜쥐고 살아 있음에 감사하며 하산을 했다. 아직도 어디로 올라서 어느 곳으로 내려가야 하는지 모르는 사람들이 있는 현실이고 보면 그 같은 상황이 다시 없으리라는 보장은 없다.

마치 미로를 찾는 게임인 양 동굴을 신기해하던 문남길의 211번째 파트너들은 계속해서 놀라움을 감추지 못한다. 절묘한 바위 구조도 그렇지만 스스로 해냈다는 성취감에 들뜬 얼굴빛이 엿보였다. 석문처럼 생긴 바위 틈새를 빠져나오자 더 이상 오를 곳이 없는 정상이다. 벽과 벽 사이를 들고 나며 등반을 '입암'이라 했던 선배의 표현이 떠올랐다. 몸과 몸을 섞는 섹스를 그 말의 의미로 헤아렸으나 오늘 보니 그 속뜻은 나눔이었나 보다. 굽히고 좁히고 수그리며, 자신을 낮추는 온갖 몸짓을 통해서 도달하게 되는 측면길의 정상은 등정이란 말로 아우를 수 없으며 쟁취할 대상은 더더욱 아니었다. 그곳은 하나의 느낌을 모두 함께 공유하게 되는 평화로운 곳이었다.

 등반 길잡이

선인봉 측면길은 선인봉 남측 면에 뻗어 있는 전체 길이 150미터에 일곱 마디로 되어 있는 코스다. 1938년 4월 김정태와 엄흥섭 일행이 초등한 것으로 알려져 있으며 첫째 마디를 오른 후 둘째 마디로 건너뛰는 지형 때문에 일명 뜀바위로 통한다. 루트의 전체 분위기는 침니로 이루어져 있으며 상단부는 십자 형태의 크랙이 교차한다. 난이도는 셋째 마디 계란바위와 십자로의 여섯째 마디 크랙이 5.8로 평가되어 있다.

계란바위 혹은 알바위, 참기름바위로도 부르는 셋째 마디는 나팔형 반침니로 확보물 설치가 애매하다. 이곳은 밑에서 발을 받쳐주는 고전적인 방법으로 안전을 도모할 수 있다. 정상에 오르면 만장봉 쪽으로 걸어가서 하강하는 것이 보통이지만 요즘은 전면으로 하강하여 내려오기도 한다. 측면길의 들머리는 선인봉 전면의 왼쪽을 따라가다가 오른쪽 바위 지대를 향해 진입한다. 초입에서 첫째 마디를 올라서야 비로소 루트가 드러난다.

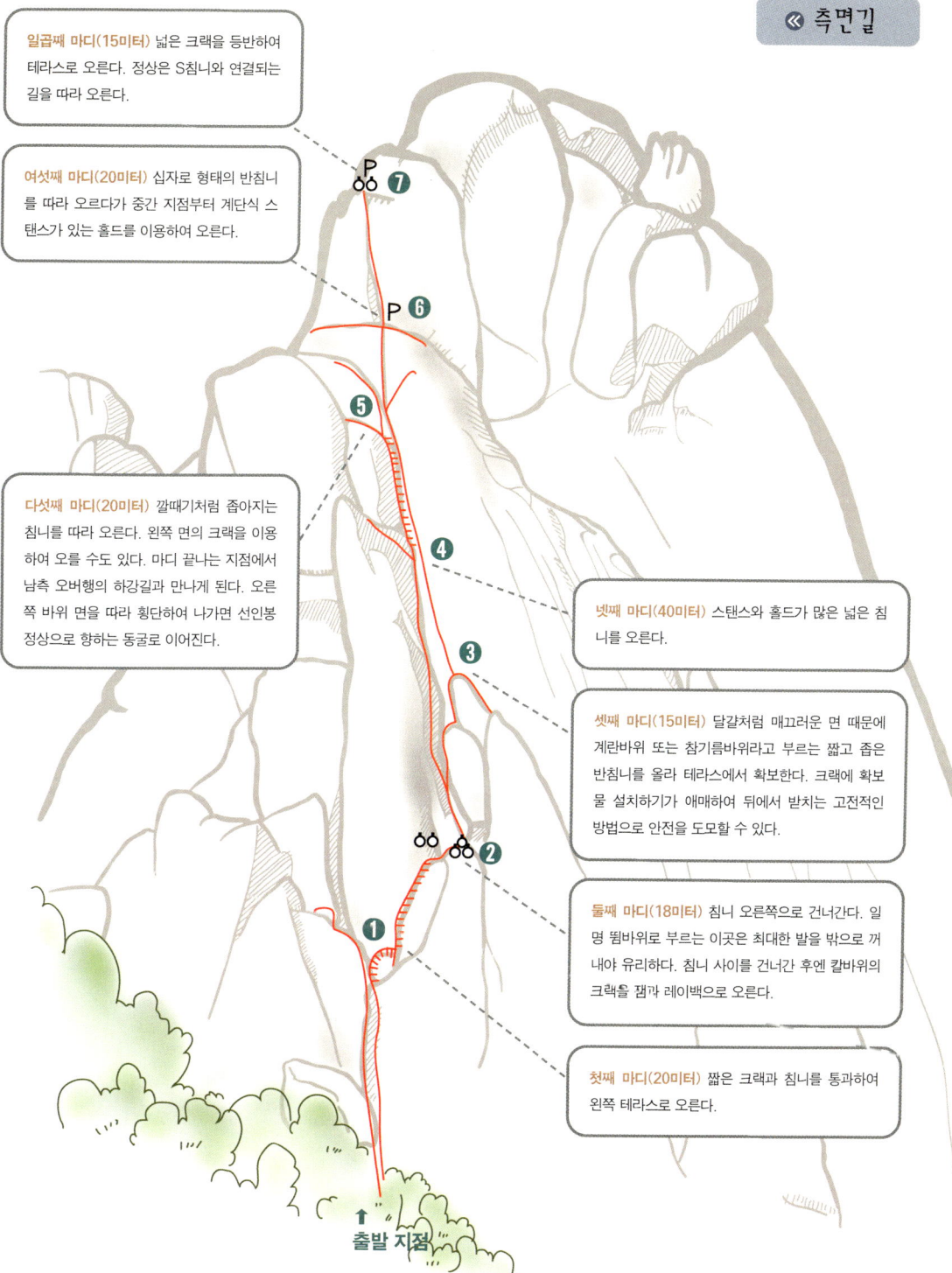

선인봉 박쥐길

# 늙지 않았다, 다만 올라갈 뿐이다

    선우중옥이 에베레스트 등반에서 돌아온 날, 시청 앞 광장은 마치 무슨 일이라도 벌어질 듯 전운이 감돌았다.
    새만금 갯벌을 살리기 위해 부안에서부터 삼보일배를 해온 종교인들이 곧 도착하기 때문이다. 인생은 헤아릴 수 없을 만큼 수많은 사건으로 이어져 있다. 그 속에서 사건이 아닌 일상사는 더욱 빠르게 잊혀갈 뿐이다.
    하물며 일상사와 먼 산 이야기는 당연히 시류와 무관하며 언제나 생활과 엇박자가 되기 일쑤다. 하지만 그렇기에 또다시 돌아올 만한 대상이 산이 되는 것은 아닐까.

## 에베레스트에서 돌아온 박쥐

"창자가 끊어지는 줄 알았어. 아이스 폴의 급경사를 주머링할 때는, 힘을 주려고 호흡을 멈출 때마다 가슴이 터질 듯 아팠지."

에베레스트 등반을 위해 두 달 넘는 원정을 떠났다가 돌아온 그에겐 아직 떨칠 수 없는 여운이 남아 있었다. 7300미터 3캠프에 세 번 갔고 5월 21일에는 8000미터 높이의 사우스 콜에 도달한 후 정상 등반에 나섰다. 그러나 8300미터에서 접고 돌아섰다. 이유는 바람 때문이었다. 더 이상의 군말이 필요치 않았다. 얼굴은 까맣게 그을렸고 몸은 군살이 빠져 예전과 같이 당찬 몸이었다. 아직도 컨디션이 좋다는 그는 선언하듯 소리쳤다. 도봉산 박쥐길을 오를 때 후배들의 도움을 받지 않겠다고.

1990년에 행해진 박쥐길 30주년 기념 등반 때도 그의 등반을 지켜볼 수 있었다. 당시 구인모, 신승모, 홍성암, 주영, 정승권, 정재학, 박기성, 박열주, 이원규, 이광재 등 쟁쟁한 하객들이 테라스까지 함께 올랐었다. 오늘의 동지는 중앙고와 한양대를 대표하는 후배 박열주와 이상세, 그리고 그와 함께 40년을 지내온 구인모다.

"이제 난 걷는 데는 도사다."

"그럼 형하고는 산에 안 가."

"이! 간식을 빠뜨렸군."

"그냥 가자. 배고파야 빨리 내려오지. 오늘 쭈욱 올라가자고."

"산에 나무가 많아졌어요."

"그건 구인모가 산에 안 왔기 때문이야."

군불 때기를 누구보다 좋아했던 그의 습성을 선우중옥은 한마디로 꼬집는다.

신물 나게 걸었던 카라반에 비하면 도봉산은 그에게 너무 편안한 산길이다.

"옛날엔 유도문도 없었고 할머니 가게도 없었어. 천일각은 있었나?"

변치 않는 것은 없다는 사실은 산에도 그대로 적용된다. 골격만 그대로일 뿐 나머지는 사람의 손길에 남아나지 않는다.

"야! 그런데 오늘은 내가 나중에 올라가야겠다."

선인봉 바위 앞에 서자 선우중옥은 선등을 하겠다던 약속을 갑자기 번복한다. 조금은 의아했지만 그 결정은 자연스러운 일이 아닐 수 없다. 이미 63세가 된 그의 나이 때문이다. 후배 박열주에게 선등을 넘긴 후 뒤를 따라 관바위라 부르는 첫째 마디를 오르는 그의 이마에 땀방울이 송송 맺힌다. 이전에 K크랙을 오르는 자세로 능숙하게 오르던 곳이다.

"도무지 팔에 힘이 없어."

살이 빠져서 날렵해졌어도 고소에 오래 체류하면 근육이 흐물흐물해진다는 사실을 그의 몸이 이제야 알아차렸다.

"난 처음에 여길 갔을 때 신 코스라고 불렀어."

"박쥐라는 이름은 곽철준에게 들었지."

선우중옥이란 이름을 '박쥐'로 연상하게 만든 장본인은 서울대 공대 산악부의 곽철준이었다. 초등반이 이루어진 후에도 신 코스로 부르던 길을 선우중옥이 등반한 후 박쥐길이라고 불러주었기 때문이다. 생각하면 참 잘 어울리는 이름이기도 하다. 언더 크랙의 날개가 박쥐의 날개를 떠올리게 하는 모습인 데다가 실제로 박쥐들이 살기

박쥐길에서 박쥐 날개의 마지막 부분을 꺾고 오르는 선우중옥.

박쥐길의 상징인 둘째 마디 박쥐 날개를 따라 오르는 선우중옥. 초등 당시엔 이곳의 바위가 종잇장 같이 얇아 바위를 깨면서 지나갔다고 한다.

때문이다.

"곽철준, 그 사람 잘 다녔어요?"

"그럼, 나처럼 엉터리가 아니지."

"곽철준, 천호선, 장승필, 모두 최고였어."

"형이 엉터리야?"

"그럼. 난 엉터리야."

"그렇다면 머리를 잘못 만난 형 몸만 불쌍한 거야."

"그때는 산에 오면 천축사에서 잤지. 인심이 좋았어."

"인심이 좋은 게 아니고 형들이 깡패 같아서 잠자리를 뺏은 거지."

말의 본뜻을 이리 저리 넘나들어도 둘의 대화는 균형이 깨지지 않는다. 오랜 세월을 두고 쌓아온 우정이 바탕이 되지 않으면 불가능한 일이다.

## 박쥐가 찌익찌익 울어댔다

둘째 마디 날개 자락에는 누군가 볼트를 박아놓아 이전처럼 프렌드가 없어도 확보가 되는 곳으로 둔갑했다. 이젠 아무도 이 날개를 부담스러워하는 사람이 없다.

1960년, 오늘처럼 여름이 오기 바로 전 어느 날, 선우중옥은 한동네 사는 선배 전광호와 함께 도봉산으로 갔다. 선우중옥은 중앙고를 거쳐 한양대에 막 입학한 혈기 넘치는 청년이었고 3년 선배인 전광호는 양정고 오비이자 동국대 산악부원이었다. 일찍이 중학교 때부터 선인봉의 기존 루트를 두루 섭렵한 선우중옥은 그날 수평으로 펼쳐진 박쥐 날개에 눈길이 멎었다. 색다른 곳에 도전해보리라 마음먹었던 그는 즉시 등반 가능성을 타진했다. 그리고 담뱃갑에 등반선을 그려보았다. 준비는 그게 전부였다. 선우중옥은 몇 개의 카라비너와 군용 로프 한 동에 정글화를 신고 온 사이트 자유 등반을 진행했다.

첫째 마디 삼각바위를 지나 관바위로 붙는 곳은 어렵게 생각한 곳이 아니었다. K크랙 자세로 그곳을 가볍게 넘은 다음, 누구도 시도하지 못했던 둘째 마디 박쥐 날개로 붙었다. 예나 지금이나 이곳은 한 번 추락하면 큰 부상으로 이어질 가능성이 높은 곳이다. 15미터의 언더 크랙을 한 스텝씩 지나며 날개를 잡았을 땐 바위가 종잇장같이 얇아서 힘을 줄 수가 없었다. 하는 수 없이 바위를 깨야 했다. 마지막 턱을 넘는 순간 바위 속에서 박쥐가 찌익찌익 하고 울어댔다. 실로 순식간이었지만 그는 이곳을 어떻게 건넜는지 몰랐다. 기쁨과 떨림이 섞인 감격의 순간이었다. 하지만 기쁨은 잠시 뒤에 나타난 슬래브 앞에서 다시 긴장과 공포로 바뀌었다. 당시의 군용 정글화로 슬래브를 직상한다는 것은 꿈도 못 꿀 일이었다. 그러나 그는 오래 망설이지 않았다. 신기하게도 그 애매한 슬래브엔 점처럼 검게 돌출한 돌이 있었다. 선우중옥의 눈이 번쩍 뜨였다. 그 돌이 해결의 실마리가 될 것을 직감적으로 알아차렸기 때문이었다.

그는 준비해온 슬링을 혹점에 연결하여 쥐고 왼쪽 아래에 있는 홈통바위로 들어갈 수 있었다. 그리고 그곳에서 직상 크랙을 통해 테라스로 올랐다. 만일 혹점이 없었더라면 그날의 등반은 소나무에서 멈출 수밖에 없었을 것이다. 그래서인지 그는 스스로도 운이 좋은 사람이라고 여긴다.

"옛날엔 여기, 똥줄 탔지."

구인모 역시 이곳에 서면 난감했다고 술회한다.

"날개 꺾고 난 다음에 오른쪽 오버행으로 넘어가는 길은 9월에 홍순국과 2차로 했어."

요즘 신발로 갈아 신은 선우중옥과 이상세는 그 아슬아슬했던 슬래브를 아무런 불평 없이 쉽게 오른다.

오늘의 어려움은 박쥐 날개가 아니라 다음 마디의 직상 크랙에 있다. 예전 같으면 피톤 하나쯤 때려 박고 일어섰던 이곳이 껄끄러운 크랙으로 여겨지기는 선등으로 오르는 박열주에게도 마찬가지다. 두 스텝쯤 오르면 점점 넓고 쉬워지는 크랙이지만, 재밍을 하면 여지없이 손등이 벗겨져 나갈 정도로 바위가 살아 있다. 이 크랙에 언제까지 나무가 있었는지 가물가물하다. 하지만 쉽지 않게 오른 기억만은 뚜렷하다.

구인모의 지론에 의하면 장비 없던 옛 시절의 등반이 지금보다 더 안전하다고 할 수 있다. 지금은 장비와 확보물을 믿고 더 어려운 곳을 과감하게 등반해내지만 과거엔 100퍼센트 안전하다는 확신이 설 때 선등을 했기 때문이다. 물론 예외도 있지만 절대로 떨어져선 안 되는 게 그 시절의 등반이었다.

### 아픈 현실이 더 소중하다

크랙을 지나온 모두의 손은 너 나 할 것 없이 엉망진창이 되었다. 힘이 들었지만 이렇게까지 부담스럽지는 않던 옛날을 그리워하는 사이, 어느새 동굴로 이어지는 마디까지 등반이 끝났다. 정상으로 가는 길은 등반을 해야 할지 말아야 할지 애매한 곳이다.

박쥐 날개를 향해 나가는 박열주의 모습.

"그냥 걸어가자."
"옛날엔 이곳에서 줄을 풀었어."

그래, 지금 우린 옛날 길을 가는 거지. 인수봉이 남성적인 데 비해 선인봉이 여성적이라고 표현하는 것은 이렇게 은밀한 장소가 곳곳에 숨어 있기 때문일 것이다. 처음 선인봉을 올랐을 때 막다른 길에 갇혀 어쩔 줄 몰라 하던 기억이 새롭다. 동굴을 지나면 이렇게 새 세상이 정상에 펼쳐지는데…….

오늘 정상까지 올라가자고 말했던 선우중옥의 의도는 이곳을 다시 찾기 힘들지도 모른다는 생각에서였을까. 그가 에베레스트에서 8300미터까지 오른 후 돌아선 이유는 바람이었지만 이제 그런 걱정은 하지 않아도 좋다. 선인봉 정상엔 한 점의 바람도 없으니. 귀국하자마자 찾아온 오늘의 등반은 그의 나이로 봤을 때 나름대로 의미가 있다.

그는 아쉬웠던 에베레스트 등반에서 정상은 결코 녹록지 않다는

소나무가 있는 지점에서 흑점 슬래브를 향해 오르는 구인모. 선우중옥은 1960년 6월에 전광호와 함께 이 길을 초등반을 했고 9월에 다시 홍순국과 오버행을 지나는 두 번째 길을 등반했다.

사실을 알았겠지만 한편 오를 수 있는 산이라는 것을 확인했으리라. 또한 그래서 마음의 고향이나 다름없는 도봉산이 더 그리워졌을지 모를 일이다.

선우중옥이 에베레스트에서 내려왔다는 소식을 듣고 뉴욕의 산악인 신승모는 존 크라카우어의 《희박한 공기 속으로》의 한 대목을 전해왔다. 그리고 그는 약속이란 단어를 떠올렸다.

만일 가족, 친지와의 약속을 무시했다면 정상 등정을 감행했을지도 모릅니다. 그러나 현명한 중옥 선배는 다음을 선택한 것입니다.

후배들과 선인봉 정상에 앉은 그의 모습에서 에베레스트 등반 보고회 때 보았던 사진 한 장이 떠올랐다. 그가 태극기 대신 들고 찍은 사진엔 'I LOVE 용선, 리자, 크리스티'라고 적혀 있었다. 사랑하는 아내와 두 딸의 이름이다. 모임에 참석한 사람들에게 그 사진을 보이는 순간 선우중옥의 눈시울에 이슬 같은 눈물이 감돌았다. 그가 에베레스트로 떠나자 이본 취나드의 아내도 왜 그를 보내서 이렇게 마음고생을 하느냐며 눈물을 보였단다. 그에게 등반은 세상을 살아가는 의미이자 삶의 돌파구였지만, 그를 아끼는 사람들로서는 함께 소주잔을 기울일 수 있는 현실이 더욱 소중한 것이 아닐까.

13년 전 박쥐길 초등 30주년을 축하해주기 위해 올라온 사람들에게 그는 떨리는 목소리로 말했었다.

"30년 전에는 단 두 사람이었는데 오늘은 이렇게 많은 산친구들이 와서 기쁘다. 그리고 지금도 이 코스를 할 수 있는 나 자신이 자랑스럽다."

43년의 세월이 흐른 오늘 그를 아끼는 골수 친구들은 그때 보냈던 찬사를 아직도 잊을 수 없다.

"박쥐는 늙지 않았다. 다만 올라갈 뿐이다."

 등반 길잡이

박쥐길은 1960년 6월 선우중옥과 전광호가 불과 5시간 만에 초등반을 이룬 도봉산 선인봉의 대표적인 바윗길이다. 전체 길이 170여 미터에 여섯 마디로 이루어진 길이지만 경우에 따라 다섯 번 또는 일곱 번으로도 끊을 수 있다. 확보 장비로 중간 호수의 프렌드 3~4개 정도가 필요하다. 난이도는 박쥐 날개가 5.8이고 혹점 슬래브와 테라스 위의 크랙이 5.9, 그리고 넷째 마디 오버행 크랙을 트래버스하여 오르는 부분이 5.10a로 매겨져 있다.

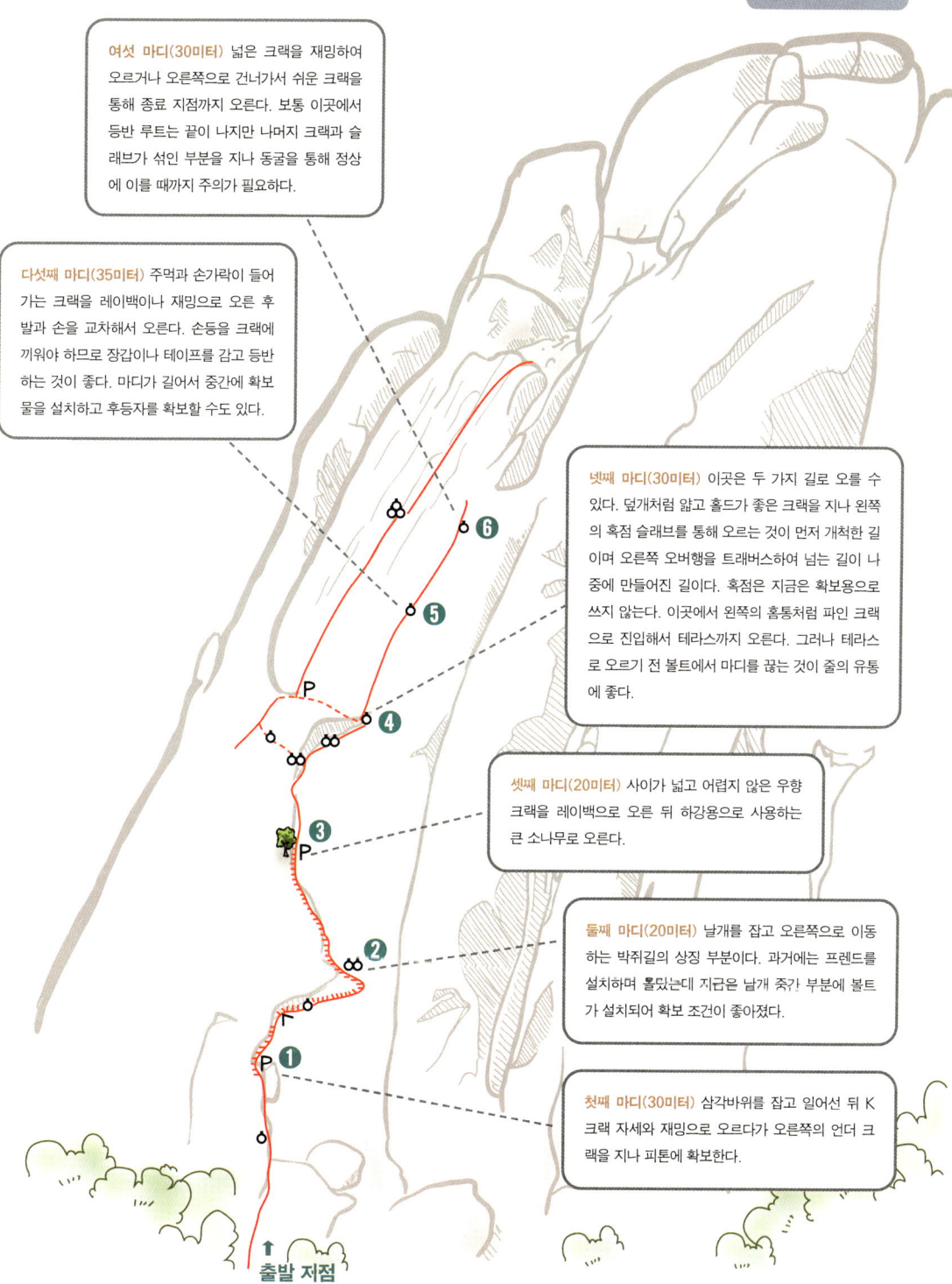

**선인봉 남측 오버행**

# 40년이 흘러도 식지 않은 에코의 열창

　유기수는 또 하나의 도전을 꿈꾸는 듯 보였다. 그런 생각이 문득 든 곳은 강남의 한 술집이었다. 평소 술을 멀리하던 그였기에 동료들도 소주와 맥주에 양주까지 마다하지 않는 그의 변화를 의아해했다. 유기수가 30년 동안이나 당뇨와 싸워온 사실은 산악인들에게 익히 알려진 사실이다. 그런데 당뇨병에 술이 좋다는 말은 들어본 적이 없다. 인슐린을 맞아가며 등반을 해온 그가 이 사실을 모를 리 없다. 혹시 술을 바위처럼 도전의 대상에 포함시킨 것은 아닌지. 선후배들이 그를 말리지 않는 이유는 뭘까. 늘어난 술 친구 한 명을 포기할 수 없는 것인가.
　"옛날엔 암벽과 빙벽을 하지 않으면 사람같이 안 보였어. 그런데 아프고 난 후엔 산에 다니는 것만으로도 좋아 보이더라고. 전에는 유도, 태권도, 합기도 다 했는데 등산하고 나서 다 끊었지. 1966년에 공부 열심히 하는 조건을 담보로 로프를 구입했어. 그리고 비바크란 단어를 알게 된 거야. 테라스에 나가서 잤지. 스키는 재미없어. 박쥐길은 1월 20일에도 한 적이 있어. 추워서 손이 아니까 ㄴ자로 손을 깊이 넣어야 했지. 김근원에게 하인리히 하러의 《하얀 거미》 이야기를 듣고 알프스 3대 북벽을 생각했어. 어느새 간덩이가 굶아간 거야."

유기수의 과거는 산악인들이 갖는 공통의 과정이지만 어느 하나 특별하지 않은 것이 없다.

"동기 6명 중 3명이 죽었어. 종철에게 침낭 주고 만수에겐 피켈을 주었지. 걔네들은 스무 살 시절의 모습으로 내 가슴에 남아 있는데 난 이제 쉰여덟이잖아……."

## 1957년 5월에 탄생한 에코 클럽

1969년 2월 18일, 설악산 죽음의 계곡에서 해외 원정 훈련에 임하던 한국산악회 대원들 10명이 예기치 못한 눈사태로 조난을 당했다. 유기수의 동기 김종철과 이만수도 포함되어 있었다. 당시 대원들과 합류하지 못했던 유창서가 뒤늦게 구조 활동에 참가해 노루목에 동료와 후배들의 시신을 식섭 묻어야 했다. 이 조난 사건을 계기로 유창서는 그해 가을 서울 생활을 청산하고 설악산으로 들어갔다.

아름다운 저 산이 우리들을 부를 때

우리 모두 모여서 저기 저 산 오르세
바위보다 단단한 우리 마음 달래고
얼음보다 차가운 우리 정열 태우러
모여서 가는 곳 저 높은 산

연세대 산악부 출신이기도 한 이만수가 지은 '저 높은 산'은 에코 클럽의 회가다. 그가 주선한 미팅에 나갔던 기억을 유기수는 지금도 잊지 않는다.

대개의 선구적인 역할을 한 산악회들이 1960년대 초에서 1970년대 중반에 만들어진 것에 비해 에코 클럽은 그보다 한발 더 빨리 1957년에 5월에 창립했다. 김일배, 이경현, 백관식, 유창서, 윤화중, 김진수 등이 주축이 되어 창립했고, 이희성, 김근원 같은 유명인들도 에코의 이름으로 산악 운동을 펼쳐왔다.

예순의 나이에도 바위를 즐기며 에코의 회장까지 지낸 이완석도 그처럼 더 높은 선배들이 있기 때문에 아직 고참이 아니다.

그는 산악회 선배로 설악산 권금성 산장을 지키는 유창서를 꼽는다. 그리고 또 한 사람, 김진수를 거론한다.

유창서가 파워를 앞세우며 엄격하게 정통을 지향했다면, 김진수는 기술 등반을 구사하며 개방적이고 낙천적이었다. 유창서와 김진수는 한 시대를 풍미한 명콤비였다. 여러 사람들이 아직 그 이름을 잊지 않는다.

남측 오버행의 천장을 돌파하는 김형식과 그 모습을 지켜보는 유기수와 이완석.

## 전성기를 연 선인봉 남측 오버행

1970년 김근원의 집에 모인 에코 클럽 회원들. 왼쪽부터 이영수, 김정호, 유창서, 유기수.

이들이 중심이 되어 활동했던 1964년에서 1970년대 후반까지 에코는 전성기를 누렸다. 그 전성기의 시작은 선인봉 오버행이 에코의 이름으로 떨어져 나가던 해였다. 선인봉의 남측 오버행은 김진수, 윤상근, 유창서의 기획으로 1962년 10월부터 등반이 시작되었다. 처음에는 유창서와 문규열이 주도를 했고 이은상, 박경순, 박남식, 현정웅, 최인국, 방충식, 이완석, 김정규, 오운소가 동참했다. 사진 작가 김근원과 김동수가 촬영과 지원을 맡았고, 등반 장비는 알루미늄 사다리 한 세트(3개), 군용 카라비너 20개, 군용 로프 3동, 앵글 피톤과 우드 피톤을 썼다. 필요한 장비 제작은 윤상근과 박남식 등이 했다.

오버행의 천장은 1964년 6월 15일부터 나흘 동안 연속으로 매달렸던 박남식이 김진수의 확보를 받으며 마지막 날인 6월 18일에 돌파했다. 두 사람은 하단 크랙을 끝내면 언제나 망설여지는 그곳에서 아침 9시 55분에 출발하여 저녁 노을을 바라보며 출발점으로 돌아왔다. 어센트 산악회의 전병구와 오랫동안 파트너였던 박남식은 남측 오버행을 실질적으로 마무리하고 그 이듬해에 군에 입대한다.

그리고 그가 떠난 자리에 새로운 신예가 등장했다. 바로 유기수였다. 그는 입회한 지 1년 만인 1965년에 선배들이 2년 걸려 오른 곳을 반나절에 해치우며 에코의 기수가 된다. 고등학교 2학년 때 친구 따라 처음 우이암에 오르면서 산에 입문한 그는 다시는 가지 않겠다고 다짐할 정도로 바위가 무서웠다. 그러나 바위는 결국 그의 근성을 드러나게 해주는 대상일 뿐이었다. 그는 또다시 우이암을 올랐고 선인봉을 갔다가 에코 클럽의 문규열과 박경순 회원을 만나기에 이른다.

"처음엔 배지를 안 주다가 정규가 죽으니까 주더라고."

그는 바위만 보면 올랐다. 토왕성 폭포 우측 벽, 인수봉 에코길, 설악산 적벽, 대둔산, 용화산, 희양산 등의 암벽들이 그의 손에 떨어져 나갔다. 유기수는 에코의 선봉이 되어 전국의 암벽을 누볐다. 1973년엔 남측 오버행을 너트만으로 돌파하여 산악계의 주목을 받기도 했다. 새로운 등반을 즐기는 유기수는 자신의 등반에 특별한 의미를 두지는 않지만, 초등반과 코스 제작의 의미는 혼동하지 않는다. 새로운 그 무엇을 찾는 일을 즐기는 것은 등반뿐 아니라 사업에서도 마찬가지다. 유기수가 처음 소개한 장비는 시에라 컵, 반다나 손수건, 포레스트 장비, 민자(일명 빤빤이)창 암벽화, 고어텍스 의류 등 다양하다.

## 에코 클럽의 미친놈

그가 미친 듯이 산에 빠져가던 어느 날, 10원짜리 삼립 빵 두 개와 물 한 통을 넣고 선인봉과 만장봉을 오른 후 주봉과 오봉까지 거쳐 집에 가는데, 자신을 가리키며 "저 새끼! 에코 클럽 아인데 미친놈이야!" 하는 소리가 들려왔다. 그 이야기를 들은 후 창피해서 그들의 앞을 지날 수 없었다. 미쳤다고 소문이 날 만큼 그의 등반은 집중력이 있었다. 말과 글로는 다 할 수 없는 이야기들이 그렇게 바위에 묻혀 40여 년을 흘러왔다.

"이곳은 10년에 한 번씩 하면 돼. 40년 산에 다녔는데 나 역시 네 번쯤 왔나?"

그는 그렇게 말을 열었다. 줄곧 같은 곳을 다니는 일에 흥미를 느끼지 못하는 유기수의 성품이기도 하지만 남측 오버행은 쉽게 오는 곳이 아니다. 이날 새로 생긴 후배 김완기에게 천장까지 올라보라고 권하는 한마디는 오랫동안 열정의 불꽃을 태우게 할지도 모를 일이다. 이제 코오롱등산학교를 졸업한 지 1년차, 산에 눈을 떠가는 김완기에 비해 5년은 되었을 김형식의 등반을 조금은 안도의 눈으로 보긴 하지만 아직 유기수의 40년 전과 비교해서 나아진 것이 없는지도 모른다. 김형식은 12개의 프렌드를 꽂고 하단 직상 크랙을 올랐다. 그러나 유기수는 전성기 때 8~9개의 피톤을 치고 통과했다. 피톤 수를 줄이기 위해서 래더를 밟고 피톤 머리까지 딛고 해머를 쳤다.

### 뜻밖에 나타난 박쥐

첫째 마디를 인공 등반으로 돌파한 김형식이 둘째 마디를 살피는 중 이완석과 김완기가 뒤이어 크랙을 오른다.

"우리 어머니가 나를 조금만 더 길게 낳아 주셨더라면……."

이완석이 탄식을 하는 동안 유기수의 확보를 받으며 김형식이 천장에 붙는다.

4미터쯤 되는 트래버스 길을 기어가자 유기수는 또다시 말을 던진다.

"거긴 그냥 가는 거야. 뭐 박고 가는 데가 아니야."
"어이쿠! 난 그나마 이 정도 오르는 것도 감사드린다."
이완석의 힘겨운 소리가 뒤이어 들린다.
"어! 박쥐가 있어요."

드디어 천장을 건너가는 김형식이 소리친다. 박쥐길에 박쥐 소리가 들리지 않은 지 오래였다. 그러나 사람들 등쌀에 사라진 줄만 알았던 박쥐가 아직 선인봉에 살고 있다는 사실이 확인되는 순간이다. 김형식의 아내 최수연과 젖을 떼지 못한 어린 아들 김건우가 저 아래 기다리고 있지만 지금은 한 치 앞만을 생각하며 한발 한발 나갈 뿐이다. 캠과 프렌드를 촘촘히 박는다. 충분히 숨을 고른 후 마지막 턱을 드디어 넘어가는 동안 긴장이 흐른 뒤, 완료 소리와 함께 김형식의 첫 오버행 등반은 추락 없이 무사히 마무리 지어졌다. 밑에서 지켜보는 선배 김태삼과 아내의 성원 그리고 14개의 확보물을 설치한 덕분이다. 유기수의 등반은 아무래도 망설임이 없다. 선등이 아니면 등반을 해보지 않은 그가 후배의 확보를 받으며 오르는 오늘의 등반에는 어려움보다 나눔의 즐거움이 더 컸으리라.

남측 오버행 정상에 오른 유기수의 모습.

오버행 천장을 지나면서 힘을 빼면 어렵지 않은 직상 크랙에서도 고생할 게 뻔하다. 내 차례가 되어 막상 벽에 붙고 보니 천천히 오르겠다는 다짐은 순식간에 사라진다. 몇 개의 프렌드를 거쳐 왔는지 기억도 나지 않는다.

'왜 이렇게 살지?'

의문의 답은 생각나지 않아도 이미 결론에 와버렸다. 힘겹게 올라선 남측 오버행의 정상은 아주 좁아 세 사람도 넉넉하게 앉을 수 없다. 각자의 방식대로 수월하게 또는 '쌔빠지게' 올라왔어도 그 복잡한 회로의 선을 동일하게 거쳐 왔다는 동질감이 충만하다. 함께 나눈 좁은 정상은 선배가 말했던 대로 10년 후에 다시 서게 될지도 모른다. 언제나 그곳은 물리적으로 좁고 불편한 곳이겠지만, 무한하게 넓은 심리적 공간으로 오랫동안 마음의 휴식처가 될 것이다. 함께 줄을 묶는다는 것. 그 일의 의미는 지겹도록 같은 몸짓을 반복했어도 또다시 그 자리에 서게 되는 40년 묵은 로프 파트너에게 해답이 있다.

 등반 길잡이

선인봉 남측 오버행은 1964년 에코 클럽의 유창서, 김진수, 윤상근, 박남식, 문규열, 이은상, 박경순, 현정웅, 최인국, 방충식, 이완석, 김정규, 오운소 등이 개척 등반했다. 초기 등반은 인공 등반으로 이루어졌고, 1980년대 말에 자유 등반이 이루어졌다. 전체 구간은 총 72미터이며 세 마디로 이루어져 있다. 난이도는 아랫부분 크랙이 5.11c로 평가되어 있고, 오버행은 5.10d로 매겨져 있으나 심리적 부담감이 더 크게 작용한다. 확보 장비로는 10개 이상의 작은 호수의 프렌드가 필요하다. 출발점은 선인봉 왼쪽을 돌아서 남측 아래까지 걸어서 접근할 수 있다. 등반이 끝나면 오버행 정상에서 측면길 침니 쪽으로 내려선 후 왼쪽으로 한 번 하강하여 출발점으로 돌아올 수 있다.

≪ 남측오버행

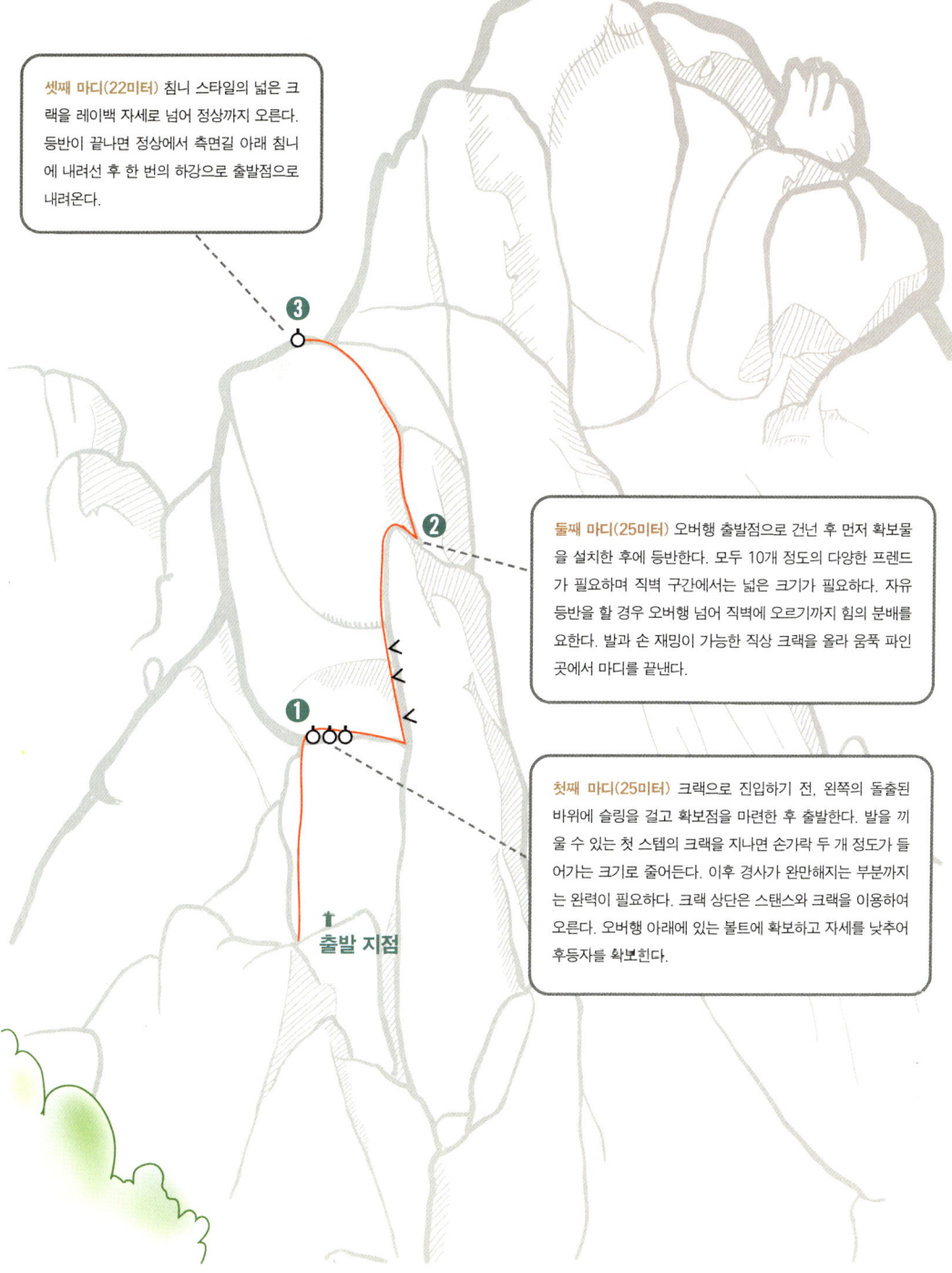

**셋째 마디(22미터)** 침니 스타일의 넓은 크랙을 레이백 자세로 넘어 정상까지 오른다. 등반이 끝나면 정상에서 측면길 아래 침니에 내려선 후 한 번의 하강으로 출발점으로 내려온다.

**둘째 마디(25미터)** 오버행 출발점으로 건넌 후 먼저 확보물을 설치한 후에 등반한다. 모두 10개 정도의 다양한 프렌드가 필요하며 직벽 구간에서는 넓은 크기가 필요하다. 자유 등반을 할 경우 오버행 넘어 직벽에 오르기까지 힘의 분배를 요한다. 발과 손 재밍이 가능한 직상 크랙을 올라 움푹 파인 곳에서 마디를 끝낸다.

**첫째 마디(25미터)** 크랙으로 진입하기 전, 왼쪽의 돌출된 바위에 슬링을 걸고 확보점을 마련한 후 출발한다. 발을 끼울 수 있는 첫 스텝의 크랙을 지나면 손가락 두 개 정도가 들어가는 크기로 줄어든다. 이후 경사가 완만해지는 부분까지는 완력이 필요하다. 크랙 상단은 스탠스와 크랙을 이용하여 오른다. 오버행 아래에 있는 볼트에 확보하고 자세를 낮추어 후등자를 확보힌다.

↑ 출발 지점

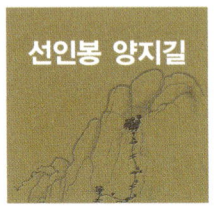

선인봉 양지길

# 유효 기간이 없는 열정

"한 5년간 죽어지냈어. 스키 타다 모세 혈관이 터졌지. 그런데 또 다시 모글 코스를 즐기다가 무릎 연골이 찢어졌어. 서울대 병원에서 재활 운동을 해야 한다기에 홍천에 있는 농장 뒷산을 매주 올랐지. 등산이 좋다는 걸 증명해보는 거야. 수술하고 3일 만에 테니스를 했어. 환각 상태를 맛봤지."

개똥밭에 굴러도 이승이 좋다고 했던가. 사람은 아플 때 비로소 삶의 소중함을 깨닫는다. 움직일 수 있다는 것은 곧 살아 있음을 의미한다. 도봉산 할머니 가게에서 그간의 과거를 털어놓는 백인섭의 거두절미한 말 속엔 그동안 자신과 싸워온 노력이 응축되어 있다.

지난 세월에 이룬 업적 중에서도 본론만을 표현하는 그의 말처럼 그는 매사가 그랬다. 도봉산 선인봉의 대표적 루트인 표범길, 허리

바위틈으로 잔설이 보이는 양지길 전경. 오른쪽의 수직으로 뻗은 침니를 활처럼 가로지르는 길이 양지길 하단부다.

길, 요델 버트레스, 설악산 천화대 암릉과 동계 용아장성, 그리고 잦은 바위골 50미터 폭과 100미터 폭도 그와 요델의 손에 의해서 달성되었다. 1985년 여름 알프스 샤모니의 띠띠네 산장에서 우연히 백인섭을 만났을 때, 마흔을 훌쩍 넘어선 나이에도 그는 날씨만 허락한다면 아이거 북벽을 오르려 했었다.

"지금 몇 킬로그램이야?"

"육십삼 킬로그램(유동옥)."

"전 오십구(박영배)."

"야! 난 오십구면 안경 발(외발을 뜻함)로 올라가겠다. 예전엔 육십사였는데 지금은 칠십오야. 머리통보다 큰 수박을 두 개나 더 들고

겨울에도 등반이 가능한 양지길 넷째 마디 구간을 오르는 백인섭. 그는 요즘 유행하는 기능성 의류 대신 과거 알프스 스타일의 복고풍 의상을 고집한다.

산에 가는 셈이지. 한 육십팔 킬로그램쯤 될 때 몸을 잡았어야 했는데……."

함께 만난 박영배와 유동옥은 말이 없다. 백인섭의 말을 듣는 것만으로 침묵의 가치는 충분하리라. 그들 역시 크로니 산악회의 창립 회원이며 한국 등반사에 획을 그은 사람들이지만 백인섭의 후배이며 산친구일 뿐이다.

## 선인봉에 길을 만들다

당연히 오늘은 표범길을 오르려 생각했다. 백인섭이 만든 대표적 바윗길이기 때문이다. 손가락 끝이 살짝 걸리는 첫째 마디 크랙은 얼마나 반질반질해졌을까 상상하는데, 백인섭은 선인봉 후면으로 슬그머니 방향을 잡는다. 모두들 의아한 표정이다. 그러나 그의 의지대로 오늘의 등반지는 양지길로 결정이 되었다. 양지길은 백인섭이 선인봉에서 가장 먼저 만든 길이다. 만든 순서대로 차근차근 오른 후 다른 길도 올라보리라는 생각이 그의 속셈이었다. 과거 선배들이 올랐던 등반 루트를 오른다는 것은 난이도보다 그때의 문화를 조금이나마 공유해보는 것이 더 값진 일일 것이다.

허리길이 보이는 곳에서 박영배가 먼저 가겠다고 자청하며 줄을 묶는다. 토왕성 폭포의 사나이 박영배. 그는 앞에 둔 술잔을 '원샷'으로 마시듯 아직도 바위 앞에서 망설임이 없다.

유동옥이 신발끈을 제대로 매었는지 살피지도 않은 채 남측 오버행과 측면길 사이의 침니에 붙는다. 결정이 빠르며 언제나 속전속결하는 게 그의 스타일이다. 오버행 밑에는 지금도 바위 더미가 무수하다. 퍼즐 맞추기처럼 떨어진 곳을 찾아내면 이 돌무더기의 원래 자리를 찾아낼 수 있을 것이다. 1964년에 표범길을 개척하기 전에 이 바위들이 떨어져 나가면서, 3단으로 구분되는 양지길의 1단을 발견했다고 한다. 그 전에는 바위 사이의 굴을 지나서 2단부터 등반을 시작했었다.

"야! 영배야. 우측 봉우리 적당한 데에 서."

"예."

"난 이 신발이 좋아."

"초크도 써보니 신발 같아."

"형님, 감회가 새롭겠어요."

생략법으로 이어져도 세 사람의 대화는 더 이상 부연 설명이 필요치 않다. 침니와 크랙을 오르고 나서도 대화의 독립성은 계속 이어진다. 남측 오버행이 잘 보이는 넓은 테라스에 오르자 금세 행복한 표정을 지어 보인다. 말이 필요 없다는 표현이 맞겠다. 백인섭, 박영배, 유동옥. 이 세 사람이 언제부터 같이 줄을 묶었을까. 이들이 산과 바꾼 수많은 나날들은 자신과 싸워온 궤적일 텐데. 여럿이 모여 권태로운 것보다 홀로 고독함을 선택하듯 구석에서 유효 기간을 넘긴 저 버릴 수 없는 장비들, 아직도 바위를 떠나지 못하는 열정. 이들의 장년은 언제인가……

## 그들에겐 유효 기간이 없다

셋째 마디는 배낭이 오른쪽 바위에 닿으므로 적당히 바깥쪽으로 나온 다음 발의 뒷면이 마찰이 되도록 밀면서 오르면 편하다. 그러나 후등으로 오르는 유동옥은 발가락에 힘을 주고 밀어야 하는 반침니가 부담스럽다. 결국 배낭이 먼저 달려 올라온다. 1978년 안나푸르나IV를 등정하고 동상으로 발가락 끝을 잃은 그다. 산에 치른 대가는 참으로 혹독하지만 아직 산을 떠날 수 없다.

바위 모서리를 타고 오르는 넷째 마디는 마치 설악산 울산바위처럼 바위 천국에 온 느낌을 준다. 남면의 턱을 힘겹게 올라서면 거기에 바로 선인봉의 진면모가 있다. 조망 좋은 양지길은 남측의 측면 길이 붐빌 때 주변의 바윗길을 찾다가 발견한 곳이다. 기다리기 싫어 만들었지만 겨울철에도 오를 수 있는 따뜻한 곳이 바로 양지길이다.

"몇 번을 돌아섰는지 몰라. 작대기를 세우고 그걸 밟고 일어서기도 했고. 먹고 잘 때도 그 생각이었지. 여기서 프렌드 같은 장치가 있었으면 좋겠다고 생각했어. 결국 전봇대에 박힌 못 끝을 두들겨서 피톤처럼 납작하게 만든 다음, ㄴ자로 펴서 나팔 크랙에 두 개를 꽂았지. 그 다음엔 손이 꽉 잡혀. 그 끝에 슬링을 걸고 해결했지. 그걸 뚫고 나가면서 불가능이 없구나 생각했어."

다섯째 마디의 크럭스를 해치우던 백인섭의 무용담을 통해 이곳을 통과하기 위해 쏟았던 노력이 가히 짐작되지만, 지금 왜 그렇게 망설이는지는 궁금하지 않을 수 없다. 그의 이야기를 듣고 서 있다가 앞장서 가보겠다고 불쑥 나섰다. 사진 찍을 욕심도 앞섰지만 먼저 매를 맞는 게 낫지 싶어서였다. 그러나 이 크랙은 교과서에 수록된 문제가 아닌 듯싶다. 역시 보이지 않는 부분이 그리 널널하지 않다. 두 개의 프렌드와 런너를 발걸이로 써도 떨지 않을 수 없다. 뒤에 오는 선배들은 오히려 여유 만만한 모습이다. 해외 원정 가서 집 생각나듯 이쯤에서 등반을 멈추고 싶어진다. 선인봉 후면의 중간을 가로지르며 양지길 2단은 끝이 났으나 나머지 오버행은 분위기가 사뭇 다르다. 횡단이 아니라 직상이기 때문이다. 등반은 이곳에서 접는다.

남측 오버행이 시작되는 지점에 모인 일행. 이들은 바위에만 서면 행복해지는 사람들이다.

## 산에서 태어나 산으로 돌아간 사람들

어느덧 해는 서산에 기울어 붉은빛을 발하기 시작한다. 굴처럼 파인 곳에서 앵글 피톤이 발견되었다. 백인섭이 박아놓았을 가능성이 높은 물건이다. 우연이지만 참 공교롭다. 몇십 년이 흐른 뒤 주인의 손으로 돌아왔으니 말이다.

"우리 클럽은 너무 많은 친구들이 죽었어. 신만이는 술 때문에 갔지. 월남전 때 반은 만신창이가 되었지만 열정은 누구 못지않았어. 조상규, 송준호, 백인상, 엄홍석, 신현주, 그리고 그 밑에 김재중이 갔지. 또 박만식이 숙었지. 재중이 그놈이 도사더라고. 여자 친구가 있었는데 일 년 후에 뒤따라서 목숨을 끊었어……. 송준호는 군대 가서 제대로 산을 그렸어. 진짜 등산가가 되려고. 헤르만 불이 한 손으로 턱걸이를 했다는 말을 듣더니 제대할 무렵 자기도 진짜로 한 손으로 턱걸이를 해 보이더군. 후배 중에 나보다 낫다고 생각한 놈이 송준호였어. 나경봉, 엄홍석, 전철민과 함께 넷이서 무더기로 요델에 들어왔어. 오세진이라는 친구와 함께 설악산을 누볐지. 그리고 양폭산장에 있다가 미국으로 간 이영식까지 기억이 나."

끊임없이 죽음으로 이어지는 산친구들의 기억. 백인섭의 말은 더 계속되지 않는다. 양지길 등반에서 떠올리는 그의 과거사는 즐겁지만은 않다.

송준호! 요델 클럽에서 그의 이름을 빼놓을 수 없다. 그는 설악산 천화대의 왕관봉과 범봉 사이에 성곽처럼 가로놓인 암릉을 처음 올랐다. 그리고 설악산에서 사고로 죽은 엄홍석과 신현주의 이름을 따서 '석주길'이라 이름 붙였다. 엄홍석과 신현주는 사랑하는 사이였고 송준호의 파트너였다. '석주'의 무덤은 토왕성 폭포가 보이는 노루목에 있다. 군 제대 직후 송준호는 1973년 토왕성 폭포를 단독으로 시도하다 떨어져 죽었다. 그리고 노루목에 묻힌 석주의 곁으로 갔다. 요델의 산꾼들은 치열하다 못해 그렇게 스스로 산화해버렸다.

1976년, 백인섭은 산친구들을 기억에서 떼어버리듯 프랑스로 유학을 떠난다. 그러나 그 동기는 역시 다름 아닌 산이었다. 서울대 공대를 졸업하고 그르노블에서 공학 박사가 된 그는 지금 아주대학교 교수다.

"1971년 한국산악회에서 프랑스 국립스키등산학교에 갔을 때 알프스를 보지 않았더라면 굳이 유학을 가지 않았을 거야."

그는 산도 독자적으로 배웠다. 대학 재수 시절에 덕용이라는 친구 때문에 등산을 시작했다. 처음엔 백운대를 쫓아갔다가 겁이 나서 창피한 마음이 들었다. 그 후 대학교 1학년 때 에코 클럽의 김진수를

양지길 등반을 마치고 석양빛을 마주하고 앉은 유동옥, 박영배, 백인섭. 이들은 각기 안나푸르나 IV 등정, 토왕폭 초등, 선인봉 표범길 개척 등으로 한국산악사에 한 획을 그은 사람들이다.

따라서 처음 주봉을 오르게 되었다. 바위 경험이 있느냐는 질문에 성큼 있다고 대답하고 따라나선 그 등반에서 그는 앞 사람이 하는 것을 눈치로 보고 올랐다. 그리고 기구를 사용하지 않고 하강하는 압자일렌 경험이 전혀 없는 상태에서 몇 발짝 디뎌보고 스스로 터득하면서 오버행 하강까지 해치워버렸다.

"뭐 하여간 힘이 다 빠졌어. 생전 처음 바위에 간 놈이 그렇게 엄청난 일을 해버렸으니……. 생각해봐, 얼마나 끔찍했는지. 그렇지만 다 내려와선 여유 잡았지. 일행들이 내가 등반 처음이라는 걸 믿겠어?"

모든 것을 스스로 부딪쳐서 터득한 그는 등산의 본질을 그렇게 꿰뚫었다. 그리고 결국 자기만의 스타일을 만들었다.

"난 영배와 동옥이 같은 후배들이 낸 길도 안 가봤어. 준호랑 개네들이 만든 요델 버트레스도 프랑스 갔다 와서 경험했지. 그놈들이 선배한테 생전에 인정을 받았어야 했는데……. 앞으로는 그런 길을 다

해보고 싶어. 옛날 친구들에게 보여주고 싶고, 자극을 주고 싶어."

기우는 햇살을 받아 홍조를 띤 것인지 열정이 식지 않은 모습인지 분간이 어려울 만큼 그의 얼굴이 타 올랐다. 장비의 유효 기간을 충분히 넘기도록 산에 대한 믿음이 다하지 않았는지 환갑을 넘긴 그의 외침에는 아직도 서론이 없다. 오직 본론만이 있을 뿐이다.

 **등반 길잡이**

선인봉 양지길은 1964년 10월 1일부터 그 이듬해인 1965년 4월 25일에 걸쳐 요델 산악회의 백인섭, 조상규, 강길건, 강보항에 의해 개척된 바윗길이다. 1971년 한국산악회의 연보에 보고했던 당시엔 네 마디로 분류되었다. 첫째 마디에서 넷째 마디에 걸쳐 루트를 나눈 것은 리지 코스처럼 접근에 따라서 등반 마디가 생략될 수 있으며 루트의 독립성이 있기 때문이다. 따라서 첫째, 둘째, 셋째 마디로 되어 있는 아래 부분을 생략하고 후면 쪽으로 걸어 올라서 바로 넷째 마디의 크랙만을 인공 등반하여 오르거나 왼쪽을 돌아 침니로 오를 수도 있다. 개척 당시엔 오버행을 인공 등반하여 오른 부분을 4단 A, 왼쪽의 침니 구간을 4단 B로 구분했다. 그러나 현재의 관점에서 보면 첫째 마디에서 셋째 마디까지를 한 루트로 연결하는 것이 자연스럽고, 넷째 마디는 각기 독립적으로 오르는 것이 무리가 없다.

《 양지길

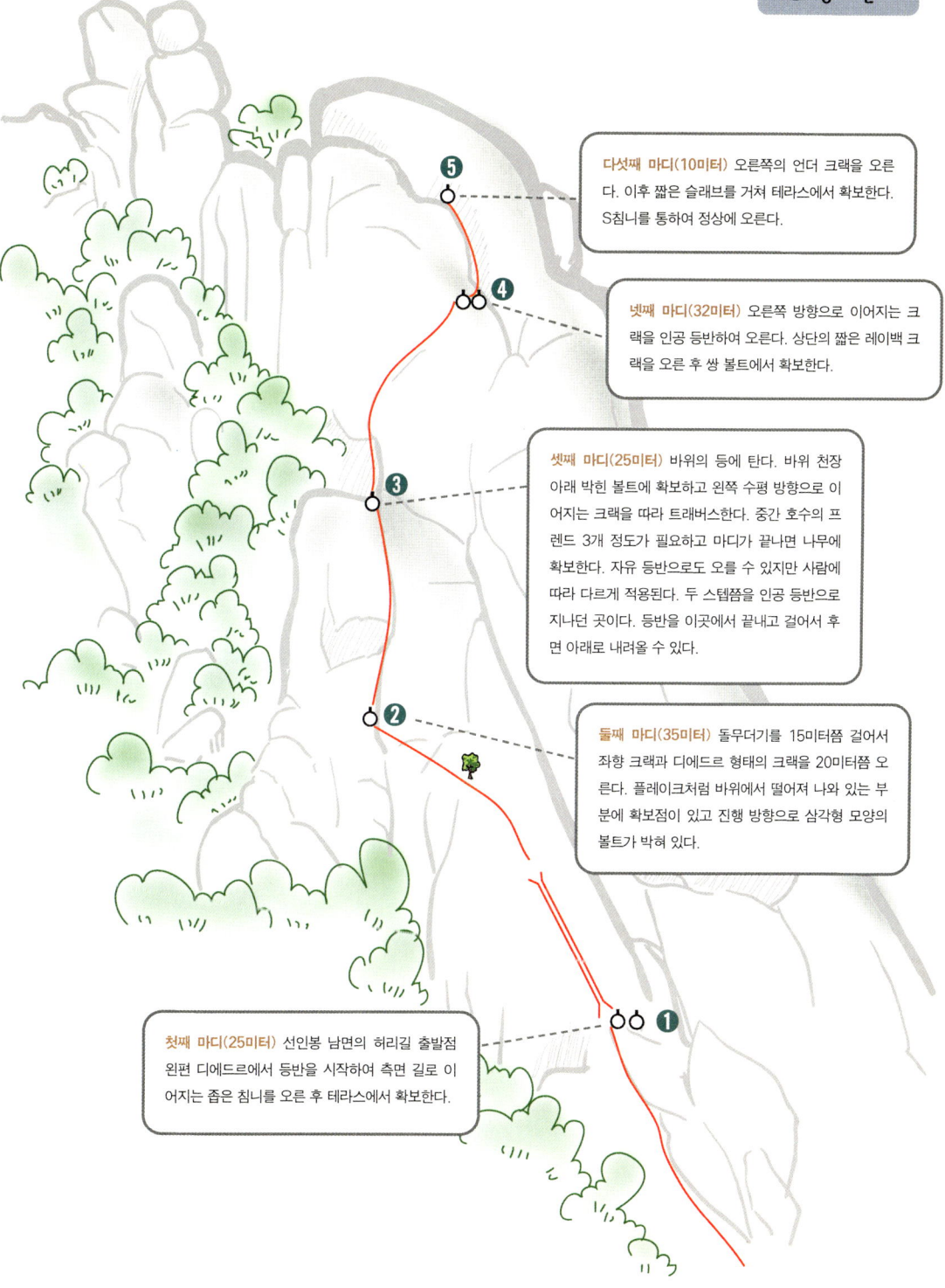

**다섯째 마디(10미터)** 오른쪽의 언더 크랙을 오른다. 이후 짧은 슬래브를 거쳐 테라스에서 확보한다. S침니를 통하여 정상에 오른다.

**넷째 마디(32미터)** 오른쪽 방향으로 이어지는 크랙을 인공 등반하여 오른다. 상단의 짧은 레이백 크랙을 오른 후 쌍 볼트에서 확보한다.

**셋째 마디(25미터)** 바위의 등에 탄다. 바위 천장 아래 박힌 볼트에 확보하고 왼쪽 수평 방향으로 이어지는 크랙을 따라 트래버스한다. 중간 호수의 프렌드 3개 정도가 필요하고 마디가 끝나면 나무에 확보한다. 자유 등반으로도 오를 수 있지만 사람에 따라 다르게 적용된다. 두 스텝쯤을 인공 등반으로 지나던 곳이다. 등반을 이곳에서 끝내고 걸어서 후면 아래로 내려올 수 있다.

**둘째 마디(35미터)** 돌무더기를 15미터쯤 걸어서 좌향 크랙과 디에드르 형태의 크랙을 20미터쯤 오른다. 플레이크처럼 바위에서 떨어져 나와 있는 부분에 확보점이 있고 진행 방향으로 삼각형 모양의 볼트가 박혀 있다.

**첫째 마디(25미터)** 선인봉 남면의 허리길 출발점 왼편 디에드르에서 등반을 시작하여 측면 길로 이어지는 좁은 침니를 오른 후 테라스에서 확보한다.

**선인봉 표범길**

# 큰 바위 얼굴로 남은 젊은 날의 우정

    선인봉은 사람을 집요해지게 하는 마력이 있다. 인수봉이 우리의 가슴을 한없이 뛰게 한다면, 선인봉은 미치도록 그곳에 빠져들게 했다. 외골수. 선인봉 앞에서 이 단어를 되뇔 때 다시 한 번 요델 클럽을 생각하지 않을 수 없다.

    많은 산친구들이 젊은 나이에 세상을 떠나가는 동안에도 요델 회원들은 선인봉의 마력에서 헤어날 수 없었다. 그들은 점점 외골수가 되어갔으니 그게 바로 운명이라면 운명이었다.

    세월은 흘러 시간의 힘에 의해 마력이 풀리게 되자 요델 회원들은 소리 없이 선인봉을 떠나갔다. 그리고 아주 오랫동안 잠을 자기 시작했다. 바람 불고 낙엽 지는 계절이 수십 번 지나는 동안에도 잠은 깨지 않았다. 얼마가 지났을까. 이들이 문득 깨어났을 땐 세상이 변해 있었고, 그들은 자신들이 잠들어 있었다는 사실조차 잊고 있었다. 어느 날 과거의 사실을 기억해냈을 땐 이미 흰머리 흩날리는 모습이 되어 있을 뿐이었다.

선인봉과 요델의 관계는 끝난 것일까. 천만에! 그것은 교제가 끊긴 것일 뿐이지 관계가 끝난 것은 아니었다. 청춘을 온전히 받아주던 바위는 그 자리에 의연하게 있었다. 요델의 전사들은 해묵은 장비를 들고 다시 선인봉으로 갔다. 요델이 선인봉의 맹주가 되도록 한 장본인 백인섭도 여느 때와 다른 마음가짐으로 그 앞에 섰다. 40년이란 세월이 소리 없이 그 앞으로 흘러갔다. 누구보다 선인봉에 깊이 빠져 살았지만 기억하기도 어려울 만큼 오랫동안 그 품을 떠나 살았던 사람들. 그들이 다시 선인봉으로 돌아왔다.

선인봉 표범길의 셋째 마디 상단부에서 김영욱이 조심스럽게 무게중심을 옮기고 있다.

## 다시 울려 퍼진 요델의 목소리

표범길에 요델의 목소리가 울려 퍼진 것은 정말 오랜만의 일이었다. 약속이나 한 듯 요델 회원들은 또다시 예의 그 일을 시작했다. 첫째 마디의 몸짓을 기억해내고 용감하게 앞서 나가는 도종득. 그리고 그에 이어 줄을 함께 묶은 회원들이 스스로 말한다.

"쉽지 않네."

선인봉에 숱한 길을 만들었어도 떨어져본 기억이 흔치 않은 백인섭도 표범길이 예전보다 어려워졌음을 실감한다. 피톤에 의지하여

셋째 마디에서 등반자와 바위가 실루엣을 이루고 있다.

넘던 곳이니 미끄러지는 것이 이상한 일이 아니다. 추락에 주눅 들지 않을 만큼 마음은 그대로이건만 몸이 변한 것뿐이다.

도종득과 김영욱이 루트를 돌파해 가는 동안 백인섭, 강구영, 이건영, 신홍수, 나경봉, 김한경 등이 차례로 등반을 시작했다. 요델에 괴짜들이 많다고 하지만 그런 것 말고도 남다른 점이 또 있다. 오늘 참가자 모두가 50세를 넘겼다. 그 나이면 워킹하면서 막걸리나 마셔도 좋을 법한 일이지만, 다시 바위에 오를 수 있다는 것은 분명 보통 일이 아니다. 그것은 분명 또 하나의 가능성을 잉태하는 일이다.

1963년 5월에 창립한 요델의 활동은 그 이듬해부터 시작되었다. 1964년 양지길 개척을 신호로 1965년 허리길, 1966년 표범길, 1967년 설악산 범봉과 석주길, 1968년 칠형제봉, 1968년 만장봉 그림길, 측면 Y길, 1969년 범봉 연봉, 1971년 요델 버트레스, 1972년 동계 용아장성, 1973년 선인봉 막내길, 1974년 설악산 흑범길, 1975년 염라길 등. 열거하기 힘들 정도로 1970년대 중반까지 한국의 주요한 바윗길들이 요델의 손에 의해 그려졌다. 시대가 만들어준 성과라 하기엔 너무나 많은 열정과 땀이 그 과정 속에 녹아들어갔다.

1960년대 초까지 선인봉엔 전면 A, B, C코스와 박쥐길, 그리고 남면과 측면에 각기 하나씩 루트가 있었다. 6개의 루트만 존재하던 당시엔 바위를 하는 자체가 특별한 일이었고 바윗길을 개척하는 것은 물론 선구적인 일이었다. 백인섭은 허리길을 개척한 다음 해인

1966년경부터 표범길을 주목했다. 그리고 연결되지 않은 선을 줄곧 관찰했다.

1966년 5월 22일, 그 불연속선을 잇기 위한 작업이 시작되었다. 모든 일은 불확실했고 어떻게 올라야 하는지 해답은 없었다. 첫째 마디 상단에서 펜듈럼으로 테라스를 연결하는 일, 그리고 언더 크랙을 지나 변형 침니에서의 동작 전환 등이 모두 막연했다. 하지만 허리길 개척 당시 만났던 기적 같은 바위 구멍처럼, 스탠스와 홀드들이 그곳에도 있을 것만 같았다.

백인섭과 강길건, 이희구, 조상규 등이 먼저 개척의 첫발을 뗐다. 2동의 로프와 피톤 17개, 볼트 5개, 카라비너 10개, 사다리 6개를 갖고 출발점에 섰는데 우연치 않게 작은 사건이 발생했다. 피톤을 박기 위해 첫 해머를 치는 순간 자루가 부러져 나갔다. 불안했지만 그러나 이것은 나쁘지 않은 징조였다. 만일 바위 중간에서 이런 상황이 벌어졌다면 얼마나 낭패스러운 일인가.

첫 난관을 돌파하고 나무가 있는 4미터 위의 턱에 올라섰다. 거기서 위로 쭉 뻗은 크랙은 레이백이 가능한 멋진 선이지만 흙이 꽉 차 있어 손톱으로 후벼 파면서 오를 수밖에 없었다. 크랙이 끝날 때는 손톱에서 피가 흘렀고 아파서 더 이상 오를 수가 없었다. 할 수 없이 피톤을 설치하고 조심스럽게 후퇴했다.

다음 주말 이희구의 선등으로 다시 그곳까지 갔다. 지난주에 오른 곳의 윗부분에 이어지는 크랙이 까다로워 앵글 피톤을 쳐야 했다. 그러나 크랙이 막힌 까닭에 끝만 살짝 박을 수밖에 없었다. 그 뒤로 오르던 백인섭이 미끄러지면서 피톤이 빠졌고 허벅지가 바위에 부딪쳤다. 다행히 큰 부상은 없었다. 그런 끝에 첫째 마디에 튼튼한 확보 피톤을 설치하는 데 성공할 수 있었다. 그러나 그보다 큰 수확은 석양 빛에 빛을 발하는 보석 같은 스탠스의 발견이었다. 그것은 첫째 마디와 둘째 마디를 연결하는 절대적인 끈이었다.

## 개척 2년 만인 1967년 5월 완료

1966년 5월 29일, 백인섭, 강길건, 정지혜 등이 다시 등반을 시도했다. 첫째 마디 상단에 박은 피톤에 줄을 걸고 진자 운동을 시도한 끝에 비로소 둘째 마디 시작 지점의 바위 턱을 잡을 수 있었다. 그곳에는 예상대로 레이백이 가능한 크랙이 형성되어 있었다. 그러나 처음 부분은 손가락조차 들어가지 않을 정도로 좁았다. 앵글 피톤 한 개를 박고 몸을 허공에 노출시키며 레이백으로 오르다가 변형 침니로 자세를 바꾸어 스탠스 위에 올라섰다. 그곳에도 역시 피톤을 박을 수 있는 크랙이 이상적인 각도로 형성되어 있었다. 뚜껑 덮인 바위 속에 돌출된 크랙은 3~4센티미터만 안쪽에 있어도 해머로 두들기는 것이 불가능했을 것이다. 해머가 턱에 걸리기 때문이었다. 이것은 마치 도봉산 산신령이 딱 필요한 만큼만 밖으로 뽑아놓은 것 같았다. 그 피톤은 표범길을 완성시키는 데 아주 중요한 실마리였고 어떠한 추락이라도 안전하게 잡아줄 확보점이었다.

언더 홀드는 예상대로 아주 양호한 형태였다. 하지만 몇 스텝을 오르자 다시 난관에 부딪혔다. 주걱처럼 불거진 부분이 너무나 얇고 바위가 삭아서 흔들거렸다. 잡으면 떨어져 나갈 듯 바위가 불안했다. 여기에 한두 개의 확보 지점을 더 마련해야 하는데 유일한 대안은 대

표범길 아래 모인 요델 클럽 회원들.
아랫줄 왼쪽부터 나경봉, 백인섭, 김영욱.
뒷줄 왼쪽부터 김택순, 이건영, 김한경, 신흥수, 강구영, 도종득.

형 봉봉 피톤이었다. 당시 고려대 산악부 오비 장영환이 대형 두랄루민 봉봉 피톤을 갖고 있다는 것을 알고 서울대 공대 산악부 홍종만을 통해 그것을 빌릴 수 있었다.

7월 3일, 홍종만, 오준보와 함께 등반을 시작했다. 신기하게도 불연속선이 끝나는 지점에는 항상 돌파구가 마련되어 있었다. 문제의 언더 홀드를 돌파하는 데는 봉봉 피톤이 바로 해결책이었다. 셋째 마디는 예상보다 양호한 상태였다. 굴곡이 적당하고 크랙은 훌륭할 정도로 형성되어 있었다. 크랙이 끝나는 지점에 볼트를 설치하기 위해서 앵글 피톤을 박았다. 크랙이 막혀 반도 들어가지 않았지만 불안한 대로 균형을 유지하면서 볼트 작업을 시작했다. 그런데 20여 분 동안 구멍을 뚫었을 때 사다리를 건 앵글 피톤이 밑으로 쑥 밀리는 것을 느꼈다. 놀란 나머지 얼른 드릴부터 뽑았다. 드릴을 떨어뜨릴 경우를

1960년대 지리산 동계 등반에 나선 조상규(좌)와 백인섭.

대비해서 손가락에 줄을 매고 작업을 했기 때문이다. 그런데 드릴과 해머를 색에 넣는 순간 피톤이 쑥 빠지면서 슬립을 시작했다. 그의 몸은 순식간에 미끄러져 10미터 아래 있던 세컨드인 송종만의 옆을 지나갔다. "앙카" 하고 내지르는 비명에 놀라 황급히 줄을 잡았지만 제동이 될 리 없었다. 한참을 더 떨어지다가 움푹 파인 바위 속에서 덜컥 멎었다. 그러나 다행스럽게도 아무런 부상이 없었다. 결국 그곳을 다시 올라 볼트 작업을 마무리 지을 수 있었다. 마지막 볼트에서 10시 방향으로 이어지는 구간은 크랙이 없는 깨끗한 페이스였다. 그러나 등반은 역시 쉽지 않았다.

페이스의 등반 가능성 판단은 겨울로 미루게 되었다. 눈이 바위에 붙어 있는 곳은 완만한 경사이며 사람이 설 수 있을 것이라고 생각했다. 그해 겨울 어느 날, 바라던 상태의 눈이 내렸고 전면 샘터에서 그 부분을 살폈다. 사면에는 하얀 눈이 발자국처럼 쌓였고 전체적으로 급사면이지만 가능성은 확인되었다.

1966년이 흘러갔고 이듬해인 1967년 5월, 다시 등반이 시작되었다. 지금껏 절묘한 해결책이 등장하여 루트를 이어간 것에 비해 나머지는 그리 어려운 작업이 아니었다. 겨울에 확인한 대로 마지막 슬래브는 돌파되었고. 개척을 시작한 지 1년 만에 허리길로 연결된 넷째 마디 크랙 구간을 이으면서 드디어 표범길이 완성되었다. 그런데 그 무렵, 예기치 못한 사건이 하나 발생했다. ROTC로 전방에 근무하던 조상규가 돌연 세상을 떠난 것이다. 조상규는 백인섭의 악우이자 요델의 전성기를 만든 장본인이었다. 그의 별명은 '표범'이었다. 그리하며 2년의 각고 끝에 선인봉 왼쪽에 그어진 그 길은 조상규를 영원히 기억하기 위해 표범길이라 명명되었다.

## 늘 변치 않는 큰 바위 얼굴

노출된 인수봉과 숨겨진 곳이 많은 선인봉의 형태를 두고 흔히들 남성과 여성에 비유한다. 페이스가 많은 인수봉은 밸런스, 크랙이 발달한 선인봉은 힘이 필요하다는 말도 거기서 생겨났다. 하지만 현대 등반은 그런 형태적 기준을 이미 뛰어넘는다. 바위로 접근하는 시간은 짧게, 난이도는 어렵게 등반 루트가 변하고 있다. 한 마디 루트와 볼더링이 현대 등반의 그런 사조에 부합한다. 그러나 이런 흐름 속에서도 한국적 알피니즘의 근거지가 되어온 인수봉과 선인봉의 존재 가치는 여전히 유효하다.

"어떤 것이든 그것을 진정으로 원하고 최선의 노력을 하면 모자라는 것은 하늘이 도와 그것을 얻게 된다."

백인섭이 20대의 젊음을 선인봉에 바치며 바윗길을 개척하는 동안 깨우친 사실이다. 사람의 힘으론 불가능하기에 산신령이 점지해 주었다고 믿었던 그 경이로운 홀드와 스탠스처럼.

"요델은 기인들의 집합체였어."

술잔을 기울이며 하던 말대로 표범길은 애초부터 기인이 아니면 만날 수 없는 길이었는지도 모르겠다. 지천명을 넘긴 나이에도 다시 바위에 오를 수 있는 행위의 근거는 결국 젊음과 동료에 대한 그리움이 아닌가 싶다. 믿음을 버리지 않는 한, 그리고 산으로 향한 걸음을 멈추지 않는 한, 선인봉은 늘 변치 않는 얼굴로 존재할 것이며 젊은 날의 우정이 다시 그 앞에 펼쳐지리라.

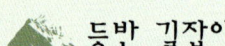

## 등반 길잡이

표범길은 1967년 5월 요델 클럽의 백인섭, 강길건, 조상규, 이희구, 홍종만, 정지혜, 한덕정, 백인상, 김은수 등이 2년에 걸쳐 개척한 선인봉의 대표적 바윗길이다. 전체 등반 길이는 약 190미터에 달하며 7마디로 나누어져 있다. 통상 넷째 마디가 끝나는 곳까지를 하단부로 부르며 침니를 오른 후 횡단하여 동굴 아래로 가는 세 마디를 상단부로 나누어 구분한다. 요즘은 하단부까지 등반하고 하강하는 경향이 많다. 루트 상의 확보물은 마디 종료 지점마다 쌍 볼트가 설치되어 있으나 상단부는 불량한 편이다. 자유 등반 난이도는 첫째 마디 출발 부분의 크랙이 5.10a, 그리고 첫째 마디 오른쪽 벽에서 왼쪽으로 건너가는 횡단 구간이 5.10c로 평가되어 있다.

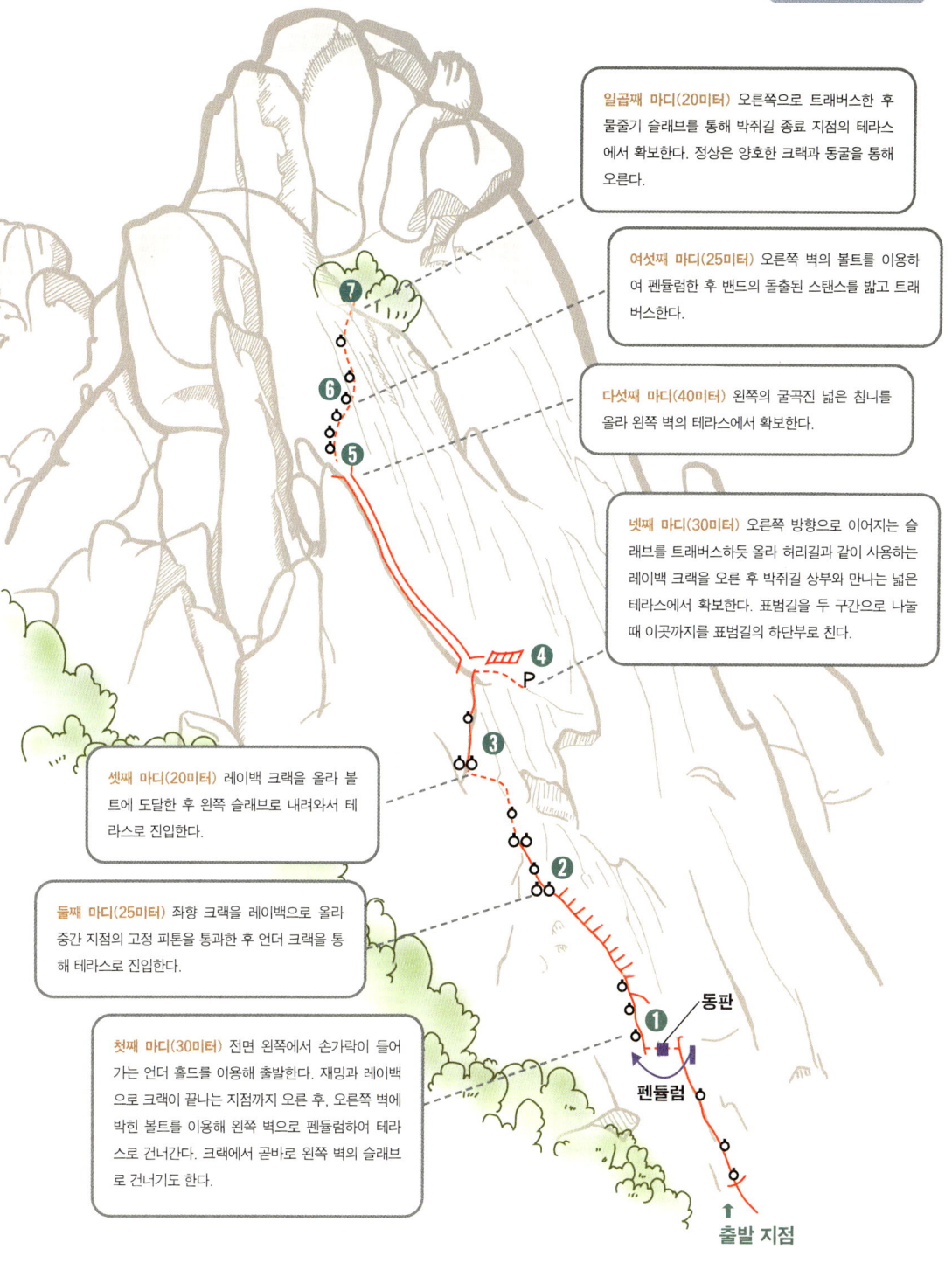

선인봉 배첼러길

# 지금도 오버행 너머에서 손짓하는 그리운 배첼러들

"저 길로 가는 사람들은 뭐지?"

"응! 저쪽은 진짜배기들이 가는 데야!"

석굴암 옆을 지나던 등산객들이 선인봉으로 가는 우리를 가리키며 그렇게 말했다. 그 순간 뒤통수에 작은 경련이 이는 듯했다. 비꼬는 것이 아니라면 쑥스러워할 일이다. 어쩌면 진짜에 근접하는 실마리가 저곳에 있을 거라는 막연함이 이곳에 오게 한 것인지도 모를 일이다.

"아, 이놈들! 산에 가자고 하면 볼 수도 없는데 말이야. 시내에서 술 먹자고 하면 열다섯 명씩이나 오는 거야!"

"봉섭이 형을 따라갔었는데…… 다음 주는 배첼러길을 가니까 술 끊고 담배 피우지 말고 금욕생활을 하라고 했어요. 선배들이 낸 길이니까 경건한 마음으로 오라는 뜻이었죠. 발가락이 무척 아팠던 기억이 나요."

대학연맹 동기들과 어울린 정호진과 박환선의 25년도 더 지났을 과거가 겹치는 순간이다. 배첼러길의 첫째 마디도 채 오르기 전에 비바람에 쫓겨 내려왔던 지난주와 달리 오늘은 새벽부터 천둥과 번개를 동반한 굵은 비가 내렸어도 햇살이 비치기 시작했다. 연속 3주 동안 비 때문에 등반을 중단했던 정성을 하늘이 알아차렸을까.

"손재식 씨, 촬영을 위해서 내가 뭘 도와줄까?"

"정말요? 그렇다면 나를 운반해주면 제일 좋긴 한데."

"앗! 내가 괜한 말을 꺼냈군."

정호진의 배려가 농담처럼 들려왔다. 그의 말 속엔 언제나 유머가 배어 있다. 머리가 나쁘면 그의 진의를 엄숙하게 받아들이지만 그렇지 않다면 두 번쯤의 대화에서 알아차린다.

배첼러길의 첫째 마디는 조금 애매하다. 시작 부분이 바위 밑둥치가 아니기 때문이다. 그래서 C코스로 불리는 터널에서 왼쪽으로 이어지는 나무 사이로 비스듬히 전진한 후 대여섯이 설 수 있는 불규칙한 테라스까지 올라야 한다.

야영을 했던 재학생 팀이 벌써 첫째 마디를 앞서 나가기 시작한다. 어젯밤엔 틀림없이 정신없이 마셨을 텐데 최재석, 권석홍, 현창길에 이어 홍일점 김미연도 선배들 틈에 씩씩하게 끼여 있다. 얼핏 표정이 없어 보여도 이미 바위에 푹 빠져 있는 것이 틀림없다. 골수 오비 회장 류중희와 임공택 총무가 한 조가 되고 나는 정호진과 짝을 지었다.

## 김종철, 이만수 등이 1968년에 개척

일전을 불사할 태도로 손에 테이프를 감은 임공택이 선등으로 오른다. 체구에 비해 몸이 상당히 두꺼운 그는 어디에 붙어도 끝까지 오를 수 있을 만큼 단단해 보였다. 류중희는 요즘 김동현이 운영하는 크림프 실내 암장에서 몸만들기에 한창이다. 그는 힘 단련보다 우선 러닝으로 몸을 가볍게 할 생각을 했다. 현명한 판단이다.

첫째 마디 크랙에 손을 넣고 비트는 순간 아차 싶었다. 물기가 그득했기 때문이다. 평소처럼 적은 힘으로는 미끄러움을 막을 수 없다. 별

배첼러길의 첫째 마디를 선등하는 임공택의 왼쪽 아래로 석굴암의 기와 지붕이 보인다. 턱진 곳을 왼쪽으로 넘어가면 슬래브로 연결된다.

다른 홀드가 없는 곳은 그저 푹푹 쑤셔대는 것이 최고다. 그러나 바위에 너무 찰싹 붙으면 갈수록 힘은 더 들기 마련이다. 크랙이 끝나갈 때 내 손은 이미 복숭아 껍질 벗어지듯 까져나가고 있었다. 이들이 테이핑할 때 나는 무얼 했던가.

정호진이 휙 지나간다고 표현해도 좋을 만큼 빠르게 둘째 마디 슬래브와 크랙을 선등으로 올랐다. 그가 오른쪽 나무를 가리켰다. 1973년에 이곳을 보수할 때 천막을 치던 곳이란다. 정자를 지어도 좋을 만큼 넓고 반반한 터를 마치 집안의 마당처럼 자랑한다. 그곳엔 틀림없이 '소주병 너트'와 '오징어 프렌드'를 공수한 옛 요원들의, 별만큼이나 무수한 이야기들이 묻혀 있을 것이 틀림없으리라.

대개의 기존 루트가 그렇듯 배첼러길의 등반선도 처음에 시원하

게 이어지지 않았다. 이곳을 깔끔하게 이어보려는 시도는 1978년 박환선이 했다. 그는 박내혁과 함께 여름방학이 끝난 후 네 개의 볼트를 설치하고 보수 작업을 완료했다. 입대하기 전에 무언가 남겨야겠다는 생각에서였다. 군 입대가 어떤 일의 분수령이 되는 것은 이정범의 경우도 마찬가지다.

"1968년에 개척이 끝났어. 걔네들이 1969년에 죽었거든."

그가 결코 기억에서 지울 수 없는 '걔네들'은 김종철과 이만수 그리고 오준보를 가리킨다. 이정범은 그들과 함께 등반하다가 군에 입대했으므로 시기를 정확히 기억했다. 1969년에 한국산악회 해외 원정 훈련대에 참가했다가 설악산 죽음의 계곡에서 눈사태로 사라진 인물들. 오준보, 김종철, 이만수, 이 세 사람은 연세대 산악회 선후배일 뿐만 아니라 훈련대에서도 같은 파티였다. 만일 이들이 살아남았다면 산악사의 일부는 새로 써야 했을지도 모른다.

## 독립채산제로 등반하는 연세대 산악회

훈련대원들은 종로 낙원동의 조양 여관에서 10여 일을 합숙하며 등반 준비를 했다. 1969년 2월 3일 설악산으로 떠나기 하루 전, 대원들은 흰 눈 내리는 무교동 밤거리를 걸었다. 그리고 외출에서 돌아왔을 때 기타 반주와 함께 구슬픈 소리가 들려왔다. 이만수와 심종철이 부르는 노래였다.

엄마 엄마 나 죽거든 설악산에 묻어주

앞산에다 묻지 말고 설악산에 묻어주
비가 오면 덮어주고 눈이 오면 쓸어주
친구들이 찾아오면 산에 갔다 전해주

등반을 운명처럼 여기던 그들은 정말로 노랫말처럼 설악산에서 사라져갔다. 이들이 감성 넘치는 젊음이었다는 사실은 부연할 필요가 없다. 사망 당시 스물두 살의 나이였다.

산에서 살면서 산처럼 살자고
우리들 모여 모두 여기 왔네
그리운 계곡 그리운 산정
정든 이 산정에 우리 또 왔네
산새들 노래도 우리를 반기고
계곡에 울려 퍼진 요들소리
그리운 계곡 그리운 산정
정든 이 산정에 우리 또 왔네

오준보 역시 마지막 설중雪中일기에 이 산노래를 남겨놓고 스물다섯 살에 세상을 마감한다.

이들의 행동으로 보아 "김문식, 남궁탁, 이만수 그런 애들이 노래도 잘했어"라고 대화하듯 속삭이는 이정범의 말은 전혀 과장이 없어 보인다. 우리들이 입을 모아 부르던 산노래 '저 높은 산'은 이만수의 자작곡이었다. 배첼러라는 이름도 그에게서 나왔다. 이상의 사실만 보더라도 그들은 참 제대로 놀았던 산꾼으로 짐작된다.

배첼러길 탄생의 주역이었던 김종철은 어느 날 누워서 망원경을 이리저리 돌려보다가 B코스와 C코스 상단에서 아래 위가 끊어진 리스를 발견한다. 그 리스를 연결한다면 훌륭한 루트가 될 것임을 예견하고 지금의 연세 산악회 지도 교수인 정연규를 만나 자세히 의논을 했다. 그리하여 김종철, 이만수, 정연규, 이정범은 선인봉에 새 길을 내기로 결정하고 삼박 사일 동안 하루에 두 명씩 교대해가는 등반을 계획했다.

배첼러길이 시작되는 테라스에 모인 연세대 산악회 회원들. 이곳은 공간이 편평하지 않아서 C코스 터널 밑의 넓은 곳에서 장비를 착용하는 것이 좋다.

선배들에게 약간의 경제적인 협조를 얻기로 했지만 열 개의 카라비너와 약간의 앵글을 빌리고 볼트는 직접 제작했다. 연세대 산악회의 천호선, 김정섭, 심재일, 한이석, 손성락, 정인성 등과 같은 고참들은 앞서 간 회원들과는 활동했던 시기가 달랐다. 1968년 5월 31일에서 6월 6일까지 기술된 김종철의 개척기에 오준보의 이름이 보이지 않는 걸로 보아 선배들은 현장에 참여하기보다 측면에서 대원들을 돕지 않았나 싶다.

1968년 12월 16일, 정연규는 학교 도서관에서 김종철을 만났다. 그리고 시험이 끝나는 날에 개척 코스를 정리하고 암벽에 박아놓은 피톤을 회수하기로 약속한다. 12월 18일 아침, 날씨는 맑았고 처마 끝에서는 물방울이 똑똑 떨어지고 있었다. 테라스에 도착하니 시간은 오후 2시. 곧바로 등반을 시작하여 6시간의 작업 끝에 리스에 박아놓은 피톤을 회수하였고, 마침내 슬래브 끝의 직벽을 넘어선 시간은 밤 8시였다. 주위는 완전히 캄캄해졌으나 전면 버트레스를 끝마

배첼러길의 셋째 마디 크랙을 통과하고 있는 정호진.

쳤다는 기쁨에 가슴이 벅차올랐다. 이들은 두 손을 모아잡고 "배첼러 하이!" 하고 외쳤다. 그것은 김종철의 마지막 암벽 등반이었다. 이날의 거사는 30년도 훨씬 지난 오늘까지도 기억해야 할 만큼 거룩한 일이 되었다. 인수봉이 남성적이고 선인봉이 여성적이라고 비유될 때 연세대의 배첼러들이 선인봉에 바윗길을 낸 것은 잘 맞는 궁합인 듯싶다.

바위에서 재학생과 오비들은 모르는 사이처럼 지내는 것이 연세대 산악회의 분위기인 듯했다. 등반에서 이들은 독립채산제였다. 땀 흘리고 절제한 만큼 가볍게 오르고, 먹고 마신 만큼 고통스럽게 오르는 수익자 부담의 원칙을 잘 적용시키는 듯했다. 재학생들은 산전수전 다 겪은 선배들보다 능숙하지는 않지만 결코 약하지 않으며 깡이 있기 때문에 섣불리 누가 우세하다고 말할 수 없다. 다만 등반이 끝난 후엔 후배들은 더없이 고분고분해야 한다. 그래야 하산주 값을 책임지는 선배들의 주머니를 2차, 3차까지 털어내는 데 무리가 없기 때문이다.

## 뭇 사람의 심금을 울린 김혜경

현창길이 셋째 마디의 고빗사위인 수직 크랙에서 머뭇거리자 원래 그곳은 인공 등반 구간이었다며 확보물을 설치하라는 임공택의 지령이 전달된다. 현창길이 작은 프렌드를 설치하고 그곳을 넘은 후, 재차 선등을 하는 임공택 역시 정호진의 확인 하에 너트를 박으며 그곳을 돌파한다. 그렇게 하면서 재학생과 오비들은 독립채산제에서

선인봉 정상에 올라서면 짧은 하강을 두 번 해야 후면의 길로 내려설 수 있다.

다시 그룹이 된다.

만일 연세대 산악회가 기업을 했다면 언론사를 만들고도 남았을 것이다. 지금은 고인이 된 《월간 산》의 박광성 이외에도 박인식, 안중국, 김승진과 같은 이름 있는 기자들이 바로 연세대 산악부 출신이다.

"형! 중간에 볼트 박은 지가 언제예요?"

둘째 마디 볼트는 언제 설치되었냐는 질문에 류 회장은 때마침 휴대폰이 연결된 박환선에게 즉시 사실을 확인한다. 세상이 좋아졌다기보다 지독하게 가까워졌다고 해야겠다. 그는 이미 바로 밑에 와 있었다.

"이 슬래브가 옛날에는 공포의 대상이었는데 지금은 왜 이렇게 울퉁불퉁해졌는지 모르겠어."

깔깔함이 살아 있는 다섯째 마디 슬래브를 가리키며 정호진이 옛날을 반추한다. 군용 워커를 신고 등반한 경험이 있는 그는 설사 선배들이 길을 잘못 가도 이리로 가세요 또는 저리로 가세요 라고 할 수 없었다고 한다.

"저기 보이는 저 오버행이 말이야. 박인식 형이 쓴 글의 무대가 된 곳이지."

마지막 다섯째 마디의 수직 벽을 넘는 재학생들을 보며 박인식의

《사람의 산》이 화제가 된다. 당시는 물론 지금까지도 애독자가 있는 책이다. 내친 김에 나는 그 책에 등장하여 뭇 사람의 심금을 울렸던 김혜경은 어떤 사람이었냐고 물어보았다.

"아! 혜경이 누나. 나보단 일 년 위였는데 작고 야무져 보이는 그런 사람이었어. 매력 있는…… 그 누나가 설악산에서 죽고 난 뒤에 남몰래 슬퍼한 사람들이 많았을 거야."

그 말이 끝나자 오버행 너머는 드라마의 무대처럼 보이기 시작했다. 어느새 박환선이 그 위로 올라와서 기다리고 있었고 먼저 온 재학생들도 이제야 오비들을 알은척한다. 각자 살기로 한 계약은 끝난 셈이다. 바위는 그렇게 수없이 만나고 헤어지는 축소판 인생 무대가 된다.

하산주로 하는 마무리는 언제나 등반보다 어렵고 심오하다. 무지하게 맛있는 삼겹살과 소주가 오늘 주인공들의 마음을 움직였는지 예전에 남모르게 장학금을 받았었다는 사실을 하나 둘씩 털어놓는다. 이들이 받은 것은 전두환 장학금이나 알프스 장학금처럼 이상한 이름들이긴 하지만 무언가 잘했다고 받은 것은 분명하다. 결코 장학금을 받아본 적이 없는 정호진은 이 대목에서는 자랑할 게 없다. '이제는 말할 수 있다'는 프로에 출연한다면 자백할 게 있다고 웃음을 지어 보이는 류 회장은, 당시 장학금으로 대부분 장비를 구입했었다고 실토한다.

"그래, 장학금의 장 자는 장비할 때 장 자지."

산에 바친 시간이 지금까지 벗어날 수 없는 굴레가 된 것이니 무엇을 탓하랴. 이제는 이 일을 그만두어도 결코 세상엔 아무 변화도 없다. 구태여 손익 계산을 하자면 이익 본 사람은 아무도 없을진대

이 짓을 아직 멈추지 못한다. 하지만 바위를 오르며 또는 하산주를 마시며 유행 지난 노래를 함께 부를 수 있다는 사실이 즐겁지 아니한가. 예나 지금이나 변치 않는 평계를 만들어주는 선인봉. 아자자자자자자자. 아! 나는 그때 바위 하러 갔다.

 등반 길잡이

배첼러길은 1953년 창립된 연세대 산악부의 김종철, 이만수, 정연규, 이정범에 의해서 1968년에 완성된 길이다. 선인봉 전면의 좌측 편에 있으며 전체적으로 슬래브와 크랙으로 이루어져 있다. 높이는 200여 미터에 달하며 손가락과 주먹이 들어갈 정도의 크랙과 슬래브가 반복되며 경사가 급한 곳은 인공으로 오른다. 출발점까지의 접근은 선인봉 밑에 있는 석굴암의 오른쪽 옆으로 올라서 C코스 동굴 아래 편평한 곳에서 시작한다. 이곳에서 벨트를 차고 왼쪽의 계단처럼 느껴지는 바위와 나무를 잡고 10여 미터쯤 오르면 나무들이 있는 테라스가 나온다. 등반은 이곳에서 시작한다. 테라스에서 왼쪽 아래로 석굴암의 지붕이 보이는 경사가 급한 바위 턱을 딛고 일어서면 왼쪽 방향의 슬래브로 첫째 마디가 시작된다. 배첼러길 등반에 쓰이는 장비로는 50미터 또는 60미터 로프가 좋다. 확보물은 프렌드 1조와 퀵드로 10개 정도가 필요하고, 셋째 마디 직벽의 구멍 크랙을 넘을 때는 작은 호수의 너트를 설치하면 유용하다. 등반 시간은 두 사람이 한 조일 경우 두 시간 이상 잡는 것이 좋다.

« 배첼러길

**다섯째 마디(35미터)** 전체적으로 경사가 심한 슬래브를 직상하게 되지만 움푹 파인 곳이 많아 고도감을 타지 않는 사람은 어렵지 않게 오를 수 있다. 슬래브가 끝나면 다시 직상 크랙을 넘는다. 이곳에서는 볼트와 프렌드를 사용할 수 있다. 루트의 상단 완경사의 쌍 볼트에서 등반을 종료할 수 있다. 선인봉 정상으로 가려면 오른쪽 상단에서 등반을 마치고 걸어서 오른다. 등반을 마친 후 하강은 북쪽의 만장봉을 바라보며 5~6미터쯤 하강하여 조금 내려간 후 다시 왼쪽으로 짧은 하강을 한다. 그 이후엔 걸어서 길에 내려선다.

**넷째 마디(27미터)** 왼편 상단으로 이어지는 슬래브를 따라 오르다가 삼각형 모양의 비스듬한 테라스의 왼편 턱을 넘어 슬래브로 오른다. 로프 길이와 유통을 고려한다면 삼각 테라스에서 짧게 마디를 끊은 다음 다시 슬래브를 올라도 좋다.

**셋째 마디(50미터)** 계속 왼편으로 이어지는 페이스의 풋 홀드를 손으로 잡고 밟으며 오르다가 경사가 급한 우향 크랙을 따라 오른다. 수직으로 느껴지는 구멍 홀드를 넘어가는 고빗사위는 5.11a/A1의 등급이 매겨진 곳이지만 볼트와 확보물의 사용 여부에 따라서 달라진다.

**둘째 마디(42미터)** 원래 디에드르 상의 크랙 선을 따라 직상하는 길이 개척 당시 길이었는데 박환선과 박내혁이 1978년에 왼쪽 사선 방향으로 4개의 볼트를 박아 길을 연결시켜 놓았다. 볼트 길을 지나면 다시 직상 크랙이 이어진다.

**첫째 마디(40미터)** 바위 턱은 딛고 왼쪽 슬래브로 넘어간 다음 상단으로 연결된 볼트를 이용하여 오른다. 볼트가 끝나는 곳에서 왼쪽으로 이동하면 크랙이 시작된다. 양손으로 재밍을 하고 발을 크랙에 끼우며 오른다.

↑ 출발 지점

선인봉 어센트길

# 내 생활의 미래는 산과 함께 살거나

잊혀져가는 것은 슬프다. 그리고 슬픔마저 묻어버리고 마는 세월은 차라리 무섭다고 해야겠다. 미래가 필요치 않은 때가 있었다. 젊음 그 자체로 부러울 것이 없었기에 끝없이 산에 빠져들던 시절. 그 열정의 시간을 담보로 지금 우린 무엇을 얻었는지…….

선인봉에 올 때면 습관적으로 오른쪽 끝에 버티고 있는 오버행을 쳐다보곤 했었다. 그 길은 언제나 손님이 없었으므로 사람이 붙어 있는 모습이 궁금할 수밖에 없었다. 1970년대에 산을 올랐던 나로서도 1960년대는 물론 1950년대에도 바위를 했던 선배들이 신기하기만 하다. 그때 사는 일이 더 만만치 않았을 텐데 바위에 빠져들었다는 것은 분명 운명적인 선택이 아닐 수 없다. 당시 길을 낸 어센트 산악회 회원들과 함께 다시 오버행에 왔다.

쩔그럭쩔그럭 장비 꾸리는 소리가 퍼지는 하늘 사이로 희뿌옇게 보이는 햇빛이 여간 고맙지 않다. 줄곧 비가 오면 어쩌나 걱정했기 때문이다. 30여 년 전 이 길을 개척한 진경용 회장과 남다른 애정으로 산악회를 이끌고 있는 전완근을 비롯 이정환, 하용호, 김융기, 박준순과 평촌고 산악부이자 어센트 산악회의 꿈나무가 될 서형준, 김태현, 그리고 미국 뉴저지에서 온 정현태도 오늘의 현장에 함께했다. 안전벨트를 매면서 김융기가 옛일을 더듬는다.

"야 정환아, 너 박쥐에서 떨어졌다고 몽둥이로 맞았던 거 생각나나?"

"난 운악산에서 크램폰으로 로프 밟았다고 스무 대나 맞은 기억이 지금도 잊히지가 않아."

"아! 그땐 형들이, 특히 완근이 형이 정말 무서웠어."

그 시절엔 정말 기합 줄 명분이 무지하게 많았다. 그것이 옳지 않을지언정 잘못으로 여겨질 일이 아니었기 때문이었을까. 여하간 지금 우린 몽둥이 없는 밝은(?) 세상에 살고 있다. 그때보다 산에 가는 일이 더 행복한가는 다시 한 번 반문해야겠지만 말이다.

잼과 레이백이 혼합된 첫째 마디를 오르는 박준순의 모습을 지켜보는 동안 선배들은 안충근이 함께 오지 못한 것을 못내 아쉬워했다. 어젯밤 소주 한 병을 놓고 옛이야기를 나누다 새벽 2시가 되었는데

어센트길 오버행의 마지막을 넘는 진경용. 그는 1970년대 중반 마지막으로 이 길을 오른 후 다시 왔다.

안충근은 그 이후에 술자리에 도착했다. 그 다음 분위기는 1리터짜리 코냑 한 병이 말끔히 비워진 사실을 통해 미루어 짐작할 수 있다. 술병이 난 톱쟁이 안충근, 그는 결국 캠프를 지켜야만 했다.

## 교리보다 더 좋은 어센트 산악회 취지문

술자리에서 몸 사린다는 편잔을 들어온 나 역시 술과 어울리며 보낸 시간을 계산해보면 몇 년은 족히 될 것이다. 과음한 다음 날 초췌한 얼굴의 친구를 바라보는 것은 조금은 통쾌하지만, 남자로서 할 일은 아니다.

어센트길 초등 당시의 모습. 왼쪽이 진경용, 오른쪽이 김인식.

친구여 우리는 술 처먹다 늙었다
친구여 우리의 술은 너무 맑은 누군가의 목숨이었다

시인 김홍성의 시구대로라면 더불어 취하지 못한다는 것은 미안한 일이 아닐 수 없다. 술로 인해 등반을 같이 하지 못한 안충근을 안타까워하는 마음은 당연지사다.

박준순이 40미터의 크랙을 오르는 동안에도 이야기는 끝이 나지 않는다. 과거 이야기가 많아진다는 것은 나이 먹는다는 징후일 게다. 그러나 즐거운 것을 어떻게 말릴까. 진경용 회장과 이정환은 기다렸다는 듯 첫째 마디를 오르는 몸짓에 부담이 없다. 이어서 서형준이 붙었다. 그는 전완근이 지도하는 꿈나무다.

"표범길에서 떨어지고 얼음에서 떨어진 후 목발 짚고 다시 시작해서 얻은 감정, 그런 것을 아이들한테 가르쳐주고 싶은 거지. 스쳐 지나가는 인생인데 바위는 좀처럼 변하지 않아. 안식처로 삼을 만한 바위는 아이들한테 고향을 만들어주는 작업이지."

신학을 공부했고 현재 통신을 가르치고 있는 선생님답게 전완근은 산을 통해 아이들을 단단하게 만드는 작업을 하고 있었다.

산을 상대로 자신들의 정열을 불태우며(…) 목숨을 함께할 수 있는 형제자매의 우정을 쌓고(…) 전 세계를 탐험하고 대자연의 아름다운 신비와 파노라마에 잠겨 순수한 생태계의 질서와 하나님의 섭리를 이해하고자 노력하는(…).

어센트 산악회 취지문의 한 구절이다. 서로 좋아하는 사람들이 모여서 만든 문장이겠지만 이 정도면 어설픈 종교 집단의 교리보다 더 훌륭해 보인다. 물론 그걸 다 지키다간 큰일이 나겠지만 말이다.

## 1969년 5월에 어센트길 개척

어센트 산악회는 1962년 전병구, 박행이, 이태용 등이 주축이 되어 탄생을 보았다. 한국 산악계가 알피니즘을 적극적으로 수용하기 시작한 때이지만 경제가 너무 어려운 시절이었다. 어센트길은 1968

년 10월 6일부터 1969년 5월 11일까지 네 차례의 등반 끝에 만들어졌다. 1969년 루트를 개척하고 그해 8월 잡지에 보고한 내용을 보면, 어센트길을 개척하기 위한 팀이 원정대와 같은 체제를 하고 있는 것이 흥미롭다.

전병구를 리더로 하여 A파티는 김인식, 박창현, 진경용, B파티는 이상직, 정하경, 김강원이었으며 각자의 직책도 명확하다. 운행은 김인식, 섭외에 엄수웅, 기록 김강원, 사진 이상직, 통신 김강원, 의료는 김기환이 담당했다. 장비로 쓰인 4동의 로프 중 80미터짜리 1동은 경희대 산악부에서 빌린 것이며, 31개의 카라비너 중 9개는 엠포르 산악회에서 빌렸다. 이 점을 특별히 명기한 것을 보면 당시 장비가 얼마나 귀한 물건이었는지 짐작된다. 가능하면 볼트를 쓰지 않으려고 한 점으로 보아 당시에도 클린 클라이밍의 사조를 수용하고 있었음을 알 수 있다.

내 여기서 First Ascent가 되어 큰 소리로 대원에게 Ascent 하고 외쳐준다. (…) 대원들과 같이 즐거움을 나누기 위하여. 여기에의 이 기쁨을 차곡차곡 쌓아서 히말라야로 향하는 하나의 밑거름을 만들리라. 이런 생각을 하며 나의 이상이 조용히 입으로 흘러나온다. 내 홀로의 한계는 지금 등정하고 있는 고난이요, 내 욕심의 확대는 제일 높은 산이라고. (…) 내 생활의 미래는 산과 함께 살거나.

이 글은 개척 등반기의 마지막을 장식한 문장으로, 당시 어센트 회원들의 자세를 엿볼 수 있다.

오늘날까지 등반은 비약적 발전을 거듭해오고 있지만, 등반 과정에서 얻는 성취감이나 태도는 진보한 게 없는 듯하다. 오히려 그 당시가 더 아름다웠다고 생각되는 것은 단지 과거이기 때문일까.

박준순이 다시 오버행을 쳐다보며 망설였다. 확보물에 대한 불안감이다. 옛날처럼 래더를 준비한 것은 아니지만 퀵드로를 이용하여 볼트 따먹기로 오르면 되리라고 쉽게 생각했던 그는 첫 번째 볼트에 닿자마자 경기를 일으킨다.

"서늘하네요. 만일 추락하면 정환 형이 잡아주겠지요?"

불안한 마음이 고조되는 대목이다. 그러나 스무 개의 피톤과 볼트를 차례로 걸고 잡고 건너뛰기까지 그는 아무 말도 없었다. 오직 집중이 필요할 뿐 어떤 말도 도움이 될 수 없다는 것을 알기 때문이다.

어센트길 개척 당시, 오버행을 넘는 모습.

"보이냐?"

"예."

"마지막이지?"

"예."

마지막 턱을 넘어가며 다음에 오를 진경용 회장과 박준순이 나눈 대화는 이 짧은 말이 전부였다. 1970년대 중반에 이 길을 오른 후 이제야 다시 왔다고 회고하는 진경용 회장이 첫 번째 출발 지점을 비교적 수월하게 넘는다. 마치 자전거 타는 법을 몇십 년이 지나도 잊어버리지 않는 것처럼 능숙한 몸짓을 보였다. 그러나 오른쪽으로 횡단하기 전 잡았던 파란 낡은 슬링이 툭 끊어지며 몸이 뒤로 출렁거렸

김기환의 비석 위에 모인 어센트 산악회 회원들.
앞줄 오른쪽부터 하용호, 진경용, 이정환, 정현태, 전완근.
뒷줄 왼쪽부터 김융기, 박준순, 서형준, 김태현.

다. 짧지만 추락은 추락이었다. 뜨끔한 일이었으나 위에서 확보를 보고 있어 위험해 보이지는 않았다. 선등자가 오를 때 안 끊어진 것이 천만 다행이라고 그가 나직이 말했다. 낡은 슬링을 빼내자 밑에서 기다리던 이정환이 걱정스러운 목소리로 외친다.

"자꾸 끊어놓지 마세요."

그것마저 없다면 잡을 게 없어 고생할 것이 빤하기 때문이다. 이정환은 어센트 산악회에 처음 입회해서 인수봉을 등반하고 그 다음에 어센트길을 오르다가 바닥까지 추락한 무서운 기억을 갖고 있는 사람이다. 그의 걱정은 바로 그런 경험에서 나온 것이다.

진 회장의 등반이 끝나고 내 차례다. 오버행 출발 지점까지는 우회하지 않고 직상하여 올랐다. 그런데 그 다음 한 동작을 꺾지 못해 팔에 펌핑이 왔다. 굳이 중간 테라스까지 올라서 출발하는 이유가 거기 있었다. 간신히 슬링을 잡고 일어선 다음 유마르를 걸었는데 멍청하게도 오른쪽만 두 짝이 아닌가. 고생해도 싸지.

내가 오르는 동안 박준순과 진 회장은 모처럼 갠 하늘에서 내리쬐는 볕을 참고 한참을 기다려야 했다. 박준순이 햇볕에 뜨거워하는 모습이 안쓰러워 빌레이 시트를 내려주니 너무 편하다고 좋아한다. 미국 뉴욕으로 건너간 신승모 선배가 1970년대에 쓰던 것인데 선물로 받아두고 있다가 요즘 잘 써먹는 물건이다. 마지막 차례인 이정환도 매끈하게 오르기엔 부담을 느끼는 것 같다. 추락 거리를 생각한다면 확보물 보수 작업이 필수라는 생각을 하며 테라스에 올랐다.

"생각 같아선 잘할 줄 알았는데 안 되더군요."

할머니 가게에 모인 후 오늘의 등반에 대해 진 회장이 던진 일성이다. 소주 두 짝을 해치운 다음 날 김재근과 함께 올랐던 1970년대 중반의 등반이 마지막이었다. 당시 확보를 보던 소나무에서 우드득 소리가 나서 머리털이 섰던 기억이 오늘 파란 슬링이 끊어질 때 다시 살아났다. 세월이 흘러도 아직 어센트길은 만만치 않은 것이다.

나이 들면 근력과 유연성이 떨어지기 때문에 힘을 쓰기도 전에 펌핑이 되는 것이 대부분이다. 그러나 그는 아직도 회원들과 어디라도 같이 갈 수 있는 리더인 듯하다. 지금도 80킬로그램이 넘는 벤치프레스를 들며 유도, 합기도, 검도까지 섭렵한 사람이 바로 진 회장이라고 하용호가 칭찬을 아끼지 않는다.

"야! 그런데 정환이는 어느새 배 넣고 몸 만들었네."

"저도 내일모레 오십이에요."

"오십이면 아직 멀었어."

"너 그런 소리 하다가는 맞는다."

분명 구타 기억이 없다고 했던 전완근의 입에선 어느새 때린다는 말이 나오고 있었다. 아직도 온화한 얼굴을 지니고 있지만 후배들을 때린 기억이 없다는 말은 거짓일 가능성이 높아지는 순간이었다. 그런데 대화에 걸맞지 않게 이정환이 뜻밖의 말을 했다. 어젯밤 배낭을 메고 오르면서 시 한 편을 지었단다. 제목은 〈클라이머의 꿈〉.

한번 읊어보라는 주문에 그는 영원히 클라이머로 남고 싶다는 말을 중얼대기만 했다. 시는 들을 수 없었다. 이미 가슴속에 넣어둔 것이다. 아들 이름을 설악과 한라로 지을 만큼 산 사랑에 빠졌던 그다.

1990년에 시도했던 안나푸르나 등반의 후유증에서 벗어나 다시 꿈꾸는 어센트 산악회의 르네상스는 그런 초발심을 간직한 회원이 건재하는 한 불가능해 보이지 않는다. 산에 대한 마음은 아직도 건드리면 터질 것 같은데, 앞으로의 희망이 무어냐고 묻는다면 대답은 점점 궁색해진다. 그러나 산에 가는 자체가 삶의 이유가 된다면. 그래서 아직도 목표를 잃지 않았다면, 살 만한 삶이 아닌가.

 **등반 길잡이**

선인봉 어센트길은 1968년 10월 6일부터 1969년 5월 11일까지 네 차례의 등반 끝에 만들어졌다. 전병구를 리더로 하여 A파티에 김인식, 박창현, 진경용, B파티에 이상직, 정하경, 김강원으로 나누어 개척 작업을 했다. 어센트길은 선인봉의 가장 오른쪽 끝에 있는 오버행 코스로 전체 길이는 150미터에 달한다. 모두 네 마디로 이루어져 있으며 등반에는 로프를 비롯하여 다량의 카라비너 혹은 퀵드로, 그리고 줄사다리와 런너도 필요하다. 각 마디의 확보 조건은 양호하지만 탈출 조건은 불량하다. 루트 상의 볼트는 노후한 것들이 많아 등반 시 확인이 필요하다. 등반을 마치면 잡목 지대를 통해 정상으로 오른 뒤 후면으로 하강한다. 전면 오른쪽의 외벽 길로도 하강이 가능하다.

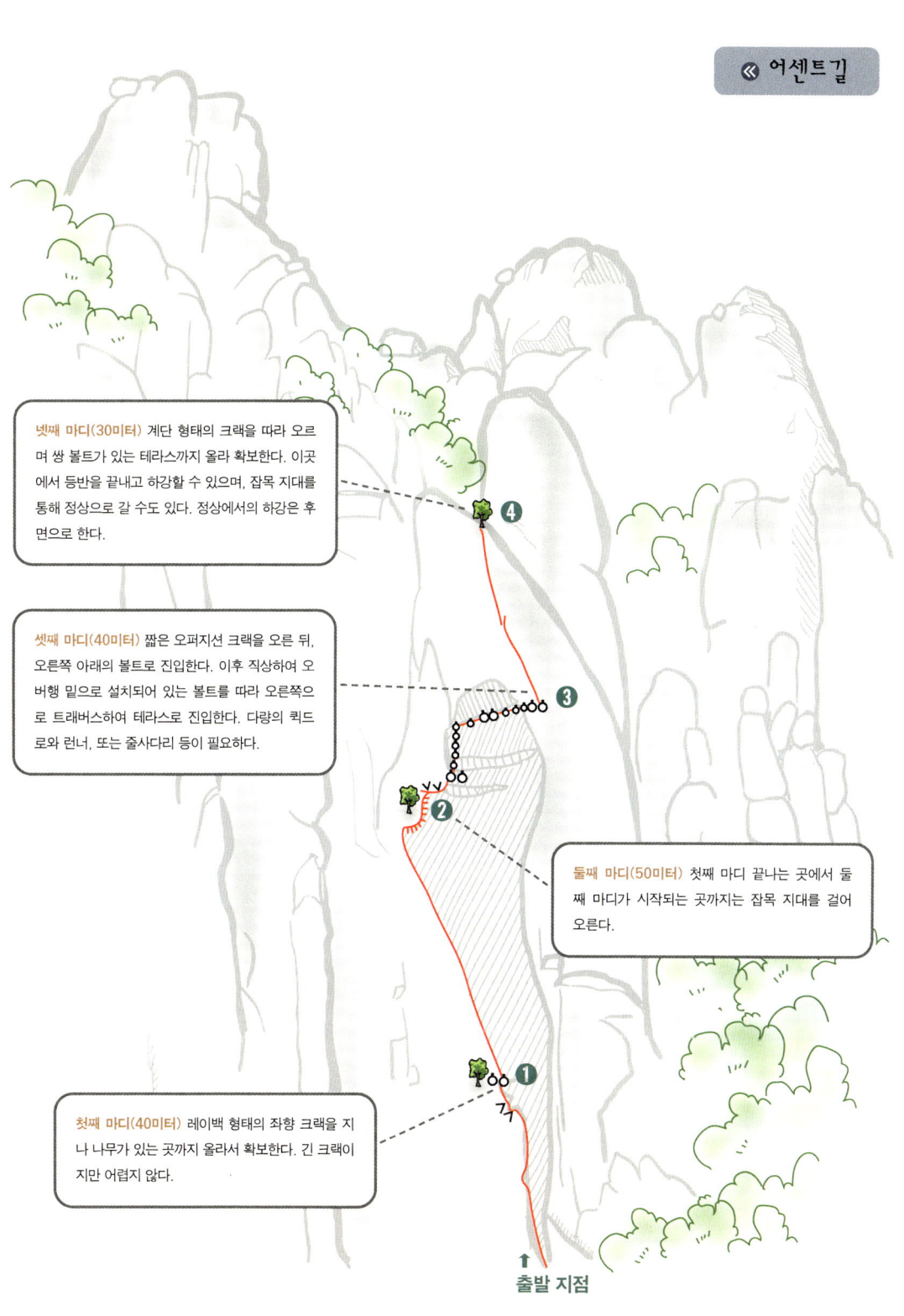

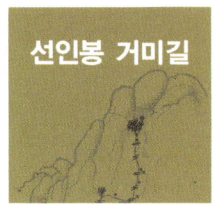

선인봉 거미길

# 행복 메모장에 우정을 새기다

"아, 여보세요. 빨리 오시잖고 뭐 합니까. 후배가 먼저 와서 기다리게 하면 되는가요."

할머니 가게에 정시에 도착한 왕봉순. 요즘 후배 얼굴이 금쪽같다는 걸 잘 아는 그는 선배 앞에서 누구보다 당당하다. 오늘의 주인공 김경훈도 그의 말에 반기를 들 수 없다.

그러나 한 시간 후, 구조대 야영장에 도착하자 왕가의 세도는 바닥이 드러난다. 그곳엔 진짜 귀한 후배들이 진을 치고 있었다. 등반대장 권문상과 30대 초반의 김장원, 그리고 명경자. 젊은 피를 수혈받아야 할 우정 산악회 입장에서 이들은 사랑받아 마땅한 보물이나 다름없다. 조금은 귀하게 굴어도 그만이지만 표정들이 겸손하다. 김장원의 아내이자 동기인 명경자는 현역 육군 대위다. 중대장까지 지내고 있는 당찬 여성이지만 산악회에선 아직도 '밥순이'일 뿐이다. 그래도 선배들과 어울리는 일이 즐거운 것은 우정 산악회가 마음 붙일 만한 곳이라는 반증이다.

일전에 우정 산악회 이월출 회장에게, 거미길을 선등할 만한 회원이 만만치 않다는 이야기를 들었을 때, 난 그 말을 믿지 않았다. 썩어도 준치는 되는 우정 산악회 아닌가. 그 이후 어떤 처방을 썼는지 모르지만 지금은 분위기가 다시 살아나고 있다. 모두들 전성기 때보다 바위에 더 많이 매달리고 있단다. 마치 무슨 일을 낼 듯한 분위기는 요세미티와 알프스, 그리고 어디가 될지 모를 큰 등반계획을 마음에 새기고 있기 때문이다. 자상한 성품의 김경훈과 함께 꾸리는 원정은 틀림없이 새바람을 일으킬 가능성이 보인다.

## 안전하지 않은 등반은 무모하다

아침 7시에 만나서 올라온 덕이기도 하지만 선인봉에는 오로지 우리밖에 없다. 평소 손님이 뜸한 거미길엔 왕봉순의 우상이라는 개미 새끼 한 마리도 얼씬거리지 않는다. 지난주 춘천의 용화산을 다녀온 김경훈은 품이 넓은 인수봉과 선인봉이 정말 좋은 곳이라는 칭찬을 아끼지 않는다. 목소리 큰 어떤 아줌마의 고함소리 때문에 용화산 동빈은 정신이 없었다고 한다.

자가용 승용차가 천만 대에 달하는 요즘, 교통 질서는 누구도 거스를 수 없는 일이 되었다. 그와 마찬가지로 사람들이 넘쳐나는 바위에서 질서와 예의가 더욱 필요해졌다. 만일 이를 지키지 않는다면 암벽 등반은 위험천만한 놀이로 전락할 수도 있다.

"서두르지 맙시다."

"날씨가 바위 하기에 너무 좋네요."

"1973년 개척 때와 같은 길로 올라보지요."

지금의 선을 버리고 예전 길을 따라서 오를 A조에는 김장원과 개척자의 한 사람인 김경훈이, 지원을 자처한 B조에는 이월출, 왕봉순, 김옥란, 권문상이 배정되었다. 거미길 첫째 마디는 오른쪽 혹점이 있는 슬래브로 오른다. 그곳에서 직선으로 길이 이어지기 때문이다.

양방향으로 넓게 벌어진 완경사 크랙의 왼쪽을 레이백으로 오르면 10여 미터쯤에 소나무를 만난다. 그곳을 우회하여 오른쪽 쌍 볼트까지는 쭉 뻗어가야 한다. 김장원이 첫째 마디를 끝내고 뒤이어 출발하려는데 저 아래에서 박종수가 황급히 나타났다. 땀도 훔치기 전에 A조로 따라 붙는다.

"줄 당겨. 당겨부러."

왕봉순은 바위 앞에 서면 신이 난다. 우정 산악회의 중흥에 있어 그의 열정은 없어선 안 될 에너지다. 오늘 등반은 그다지 어렵지 않아도 몸가짐을 조심히 해야 한다. 마디가 끝나는 지점의 피톤엔 테라스가 없어 오른쪽 벽으로 넘어서서 확보를 하는 것이 좋다. A조에게 테라스를 점령당한 B조의 권문상은 중앙의 가는 크랙을 선택한다. 정확한 거미길은 아니며 한 스텝이 애매한 곳이다. 잠시 그가 망설였다. 몇 달 전 인수봉에서 만났을 때보다 살은 빠졌으나 몸은 더 단단해진 듯하다. 쉬지 않고 갈고 닦는 중이라는 게 느껴진다.

거미길의 셋째 마디 크랙을 차고 붙는 개척자 김경훈.

### 남대문의 봉봉 피톤을 싹쓸이하다

우정 산악회가 40년 동안 안전 사고가 한 건도 없었다는 점은 주목할 만한 일이다. 그동안 바위에서 해낸 일을 보면 사고가 없었다는 것이 믿기지 않을 정도다. 1960년 10월 3일 산악회 창립 이후부터 초등반을 열거하면, 설악산 미륵봉, 관악산 연주암 동벽, 오봉 노을길, 우정길, 인수봉 우정 A, B, C, M코스와 하늘길, 동녘길, 서면 슬래브, 우이암 우정길, 북한산 보현봉 중앙벽, 설악산 주걱봉, 월악산 서남벽, 고갈봉 좌측벽, 선인봉 거미길, 거문도 상백도의 해우길 등과 매물도와 홍도의 해벽에 이르기까지 모두 다 외우기 힘들 만큼 많기도 하다.

1976년엔 인수봉 초등 50년을 맞아 심포지엄을 개최하고 25개 코스의 기념 등반을 했다. 금정산에서 설악산에 이르는 태백산맥 종주 등반도 1980년에 처음 성공했다. 하지만 다양한 국내 등반 실적에 비하면 우정의 해외 등반은 아직 해야 할 일이 많다. 가우리샹카르 원정 등반 이후 넘어서지 못한 해외 등반 성사가 아직 숙제로 남아 있는 것이다.

어쨌거나 이러한 초등 기록을 세워가는 동안 단 한 건의 사고가 나지 않았다는 것을 보면 엄청난 신의 가호를 받고 있는 것이 틀림없다. 그럼에도 젊은 친구들이 나오지 않아 거미길 등반이 어렵다는 말을 했던 이월출 회장은 얼마나 속이 쓰렸을까. 우정 산악회에 여러 산친구를 두고 있는 입장에서 참 안타까운 일이 아닐 수 없다.

"셋째 마디의 크랙을 돌파하려고 남대문의 봉봉 피톤을 싹쓸이해 왔지요."

개척 당시 이 부분을 선등했던 정용석을 그리며 김경훈은 회상한다. 거미길이 개척된 1973년, 김경훈은 우정 산악회의 암벽부 리더였다. 그는 3, 4기 선배들이 인수봉에 우정길을 만든 이후 그 업적을 이을 만한 일을 해야겠다고 다짐했다. 그래서 저지른 일이 바로 거미길 개척이었다.

거미길엔 6기 이주명, 정용석과 7기 김경훈이 공격조로 편성되었고, 함영기, 이정호, 한기원 등이 지원조를 맡았으며 우정길 개척자 박창규가 기술 지도를 담당했다. 작업에 걸린 시간은 총 3개월. 그해 가을 김경훈은 거미길 개척을 끝내고 군에 입대했고 그 이후 산을 등졌다.

1973년의 김경훈. 군용 청자, 니커보커, 크레타 슈즈가 반드시 입고 신어야 하는 교복을 연상케 한다.

김경훈의 전성기는 그렇게 일찌감치 왔다가 갔다. 그는 오로지 직장과 사업에 충실했고 등산을 대신한 운동은 골프였다. 거미처럼 사지를 벌려서 오르던 셋째 마디를 생각하여 이름 붙인 거미길이 그동안 하늘길로 불리는 것도 모른 채 시간은 흘러갔다.

그러던 어느 날, 문득 산 생각이 났다. 하지만 다시 산에 가기 위해서는 해야 할 일이 너무도 많았다. 우선 그동안 바뀐 시스템과 장비 사용법부터 다시 익혀야 했다. 그러나 그는 다시 산으로 돌아왔고 스스로 초보자라고 생각하며 등산학교에 입교했다. 다시 생겨나는 열정을 어찌할 수 없었다.

거미길 셋째 마디 크랙을 오르는 김옥란. 나이와 성별과 가정까지도 초월하여 등반에 몰두한다.

## 바위에서 즐겁고 행복해지는 법

드디어 권문상이 변형 루트를 해결한 후 거미 지점까지 치고 붙는다. 그 뒤로 이월출, 김옥란, 왕봉순이 각자의 요령대로 오른다. 5.11b의 등급이 주어진 곳이지만 후등이라면 끄떡없다는 듯 피피를 사용하며 여유 있게 해치운다. 마지막 땀을 훔치던 박종수는 일찍이 고등부 시절 우이암에 우정길을 낼 정도로 '짬밥'이 쌓인 사람이다. 오래 붙으면 힘이 든다는 사실을 너무 잘 아는 그가 소리가 날 정도로 잽싸게 직상 크랙을 올랐다. 그리고 가장 어려운 거미를 건너 테라스에 올라서더니 느닷없이 내려가겠단다. 이유는 '볼일'이라나.

화장지 때문에 원정 등반에 실패한 이야기를 들어본 적이 있다. 담배가 떨어져서 아이거 북벽 등반 도중 하산했다는 이야기도 들었다. 배고픔과 추위는 견딜 수 있지만 화장지 없이 한 달 넘게 견딘다는 것은 너무나 끔찍한 고통이다. 또한 담배가 없는 상황에서 정상에 간다 하더라도 낙이 없더라는 변이다.

그런 이유들은 핑계로 들리지만 이처럼 절실하고 급박한 일도 없다. 화장실에 가는 일보다 귀찮고도 중요한 세상일은 없다. 그의 임무 수행은 그래서 아무도 말릴 수 없다. 볼트를 따먹고 나니 고도감이 삼삼한 거미길 끝이 나타났다.

선인 B코스와 같이 사용하는 테라스에 이르자 시원한 생맥주 생각이 간절해졌다. 어려움은 다 지나가고 먹고 마실 일만 남았다는 여유로운 표정이 넘쳐흐른다. 과일 샤베트와 얼린 과일이 배낭에서 쏟아져 나왔다. 음식을 나누는 행복을 오랫동안 즐겨온 사람들이다. 오늘 등반에 문제는 없다. 그러나 굳이 반성을 한다면 B코스를 통해 테

거미길 넷째 마디를 오르는 왕봉순을 지켜보는 회원들. 미소에 여유가 담겨 있다.

라스에 오른 옆 사람들에게 시원한 과일을 조금 나누어주지 못한 것이 미안스럽다. 만족만 하고 살아도 돌이킬 수 없는 소중한 오늘 일은 행복의 기억 창고에 넣어두는 한편, 유효 기간이 없는 빨간 줄 하나를 마음에 긋는다.

 등반 길잡이

거미길은 1973년 우정 산악회에서 개척한 길로 일명 하늘길로 불린다. 전체 길이 110미터에 다섯 마디로 되어 있으나 평평한 테라스가 없어 주로 네 구간으로 길게 끊어서 등반을 한다. 난이도는 셋째 마디 상단의 우측 크랙으로 이어지는 부분이 자유 등반 5.11b로 되어 있다. 거미길의 시작은 선인 B코스 침니 왼편 슬래브에서 한다.

**《 거미길**

**넷째 마디(35미터)** 윗부분의 조망이 제한되어 있으며 고도감이 느껴지는 볼트 길이다. 특별히 어려운 부분은 없으나 마디가 길어 중간 볼트에서 한 번 끊을 수도 있다. 등반이 끝나는 부분은 선인 B코스와 함께 쓰는 넓은 테라스다. 이곳은 경사진 곳이라 확보를 한 후에 움직이는 것이 좋다. 정상은 왼쪽 슬래브를 오른 후 넓은 크랙으로 이어지는 선인 A코스와 합류하여 오르게 된다. 거미길 등반은 이곳에서 등반을 마치고 하강하는 것이 보통이다.

**셋째 마디(30미터)** 왼쪽 크랙을 팔과 다리를 벌려서 레이백이나 스태밍 자세로 오를 수 있다. 30미터에 달하는 긴 크랙이며 중간 볼트에서 쉬어 갈 수 있다. 셋째 마디 크랙이 얇아지는 상단 부분은 거미처럼 팔다리를 벌려 오르는 곳이지만 각자 능력에 맞게 자세를 취할 수 있다. 거미 부분의 언덕 형태의 크랙을 지나 오른쪽으로 뻗은 크랙을 통과하여 왼쪽으로 오르면 쌍 볼트가 박힌 테라스다.

**둘째 마디(20미터)** 왼쪽의 풀이 있는 크랙을 5미터쯤 지나 다시 왼쪽 방향으로 이동하여 볼트에 통과하고 우향 크랙을 오른다. 작은 호수의 프렌드를 두 개쯤 설치하고 오른쪽 슬래브의 볼트를 지나 피톤으로 넘어간다. 확보는 피톤에 하고 인원이 많을 때는 오른쪽의 바위로 넘어가서 매달리는 것이 편하다.

**첫째 마디(30미터)** 완경사의 쌍 크랙을 레이백으로 올라 10여 미터 오른 후 소나무를 우회하여 오른다. 그 이후 크랙을 건너서 길고 편안한 테라스 위의 쌍 볼트까지 간다. 첫째 마디를 올라서야 거미길의 조망이 열린다. 쌍 볼트는 가장 오른쪽을 이용하는 것이 편하다.

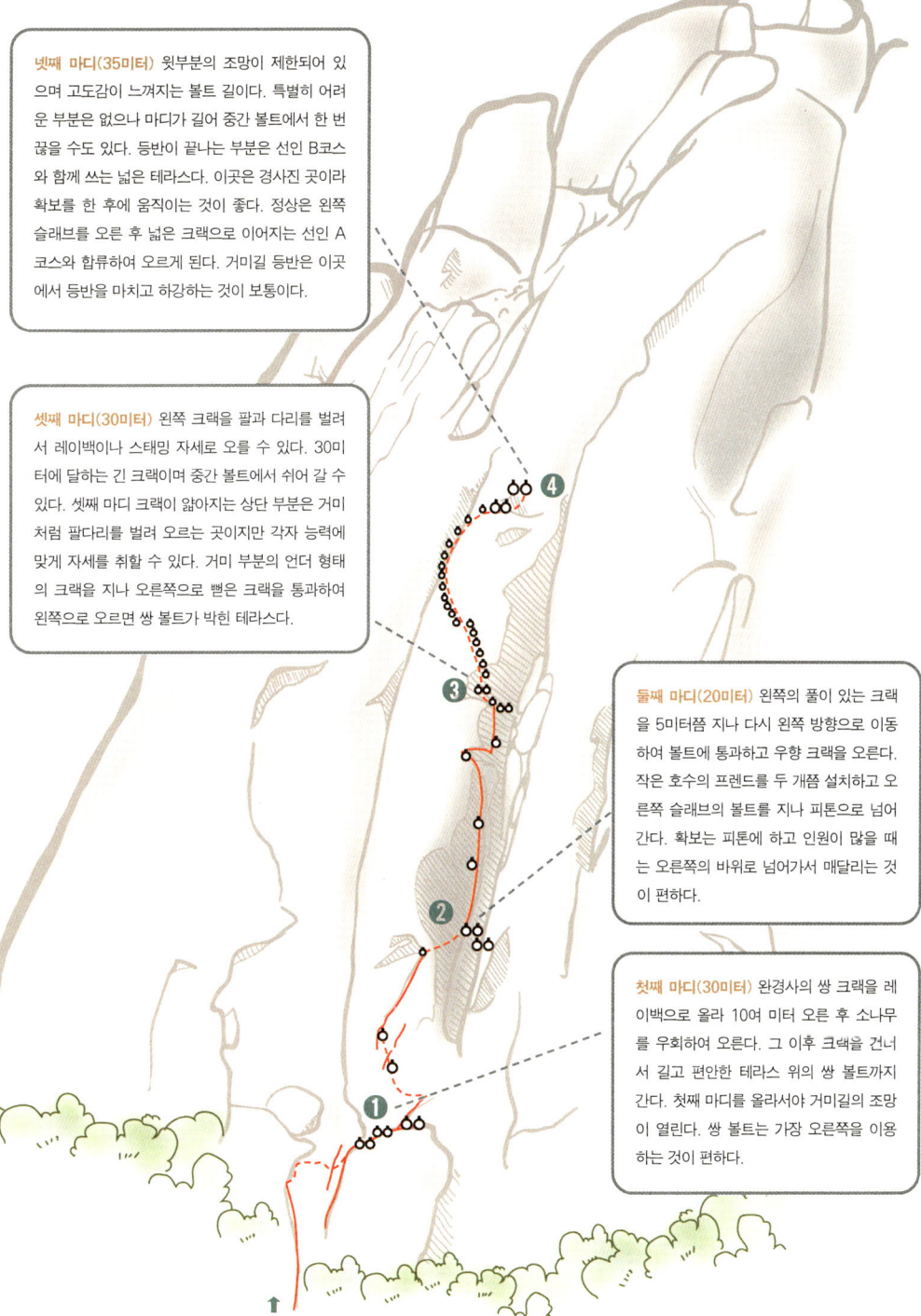

↑ 출발 지점

# 술잔을 높이 우정은 더 높이

"술잔을 높이! 우정은 더 높이! 요델! 요델! 나가자!"

할머니 집에 당도한 요델의 전사들은 오래된 리더 나경봉의 선창에 따라 함께 소리쳤다. 깡마른 외모와 달리 그의 목소리는 우렁차고 당당했다. 푸르렀던 시절이 다시 떠오른 듯 그의 외침은 북아시아의 거친 땅을 떠나, 베링 해를 건너, 황량한 대지와 더불어 사는 법을 깨우친 마지막 인디언 부족이 자연을 향해 올렸던 기도문과도 같았다.

당신이 선조들에게 가르쳐준 지혜를
나 또한 배우게 하시고
나뭇잎과 돌 틈에 감춰둔 교훈을 깨닫게 하소서.
다른 형제들보다 더 위대해지기 위해서가 아니라

나 자신과 싸울 수 있도록 힘을 주소서.

나로 하여금 똑바른 눈으로

당신에게 갈 수 있도록 준비시켜 주소서.

그리하여 저 노을이 지듯

내 목숨이 다할 때 내 혼이 부끄럼 없이

당신 품 안으로 돌아갈 수 있도록

나를 이끌어주소서.

모든 것은 사라지고 말 테지만 그래도 가슴에서 가슴으로 기억을 전해주는 사람들이 있다. 인디언 부족의 기록처럼 요델이 즐겨 부른 선인봉의 노래도 진정한 산친구들이 사라지지 않는 한 잊히지 않을 것이다.

40여 년 전 선인봉은 마치 개척 시대의 활극의 무대와 같았다. 기존 루트라곤 기존 A, B, C코스 이외에 측면길과 박쥐길 정도가 있었을 뿐이다. 그런데도 그곳은 철학과 사색과 놀이와 친교를 실천할 수 있는 장이 되어주었다. 때론 앞에 죽음이 놓여 있다 해도 마치 그것을 숙명으로까지 받아들이는 엄숙함과 진지한 열정이 그 공간에 숨쉬고 있었다.

1963년 백인섭, 강길건, 조상규, 윤종호, 정지혜 등에 의해 요델 클럽이 태어난 이후 선인봉의 여백은 양지길, 허리길, 표범길, 측면Y길 등의 이름으로 채워져갔다. 그중 요델 버트레스는 1975년도에 최종 마무리된 길이다. 그 길은 백인섭이 전성기를 보내고 프랑스 유학을 떠난 이후 후배들이 이룬 합작품이었다.

요델 버트레스에서 우향 레이백 크랙을 오르는 김한경과 김형욱.

## 1968년에 시작해 1975년 6월에 최종 완성

　1968년 처음 작업을 시작한 사람들은 나경봉, 이범훈, 박창희 등이었다. 그 뒤 송준호, 오세진, 박창희, 홍경의 등에 의해서 등반 선이 이어졌고, 이범훈, 조홍식, 박경립, 강구영, 김영호, 박경식 등에 의해서 완성되었다. 루트가 만들어진 해는 1971년이었다. 이때 보고서를 작성하여 한국산악회에 제출했으나 그해 연보에 수록되지는 않았다. 그러나 당시 편집위원장이었던 손경석의 제안에 의해 요델 버트레스란 이름이 지어졌다. 지금의 등반선은 비슷한 시기에 루트 개척을 시작한 연세대학교 산악회의 배첼러길과 중복되는 부분을 수정하여 1975년 6월 12일에 길이 완성되었다.

　8년간의 시간이 말하듯 요델 버트레스에 얽힌 일화는 숱한 이야기를 담고 있다. 다시 줄을 묶는 오늘이 그때 같을 수는 없지만 잊을 수 없는 추억이 되길 바라는 마음은 다르지 않을 것이다.

　"오늘 경봉 형님은 밑에 계시는 게 어때요?"

　"야! 그래두 인마, 내가 강단은 있잖아. 가야지."

　선배를 배려하는 후배 김한경의 말을 따를 만큼 나경봉은 호락호락하지 않다. 그의 등은 척추 손상으로 오래전부터 굽어 있으나 눈빛만은 형형했다. 마치 현실 저편을 바라보는 듯한 그의 시선은 삼형제로 통하던 엄홍석과 송준호와 어울리던 시절에 머물러 있는 것은 아닌지 상상력을 자극한다.

　와락 품에 안겨야 할 것 같은 요델 버트레스의 넓은 공간을 도종득이 선등으로 간다. 세련된 몸짓은 아니어도 그의 움직임은 듬직했고 난감한 벽을 헤쳐갈 수 있을 듯한 의지가 엿보였다. 헬멧을 쓰지 않았으며 시스템이 능숙하지도 않다. 그를 보며 '안전하고 확실한' 같은 표현보다는 '불확실할지언정 용감한' 같은 표현이 생각났다. 문득 등산은 합리적이어야 하는가 하는 생각이 들었다.

도종득의 뒤로 김한경이 붙었다. 스키 타다가 무릎 인대가 파열된 몸으로 이곳을 다시 오르겠다고 온 그다. "똑똑한 놈은 다 죽고 지금은 장애인들이 남아서 등반을 하고 있다"는 농담이 우습게만 들리지 않았다. 느리고 불안하지만 그래도 잘 오른다. 첫째 마디 위로 그가 사라지자 밑에서 사람 소리가 들려왔다. 이마에 흐른 땀이 채 식기도 전에 달려온 오늘의 마지막 전사 김영욱이었다.

어디서일까, 문득 그를 본 듯한 느낌이 들었다. 지나간 시간을 꿰맞춰보니 우리는 만난 적이 있는 사이였다. 알프스 샤모니의 터줏대감이었으며 한국 산악인들과 친분이 두터웠던 띠띠네 집, 샤모니아드 볼랑(여인숙)에서 우리는 잠시 마주친 적이 있었다. 1985년 여름이었다. 그는 요델 클럽의 백인섭과 함께 있었고 나는 한국산악회 알프스 훈련대의 이름으로 그곳에 갔었다. 아주 건장한 청년으로 기억되던 그의 얼굴은 21년이 지난 지금 귀밑이 하얗게 변해가는 초로의 모습이 되어 있었다.

첫째 마디가 끝나고 둘째 마디로 접어들자 사람 소리는 들리지 않았다. 나경봉이 레이백 크랙을 꺾은 후 더 이상의 등반은 민폐라며 중도 하강을 선언한다. 오랜 경험을 통해서만이 그런 판단이 내려질 수 있는 것이리라.

요델 클럽 회원들은 누구보다 선인봉을 사랑했다. 요델이라는 이름이 세상에 태어나게 한 백인섭은 말할 것도 없거니와 대부분의 회원들이 한결같이 선인봉을 즐겨 올랐다. 나경봉 역시 예외일 수 없

요델 버트레스의 추억을 되살려 등반에 나선 일행들. 왼쪽부터 도종득, 김한경, 김영욱.

다. 그는 인수봉에 딱 한 번 오른 이후 다시 가본 일이 없다. 북한산을 어떻게 가는지, 인수봉에 어떤 루트가 있는지에도 관심이 없다. 오로지 선인봉이었다.

그가 결벽증처럼 지키는 또 하나의 일은 설악산 노루목에 묻힌 산 친구의 무덤을 찾아가는 일이다. 일 년에 세 번 그곳엘 간다. 첫 번째는 친구 송준호가 세상을 떠난 1월 2일에, 두 번째는 백인상이 죽은 4월에, 세 번째는 엄홍석과 신현주가 죽은 여름에. 거기서 형제보다 진한 우정을 나눈 친구 엄홍석과 신현주, 백인상, 그리고 송준호와 영혼의 만남을 갖는다.

## 토왕성 폭포에서 사라져간 송준호

40년 전 기억을 살려 첫째 마디 레이백 크랙을 오르는 나경봉의 등반 모습.

엄홍석은 신현주와 함께 세상을 떠났다. 1969년 여름 등반 때였다. 이들의 죽음을 슬퍼한 나머지 송준호는 오세진과 함께 그해 가을 천화대로 이어지는 아름다운 암릉을 초등반하고 엄홍석과 신현주의 이름을 따서 '석주길'이라 명명했다. 이성적이고도 치밀한 성격을 지닌 송준호는 이때부터 감정에 흐르는 등반을 펼치지 않았나 싶다.

1947년생인 송준호는 중학교 시절인 1962년경 나경봉, 엄홍석과 함께 암벽등반을 익혔다. 그러다가 고등학교 3학년 때 백인섭을 만났다. 이들은 요델 클럽의 입회를 제의받았지만 거부하다가 대학에 입학한 그 이듬해 표범길 등반에 성공하고 나서 스스로 요델에 합류했다. 송준호는 곧 등반에 몰입하기 시작했다. 그의 집은 등반 장비를 제작하는 작업장과 같았다. 그때 이미 카라비너와 피톤, 그리고 해머와 아이스 피톤 같은 도구를 직접 만들어 쓸 정도로 장비 제작에 솜씨가 있었다.

1971년 1월, 그는 8개의 발톱이 달린 크램폰을 신고 피켈 한 자루와 직접 제작한 아이스 피톤을 들고 설악산으로 달려갔다. 그리고 오세진과 함께 잦은바위골(표범골)의 50미터 폭을 끝낸 후 100미터 폭을 10시간 만에 완등하는 성과를 올렸다. 스텝 커팅 방식으로 한발 한 발 올라야 하는 당시의 환경으로서는 대단한 기록이 아닐 수 없다. 이듬해인 1972년 12월, 앞 프런트가 달린 12발짜리 모래내 금강 크램폰을 입수한 송준호는 다시 잦은바위골을 찾아 50미터 폭을 15분 만에 오른 후 100미터 폭을 30분 만에 오르는 기염을 토한다. 송준호는 자연스럽게 국내 최대 빙벽인 토왕성으로 눈길을 돌리게 되었다.

1972년 12월 30일, 송준호는 잦은바위골을 떠나 설악동을 거쳐 곧바로 토왕성 폭포로 갔다. 그리고 하단을 우회하여 중단으로 진출했다. 거기서 상단 등반을 위한 장비를 남겨두고 하산했다. 그날 저녁 송준호는 서울의 백인섭에게 토왕성 폭포의 결빙 상태가 등반하기에 적합하다는 전보를 띄운 후 '석주'의 영전에 보내는 한 통의 편지를 남긴다.

그는 단독 등반을 결심했다. 사전 준비는 치밀했고 잦은바위골에서 입증된 등반 능력도 당시의 수준을 몇 년이나 앞선 것이었다. 그러나 애석하게도 상단을 출발하기도 전에 지원을 맡은 대원의 슬립과 함께 실족하여 제대로 등반을 해보기도 전에 추락을 하고 말았다. 그의 몸은 멈추지 않고 120미터를 미끄러져 떨어졌다. 송준호는 그렇게 아쉬운 끝을 보였다. 그리하여 등반이 끝나면 '석주'의 영전에 가겠다는 편지처럼 엄홍석과 신현주가 묻힌 노루목에 함께 잠들고 말았다.

### 유독 선인봉을 좋아한 요델 클럽

너무도 많은 산친구들이 요델의 곁에서 사라져갔다. 꼽아보니 50

요델 클럽의 중추 역할을 했던 송준호, 나경봉, 엄홍석의 20대 초반 모습.

명이 채 안 되는 회원 중 이미 세상을 떠난 사람이 10명이 넘는다. 그러나 단 한 명도 선인봉에서는 목숨을 잃지 않았다.

"앗!"

둘째 마디 우향 레이백을 건너는 김형욱의 외마디 소리가 들렸다. 그에게 눈과도 같은 안경알이 안경에서 빠져나간 것이다. 어깨 인대에 문제가 있는 것은 차치하더라도 그의 시력은 거의 제로에 가까워지고 말았다. 이제 어렴풋한 감각에만 의존할 수밖에 없다. 그의 걱정 소리가 침니를 건너가는 김한경의 신음 소리와 함께 비장한 합창을 연출해냈다.

참 난감한 일이 아닐 수 없다. 보이지도 않고 당길 수도 없는 손과 굽혀지지도 않는 무릎으로 여기에 온 사실만으로도 요델의 눈물겨운 노래는 기어코 다시 시작되고 말았다. 붉은 진달래가 피어나고 연녹색 기운이 돋아나는 이 계절. 하나의 홀드에 집중하던 옛 몸짓을 다시 기억해내는 이들의 모습에서 팍팍했던 마음의 빗장이 열린다.

도종득의 발걸음은 계속 위를 향하고 있다. 상단을 앞두고 굽히지 못하는 김한경이 대기하고, 앞을 분간할 수 없는 김영욱이 도종득의 발걸음을 따라 오른다. 그러나 더 이상 전진할 수가 없다. 해는 정상 뒤로 넘어갔다. 결국 오버행 바위를 숙제로 남기고 끝을 낸다. 지체하지 않고 그 자리에서 하강을 시작했다.

북풍이 불어오는 가운데 김한경과 내가 한 조, 도종득과 김영욱이 한 조가 되었다. 엉킨 로프를 풀어가며 내려가는데 발밑에 반짝이는 물건이 눈에 띄었다. 김형욱이 떨어뜨린 안경알이었다. 아마도 기적은 이렇듯 의지를 가진 사람들 앞에 벌어지는 것일 게다.

이미 날은 저물어 하산 이후의 모든 계획들이 어긋나버렸다. 결국 약속이나 한 듯 정상적인 시간에 집으로 돌아가기를 포기했다. 외상술 마시던 친구들의 이름을 줄줄 외워도 한 번도 재촉해보지 못하고 잠든 할머니 가게 터를 지나 자식들이 살고 있는 할머니 집으로 빨려 들어간다.

"석주길에서 들쥐를 삼킨 뱀을 잡았어. 근데 그 뱀을 나보고 들고 있으래. 한 번은 할머니 가게에서 중턱 산악회 사람들과 한판 붙었지. 내가 먼저 '죽통'을 날렸어. 그랬더니 그제야 인상이 형이 나보고, 그놈 쓸 만하네 라고 하더군. 그때부터 원산폭격 사라지고 인간 대접 받았어."

김한경의 무용담이 이어지고 격앙된 산꾼들의 우렁찬 목소리가 우리의 '망구'였던 할머니 집의 소박한 공간을 뒤흔들기 시작했다. 다시 오래된 리더 나경봉의 목소리가 울려 퍼졌다.

"술잔을 높이, 우정은 더 높이……."

## 등반 길잡이

요델 버트레스는 요델 클럽의 나경봉, 이범훈, 박창희 등과 송준호, 오세진, 박창희, 홍경의, 이범훈, 조홍식, 박경립, 강구영, 김영호, 박경식 등에 의해 개척된 선인봉의 대표적 바윗길 중 하나다. 1968년 4월경부터 시작하여 1971년에 작업을 마쳤으나 이후에 루트를 수정 보완하여 1975년 6월 12일에 완성시켰다.

등반 길이는 248미터이며 8마디에서 10마디까지 나누어 등반할 수 있다. 전체적으로 오른쪽에서 왼쪽으로 이동하며 정상으로 향하는 흐름을 보이지만 요즘은 하단부 등반이 끝나는 테라스까지 오른 후 인공 등반으로 오르는 상단부 크랙은 생략하는 것이 일반적이다. 하단부는 쌍 볼트가 잘 설치된 반면 상단 구간은 고정으로 박혀 있던 볼트와 피톤 등이 손실되어 확보 상태가 불량한 편이다. 하단부의 하강 조건은 양호한 편이지만 상단에선 후면으로 하강하거나 다른 루트로 내려가는 것이 좋다.

요델 버트레스의 자유 등반 등급은 첫째 마디를 건너는 슬래브의 경우 5.11a로 매겨져 있고, 넷째 마디 침니 아래로 가는 슬래브 부분이 5.10d로 평가되어 있다. 등반 출발은 선인봉 석굴암의 오른편에서 크랙으로 연결되는 요델길을 보며 오른쪽으로 에돌아 10여 미터의 작은바위골을 올라 참나무가 있는 테라스에서 시작한다.

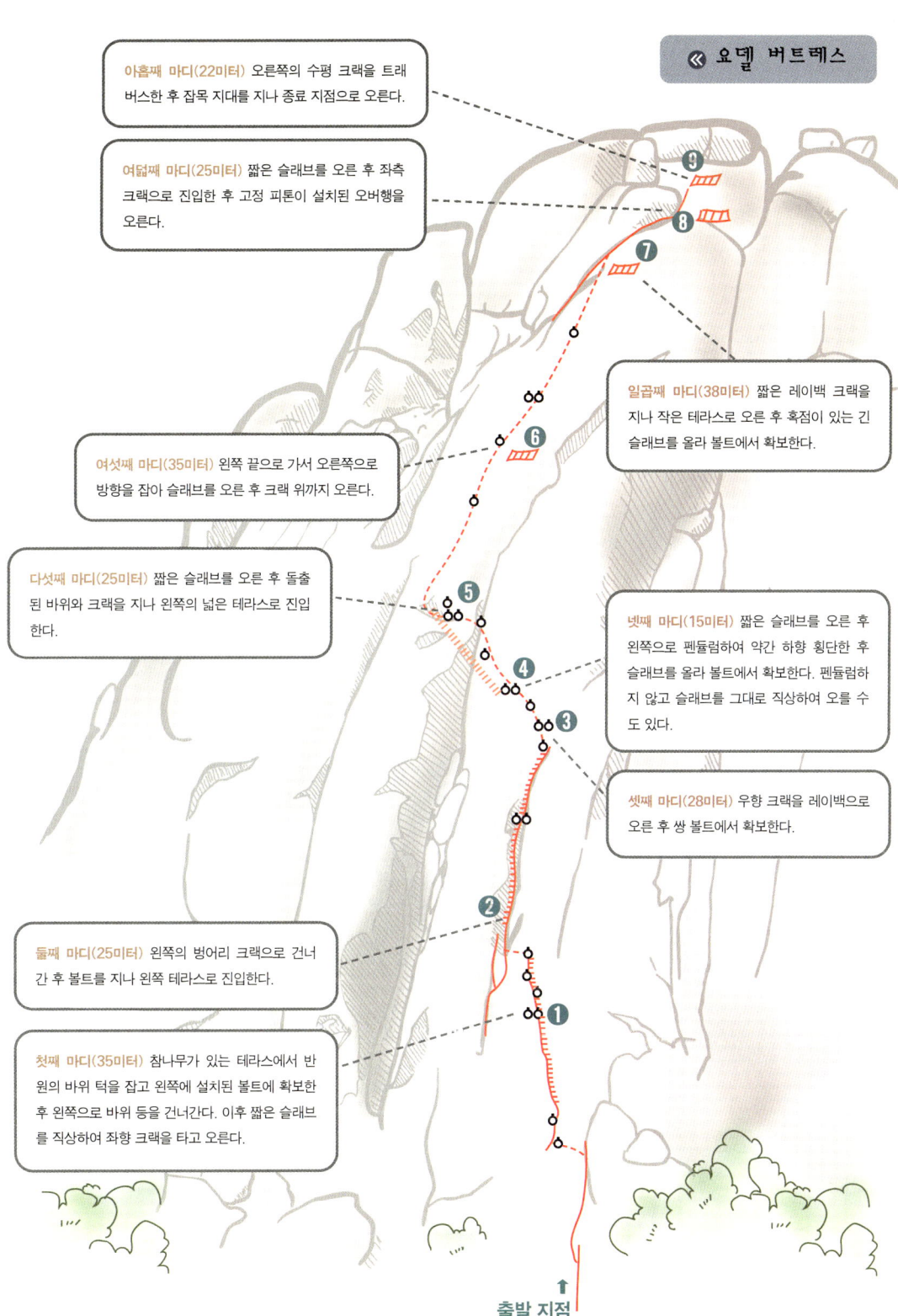

# 인연을 소중히 여기는 서울의 소나무

서울의 소나무라는 뜻을 지닌 '경송'이란 말은 어딘지 친밀감이 묻어난다. 만일 그 이름에서 고향이나 친구를 연상할 수 있다면 필시 서울 태생이거나 소나무에 얽힌 추억을 가진 사람일 게다. 생각해보니 내게도 경송과 연관 지을 일이 있다.

경송 산악회는 종로구 수송동에 있던 수송전기고등학교 산악부로 출범했다. 1969년 경송이 태어나던 해, 나는 시내 중심가에 살다가 당시엔 변두리였던 면목동으로 옮겨 살았다. 그런데 거기서 만난 친구들 중 상당수가 공업고등학교에 진학했고 그중 3명이나 수송전기고등학교를 졸업했다. 대학을 졸업하던 1980년 초에 첫 직장을 얻게 되었는데 알고 보니 그 회사가 바로 수송전기고등학교가 있던 자리에 세워진 회사였다. 나는 그곳에서 20대 후반과 30대 초반의 나날을 보냈다. 그러다가 단지 산에 가야 한다는 이유 하나만으로 회사를 그만두게 되었다. 지금도 미련은 없지만 넥타이를 매고 꼬박 6년을 출근했던 그때를 수송동 시절로 가슴에 담고 있다. 그런 연유로 수송과 경송이란 이름이 아직도 낯설지 않다.

수송전기고등학교는 1980년에 35년 역사를 끝으로 사라지고 대원고등학교로 바뀌었다. 그 이후 경송 산악회 역시 학교 산악부를 떠나 일반 산악회로 거듭나게 되었다. 학교 산악부가 일반 산악회로 바뀌어 명맥이 유지되는 일은 흔치 않다. 경송은 이 점에서 성공을 거둔 사례다. 이유가 뭘까 생각해보니 아마도 이들이 지향하는 등산관에 있는 듯싶다.

산이 가진 모든 것을 사랑할 줄 아는 사람들. 산에서 만난 인연을 소중히 여기는 사람들.

경송이 걸어왔고 앞으로도 걸어갈 등산관이라 한다. 탈퇴란 있을 수 없다는 이들이 추구하는 최고의 산행 가치는 바로 사람이다.

마음이 푸근해지는 대목이다. 그런 가치관을 지니고 산에 올랐던 사람들을 도봉산 천만불 상회에서 만났다. 할머니 가게와 함께 많은 이들의 추억을 담고 있는 곳이다. 등산학교를 두 군데나 졸업해서 가방끈이 길어졌다는 경송 산악회 총무 나민의 모습이 보이자 회원들은 모두 배낭을 메고 일어섰다. 품이 넓어 보이는 경송 산악회 성연수 회장보다 늦게 나타난 그는 한눈에도 활달하고 성격이 좋아 보인다.

경송길 넷째 마디의 크랙에서 오른쪽 슬래브를 오르는 등반대장 이명운.

## 끊임없는 볼트의 유혹

오랜만에 경송길을 오르는 오늘의 화두는 루트가 끝나는 지점에 산재한 낙석이다. 작년에 지렛대를 이용하여 밑으로 굴린 돌만 해도 20톤은 족히 된단다. 현재 생각되는 낙석 방지 대책의 하나는 잡목 지대를 거쳐 정상까지 오르지 않고 루트 하단부가 끝나는 셋째 마디 또는 다섯째 마디에서 하강하는 것이다. 이것은 하드프리 시대가 도래한 1980년대 이후의 루트 등반 스타일과도 어울리는 것이다.

경송길의 출발은 이름에 걸맞게 아름드리 거목이 된 소나무 아래서 출발한다. 오늘의 A파티에는 이명운, 김도용, 박건수, B파티에는 성연수, 차상철, 송영주, 나민이 배정되었고 그 중간에 내가 섰다. 등반대장 이명운이 경송길만큼은 자신 있다는 표정을 지었다. 첫째 마디 슬래브가 5.10b로 매겨질 만큼 경송길은 헐렁하지 않다. 두 번째 볼트를 지나는 구간에서 몸놀림 가벼운 이명운의 짧은 슬립을 지켜보는 회원들은 잠시 긴장한다. 이 부분은 손끝 한 마디로 1센티미터의 홀드를 정확히 찾아내서 잡고 밟아야 자유 등반이 가능하다. 몸이 무거워진 옛날 클라이머들은 끊임없이 볼트의 유혹을 받을 수밖에 없는 곳이다.

김도용이 두 번째로 출발한다. 그는 의정부 샤모니 암장의 김형진과 의정부고등학교 재학 당시 같은 반 친구였으며 등반을 같이 하던 친구였다. 그는 군살 없는 탄탄한 몸매를 가졌으나 오늘 선등 자리를 넘볼 수는 없다. 몸집 큰 성연수가 B파티 선등을 고수하는 것은 회장이란 직책의 의무감이라 생각했는데, 뜻밖에도 까다로운 슬래브를 밀리지 않고 잘도 오른다. 회장님도 선등에 설 만큼 힘 있는 모임이라는 사실이 입증되는 셈이다.

슬래브에서 침니를 건넌 후 다시 날등을 오르게 되는 둘째 마디도 재미있지만 경송길의 하이라이트는 셋째 마디에 있다. 이곳의 짱짱한 슬래브와 얇은 크랙, 그리고 벙어리 크랙을 지나는 동안 얼음판을 걷는 듯한 긴장을 늦출 수 없는 것이 경송길의 매력이다. 이곳을 통과하면 넷째 마디부터는 한숨 돌려도 좋을 만큼 편안해진다. 그래서 경송길 하단부가 끝나는 이곳에서 등반을 종료하기도 한다.

### 먼저 간 산친구 위해 개척

"인수엔 돈깨나 있는 친구들이 많았고 선인엔 가난한 사람들이 있었죠."

공재은과 함께 경송길 개척의 주역이었던 최길용은 흔히 테크닉과 힘으로 인수, 선인을 비교하던 것과 달리 경제적 시각에서 인수파와 선인파를 구분한다. 옛날치고 넉넉한 사람이 어디 있을까마는 그 기준은 자못 흥미롭다. 간혹 부모의 은덕으로 외제 장비를 줄줄이 메고 다니던 사람들이 있긴 하다. 그러나 내가 아는 한 대부분의 산친구들은 넉넉하지 못했다. 하지만 가난 때문에 강한 동류 의식을 가질 수 있었고 같이 울고 웃을 수 있었다. 항상 남는 것을 염려하고 버릴 것을 걱정하는 요즘, 그런 '헝그리 정신'이 더욱 필요한 일일지도 모른다.

오늘의 맏형 차상철이 벙어리 크랙에 어깨를 강하게 밀착시키고 오르는 것을 보니 경송 산악회의 장래가 참 밝다는 생각이 든다. 차

경송길 상단의 다섯째 마디 부분. 이곳을 오른 후, 낙석이 발생하는 여섯째 마디의 잡목 지대는 생략하는 것이 요즘의 추세이다.

상철은 경송 산악회를 만든 창립 회원이다. 고등학교 1학년 때부터 산에 올랐던 그가 친구들과 어울려 2학년 때 산악부를 만들었다. 선배들이 군대 가면서 물려준 장비가 바로 창립의 계기가 되었다. 지금은 대원고 재단 이사가 된 손상호가 당시 지도 교사였다.

"옛날에는 산에 가면 두들겨 맞는다는 걸 알았어요. 그런데도 가고 또 가고……."

"어느 해에는 비 오는 날 마신 소주병을 세어보니 40병이나 되더군요."

"천만불 상회에서 일차로 망가지고 난 다음, 동대문 곱창집까지 가서 냉면 대접에 소주를 따라 마시던……."

1983년 여름, 하강 로프가 모자라 50미터를 추락해 바닥까지 떨어진 경험이 있는 최길용의 비망록엔 그런 추억들이 빼곡하다. 18년

경송길의 상단부로 이어지는 넷째 마디 슬래브 구간. 볼트 따기가 이어진다.

간 정권을 잡았던 '박통'보다 2년이나 더 길게 경송 산악회를 이끌었던 그가 떨어질 때 회원들은 설악산을 오르기 위해 대기 중이었다. 최길용은 추락한 날로부터 4일이나 지나서야 깨어났다. 외아들이었던 그는 사고 소식을 차마 알릴 수 없어 연락을 두절하고 있었으나 병원 서류에 보호자 도장을 찍는 과정에서 결국 들키고 말았다. 그 사고로 한동안 최길용은 죽었다고 소문이 났었다. 네 번씩이나 죽을 고비를 넘긴 그의 이력은 은행 털다 들어간 일(은행을 따다가 나무에서 떨어져 병원에 실려 간 일을 그는 그렇게 표현했다), 아스팔트가 벌떡 일어난 사건 등 두루 다양하다.

경송길은 최길용이 회장을 맡고 동기생인 공재은이 천만불 상회 위에서 구들장 깔고 등반대장을 하던 시절에 만든 길이다. 1975년 8월 27일, 선인봉 박쥐길을 등반하다가 추락사한 김진홍의 영령을 위로하기 위해 개척한 경송길은 1982년 6월 22일에서 8월 25일 사이에 하단부가, 1983년 6월 15일에서 8월 15일 사이에 상단부가 완성되었다.

당시 경송 산악회 3기 김동욱을 비롯하여 김원창, 김대명, 최길용, 공재은, 김상훈, 박건수, 성열인, 남명호, 이상인 등이 대원으로 참여했다. 동원된 장비는 9밀리미터에 40미터짜리 맘모스 로프 2동과 10.5밀리미터짜리 1동, 9밀리미터에 33미터짜리 동경 톱 로프 1동, 9밀리미터에 40미터짜리 롯데 로프 1동, 9밀리미터에 40미터짜리 설악 로프 1동, 에버뉴 점핑 세트, 고정용 볼트 32개와 피톤은 취나드 앵글 1개만 쓰였다. 카라비너는 50여 개, 스카이 훅 2조, 래더 1조, 두 자루의 해머와 슬링 테이프 50미터 등이 쓰였다.

2개의 등반팀이 오르는 모습을 지켜보던 또 한 사람의 개척자 박건수가 둘째 마디를 지나 셋째 마디로 건너간다. 그 모습에 그 옛날의 날랜 모습이 그려진다.

"저 형, 별명이 준치잖아."

"썩어도?"

"그렇지."

"야! 돈 모아서 건수 형 벨트하고 신발 사줄까?"

"돈 많은 사람이 더 그렇다니까."

"연수 형이 회장이니 20만 원 내고 우리는 만 원씩 내고 말이야……."

## 인연은 쉽게 끊어지지 않는다

겨울이면 빙장을 누비던 송영주의 푸념이 뒤에서 들려온다.

"이 시끼들이 길을 이렇게 내어가지고 이런 고생을 시키나."

아무리 몸이 가벼워도 어려운 것은 어렵고 힘든 것은 힘들다. 예전과 달라진 게 있거나 없거나, 산은 산이고 물은 물이다.

1960~70년대 깃발을 날리던 전통적인 도봉산의 산악회들에 비하면 경송 산악회는 자기만의 울을 쌓고 사는 비교적 조용한 산악회라 할 수 있다. 요즘처럼 입시제도 때문에 고교 산악부의 활동이 어려운 상황에서 산악회의 명맥을 이어간다는 것은 불황에 사업을 벌이는 것과 다를 바 없다. 그러나 산과 더불어 지내온 인연은 그리 쉽게 끊어질 리 없다.

20년 남짓한 경송길은 이미 선인봉에 선 긋기 작업이 거의 끝난 1980년대에 생겨났으니 신생길이라 해도 과언이 아니다. 어쩌면 이즈음에 활발한 활동을 펼친 산악회의 시대가 지금 도래하고 있는 것인지 모른다. 이들의 영향을 받아 또다시 신생팀이 생겨나고 전통적인 팀들도 다시 자극 받아 옛 친구를 만나고……. 그렇게 해서 산에 진정한 사람들이 넘쳐났으면 좋겠다.

경송길 아래 모인 경송 산악회 회원들. 뒷줄 왼쪽부터 시계 방향으로 김도용, 이명운, 성연수, 박건수, 조영주, 차상철, 나민, 최길용.

여유를 부려도 좋을 넷째 마디. 아치형 볼트 따기를 넘어 나머지 넓은 디에드르 크랙을 오르니 염려했던 낙석 유발 지대. 상식적인 일이지만 이곳에선 작은 돌이나 흙을 밟지 말고 몸놀림을 조심스럽게 해야 한다. 그렇게만 한다면 전혀 아무 일도 생기지 않는다.

출발점인 오래된 소나무 아래로 돌아와 공포와 긴장을 풀어버리자 박건수가 서해안에서부터 준비해온 포상을 내린다. 살아 움직이는 해산물이다. 선배에게 받은 박해를 이렇게 되돌리는 그가 오늘의 천사다.

"건수는 무지하게 맞았지."

"우리는 주로 많이 먹었어요."

"선배들이 주는 파리, 나방, 구정물도 함께……."

오늘도 후배들은 짓궂었던 선배들의 행동을 비폭력 무저항의 원칙에 입각하여 다시 되새길 뿐이다. 그런 가운데 장비처럼 놓여진 1.8리터 소주 한 병이 말끔히 비워진다. 그리고 아무 일도 없었다는 듯 돌아 내려간다. 어디로? 천만불 상회로.

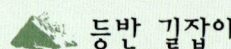 등반 길잡이

경송 A코스는 1983년 경송 산악회에서 도봉산 선인봉 동면에 개척한 루트다. 등반 길이는 177미터에 여섯 마디지만 지금은 상단부의 낙석 위험으로 인해 루트 하단부인 셋째 마디까지만 오르고 끝내는 경우가 많다. 상단을 더 오른다 해도 다섯째 마디 위로는 등반을 하지 않는 것이 보통이다.

전체적인 루트는 슬래브로 이루어져 있으며 부분적으로 크랙이 섞여 있다. 평균 경사는 70도. 밸런스를 요하는 첫째 마디 중간 부분 슬래브의 자유 등반 난이도가 5.10b, 둘째 마디 슬래브에서 크랙으로 진입하는 부분이 5.10c로 평가되어 있다. 출발은 선인봉 동면벽 오른쪽의 큰 소나무에서 한다. 하강은 등반 루트로 하여 출발점으로 되돌아올 수 있다.

**≪ 경송길**

**다섯째 마디(12미터)** 개척 당시 38미터를 다 오른 다음 마디를 끊었지만 요즘은 좌향 디에드르 크랙을 지나 테라스까지 12미터만 오른다. 낙석의 위험을 피하기 위해 등반성이 약한 상단을 생략하고 이곳에서 하강하는 것이 보통이다. 선인봉 정상까지 가려면 나머지 넓은 크랙을 따라 20여 미터를 더 올라 테라스에서 마디를 끊는다. 그 다음 마지막 넓은 레이백 크랙과 슬래브를 통과하는 여섯째 마디 22미터를 더 올라 루트 끝 지점의 볼트에 확보한다. 이곳에서 하강할 수도 있지만 볼트가 안전한지 살펴야 하며 낙석이 생기지 않도록 특히 유의해야 한다. 정상은 잡목 지대를 통과하여 오른다.

**넷째 마디(25미터)** 슬래브를 따라 15미터쯤 오르다가 왼쪽 아치형으로 박힌 4개의 볼트를 이용하여 오른 후 테라스에서 마디를 끊는다.

**셋째 마디(39미터)** 미세한 홀드를 따라 70도 정도의 슬래브를 6미터쯤 오른 후 왼쪽으로 이동해 직상한다. 손가락 한 마디가 채 안 되는 얇은 홀드는 볼트를 잡고 밟고 싶은 유혹을 끊임없이 일으킨다. 왼쪽의 얇고 비스듬한 언더 크랙을 잡고 오른쪽에 덮개처럼 덮여 있는 크랙으로 진입하여 작은 호수의 캠을 설치하고 크랙을 따라 직상한다. 크랙이 끝나면 다시 슬래브를 따라 오르다가 디에드르 형태의 벙어리 크랙으로 진입한다. 크랙 하단부에 볼트가 설치되어 있고 오른쪽에도 확보용 볼트가 있다. 크랙을 벗어나 오른쪽 상단에 설치되어 있는 쌍 볼트에 확보한다. 개척 당시엔 이곳까지를 하단부로, 위를 상단부로 구분했다.

**둘째 마디(26미터)** 왼쪽으로 3미터 정도 이동하여 폭 150센티미터 정도의 침니를 건너간 후 슬래브를 따라 15미터쯤 오른다. 오른손은 침니의 모서리를 감아 잡고 왼손은 적당한 홀드를 찾아 푸시로 오르면 된다. 왼쪽으로 7미터쯤 이동하여 양호한 테라스에서 확보한다.

**첫째 마디(21미터)** 경사 70도의 슬래브를 출발하여, 12미터쯤 위에 있는 첫 볼트를 통과한다. 이곳에서 네 스텝을 오르면 나란히 박힌 2개의 볼트를 지나게 된다. 첫째 마디 종료 지점인 테라스까지는 홀드가 얇고 미세한 편으로 정확한 스텝과 동작을 요한다.

↑ **출발 지점**

선인봉 청암길

# 눈 속으로 사라진 세 악우의 염원

봄비가 줄기차게 내린다. 이 비가 그치면 초목들은 눈부신 모습을 보일 것이다. 때마침 궂은 날씨를 핑계로 한 잔 술을 타진하는 휴대폰 메시지가 날아온다. 그렇지 않아도 글이 써지지 않아 굳은 머리를 한탄하던 차였다. 별수 없이 타협으로 마음이 기우는데 컴퓨터에서 '딩동' 하고 메신저 알람이 울렸다. 이번엔 술 약속이 아니었다. 발신자 이름을 보고 퍼뜩 한 가지 생각이 떠올라 질문을 던졌다.

"1980년대 하면 무엇이 생각나지?"

"그때 한 선배는 휴교령이 내리면 서클룸에 가서 장비를 꺼내 산으로 갔답니다. 데모에 참가하던 친구들은 섭섭하다 했겠지요."

"1970년대에는 부모 말도 안 듣고 산으로 달려갔는데 1980년대에는 친구를 외면해야 했군."

청암길 셋째 마디 크랙을 넘어 까다로운 슬래브를 오르는 모상현.

 1960년대와는 또 다른 정치적, 사회적 변혁이 1980년대에 일어났다. 군사 쿠데타에 의해 정권이 교체된 것을 부정하는 분위기가 이어졌고 한편으론 서울올림픽을 준비하며 경제 도약을 기대하는 분위기가 고조되어 있었다. 청암길은 그런 사회적 환경 속에서 태어났다. 한국의 클라이머들이 전통적 등반 방식에서 자유 등반의 흐름으로 움직이기 시작하던 때였다.

 청암길이 그어진 해인 1988년은 대다수의 서민들이 중산층을 지향했고 또 어느 정도 그렇게 됐다. 많은 사람들이 산에 갈 수 있는 여유를 얻게 된 것은 모두가 근면성을 발휘한 덕분이 아닌가 싶다.

 "열심히 산에 다니던 후배가 있었어요. 데모 주동했다고 감옥에 갔고 열심히 정치하다가 중국으로 유학 갔는데 한 7년 공부하다 그

청암길의 첫째 마디 스탠스 위로
선인봉의 중앙 벽이 버티고 섰다.

만두고 돌아왔어요. 그런데 너무 힘들어서 그 시절로 절대 돌아가고 싶지 않다고 했어요."

"뭐가 힘들었지?"

"시대의 무게였죠. 개인적 욕망은 묶어두고 시대의 요청에 따라야 한다고 생각했으니. 지금은 다들 생활인이 되어서 살아가요. 돌이켜보면 억눌렸고 손해 본 것 같아도 또 한편으로는 무척 자유로웠어요. 시대를 부정했지만 새로운 대안을 찾으려 했기 때문에 많은 것을 상상하고 시도할 수 있었지요. 요즘 한국 영화도 그 시절의 고민과 새로운 상상력이 바탕이 되었다고 생각해요."

"억압도 창작의 실마리가 되는군. 독재를 거부하던 젊음은 그 속에서 노동을 삶의 대안으로 받아들이고."

"중심에 있건 언저리에 있건 혹은 밖에 있었건, 그 시대의 회오리에서 비켜난 사람은 아무도 없구나 생각했지요. 그러나 우리가 믿었던 이데올로기도 시대의 산물이었다는 것, 그 테두리에서 벗어나지 못했으며, 절대적 진리가 아니었다는 사실을 깨닫게 되었지요. 결과적으로 세상을 하나의 시선으로만 바라보지 않는 여유가 생겼다고나 할까……"

한편으로 씩씩했고 또 한편으론 우울했던 그때의 기억이 마치 두 개의 파동이 한 점에서 합해지는 간섭현상처럼 일어났다. 지나간 과거는 아름다웠다고 말할 수 있는 것은 얼마나 편안한 표현인가.

## 물개길에 이어 청암 산우회의 두 번째 길

화창한 날에 청암길을 오르게 된 것은 너무나 큰 행운이었다. 이곳에 오기 위해 1년을 별렀기 때문이다. 작년부터 노후된 볼트를 보수하며 준비했는데 이제야 등반이 가능해졌다. 그런데 생각해보니 청암 산우회가 1973년에 개척한 물개길을 먼저 올라야 하는데 순서가 바뀌었다. 자장면 주문에 짬뽕이 나온 격이지만 청암길 역시 피해 갈 수 없는 메뉴다.

1987년 9월 6일 전흥, 김성겸, 최승회, 김문식, 나양일, 이광범 등이 첫 작업을 했던 것처럼 2개 조로 나누어 등반을 시작한다. 선두 조에는 키가 작아도 다부져 보이는 황기수와 수더분한 눈매의 나양일이, 그 뒤에는 훤칠한 모상현과 날렵한 김성겸이 섰다. 모상현과는 10년 전 함께 설악산 토왕성 빙폭을 함께 등반한 적이 있다. 토왕성 빙폭 초등 20주년 기념 등반 자리에서 그를 만났다. 초등자 박영배와 지금은 고인이 된 산친구 신상만도 함께 있었다. 그때 함께 줄을 묶어본지라 오늘 청암길 등반이 낯설지 않다.

원곡보다 변주곡이 난해한 것처럼 1980년대에 생긴 루트들은 대체로 '짜게' 혹은 '세게' 만들어졌다. 청암길도 그중 하나다. 개척 당시엔 이미 오래전에 등반을 시도했던 흔적을 찾아볼 수 있었는데, 먼저 이곳을 시등한 사람이 있었던 것으로 짐작할 뿐이다.

볼트를 잡거나 밟고 오르던 루트를 지금은 자유 등반으로 오르자니 더욱 만만치 않다. 경사진 슬래브에 붙으면 어디나 애매할 뿐이다. 간간히 크랙 사이로 붉은 꽃망울을 터뜨린 진달래가 살벌한 분위기를 부드럽게 상쇄시켜 주고 있다. 만일 이곳이 풀 한 포기 피어나

청암길 출발 지점에 모인 회원들.
앞줄 왼쪽부터 황기수, 김회창, 김휘경, 다니엘 김, 김성겸, 이정훈.
뒷줄 왼쪽부터 모상현, 이익형, 김대균, 나양일, 박민열.

지 않는 반반한 슬래브뿐이라면 심리적 난이도는 더 높아지리라는 생각을 해본다. 주로 좌향 크랙과 슬래브로 이루어진 청암길은 바위 잘하는 회원들에게도 부담스럽긴 마찬가지다.

슬래브의 첫 마디는 생략하는 것이 보통이다. 왼쪽 C코스 밑둥치까지 걸어 오른 후 오른쪽으로 건너가면 둘째 마디의 시작점이기 때문이다. 모상현, 김성겸, 김휘경이 첫째 마디를, 황기수와 나양일이 둘째 마디를 앞서 나간다. 밤새 술을 마셨다는 나양일은 세컨드도 부담스러워하는 반면 김성겸은 세련된 몸짓이 살아 있다. 개척 등반에 참여했던 두 사람의 동작이 대조를 이룬다.

오른쪽 방향으로 가다가 직상하는 둘째 마디는 한 동작의 까다로운 홀드를 통과한다. 손톱 끝 한 마디를 그립으로 모아 쥐어야 하는 홀드와 한 스텝이 망설임을 불러일으킨다. 등반 동작이란 신체 구조와 스타일에 따라 주관적이고 개별적으로 적용된다. 되도록 자유 등반으로 가고 싶은 모상현에 비해 볼트를 잡는 듯하지만 깔끔해 보이는 김성겸의 동작처럼. 하지만 넷째 마디 돌출된 슬래브에 부딪치면 가릴 게 없다. 닥치는 대로 볼트를 잡거나 밟아야 돌파가 가능하다.

1968년 12월 도봉산의 버찌골에서 창립식을 한 청암 산우회는 지금까지 70여 명의 회원을 배출했다. 창립 회원이며 회원 번호 1번인 임홍순이 청암의 산파였는데, 그는 당시 고등학교 2년생이었다. 40년 가까이 존속하는 산악회를 고등학생이 만들었다는 사실은 참 놀라운 일이다. 이때의 산악회들은 종종 산우회란 이름을 썼다. 지금처럼 알피니즘을 표방하고 전문적인 등반을 하기엔 장비도 변변치 않았고 거창한 활동을 하기에도 적절치 않았다. 그러나 함께 시간을 보낼 수 있다는 사실만으로도 모임의 가치는 충분한 것이었다. 그래서 어딘지 사람 냄새 나는 산우회란 이름이 종종 선택을 받았다. 비슷한 분위기 또는 비슷한 이름의 산악회들이 있다. 푸른 것을 좋아하는 청암, 청맥, 청화, 청죽, 청악 등, 청 자 돌림 산악회들이 주로 그렇다. 창립 시기도 비슷하고 산우회란 이름을 쓰는 것도 공통점이었다. 이 산우회들은 가끔씩 체육 대회 행사를 갖는 것으로 알려져 있다. 청암의 분위기는 그 가운데서도 조용하고 풍파가 없어 보인다. 그러나 알고 보면 아픈 구석이 없을 리 없다.

## 세 명의 악우를 위한 세 번의 등반

　심일랑, 강원섭, 조성환, 임홍순, 박학순, 정덕윤, 유부준, 김휘경, 한금균 등의 회원이 물개길을 개척했던 1973년에서 1974년까지를 청암 산우회의 1차 전성기라고 본다면, 2차 전성기는 1980년대 들어서 왕성한 활동을 보이던 청암길 개척 전후였다. 1987년 9월 6일에서 1988년 5월 29일까지 2년에 걸쳐 완성시킨 청암길은 김성겸, 김문식, 나양일 외 다수의 회원이 참여했다. 그 가운데 김성겸은 가장 열성적인 회원의 한 사람이었고 오늘 참여한 모상현은 1988년에 입회하여 이제 산우회를 이끌어갈 기대주가 되어가고 있다.
　교회밖에 모르던 모상현은 중학교 2학년 때 북한산 21야영장에서 삼겹살을 굽다가 청암 산우회 회원들을 만났다. 3학년이면 교회 총무를 맡아야 하는데 그게 싫어서 친구들과 산으로 도망쳐 갔다가 선배 이광범에게 걸렸다. 첫 번째 만남에서 맥가이버 칼을 선물 받으며 만경대를 올랐고, 두 번째에는 박민열에게 카라비너를 받았다. 그러나 그게 바로 당근이자 화근이었다. 한 개의 칼과 카라비너가 까까머리 중학생을 에베레스트와 K2 등의 고산 거벽을 누비고 다니는 등산가로 만들었으니, 당시 '삐끼' 역할을 한 선배들은 남다른 혜안이 있었던 게 분명하다.

회원들 간의 우애가 좋던 청암 산우회는 세 번의 사고를 겪었다. 첫 사고는 1987년 1월에 알프스 원정을 앞둔 훈련에서였다. 그때 설악산 죽음의 계곡에서 눈사태를 맞아 경일현, 성성모, 박용찬, 세 악우를 잃었다. 공교롭게도 가장 열성적인 회원들이었고 알프스 3대 북벽을 목표로 했던 유능한 회원들이었다. 비단 청암 산우회에서뿐만 아니라 먼저 세상을 떠나는 대부분의 악우들은 뛰어난 등반 능력을 지니고 있는 것이 보통이다. 열정적으로 산을 좋아하다 보면 위험에 노출되는 시간과 횟수가 많아지고 자연히 위험에 노출되는 일이 잦아지는 것이다.

한국산악회의 1969년 죽음의 계곡 사고와 1976년 대한산악연맹 에베레스트 원정대의 설악골 눈사태 등을 비롯하여 예기치 않은 사고로 세상을 떠난 산악인들이 모두 그렇다. 청암길 개척 때 선을 그으며 첫 작업에 참여하고 미국으로 건너갔던 김대균은 등반 능력과 체력이 탁월했던 친구 성성모를 못내 아쉬워한다. 어쨌든 세 악우를 잃어 전력이 손상된 상태에서도 알프스 원정은 추진되었다. 그해 8월, 설악산 죽음의 계곡을 찾아 친구들의 이름을 적은 동판을 바위에 붙인 후 나머지 대원들인 전홍, 이경선, 권정철, 김문식, 최승회가 알프스로 떠난다. 거기서 당초 목표인 3대 북벽은 오르지 못했으나 마터호른 북벽을 성공하고 돌아왔다. 그들의 죽음을 잊지 않기 위해 청암의 산우들은 세 번의 등반을 했다. 그중의 하나가 바로 알프스 등반이었고 다른 하나는 청암길 개척이다. 세 번째로 설악산 적벽, 무명봉, 장군봉을 잇는 삼형제길 개척을 완수했다. 오늘 청암길 등반에 모일 수 있는 것도 그들의 보이지 않는 에너지가 작용했기에 가능했을 것이다.

셋째 마디를 오르는 선두 조의 황기수, 나양일, 그리고 둘째 마디 슬래브를 오르는 모상현과 김성겸.

선두 조가 오버행 언더 크랙에 이르러 10개의 캠을 설치하며 오르자 밑에서 지켜보던 회원들의 함성이 터진다. 개척 등반 때 김성겸이 6개의 피톤을 치던 곳이다.

"왜 그리 많이 박아?"

여섯째 마디 오버행 크랙은 밑에서 보기에는 레이백 자세가 수월하게 나올 듯하다. 그러나 막상 붙어보면 생각처럼 부드럽게 이어지지 않는다. 그래서 또다시 붙잡을 것에 대한 유혹이 일어난다. 선택은 자유다. 일단 크랙에 있는 나뭇가지를 잡기 시작하면 안전은 보장될지 모르지만 스타일은 엉성해지기 마련이다. 이곳을 넘어 마지막 일곱째 마디의 슬래브도 역시 왼쪽 크랙에 피어난 진달래 가지를 잡고 싶은 마음이 굴뚝같이 일어난다. 굳이 이쪽으로 길을 뚫지 않은 이유는 언젠가 사라질지 모르는 나무늘 보호하기 위해서였다.

마지막 슬래브의 한두 스텝은 간단해 보여도 그다지 널널하지 않다. 일곱째 마디를 끝내고 오른쪽으로 우회한 후 잡목 지대를 통과하고 나니 더 이상 마음이 내키지 않는다. 밑에 두고 온 음식과 더 멀리 거리를 벌리는 것은 등반에서와는 다른 의지가 필요하다. 아침에 헤어져 오후에 만난 선두 조 황기수와 나양일이 하강 로프를 걸어 내린다.

"성겸 형, 안 죽었네……."

"의미가 있어. 후배님들하고 20년 만에 왔다는 것이……."

거세지는 바람을 타고 산우들의 목소리가 청암길에 울려 퍼진다. 이 자리에 없는 동료들의 염원이 담겨 있을 정겹고도 아름다운 소리들이…….

###  등반 길잡이

청암길은 청암 산우회가 1987년 9월부터 이듬해인 1988년 5월에 걸쳐서 개척한 길이다. 개척 대원으로 김성겸, 김문식, 나양일, 정용운, 이광범, 전홍, 최승희, 박민열, 김재성, 홍성모, 심일랑, 조해숙, 성관모, 김환중, 이충렬, 조원희 등 다수의 회원들이 참여했다. 전체 등반 길이는 190여 미터에 일곱 마디로 이루어져 있다.

루트의 난이도는 크랙과 슬래브를 연결하는 셋째 마디 부분이 5.11a이며 넷째 마디의 볼트로 진입하는 구간이 5.10c, 다섯째 마디 슬래브가 5.10b로 평가되어 있다. 청암길은 석굴암의 오른쪽 동굴 C코스에서 오른쪽 하단부로 내려간 후 첫째 마디를 시작한다. 그러나 첫째 마디를 생략하고 둘째 마디 출발점으로 걸어가서 등반을 시작하는 것이 보통이다. 등반이 끝나면 오른쪽 잡목 지대를 거쳐 만장봉 방향으로 갈 수 있지만 그 자리에서 하강이 가능하도록 쌍 볼트가 잘 설치되어 있다.

《 청암길

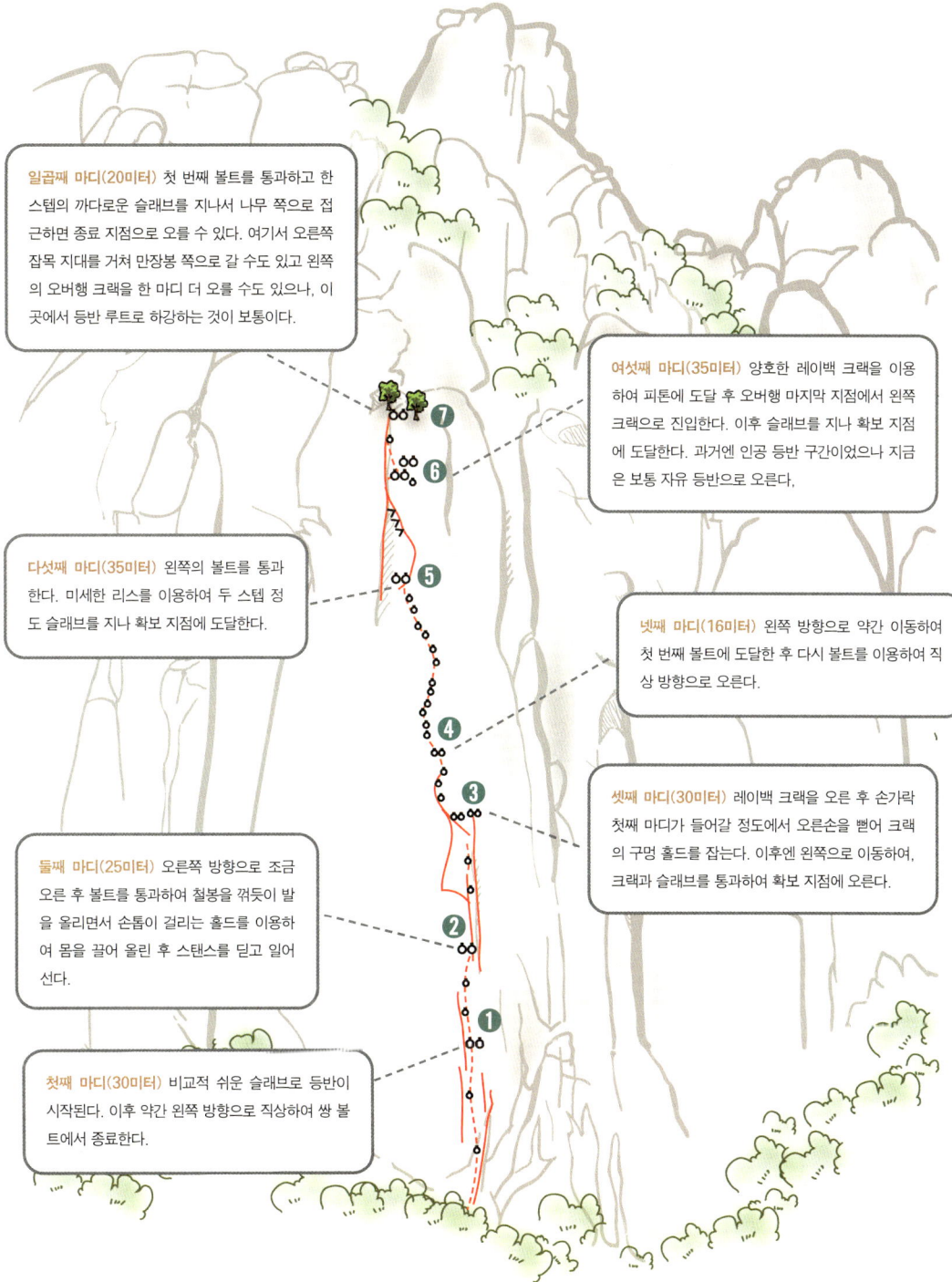

**일곱째 마디(20미터)** 첫 번째 볼트를 통과하고 한 스텝의 까다로운 슬래브를 지나서 나무 쪽으로 접근하면 종료 지점으로 오를 수 있다. 여기서 오른쪽 잡목 지대를 거쳐 만장봉 쪽으로 갈 수도 있고 왼쪽의 오버행 크랙을 한 마디 더 오를 수도 있으나, 이곳에서 등반 루트로 하강하는 것이 보통이다.

**여섯째 마디(35미터)** 양호한 레이백 크랙을 이용하여 피톤에 도달 후 오버행 마지막 지점에서 왼쪽 크랙으로 진입한다. 이후 슬래브를 지나 확보 지점에 도달한다. 과거엔 인공 등반 구간이었으나 지금은 보통 자유 등반으로 오른다.

**다섯째 마디(35미터)** 왼쪽의 볼트를 통과한다. 미세한 리스를 이용하여 두 스텝 정도 슬래브를 지나 확보 지점에 도달한다.

**넷째 마디(16미터)** 왼쪽 방향으로 약간 이동하여 첫 번째 볼트에 도달한 후 다시 볼트를 이용하여 직상 방향으로 오른다.

**셋째 마디(30미터)** 레이백 크랙을 오른 후 손가락 첫째 마디가 들어갈 정도에서 오른손을 뻗어 크랙의 구멍 홀드를 잡는다. 이후엔 왼쪽으로 이동하여, 크랙과 슬래브를 통과하여 확보 지점에 오른다.

**둘째 마디(25미터)** 오른쪽 방향으로 조금 오른 후 볼트를 통과하여 철봉을 꺾듯이 발을 올리면서 손톱이 걸리는 홀드를 이용하여 몸을 끌어 올린 후 스탠스를 딛고 일어선다.

**첫째 마디(30미터)** 비교적 쉬운 슬래브로 등반이 시작된다. 이후 약간 왼쪽 방향으로 직상하여 쌍 볼트에서 종료한다.

도봉산
우이암
전면 침니

# 보문산장과 첫 바위에 얽힌 기억

    죽은 듯이 꼼짝도 않던 생강 나무에 노란 꽃망울이 터진다. 매년 반복되는 일이지만 경이로운 일이 아닐 수 없다. 지난겨울이 생의 절정이었다 해도 또다시 시작할 수 있는 봄. 만물을 일깨우는 이때가 오지 않는다면 삶은 얼마나 비장해질까.

    주말 아침은 산에 갈 준비로 늘 부산하다. 차근차근 짐을 꾸려도 빠뜨리는 물건이 있기 마련이다. 봄철 산행의 주요 장비는 윈드 재킷, 랜턴, 수저, 비상식 등이지만 요즘은 휴대폰을 빼놓을 수 없다. 선글라스, 모자 등을 넣고 배낭을 꾸리는데 노란 표지기 하나가 툭 떨어진다. 주워 보니 거기에는 '가고파 북쪽대간' 그리고 '독도 동해'라고 쓰여 있다. 백두대간 종주 때 주워서 배낭에 넣어둔 물건인 듯싶다. 독도와 우이암은 시공을 초월할 만한 아무런 관계가 없다.

그러나 우이암으로 가는 날 내 발에 떨어졌으니 필시 서로 관계가 있을 것이라고 상상해본다. 생각해보니 남다른 지정학적 의미를 지닌 독도와 100미터도 안 되지만 엄연한 독립봉으로 대접받는 우이암은 어딘지 상통하는 데가 있다. 요즘 시국을 떠들썩하게 하는 '독도 동해'라는 문구에 다시 눈길이 멈춘다.

## 클라이머들의 종합 등반 교실

한국산악회가 1947년과 1953년에 학술조사대를 파견할 당시, 독도엔 일본 사람들이 박은 말뚝이 있었다. 지금 그 자리에는 대한민국 동쪽땅 끝이라는 표석이 서 있다. 요즘 독도를 둘러싼 일들은 일본이 만든 시나리오대로 흘러가는 듯한 느낌이 든다. 1999년에 맺은 한일어업협정은 우리나라가 외환 위기로 곤란을 겪을 때 일본이 배타적 경제 수역을 선포하겠다고 주장하는 상황에서 이뤄졌다. 우리 정부는 일본의 배타적 경제 수역 설정을 막는 대신 중간 수역을 받아들였다. 바가지 씌우려고 곱절의 값을 부른 사람에게 반만 내겠다고 한 꼴이니 깎아도 이익은 없는 묘한 상술에 걸린 셈이다.

독도엔 안용복이란 이름이 진해져 내려온다. 조선 숙종 때인 1693년 울릉도, 독도로 고기잡이를 나갔던 어부 안용복이 일본 어선과 충돌했다. 일본으로 끌려간 그가 "울릉도, 독도는 조선의 땅이며 일본

우이동 하산길에서 바라본 우이암. 정상에 오른 일행이 손을 흔들고 있다.

우이암 전면 침니에서 후면으로 나오는 트래버스 구간. 김미숙이 조심스럽게 이동하고 있다.

어부들의 침범은 부당하다"며 따졌다. 이 사건 뒤 1696년 도쿠가와 막부는 울릉도와 독도가 조선 땅이며 일본 어부들의 월경을 금지한다는 결정을 내렸다.

이야기가 길어졌다. 다시 우이암으로 돌아오면 그 아래 보문산장에 배용복이란 사람이 있다. 비교 대상은 아니지만 참 공교롭다. 배용복이란 이름을 기억하는 사람은 우이암에서 전성기를 보낸 시대적 공감대를 가진 산악인들이다. 그는 1974년, 무인이었던 보문산장에 들어와 지금까지 관리를 맡고 있다. 그러나 산장은 시대적 변화에 따라 철거될 운명에 처해 있다. 시간과의 싸움은 언제나 슬프게 끝나고 마는 걸까.

대한민국 산악 운동의 핵심 북한산. 그곳에 우이동이란 이름을 낳게 한 우이암에도 어김없이 일본 사람 이름이 등장한다. 원로 산악인 손경석의 저서 《산 또 산으로》에 따르면 한국인 임무와 일본인 이이야마 다쓰오가 우이암의 기존 루트인 핸드 트래버스 코스를 처음 오른 것으로 전해진다.

1929년 또는 1932년이 지금껏 우이암의 초등 연도로 알려진 기록이지만 1981년에 와서 이이야마는 우이암의 초등 연도를 1926년 8월로 수정했다고 한다. 혹시 독도가 일본 땅이며 동해가 일본해라는 주장과 상통하는 발상이 아닐까 하는 의구심이 든다.

우이암의 명칭에 대해서도 논란의 여지가 있다. 《산과 인생》의 역자인 박성용의 조사에 의하면 우이암은 관음봉이며 도봉산 능선을 타고 오르는 중간의 형제봉으로 부르는 쌍바위가 우이암이라는 주장을 한다. 이용대가 발굴한 조선 시대의 유학자 홍량호의 《우이동 구곡 탐사기》에는 우이동에서 삼각산의 백운대와 인수봉이 소귀처럼 보이므로 소귀리 또는 우이리라 하였다고 한다. 그러나 그 자료만으로 우이암의 명칭이 쉽게 고쳐질 바는 아닌 듯싶다. 어쨌거나 현재의 산악인들은 지금 우이암으로 부르는 그 봉우리를 오르고 또 올랐다.

겨우내 근질근질했던 몸을 담금질하기 위해 달려가던 곳. 그곳이 바로 우이암이었다. 아기자기한 바위에 발달한 크랙과 홀드는 서울 출신의 클라이머들에게 종합 등반 교실의 장이었고 주변의 아늑한 공간은 잊지 못할 추억을 만들기 좋은 장소였다. 흔히 선배들이 의도적인 술심부름이나 '빳따' 교육을 실시하기에 우이암은 더없이 만만한 곳이었다.

오늘은 바로 그런 우이암의 기존 길을 오르는 날이다. 처음 바위를 접하는 김민숙과 몇 차례 경험을 가진 출판편집자 조경숙, 그리고 조금 더 경험이 있는 영화감독 김석우가 우이암에 신고식을 치른다. 이들을 정상으로 인도하는 사람은 구인모. 그도 역시 선배였던 선우중옥을 따라 이곳을 올랐다. 선인봉 박쥐길 초등자 선우중옥은 당시 한양대학교 학생이었으며 구인모에게 중·고등학교와 대학 선배이다.

구인모와는 1996년 5월에도 이곳에 함께 왔었다. 고교 시절 우이암에서 첫 바위 경험을 하였던 보우 산악회의 김정욱과 유기환이 그때 동참했으며 이용대와 유학재, 그리고 한양대 오비들도 함께 올랐었다.

### 작지만 쉽게 여길 수 없는 바위

"그동안 변했나 봐."

"바위도 많이 쪼개지고……."

기억이 흐려지는 것은 당연한 일이지만 눈 감고 다니던 길조차 잊어버리는 것은 난감한 일이 아닐 수 없다. 우이암 기존 길 앞에서 아직 선등이 충분한 구인모가 "난 이제 톱은 안 할래"라며 속마음을 내비친다. 그의 말은 선문답처럼 우회적이어서 본래의 의도가 아닐 수 있다. 필시 상대를 배려한 말임을 짐작하고 얼른 선등 로프를 몸에 묶었다. 침니에 몸을 넣고 비틀어보니 그제서 과거의 기억들이 되살아난다.

"요철 부위를 딛고 일어선 다음 이렇게……."

"짝힘은…… 손가락으로 당기고 바닥으로 밀고."

"저게 말은 쉽지 우리에겐 절대 해당 사항 없어요."

초보인 일행들에게 친절히 설명한다는 말이 곧바로 비판의 화살이 되어 날아온다. 조경숙은 물론 김석우도 예상보다 만만치 않은 반응을 보인다. 첫째 마디를 마치고 막다른 벽 안으로 들어가자 일행들의 눈초리는 점점 더 길게 째진다. 10미터쯤 되는 반침니를 오르며 좌측 벽의 크랙에 발을 끼고 손발을 좌우로 벌려 오르는 방법을 설명해도 먹혀들지 않는 눈치다. 방송작가협회 산악회에서 부대장이란 직함을 가지고 있는 김미숙만이 체면상 구시렁대지 않을 뿐이다. 예전에 삼각바위가 침니 아래 부분에 끼여 있을 때는 등반이 지금보다 쉬웠다. 그러나 삼각바위가 떨어져 나간 지금은 초보자들에게 더 부담스러워졌다. 하지만 여기까지 오면 포기하고 내려가는 일이 더 귀찮다. 군소리를 하기보다는 홀드 하나라도 눈여겨봐두는 게 이로운 일이다.

레이백과 스테밍의 원리를 적용하여 셋째 마디의 침니 구간을 돌파한다. 뒤이어 오르는 일행들의 모습을 위에서 보니 바위로 이루어진 꽃의 꽃술이 흔들리는 듯이 보인다.

쌍 볼트가 박힌 셋째 마디 종료 지점에 도착한다. 로프를 걸고 저 아래 바닥으로 하강할 수도 있으니 여기까지 온 것만 해도 다행이다.

"자, 따뜻한 남쪽 나라로 나갑니다."

째진 크랙에 손가락을 넣고 트래버스를 하여 넷째 마디를 건너간다. 이곳은 핸드 트래버스 또는 손가락을 피아노 치듯 교차시켜 횡단한다고 하여 '피아노 바위'로 부르던 곳이다. 다소 고도감이 느껴지지만 어렵지는 않다. 모든 밸런스를 요하는 루트가 그렇듯, 정신 차리면 초보자라도 문제없다. 다만 실수로 미끄러지지 말아야 한다. 그러면 시계추처럼 대롱대롱 로프에 매달리게 된다.

10미터쯤 되는 트래버스 구간을 건너가자 또다시 원성이 터진다.

"아니 여기까지 오면 걸이길 수 있다고 했잖아요."

"그, 그렇지. 저기 아래로 하강하면……."

"한두 번 당하는 게 아니잖아요."

원통사에서 바라본 우이암.

우이암을 처음 오른 지 45년이 지났지만 아직도 날렵한 동작을 보여주는 구인모.

"이제 다 왔다는 말을 믿은 우리가 잘못이지……."

드디어 김석우까지 공격에 가세한다. 답변이 궁색해진 나는 다시 정상으로 달아날 채비를 한다. 이곳은 1969년 5월에 창간된 우리나라 최초의 산악잡지 《등산》지의 표지사진으로 찍힌 장소였다. 그때의 모델이었던 임경식은 사진을 찍은 후 해외 원정 훈련대에 발탁되어 설악산 죽음의 계곡에서 훈련하다 눈사태로 사라져갔다. 책이 나왔을 때 그는 이미 세상 사람이 아니었다. 지금 이곳을 건너는 구인모는 바로 임경식과 함께 훈련대에 참가했다가 생존한 장본인이다.

우이암은 쉽게만 볼 수 있는 바위가 아니다. 전면 왼쪽에는 1969년 청봉 산악회에서 개척한 오버행 피톤 코스와 기존 길 바로 좌측으로 고르고길이 있고, 테라스에서 건너가는 펜듈럼 코스가 있다. 우정 산악회가 개척한 전면 벽은 아직도 만만하지 않다. 1973년 설악산의 토왕성 빙폭에서 단독 등반을 시도하다가 떨어져 죽어간 요델 클럽의 송준호도 1967년에 우이암 전면에 정열을 바쳤다. 또 토왕성 빙폭 초등자인 크로니 산악회의 박영배는 눈도 녹지 않은 이른 봄, 후면을 단독 등반하다가 추락하여 중상을 입고 겨우 목숨을 건진 사실이 있다. 때론 도봉산에서 우이동으로 하산하다가 배낭을 벗어두고 얼른 정상에 올랐다가 내려오기도 했던 곳이다.

## 첫 바위는 언제나 동지를 만든다

마지막 다섯째 마디는 오른쪽 볼트를 출발하여 페이스의 홀드를 잡고 체중을 이동하는 곳이다. 김석우는 펌핑이 와도 어떻게든 올라야 한다는 입장. 김미숙은 역시 부담이 되는 눈치지만 방송작가협회의 명예를 저버릴 수 없는 상태다. 이곳이 끝이었으면 좋으련만 여기서부터 느껴지는 고도감은 첫 경험자들을 주눅 들게 한다.

구멍 홀드에 손을 집어넣고 든든한 느낌이 나는 왼쪽 벽의 나이프 피톤에 카라비너를 걸고 테라스로 기어오른다. 마지막 남은 정상으로의 도약은 키에 따라 방법이 다르다. 한 번의 까치발로 손가락이 걸리는 홀드를 찾아낼 수도 있지만 손을 뻗어도 닿지 않는 사람은 턱이 얕은 대신 고도감이 삼삼한 바깥쪽을 택해야 한다. 손가락이 걸리는 홈을 찾아내서 그곳을 잡고 정상으로 오른다. 뒤이어 변함없는 솜씨를 구사하며 구인모가 올라왔다. 처음이라 어정쩡하지만 김석우와 김미숙의 오름짓도 무난하다. 두 사람이 어느새 동지가 되어 손을 잡는다. 기쁘고 시원하다. 겨우내 흔들리던 기운이 우이암 첫 바위로 말끔히 사라진다.

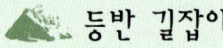
### 등반 길잡이

우이암은 약 60미터에 달하는 기둥형 바위다. 부분적으로 완경사도 있지만 총 10여 개의 등반 루트 대부분이 수직을 이루고 있으며 오버행 구간도 있다. 기존 길은 전면 우측의 침니를 올라 후면으로 트래버스하여 건너간 다음 정상으로 오르는 초급자 루트다. 초등자는 한국인 임무와 일본인 이이야마 다쓰오로 전해진다. 초등 연도는 1929년으로 알려졌으나 1926년으로 수정한 바 있으며 1932년으로 발표된 자료도 있다. 한국인으로서는 김정태가 1930년대 중반에 등반했다고 한다. 우이암은 도봉산에 있지만 산행 기점은 우이동에서 오르는 것이 편하다. 그린파크 호텔 입구에서 우이암까지 약 1시간이 소요된다.

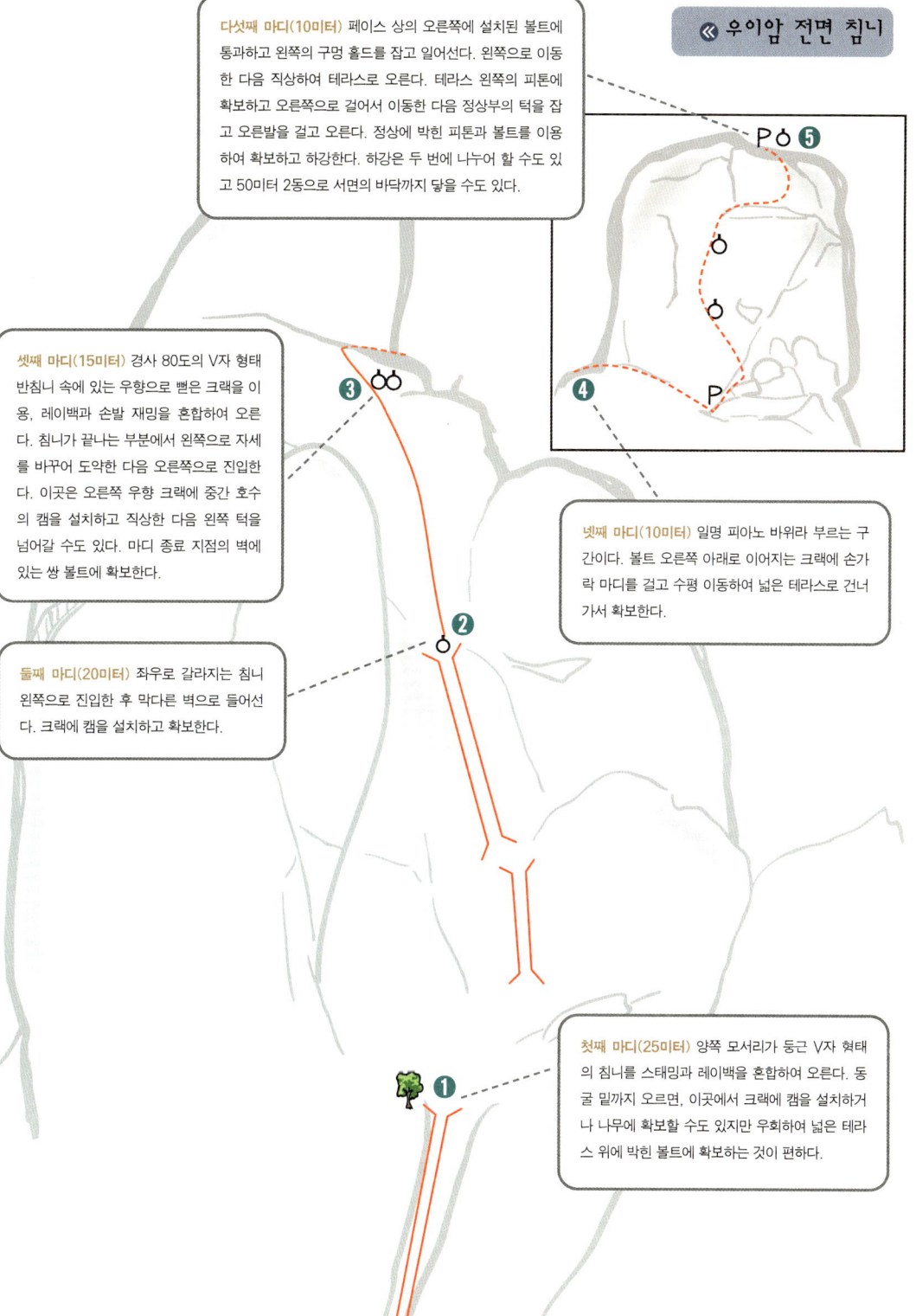

도봉산
주봉
K크랙

# 작지만 매운
# 1960년대 클라이머들의 등용문

주봉은 도봉산 주릉에서 남쪽으로 살짝 비껴 서 있는 암봉이다. 이 봉우리의 동북쪽으로는 선인봉, 만장봉, 자운봉이, 남쪽으로는 우이암이 호위하듯 지키고 서 있다.

푸른 숲 속에 불쑥 솟아난 주봉은 생김새가 건장한 남성의 성기와 닮아 기둥바위 혹은 주봉으로 불린다. 초등 당시에는 주암이라고도 했다.

주봉은 아담하다. 높다는 남면이 높이 50~60미터, 낮은 서면이 높이 30미터쯤 된다. 긴 로프를 이용하면 단 한 마디에 끊을 수도 있는 등반 거리다. 하지만 작은 고추가 맵다는 말대로 주봉은 자신을 쉬이 허락하지 않아 클라이머들의 애를 많이 태웠다. 주봉은 근대 암벽 등반이 태동한 1920년대부터 클라이머들의 주목을 받아왔다.

1934년 김정태와 엄홍섭도 이 바위에 눈독을 들이고 주봉 아래에서 조우했다. 1930년대 초 로프 파트너 없이 혼자 하이에나처럼 바위를 찾던 이들의 만남은 우리나라 등반사에 중요한 사건이었다.

### 1940년 양두철, 주형렬, 엄홍섭이 초등한 K크랙

현재 예닐곱 코스가 있는 주봉은 1929년 임무와 일본인 이이야마 다쓰오가 남면의 침니 코스로 초등했다. 이들은 우이암을 전면 침니 코스로 초등한 기록을 갖고 있다. 한편 악우회의 《한국의 암벽》은 이들이 주봉 서남면의 삼단벽 코스를 1934년에 초등한 것으로 기록하고 있다.

한양대학교 OB 산악회 구인모가 1940년 10월에 개척된 주봉 K 크랙을 오르고 있다.

남면의 빌라길은 1973년 8월 김태호, 이성환, 김용하, 전명권, 장경덕, 김희준 등 서울 빌라 산악회 회원들의 3개월간의 노력으로 개척이 이루어졌다.

T오버행이라고도 불리는 북면의 천장길은 초등된 해와 초등자에 대한 기록이 남아 있지 않은 듯하다. 1960년내에는 도봉산 3대 오버행의 하나로 각광을 받았지만 인공 등반의 열기가 식은 요즘은 잊혀져가는 바윗길이 되었다. 실제로 최근 천장길을 시도했던 클라이머

주봉 등반을 앞둔 일행들. 왼쪽부터 최승철, 채미선, 이명희.

들이 피톤과 볼트 상태가 불량해 곤욕을 치르기도 했다.

천장길 둘째 마디 처마 갈림길에서 오른쪽으로 찢어진 변형 천장길은 1963년 한양대 산악부가 개척했다. 이 코스는 그 무렵 우리나라를 찾았던 이본 취나드가 등반을 시도했지만 실패했던 곳이기도 하다.

천장길과 삼단벽 코스 사이의 크랙으로 오르는 서북면의 피톤 코스 역시 초등 기록이 알려져 있지 않다.

서면의 K크랙은 주봉을 대표할 만한 바윗길이다. 이곳은 예전 클라이머들이 주봉 하면 바로 K크랙을 연상할 정도로 악명(?)이 높았다. K크랙은 1937년 11월 김정태, 엄흥섭, 최학주, 일본인 이시이가 초등한 노적봉의 T침니, 1938년 4월 엄흥섭, 김정태가 초등한 선인봉의 측면길과 더불어 1960년대까지 산악계에서 3대 난코스로 꼽히던 루트였다. 그래서 세 코스 가운데 둘만 끝내면 '제법 한다'는 소리를 들었고, 셋 모두 등반하면 클라이머 선두 반열에 오를 수 있었다. 최고 클라이머가 되는 등용문의 마지막 관문은 언제나 주봉 K크랙이었다.

이 지난한 코스는 1940년 10월 백령회 멤버였던 양두철, 주형렬, 그리고 백령회 회장 엄홍섭이 초등했다. 당시의 상세한 기록은 없지만 네 마디로 나누어 등반한 것으로 추측된다.

초등자 가운데 백령회 회장 엄홍섭은 김정태와 선인봉 측면길을 초등한 로프 파트너 엄홍섭과 동명이인이다. 그는 당시 석탄 공업사의 기술 실장으로 있으면서 산꾼들을 음양으로 지원했다. 같은 시기에 활동한 두 산악인을 구분하기 위해 김정태의 로프 파트너를 '와다나베 엄', 석탄 공업사 기술 실장을 '미쿠니 엄'이라 불렀다.

K크랙 초등자들 가운데 유일한 생존자인 양두철은 1918년 서울 서대문 현저동에서 태어나 어릴 적부터 동네 뒷산이었던 인왕산에서 뛰어놀며 산과 가까워졌다. 동양공업고등학교의 전신인 소화공업고등학교를 졸업한 뒤 청파동에서 양천 공업사라는 철공장을 운영했다. 스무 살이 채 안 된 1936년 무렵이었다.

아침마다 인왕산을 오르던 그는 거기에서 자주 마주쳤던 백령회의 엄홍섭과 사귀게 되었다. 주형렬도 인왕산에서 만났다. 인왕산 아래 옥인동에 사는 주형렬도 매일 아침 인왕산에 올라왔던 것이다. 양두철은 이들과 만나면서 암벽 등반을 시작했다. K크랙 초등자들의 운명적인 만남이었다.

이들은 중앙청 근처 체부동의 엄홍섭의 집에 모여 일본에서 나온 암벽 등반 교본을 읽었고 인왕산 바위에서 실습했다. 그렇게 얼마쯤 암벽 등반을 하다가 한국인끼리 이루어진 산악회가 없는 것을 깨닫고 뜻이 맞는 동료들을 규합, 1937년 모임을 만들었다. 이 단체가 바

K크랙을 오른 후 천장을 자유 등반하는 김형진. 주봉은 우리나라에서 슬픈 암벽 사고의 서막을 연 바위다. 1938년 4월 양정고보 산악부 노정환이 로프 없이 전면 침니 코스를 오르다 추락사한 것이다.

로 한국인 최초의 클라이머 모임인 백령회다.

　창립 후 백령회원들은 북한산과 도봉산의 바위들을 두루 올랐다. 일본인들이 초등에 열을 올리고 있을 때였다. 쉬운 코스는 거의 그들에 의해 초등되었다. 양두철은 백령회 회원들과 변형 코스로 등반을 시도하여 2개의 초등반을 해냈다. 1937년 9월에는 김정태, 엄홍섭, 김효중과 노적봉 정면 벽 슬래브 코스를, 1940년에는 인왕산에서 인연을 맺은 주형렬, 엄홍섭과 주봉 K크랙을 오르게 되었다.

　초등 당시 사용되었던 피톤은 양두철이 손수 만든 것이었다. 암벽 등반에 열중하면서 피톤의 필요성을 느낀 양두철은 자신이 운영하는 철공장에서 제작한 피톤을 바위꾼들에게 공급하기도 했다.

　서울 근교의 바위에 이력이 날 때쯤 백령회 회원들은 눈을 금강산과 백두산으로 돌렸다. 양두철은 1941년 10월에 김정태, 주형렬과 함께 금강산 집선봉 CII 정면벽을 초등했다. 그리고 이듬해 1월에는 백령회와 조선 산악회 합동으로 소백산, 간백산, 서간백산, 와사봉 등 5연봉 종주 등반으로 백두산을 오르는 등 왕성한 등반 활동을 했다.

　초등자 양두철에게 1957년은 불운한 해였다. 당시 그는 큰아들 양건웅을 데리고 도봉산에서 야영한 후 만장봉을 등반하였다. 하강할 무렵 갑자기 먹구름이 몰려오더니 곧 소나기가 쏟아지기 시작했다. 마지막으로 그가 하강할 때 피톤에 벼락이 떨어졌다. 로프를 따라 흐른 벼락에 감전된 그는 20여 미터를 떨어졌다. 다행히 소나무에 가랑이가 걸려 더 이상 추락하지는 않았다. 대퇴부와 발목이 부러지고 창자가 끊어지는 큰 사고였다. 1년을 병상에서 지냈지만 결국 왼쪽 다리 불구가 되고 말았다.

## 주봉에 쏟아지는 달빛 감상하던 야영장

일행과 함께 주봉을 찾은 7월 12일. 장맛비가 내릴 것이라는 예보는 빗나가고 서울 하늘은 오랜만에 푸르렀다. 오늘 주봉 등반에는 1960년대 초 북한산과 도봉산이 좁다는 듯 등반을 벌인 한양대 오비산악회의 박송운, 구인모, 요세미티 엘 케피탄 등지를 등반하고 돌아온 최승철, 김형진, 그리고 인수봉과 신인봉의 웬만한 코스는 모두 섭렵한 미모의 두 아가씨 채미선, 이명희가 동행했다.

주봉 야영장에서 땀을 쏟는다. 이 야영장은 아름다운 야경으로 서울 산꾼들의 사랑을 듬뿍 받았다. 무엇보다 달빛에 물든 주봉을 온전히 감상할 수 있는 곳이었다. 주봉을 찾았던 산꾼들은 여기에 A형 천막을 치고 동료들과 맺었던 추억을 한 가지씩은 가슴에 품고 있다. 야영이 금지된 요즘은 더 절실하게 옛일이 다가온다. 하지만 진달래 싸리나무같이 키 작은 나무만 있던 둘레 숲에는 밤나무, 소나무 같은 나무들이 우거져 주변 풍경은 물론 추억의 주봉도 까치발을 해야 겨우 그 머리를 볼 수 있을 정도로 변했다.

K크랙 등반 시작점인 서쪽 안부에 짐을 부린다. 주봉 둘레에는 무지개 색의 햇무리가 주봉을 감싸고 있다. 후광에 의해 더욱 신비스러워 보인다. 쉽게 볼 수 없는 광경이다.

서로 올라가겠다는 젊은 클라이머들을 뒤로 물리고 구인모가 선등을 선다. 쉰이 넘은 나이임에도 요즘도 시간만 나면 암벽 장비를 꾸려 인수봉, 도봉산, 혹은 설악산까지 멀다 않고 달려가는 그인지라 몸짓이 매우 부드럽다. 손쉽게 두 마디를 올라선다. 굵은 소나무에 확보한다.

셋째 마디는 왼쪽의 턱을 넘는 것인데 바위에 가려 홀드를 찾기가 쉽지 않다. 과감한 동작으로 체중을 이동하면 두세 명이 설 수 있는 테라스다.

문제는 넷째 마디. K크랙에 붙은 악명이 여기서 유래했다. 등반자들이 많이 추락하는 곳이기 때문이다. 요세미티 등급으로 5.9가 매겨져 있고, 등반 거리도 짧은 편이지만 집중하여 오르지 않으면 곤욕을 치른다.

왼손을 크랙에 깊숙하게 끼우고, 발은 재밍을 하거나 좌우 벽의 스탠스를 찾아야 한다. 손바닥 오퍼지션이나 주먹 재밍은 잘 먹지 않는다. 팔꿈치를 구부려 끼우는 암바 기술이 효과적이다. 발 재밍을 하고 이 동작을 여러 번 반복하면 평평한 정상이다.

위쪽 너럭바위에는 손가락 깊이 정도의 구덩이가 있다. 구인모는 "예전에는 여기에 쪽지를 넣어둔 빈 병이 있어서 등반한 클라이머들의 이름을 적어 넣었다는 얘기를 선배들에게 들었다"고 일러준다. 그만큼 어려운 까닭에 선등도 함부로 안 세웠었다고 덧붙인다.

예전에는 등정자의 이름을 적어 넣는 유리병이 있었던 주봉 정상에 모인 일행들. 맨 뒤쪽부터 시계 반대 방향으로 구인모, 박송운, 채미선, 이명희, 김형진, 최승철.

## 암벽 등반 중 최초의 사고를 기록한 주봉

　남쪽의 침니가 눈에 들어온다. 주봉은 우리나라 클라이머가 암벽 등반 중 처음으로 사망한 슬픈 사연을 간직한 바위이기도 한데 당시 추락 지점이 바로 남면 침니였다.

　1939년 4월 6일 안개가 자욱한 봄날, 양정고보(현 양정고등학교) 산악부장 노정환은 이제영, 이종민, 전일, 정대혁, 임종대 등을 이끌고 주봉으로 갔다. 그는 남변의 침니 코스를 로프 없이 단독으로 오르다 셋째 마디의 나팔형 좁은 침니에서 추락했다. 바위 테라스에 한번 부딪치고 공중으로 튕겨나간 후 바닥으로 떨어져 의식을 잃은 그는 6일 후 짧은 생을 마감했다.

노정환은 신장 167센티미터, 몸무게 54킬로그램에다가 남다른 유연성까지 겸비한 암벽 등반의 달인이었다. 학업 이상으로 암벽 등반에 몰두한 그는 한 해에 130차례나 바위를 찾을 정도로 열정적이었다. 그는 로프를 쓰지 않는 단독 등반을 즐겼는데 이는 자제력 강한 몇몇 클라이머를 유혹하는 모험적 클라이밍이었다. 죽음을 무릅쓰고 가장 위험한 등반을 추구하는 그의 등반 스타일은 당시로서는 이해받지 못할 시대를 앞서간 행위였다. 이러한 이유로 그의 죽음이 오늘날에 더 기억되는 것이다.

하늘은 파랗고 숲은 푸르고 바람은 맑다. 숨을 깊이 들이마신다. 구인모가 우크렐레를 꺼내 줄을 퉁긴다. 청아한 음색의 '설악가'가 주봉에 울린다. 모두들 따라 부른다.

"저 멀리 능선 위에 철쭉꽃 필 적에 꿈같은 산행을……."

 등반 길잡이

도봉산 주봉 K크랙은 1940년 10월, 백령회 멤버였던 양두철, 엄흥섭, 주형렬 등이 초등한 코스다. 길이는 20미터에 불과하지만 주봉의 삼단벽, 남면, 천장 코스 등과 함께 종합적인 등반 기술을 요하는 중요한 등반 루트 중 하나다. K크랙은 주봉 삼단벽의 둘째 마디 소나무에서 왼쪽으로 등반을 시작한다. 확보 조건과 탈출 조건이 양호하다. 정상에 오르면 피톤에 로프를 걸고 등반 루트 또는 서면으로 하강할 수 있다.

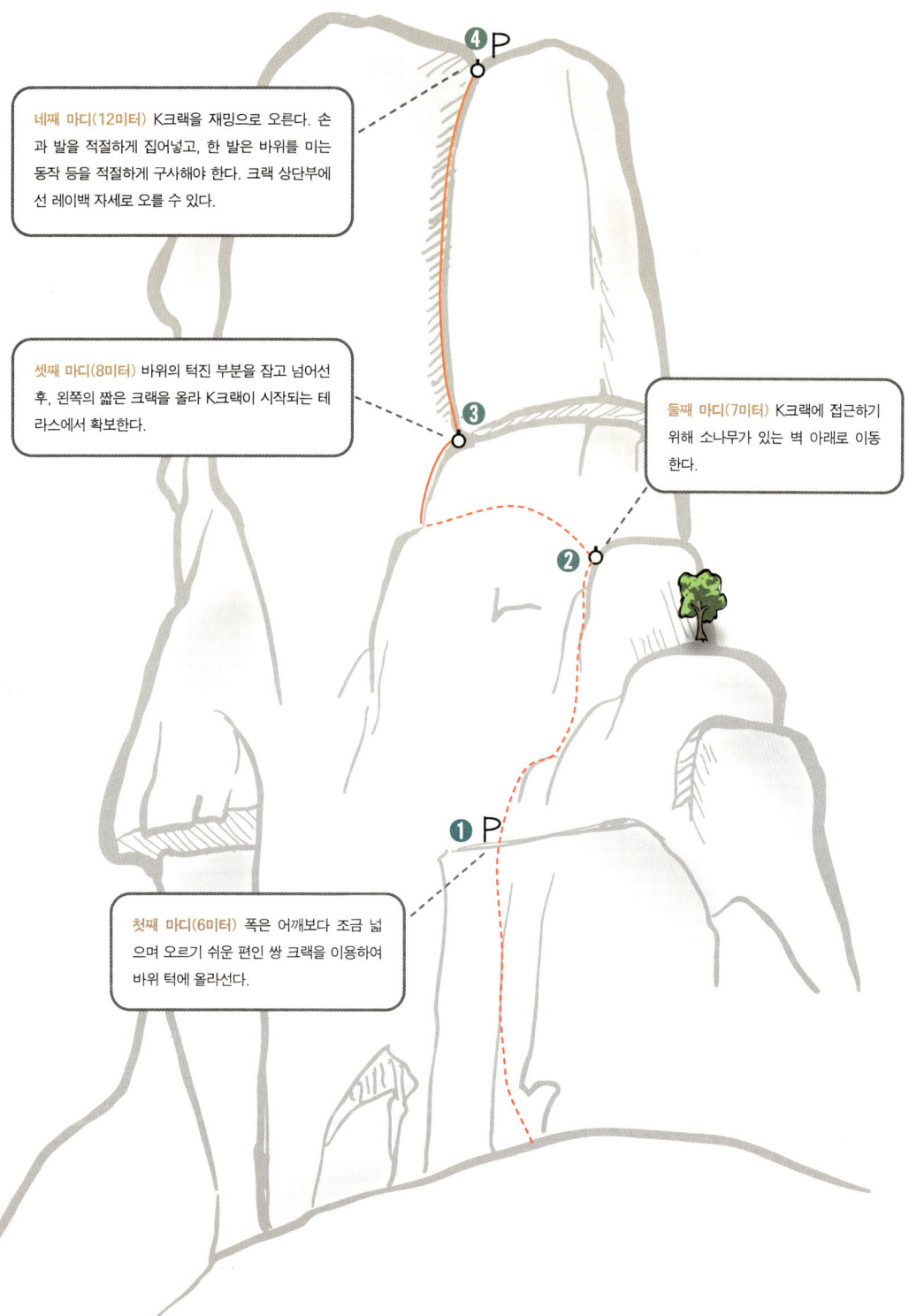

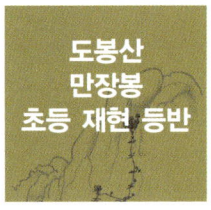

도봉산
만장봉
초등 재현 등반

# 모직 양복에 스타킹을 신고
# 처음처럼 오르다

1987년 4월 26일 선인봉 후면, 만장봉이 보이는 공터에는 많은 사람들이 모여 술렁대고 있었다. 싱그럽게 물이 오른 나무에 봄볕이 따스한 날이었다. 이날 산행에 나섰다가 선인봉 후면 공터를 지나던 사람들은 방송국 취재 카메라 앞에서 이색 복장을 한 사람들을 신기한 눈으로 구경하느라 바빴다.

"웬 영화 촬영인가? 종로파 야인들이 도봉산으로 떴나?"

도리구치 모자와 모직 양복에 리커복과 스타킹 등 근대식 퓨전스타일의 복장을 차려입은 이들은 사람들의 눈초리를 받고도 남을 만했다. 신기하고 우스꽝스러운 차림의 모델들은 허창성, 이용대, 신승모 등이었고 이들은 한국산서회가 주최하는 만장봉 초등 루트 재현 등반팀의 일원이었다. 또한 현대식 복장을 한 등반팀은 허욱, 이찬영. 남선우. 허정식 등 당시까지 현역을 구가하던 유명 산악인들이었다.

한국산서회는 마포의 평화출판사 마당에서 종종 모임을 가졌다. 초기 회원들은 산에 오르는 것만이 아닌, 책을 읽고 평가하고, 또 사람 만나 어울리는 재미를 나름대로 즐겼다. 그 분위기는 한동안 이어졌다. 한국산서회는 이조 때 홍량호가 쓴 글을 통해 우이동 계곡에 존재하던 우이구곡을 찾아 나섰고, 설악산 한계 고성 답사도 실시했다. 또한 처음으로 산악문화상을 만들기도 했다.

그런 가운데 '산악 운동의 뿌리와 흐름을 찾아'라는 이름하에 실시한 초등 루트 재현 등반은 산악계에 신선한 흐름을 만드는 문화 행사가 아니었나 싶다. 그때보다 물질적으로 더 풍요로워진 지금이라고 해도 다시 그런 일을 하긴 쉽지 않다. 이 행사로 인해 한국 암벽 등반의 효시는 언제일까라는 의문점이 부각되기 시작했다. 그동안 이에 대한 언급은 손경석이 보유한 자료나 발표에 상당 부분을 의존했다고 해도 과언이 아니었다.

고전적인 복장으로 만장봉 침니를 오르는 신승모.

듈퍼식 하강을 시연해 보이고 있는 이용대.

## 1931년의 김정태의 등반

만장봉의 초등 연도는 1931년 영국 산악회보인 《알파인 저널》에 실린 클리프 휴 아처의 등반기에 의해 어림잡을 수 있다. 한국산서회 역시 이 기록을 토대로 초등 연도 등을 발표했다. 그런데 변기태가 《알파인 저널》의 원본을 구해오면서 아처의 등반 루트와 시기가 보다 구체적으로 밝혀지게 되었다. 그리고 2006년 가을에는 아처가 그려놓은 선을 따라 고증 등반에 나서기도 했다.

아처는 영국인 동료 H. A. 매크리와 함께 만장봉의 남면과 북면을 오른 것으로 보고되어 있으며, 한국산서회도 이 자료에 따라 1987년에 만장봉의 북면 침니를 재현 등반했다. 그러나 《알파인 저널》을 통해, 아처가 처음 오른 곳은 선인봉 동북면 경송 A코스와 어센트길 사이의 쿨루와르로 밝혀졌다. 아처는 자신이 오른 루트를 표기했는데, 그것이 바로 아처의 만장봉 첫 등반 선인 셈이다.

만장봉과 선인봉은 한 덩어리로 볼 수 있기 때문에 구분이 애매할 수도 있다. 김정태의 《등산 50년》에는 1934년 3월, 마레카와 치하루 일행이 선인봉 동측면을 올랐다고 했으며, 김정태와 엄흥섭 일행도 같은 시기에 만장봉 동면벽을 올랐다고 기록하고 있다. 그런 사실을 종합해볼 때 이들이 올랐다는 루트는 아마 같은 곳이 아니었을까 하는 점도 배제할 수 없다.

김정태는 중학교 2학년 때인 1931년 동년배인 사촌 아우와 함께 처음으로 만장봉을 올랐다. 그는 전해에도 인수봉 후면을 오른 바 있다. 그리고 인수봉 후면을 오를 때의 상황과 유사하게도 선인봉 뒤에 있는 만장봉을 정상으로 착각하기도 했다. 선인봉 뒷면을 이리저리

만장봉 북면 침니를 통해 정상에 오른 초등 재현 등반팀. 왼쪽부터 허창성, 이용대, 신승모.

기웃거리다가 오르게 된 곳이 바로 만장봉 북면 코스였다.

 20미터 로프를 지닌 김정태는 사촌 아우와 함께 까다로운 직벽을 통해 무난히 만장봉 정상에 올랐다. 두 소년은 정상에 서서 한동안 감격을 나눴다. 그러나 기쁨은 잠시였고 곧 내려갈 일이 걱정이었다. 이들이 서쪽벽의 2마디로 된 하강길을 알 턱이 없었다. 그래서 만장봉의 동면벽을 택해서 하강을 하게 되었다. 뒬퍼식 하강법조차 알지 못한 이들이 20미터 로프를 어깨에 걸치고 내려오는 방식으로 하강한다는 것은 위험하기 짝이 없는 일이었다.

 두 사람은 동면벽 아래로 10미터씩 끊으면서 하강했다. 그러나 문제는 짧은 줄이었다. 먼저 내려가던 사촌 아우는 결국 로프가 모자라 낭떠러지에 떨어지고 말았다. 사촌 아우는 신음소리를 내며 울었다.

당황한 김정태가 소리를 지르며 황급히 로프를 잡고 내려갔지만 로프가 짧기는 김정태에게도 마찬가지였다. 5미터쯤 내려가니 몸이 허공에 떠서 4~5미터쯤 아래의 70도 경사인 벽에 간신히 몸을 붙여야 했다. 팔의 힘이 점점 빠졌으나 어찌할 도리가 없었다. 순간 왼쪽 4미터쯤 떨어진 곳에 있는 조그만 나무가 눈에 들어왔다. 로프를 손목에 휘감고 오른쪽을 밀면서 나무가 있는 왼쪽의 조그만 테라스로 힘껏 뛰었다. 위험에 직면해서 나오는 본능적인 행동이었으나, 이것은 사전 지식 없이 성공한 펜듈럼이었다.

사촌 아우는 무릎을 몹시 다친 듯 바지에 피가 배어 있었고 쉽사리 움직일 수가 없었다. 옷을 찢어 상처 부위를 감싸고 공포의 하산을 시작했다.

두레박질을 되풀이하며 내려오던 중 날이 저물었으나, 필사적으로 그 무시무시한 암벽을 탈출했다. 사촌 아우를 등에 업고 비탈을 내려오며 넘어지고 뒹굴고 기다시피 하여 천축사로 들어갔다.

아침이 되자 사촌 아우는 몸을 제대로 가누지 못할 정도로 아팠다. 김정태는 다시 그를 업고 도봉산을 내려왔고 평지를 터벅터벅 걸어 창동 기차역까지 가야 했다.

천신만고 끝에 집에 도착한 김정태는 40여 일 동안 사촌 동생을 업거나 자전거에 태우고 각종 손발 노릇을 해주면서 보내야 했다. 이러한 일련의 일들은 김정태에게 참다운 산을 알게 하는 계기가 되었고 외국의 유명한 등반가들에 대한 관심을 갖게 하는 동기를 제공해주었다.

### 영국산서회 고문서실에서 아처의 기록 발견

아처의 만장봉 북면 등반 시기는 김정태가 오르기 한 해 전인 1930년 10월로 추정된다. 1995년 영국산악회 고문서실에서 발견된 아처의 인수봉 등반기에서, 1929년 9월에 인수봉을 오르고 6개월 후에 만장봉을 올랐다고 밝힌 기록이 그 단서이다. 아처는 4월에 만장봉 남면을 오르고 6개월 후 북면을 시도했다고 썼다. 기록대로 시기를 추측해보면 남면은 1930년 4월에, 북면은 10월에 올랐다는 결론에 이른다.

산서회지에 발표한 연도도 1930년이었는데, 이 사실은 아처가 백운대 철책이 등반이 이루어지기 2~3년 전에 설치되었다고 기술한 것에 근거한다. 백운대 철책은 1927년에 완성되었다. 아처는 알프스의 마터호른을 오른 에드워드 휨퍼가 알프스 등반기에서 밝힌 두 가지 기구, 닻 모양의 갈고리와 로프는 물론 고정용 톱니 모양 고리 등을 그대로 만들어 만장봉 등반에 사용했다. 산서회 고증 등반 때도 이런 대나무 장대를 만들어 사용한 바 있었다. 그러나 고증 등반팀은 대나무 갈고리에 많이 의존하지 않았다.

《산서》 제2호에 밝힌 것처럼 만장봉 남벽에서 90미터짜리 벼랑의 침니를 오른 사실과, 4월에 일본인 두 사람과 함께 1시간 45분 걸려서 오른 점, 그리고 6개월 후 매크리와 함께 북면을 시도한 기록은 모두 《알파인 저널》의 내용들이다.

아처가 오른 만장봉 북면의 첫 마디는 그늘진 침니였다. 이 부분은 대나무 장대와 갈고리를 이용해서 쉽게 올랐다. 90미터를 오른 후엔 잡목 지대가 줄어들어서 힘이 들었다. 다행히 슬래브 위에 나무가

1987년 4월 26일, 한국 산서회가 주최한 만장봉 초등 재현 등반 행사에 참여한 산악인들. 왼쪽부터 허욱, 허창성, 신승모, 이용대, 허정식, 이찬영.

있어서 확보 지점이 되어주었다. 이 등반은 7시간이나 걸렸다. 산서회가 오른 북면 침니와 이 루트가 정확히 일치하는지는 단정할 수 없으나 북면의 침니에 여러 루트가 존재하는 것이 아니므로 동일할 것으로 생각한다.

현대식 차림의 고증 등반팀인 허욱, 이찬영, 남선우, 허정식은 이곳을 참 싱겁게 올랐다. 자타가 공인하는 한국의 간판급 산악인들이었으니 당연한 일이다. 남선우, 허정식, 이찬영은 1984년 한국산악회 마칼루 원정대의 대원들이기도 했다. 허욱을 윤대표와 함께 '겨울 하늘에서 가장 밝게 빛나는 시리우스'라고 표현한 박인식의 표현은 다른 말로 대신할 수 없는 적절한 표현이었다. 남선우는 월간《마운틴》의 발행인으로 산악 문화 사업의 전방위에 서 있고, 20대 초반에 김영근, 권중일과 함께 만장봉을 시작으로 산에 입문한 허정식 역시 산악사에서 이름을 뺄 수 없을 만큼 활발한 활동을 펼쳐왔다. 이찬영은 타고난 고소 적응력과 심폐 기능을 가진 선천적, 체질적인 산꾼이었다. 그러나 그는 불의의 사고로 먼저 세상을 떠났다.

화려한 경력의 현대식 등반팀은 그렇다 쳐도 고전식 복장의 등반팀은 나름대로 긴장을 하지 않을 수 없었다. 이들이 신은 신발이란 가죽에다 짚풀을 꼬아 밑바닥에 붙인 창이었기 때문이었다. 손에 쥔 대나무 장대 역시 거북스러운 물건이 아닐 수 없었다. 앞장서 오르던 신승모는 장대를 쥐었다가 크랙에 손을 넣기를 반복하며 난감한 표정을 감추지 않았다. 파트너인 이용대, 허창성 역시 충분히 그런 느낌을 공유했을 것이다. 그러나 어쨌든 이들에게 만장봉 북면 침니는 그리 어려운 대상이 될 수 없었다.

### 임무의 등반 기록을 조사할 필요

아처와 매크리는 같은 시기에 오봉을 차례로 등반했으며 역시 대나무 갈고리를 단 장대를 적절히 사용했다고 적고 있다. 아무튼 아처를 통해서 우리는 1929년에는 인수봉, 1930년에는 만장봉이라는 초등 기준년도를 확실하게 설정할 수 있겠다. 아처는 매크리와 함께 인수봉, 만장봉, 그리고 금강산 등지도 두루두루 올랐다. 당시 알프스의 황금시대가 끝나고 북벽을 겨냥한 철시대가 도래하고 있었으니, 갈고리 등의 인공 보조 수단을 사용한 아처는 알피니즘에 첨예하게 입각한 등반가는 아닌 듯이 보인다. 그러나 매크리와 함께 3일간의 금강산 등반을 끝내고 돌아와서는, '서울 근교의 암벽에 비해 거리만

멀고 매력 없는 모험에 시간을 소비한 걸 뼈저리게 후회한다'는 내용의 기록을 남긴 것을 보면 한창 등반에 빠져 있는 열성적 산악인이었다는 점도 아울러 알 수 있다.

아처의 등반은 단지 기록상의 초등일 뿐이다. 이미 그가 남긴 기록에서조차 그보다 이전에 인수봉에 오른 사람을 목격한 바 있고, 정상에서도 사람의 흔적을 발견했다는 표현이 있기 때문이다.

혹시 1929년 이전의 등반 기록은, 아처 자신이 하야시라고 불렀으며 이름이 임무였다고 추정하는 한국인의 행적을 조사한다면 찾아낼 수 있을지도 모르겠다. 임무는 아처를 만날 당시 주봉을 비롯한 몇 개의 봉우리를 이미 초등한 경력이 있었기 때문이다. 어쨌거나 기록의 중요성은 백번 말해도 지나치지 않다. 우리의 선조가 우리의 바위를 먼저 오른 사실은 충분히 인정되더라도 그 시기를 정확히 모른다는 것은 증거 부재나 다름없기 때문이다. 에밀레 박물관에 소장되어 있는, 금강산 비로봉에서 로프를 사용하는 모습이 그려진 18세기 민화를 예로 들어, 우리의 암벽 등반의 효시를 알프스 몽블랑 초등 시기와 비슷하다고 어림할 수 있을 것이다. 하지만 그것만으론 정확한 증거를 삼기엔 미흡한 상황이다.

바윗길들에 대한 기록 보존의 필요성은 두말할 필요가 없다. 현대의 산악인들이 사라지고 마는 50년 후쯤이면 이들의 활동들은 전설이 되어갈지도 모르겠다. 그런 미래를 생각할 때, 지금의 기록이 중요하다는 것은 두말할 필요가 없다. 부모에게 불효하고 공부마저 등한시하며 산에 올라 바윗길을 개척해준, 그리고 그 기록을 소상히 남겨준 선배 산악인들에게 감사할 따름이다. 백두산에 처음 올라 대한독립 만세를 불렀다는 산악인들처럼 할 순 없어도, 이들을 노래할 수는 있지 않을까. 고갈되어가는 인간성도 인수봉과 선인봉에서 찾을 수 있음을 믿는다. 역사의식을 갖고 만장봉에 오르는 사람들이 존재하는 한, 산악 문화의 마당은 더욱 넓고 풍부해질 것이다. 우리는 산을 즐길 수 있는 시대에 살고 있다. 산은 늘 넘어야 할 극복의 대상이지만 또한 언제나 기댈 수 있는 우리들의 언덕이기도 하다.

 **등반 길잡이**

만장봉 침니는 1930년 4월에 영국인 아처와 매크리가 4월에 남면을, 10월에 북면을 올랐다. 물론 이것은 기록상 초등이다. 만장봉 침니의 등반 길이는 전체가 95미터 정도이며 네 마디로 나눈다. 등반은 만장봉 아래 축대에서부터 슬래브로 시작한다. 홀드와 스탠스가 풍부한 편이라 전통적인 침니 등반 방식을 따르지 않고도 등반이 가능하다. 정상에 오르면 서면으로 로프 하강이 가능하다.

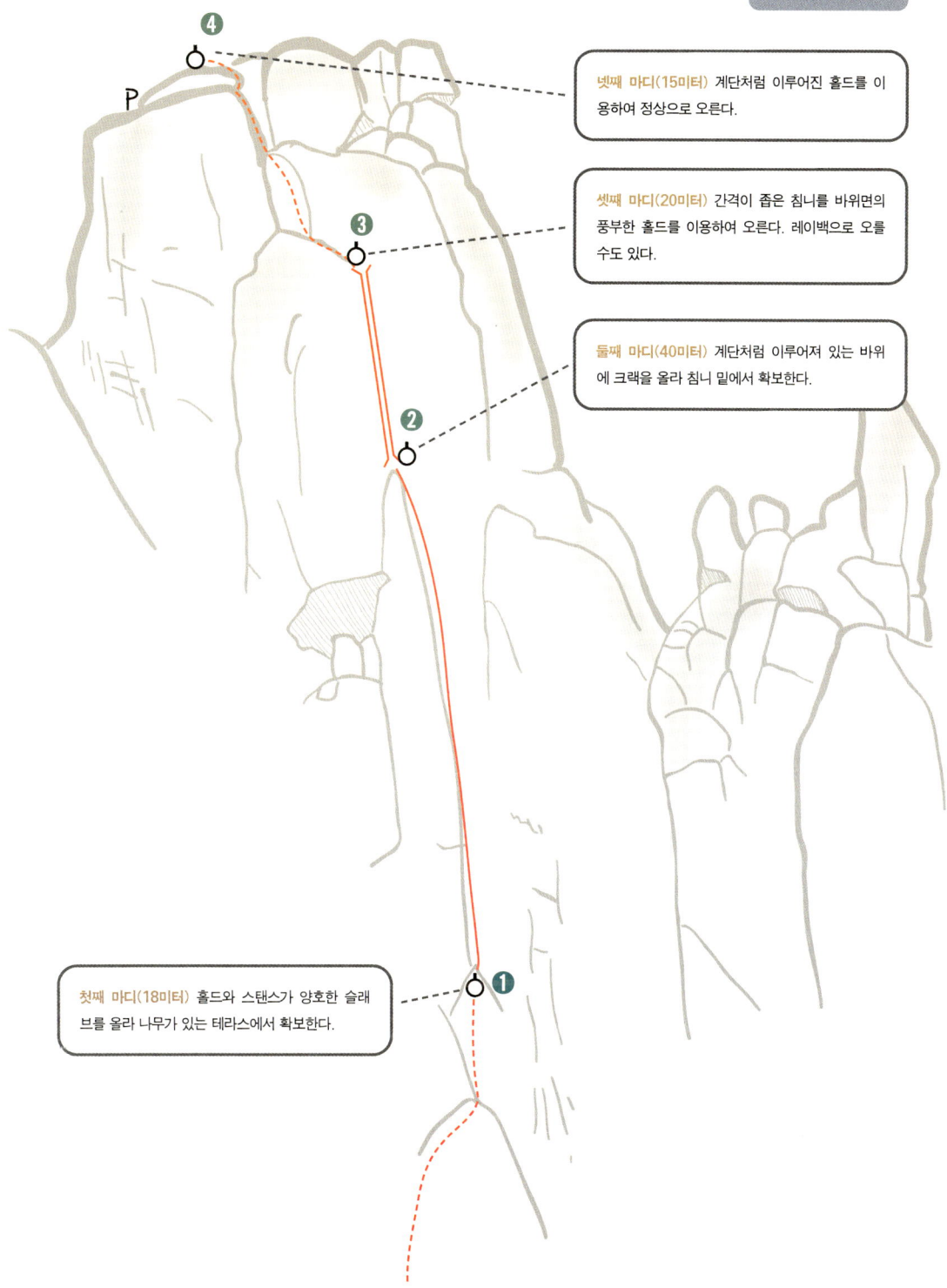

# 부록

- 북한산 인수봉 바윗길 길잡이 전경 사진 및 도표
- 도봉산 선인봉 바윗길 길잡이 전경 사진 및 도표

■ 북한산 인수봉 바윗길 길잡이(전경 사진)

**인수봉 동면**
인수봉 동면의 바윗길들은 대슬래브에서 시작된다. 1930년대에 개척된 인수 A코스와 B코스를 비롯하여 우정길과 취나드길 등이 이곳에 나 있다. 1920년대에 개척된 것으로 구전되어오는 고독의 길이 오른쪽 끝에 보이며 그 상단에 솟아오른 것이 귀바위 오버행이다.

**인수봉 서면**

인수봉 서면을 대표하는 코스인 서면 슬래브와 서면벽은 모두 1969년에 초등되었다. 시끌벅적한 동면과 달리 조용하고 호젓한 서면의 분위기는 산악인들에게 매혹적인 새로운 발견이었다.

**인수봉 남면**
열십자로 그어진 바윗길이 매력적인 인수봉 남면의 전경. 1969년에 넓고 시원한 슬래브에서 이어지는 하늘길이 생겨났고, 1970년에 열십자를 통과하는 검악길이 완성되었다.

**인수봉 동북면**

귀바위의 모습과 고독의 길의 등반선이 제대로 보이는 인수봉 동북면. 귀바위 왼쪽으로 동면이 펼쳐지고, 오른쪽으로는 가파른 인수봉 북면이 펼쳐진다.

**인수봉 그늘벽**
이곳은 인수봉의 북면으로, 항상 그늘지는 곳이라 그늘벽이라고 불리고 때로 설교벽이라고도 불린다. 설교벽이라는 이름은 눈 내리는 한적한 교외의 벽이라는 의미를 지닌 낭만적인 이름이다.

## ■ 북한산 인수봉 바윗길 길잡이(도표)

| 번호 | 바윗길 이름 | 위치 | 형태 | 등반 거리 | 총 마디 | 최고 난이도 | 주요 장비 |
|---|---|---|---|---|---|---|---|
| 1 | 고독의 길 | 동면 오른편 끝 | 혼합 크랙 | 150m | 6마디 | 5.6 | 프렌드 1, 2호 |
| 2 | 우정 C | 취나드 A코스와 고독의 길 사이 | 크랙 | 90m | 4마디 | 5.8 | 프렌드 |
| 3 | 귀바위 오버행 | 고독의 길 상단 | 슬래브, 인공 볼트 | 40m | 2마디 | A1 | 다량의 카라비너 혹은 퀵드로와 줄사다리 |
| 4 | 심우 | 취나드 A코스 오른편 | 크랙 | 99m | 4마디 | 5.9, A0 | 프렌드 2, 3, 4호, 너트 5, 6호 |
| 5 | 취나드 A(귀바위 D) | 동면 오른편 | 슬래브, 크랙 | 181m | 6마디 | 5.10a | 프렌드 2, 3, 4, 5호, 너트 2, 3, 4, 5호 |
| 6 | 벗길 | 동면 오른편 | 슬래브 | 150m | 5마디 | 5.10d, A0 | 프렌드 2, 3호, 너트 5, 7호 |
| 7 | 교대길 | 동면 오른편 | 슬래브 | 160m | 7마디 | 5.12b, A0 | 프렌드 다수, 퀵드로 11개 |
| 8 | 은정 | 동면 오른편 | 슬래브 | 95m | 3마디 | 5.10b, A0 | 프렌드 다수, 퀵드로 6개 |
| 9 | 비원 | 동면 오른편 | 슬래브 | 147m | 5마디 | 5.11b~c | 프렌드 다수, 퀵드로 12개 |
| 10 | 모설 | 동면 오른편 | 슬래브 | 150m | 8마디 | 5.9, A0 | 퀵드로 다수 |
| 11 | 취나드 B(귀바위 C) | 동면 오른편 | 크랙, 슬래브 | 197m | 6마디 | 5.8 | 퀵드로, 프렌드 다수 |
| 12 | 양지 | 동면 오른편 중단 | 슬래브, 오버행 | 102m | 3마디 | 5.9, A0 | 퀵드로 10개 |
| 13 | 준슬래브 | 동면 대슬래브 오른쪽 | 페이스, 크랙 | 20m | 1마디 | 5.11b, A0 | 퀵드로 4개 |
| 14 | 의대 | 동면 오른편 중단 | 슬래브, 크랙 | 127m | 6마디 | 5.10b, A0 | 프렌드 1, 2, 3, 5호 |
| 15 | 궁형 | 동면 오른편 중단 | 크랙 | 105m | 4마디 | 5.11b | 프렌드 1, 2, 3, 4, 5호, 너트 4, 6호 |
| 16 | 인덕 | 동면 중단 | 크랙, 슬래브 | 119m | 4마디 | 5.11a | 프렌드 1, 2, 3호 |
| 17 | 인수 A | 동면 | 슬래브, 침니 | 185m | 6마디 | 5.8 | 프렌드 2, 3, 4호, 너트 4, 6호 |
| 18 | 민남 | 동면 중단 인수 A 왼편 | 슬래브 | 47m | 1마디 | 5.10c~d | 퀵드로 7개 |
| 19 | 거봉터치 | 동면 중단 인수 A 왼편 | 슬래브 | 33m | 1마디 | 5.10c | 퀵드로 7개, 프렌드 |
| 20 | 영길 | 동면 중단 인수 A 왼편 | 슬래브 | 40m | 1마디 | 5.10b | 프렌드 0.5, 1호 |
| 21 | 여명 | 동면 중단 인수 A 왼편 | 슬래브 | 113m | 6마디 | 5.11a, A0 | 프렌드 0.5, 1, 2, 3호 |
| 22 | 우정 B | 동면 중단 | 크랙, 침니, 슬래브 | 105m | 4마디 | 5.9 | 프렌드 0.5, 1, 1.5, 2호 |
| 23 | 산천지 | 동면 왼편 | 슬래브, 크랙 | 131m | 6마디 | 5.11a | 프렌드 1, 2.5, 3.5호 |
| 24 | 패시 | 동면 중단 왼편 | 크랙, 슬래브 | 139m | 5마디 | 5.10c | 프렌드 0.5, 1, 1.5, 2호 |
| 25 | 빤트 | 동면 중단 | 크랙, 슬래브 | 162m | 4마디 | 5.10c | 프렌드 1, 2, 3, 4, 5호 |
| 26 | 우정 A | 동면 | 슬래브, 크랙 | 141m | 5마디 | 5.9 | 프렌드 1.5, 3.5호 |
| 27 | 검악 B | 동면 | 슬래브 | 114m | 3마디 | 5.9, A0 | 프렌드 1.5, 2.5, 3.5호 |
| 28 | 만인보 | 동면 하단 | 슬래브 | 15m | 1마디 | 5.11d | 퀵드로 10개 |
| 29 | 생공사 | 동면 중단 | 슬래브, 크랙 | 260m | 6마디 | 5.11a | 퀵드로 10개, 프렌드 1조 |
| 30 | 인수 B | 동면 왼편 | 크랙, 슬래브 | 213m | 6마디 | 5.8 | 프렌드 2.5, 3, 3.5, 4호 |
| 31 | 동남면 대침니 | 동남면 왼편 중단 | 슬래브, 크랙, 침니 | 70m | 2마디 | 5.9 | 퀵드로 5개, 프렌드 다수 |
| 32 | 크로니 | 동남면 왼편 | 크랙, 슬래브 | 250m | 9마디 | 5.10a | 프렌드 1, 1.5, 2.5, 3.5호 |
| 33 | 건양 | 동남면 왼편 | 슬래브 | 130m | 4마디 | 5.10b~c, A0 | 퀵드로 11개 |
| 34 | 변소금지 | 동남면 왼편 | 페이스 | 25m | 1마디 | 5.9 | 퀵드로 9개 |
| 35 | 거듭태어나기 | 동남면 왼편 | 페이스 | 8m | 1마디 | 5.11a | 퀵드로 9개 |
| 36 | 아직도생각중 | 동남면 왼편 | 페이스 | 15m | 1마디 | 5.11a | 퀵드로 7개 |
| 37 | 주영 C | 동남면 왼편 | 크랙, 페이스 | 13m | 1마디 | 5.11c | 퀵드로 10개 |
| 38 | 아가씨 | 동남면 왼편 | 페이스 | 15m | 1마디 | 5.12 | 퀵드로 4개 |
| 39 | 해우 | 동남면 왼편 | 페이스 | 13m | 1마디 | 5.11b | 퀵드로 2개 |
| 40 | 임을위한행진곡 | 동남면 왼편 | 페이스 | 15m | 1마디 | 5.12 | 퀵드로 4개 |
| 41 | 덴발 | 동남면 왼편 | 크랙, 페이스 | 15m | 1마디 | 5.10c~d | 퀵드로 3개 |
| 42 | 거봉 | 동남면 왼편 | 크랙, 슬래브 | 90m | 4마디 | 5.10c, A0 | 퀵드로 7개 |
| 43 | 짬뽕 | 동남면 왼편 | 페이스 | 10m | 1마디 | 5.10a | 퀵드로 2개 |
| 44 | 여정 | 동남면 왼편 | 크랙, 슬래브 | 191m | 6마디 | 5.10c | 프렌드 1, 2.5, 3.5호 |
| 45 | 아미동 | 동남면 왼편 | 슬래브, 반침니, 크랙 | 240m | 7마디 | 5.10a | 프렌드 1, 1.5, 2, 2.5, 3, 3.5호 |

| 소요 시간 (중급자 2인 1조 기준) | 개척 연도 | 개척자 | 비고 |
|---|---|---|---|
| 2시간 | 1927년 | 언더우드 박사 일행이 초등한 것으로 구전 | 크랙과 걷는 구간이 혼합된 초급자 코스 |
| 2시간 | 1970년 6월 8일 | 우정 산악회 박창규, 정용석, 함영기 | 귀바위 아래에서 우정 M과 연결되는 크랙 루트 |
| 2시간 | 1977년 9월 | 고악회 최중광, 김남준, 이종화, 유광호 | 고독의 길을 오른 후 천장 등반 |
| 3시간 | - | 시민 산악회 | 취나드 A 오른편 벽에서 출발 |
| 3시간 | 1963년 9월 | 이본 취나드, 선우중옥, 이강오 | 동면 오른편 끝의 수직 크랙 |
| 2시간 30분 | 1973년 | 아기발 산악회 박용욱, 장순욱, 양म기 등 | 취나드 A 왼편에서 출발하는 페이스 슬래브 |
| 3시간 30분 | - | 인천 교대 산악부 | 벗길 왼편에서 시작하여 취나드 B 정상에서 종료 |
| 2시간 | 1984년 | 은정 산악회 | 취나드 B 오른편 페이스 |
| 2시간 30분 | 1989년 5월 | 주영, 윤길수, 찰스 콜 | 취나드 B 오른편 슬래브에서 출발 |
| 2시간 30분 | - | - | 취나드 B 오른편 슬래브에서 출발 |
| 3시간 30분 | 1963년 | 선우중옥, 이강오, 이본 취나드 | 동면 오른편 비석이 있는 곳에서 출발 |
| 3시간 30분 | - | - | 취나드 B 둘째 마디 언더 크랙 왼편에서 출발 |
| 30분 | 1991년 | 정준하 | 대슬래브 오른편 취나드 B 왼편에서 시작 |
| 3시간 30분 | 1971년 | 서울대 의대 산악부 | 대슬래브 중단 소나무에서 돌출된 슬래브에서 출발 |
| 3시간 | 1976년 5월 | 동양 산악회 서순만, 이용대, 정해욱, 윤철상, 이건범, 어센트 산악회 김재근 | 대슬래브 중단 잡목지대에서 오른편으로 이어지는 크랙으로 출발 |
| 2시간 30분 | - | 인덕공고 OB | 대슬래브 중단 잡목지대에서 궁형길 왼편으로 나란히 출발 |
| 3시간 30분 | 1936년 | 박순만, 오우우치, 오바, 하마노 등 | 대슬래브 하단에서 출발 |
| 30분 | - | 박민남 | 대슬래브 중단 잡목지대 위에서 인수 A 왼편에서 출발 |
| 30분 | - | - | 대슬래브 중단 영길 위에서 인수 A 변형이 겹치는 부분 |
| 30분 | - | - | 대슬래브 중단 잡목지대 위에서 출발 |
| 3시간 | 1973년 | 여명 산악회 차창희, 윤종만, 김기홍, 이찬경, 박용욱, 김순욱 등 | 대슬래브 중단 잡목지대 왼편 위로 이어짐 |
| 2시간 30분 | 1969년 6월18일 | 우정 산악회 박정규, 박창규, 강영택 | 대슬래브 중단 잡목지대 위 왼편에서 출발 |
| 3시간 | 1973년 | 산천지 산우회 김진섭, 허수원 등 | 대슬래브 중단 잡목지대 위 왼편 크랙에서 출발 |
| 2시간 | 1983년 | 곽효균, 전준수, 하관용 | 대슬래브 잡목지대 우정 A 오른편 크랙에서 출발 |
| 2시간 | 1989년 9월 | 한국 똰트 클럽 | 대슬래브 중단 우정 A와 패시길 사이에서 출발 |
| 3시간 30분 | 1969년 6월 15일 | 우정 산악회 박정규, 박창규, 강영택 | 대슬래브에서 중단 잡목지대 위 왼편 크랙으로 이어짐 |
| 3시간 | 1982년 5월 | 이준, 최정희, 장윤학, 장윤호 | 동면 중단 우정 A에서 왼편 슬래브로 출발 |
| 30분 | 1989년 | 계우 산악회 정재학, 박열주, 윤창열 | 대슬래브 왼편에서 출발 |
| 3시간 30분 | - | 한국 똰트 클럽 | 동남면 크로니길 출발점 오른편 슬래브에서 출발 |
| 3시간 30분 | 1935년 5월 | 김정태, 엄흥섭, 김금봉 | 동면 왼편 크로니길 출발점 오른편 크랙에서 출발 |
| 1시간 | 1964년 6월 | 서울 문리대 산악부 | 기존 B에서 왼편 슬래브로 이동 후 크로니길 크랙 오른편 대침니로 진입 |
| 3시간 30분 | 1970년 | 크로니 산악회 | 동남면 하단 크랙에서 출발 |
| 1시간 30분 | - | - | 크로니 출발점 왼편 슬래브에서 출발 |
| 10분 | 1991년 | 유기환 | 건양길 왼편 페이스에서 출발 |
| 10분 | 1991년 | 유정애 | 변수금지길 위편 |
| 10분 | 1991년 | 안강영 | 거듭태어나기길 왼편 |
| 10분 | 1990년대 | 주영 | 아직도생각중길 왼편 |
| 10분 | 1991년 | 서울 자유등반 협회 | 주영 C 왼편 |
| 10분 | - | 윤대표 | 아가씨길 왼편 |
| 10분 | 1991년 | 최원일 | 해우길 왼편 |
| 10분 | - | 주영, 찰스 콜 | 임을위한행진곡길 왼편 |
| 1시간 30분 | - | - | 덴발길 왼편 |
| 10분 | 1991년 | 전호택 | 거봉길 왼편 |
| 3시간 | - | 여성 2인조 | 아미동길 오른편 |
| 3시간 30분 | 1973년 | 아카데미 산악회 이동일, 김춘근, 김병호, 권성진, 경기대 산악부 이용민 등 | 여정길 왼편 반침니 크랙에서 출발하여 서면으로 하강 |

| 번호 | 바윗길 이름 | 위치 | 형태 | 등반 거리 | 총 마디 | 최고 난이도 | 주요 장비 |
|---|---|---|---|---|---|---|---|
| 46 | 청맥 | 동남면 왼편 | 크랙, 페이스, 슬래브 | 200m | 6마디 | 5.12 | 프렌드 1조, 퀵드로 10개 |
| 47 | 칠갑산 | 동남면 왼편 | 페이스 | 35m | 1마디 | 5.11c~d | 퀵드로 10개 |
| 48 | 동양 | 동남면 왼편 | 슬래브, 크랙 | 209m | 8마디 | 5.10b, A0 | 프렌드 1조, 너트 3, 4호 |
| 49 | 학교 B | 남면 | 페이스, 슬래브, 크랙 | 83m | 3마디 | 5.11d, A0 | 프렌드 1조 |
| 50 | 꾸러기들의합창 | 남면 | 페이스 | 15m | 1마디 | 5.10b | 퀵드로 2개 |
| 51 | 학교 A | 남면 | 페이스, 크랙, 슬래브 | 70m | 3마디 | 5.12b, A0 | 프렌드 4, 5호 |
| 52 | 하늘 | 남면 | 크랙, 슬래브 | 213m | 7마디 | 5.10c | 프렌드 1호 3개, 1.5호 2개, 3, 3.5호 2개 |
| 53 | 대우사랑 | 남면 | 크랙, 페이스 | 28m | 1마디 | 5.12c | 퀵드로 6개, 프렌드 1조 |
| 54 | 우리들의만남 | 남면 | 크랙, 페이스 | 13m | 1마디 | 5.11a | 퀵드로 3개 |
| 55 | 미련 | 남면 | 크랙, 페이스 | 45m | 1마디 | 5.11d | 퀵드로 3개 |
| 56 | 마이러브린다 | 남면 | 페이스, 크랙 | 20m | 1마디 | 5.10b | 퀵드로 3개, 프렌드 1조 |
| 57 | 거룡 | 남면 | 크랙, 페이스, 슬래브 | 175m | 6마디 | 5.11b, A0 | 프렌드 1, 1.5, 2.5호 |
| 58 | 나그네 | 남면 | 크랙, 오버행 페이스 | 90m | 3마디 | 5.10a, A0 | 퀵드로 11개, 프렌드 1조 |
| 59 | 빌라 | 남면 | 크랙, 페이스 | 165m | 6마디 | 5.12a, A2 | 프렌드 1호 2개, 너트 3, 4호 |
| 60 | 블루마운틴 | 남면 | 밴드, 페이스 | 40m | 1마디 | 5.12c~d | 퀵드로 13개 |
| 61 | 검악 A | 남면 | 페이스, 크랙, 슬래브, 트래버스 | 153m | 6마디 | 5.11d, A0 | 프렌드 1.5, 2.5, 3.5호 |
| 62 | 청죽 | 남면 | 페이스, 슬래브 | 125m | 3마디 | 5.12a | 퀵드로 8개 |
| 63 | 에코 | 남면 | 슬래브, 크랙 | 137m | 5마디 | 5.11d, A0 | 퀵드로 10개, 프렌드 0.5호 2개 |
| 64 | 알핀로제스 D | 남면 | 슬래브 | 100m | 3마디 | 5.11c | 퀵드로 10개 |
| 65 | 가로 | 남면 | 슬래브 | 120m | 4마디 | 5.11c, A0 | 퀵드로 10개 |
| 66 | 잃어버린시간을찾아서 | 남면 | 오버행, 페이스 | 15m | 1마디 | 5.13a | 퀵드로 4개 |
| 67 | 늦바람 | 남면 왼편 | 페이스, 슬래브 | 70m | 2마디 | 5.11c | 퀵드로 9개 |
| 68 | 남측슬래브(알핀로제스 B) | 남서면 | 크랙, 슬래브 | 90m | 4마디 | 5.10b | 퀵드로 8개 |
| 69 | 알핀로제스 C | 남서면 | 크랙, 슬래브 | 110m | 5마디 | 5.10b | 퀵드로 10개 |
| 70 | 서면슬래브 | 남서면 | 슬래브 | 72m | 2마디 | 5.10a | 퀵드로 7개 |
| 71 | 환상열차 | 남서면 | 슬래브 | 58m | 3마디 | 5.11d | 퀵드로 10개 |
| 72 | 비둘기 | 남서면 | 슬래브, 크랙, 트래버스 | 83m | 5마디 | 5.7, A0 | 퀵드로 10개, 줄사다리 혹은 슬링 5개 |
| 73 | 후면 오버행 | 남서면 | 크랙 | 85m | 4마디 | 5.7, A2 | 퀵드로 12개, 프렌드 1조, 줄사다리 혹은 슬링 6개 |
| 74 | 서면벽 3번 | 서면 | 크랙 | 90m | 4마디 | 5.10a, A1 | 프렌드 1, 4호, 줄사다리 혹은 슬링 5개 |
| 75 | 알프스 | 서면 | 크랙, 슬래브 | 85m | 3마디 | 5.12a | 퀵드로 10개 |
| 76 | 서면벽 2번 | 서면 | 크랙 | 55m | 2마디 | 5.10, A1 | 퀵드로 10개, 프렌드 1조 |
| 77 | 뱀길(알핀로제스 A) | 서면 | 크랙, 침니 | 85m | 3마디 | 5.10d | 프렌드 1, 3호 |
| 78 | 서면벽 1번 | 서면 중단 | 크랙 | 75m | 3마디 | 5.10b | 프렌드 1조 |
| 79 | 인수 C | 서면 중단 | 크랙, 슬래브 | 100m | 4마디 | 5.7 | 프렌드 2, 3호 |
| 80 | 설교벽 1번 | 북면 | 슬래브, 크랙, 반침니 | 130m | 5마디 | 5.8 | 프렌드 1조 |
| 81 | 설교벽 2번 | 북면 | 슬래브, 크랙 | 140m | 4마디 | - | 나이프하켄 3개, 앵글 7개, 봉봉 7개 |
| 82 | 설교벽 3번 | 북면 | 슬래브, 크랙 | 110m | 3마디 | - | 나이프하켄 3개, 앵글 7개, 봉봉 7개 |
| 83 | 설교벽 4번 | 북면 | 슬래브, 크랙 | 110m | 3마디 | - | 나이프하켄 3개, 앵글 7개, 봉봉 7개 |
| 84 | 설교벽 5번 | 북면 | 슬래브, 크랙 | 130m | 3마디 | - | 나이프하켄 3개, 앵글 7개, 봉봉 7개 |
| 85 | 설교벽 6번 | 북면 | 슬래브, 크랙 | 140m | 4마디 | - | 나이프하켄 3개, 앵글 7개, 봉봉 7개 |
| 86 | 설교벽 7번 | 북면 | 슬래브, 크랙 | 120m | 3마디 | - | 나이프하켄 3개, 앵글 7개, 봉봉 7개 |
| 87 | 설교벽 8번 | 북면 | 슬래브, 크랙 | 95m | 3마디 | - | 나이프하켄 3개, 앵글 7개, 봉봉 7개 |
| 88 | 창가방가는길 | 북면 | 오버행, 페이스 | 139m | 3마디 | - | 프렌드, 마이크로너트, 버드빅, 탈론, 코퍼헤드, 리벳볼트, 줄사다리, 점핑 드릴 등 인공 장비 |
| 89 | 우정 M | 고독의 길 오른편 | 크랙, 펜듈럼 | 130m | 4마디 | 5.8 | 프렌드 3, 4호 |

| 소요 시간 (중급자 2인 1조 기준) | 개척 연도 | 개척자 | 비고 |
| --- | --- | --- | --- |
| 3시간 30분 | - | 청맥 산악회 | 아미동길 왼편에서 출발 |
| 20분 | 1991년 | 정발 | 청맥길 왼편 |
| 3시간 30분 | 1969년 10월 | 동양 산악회 | 동남년 왼편 끝 청맥길 옆 |
| 1시간 30분 | 2003년 9월 | 김용기등산학교 | 남면 오른편 끝 동양길 왼편 |
| 10분 | 1991년 | 차선영 | 남면 오른편 학교 B 왼편 |
| 1시간 | 2003년 9월 | 김용기등산학교 | 남면 오른편 꾸리기들의합창 왼편 |
| 3시간 30분 | 1969년 9월 14일 | 우정 산악회 박창규, 강영택, 장경린 | 남면 동양길 왼편 부조 옆에서 출발 |
| 30분 | 1993년 | 최원일 | 남면 하늘길 왼편 |
| 10분 | 1991년 | 이창환 | 남면 대우사랑길 왼편 |
| 20분 | 1991년 | 박현규 | 남면 우리들의만남길 왼편 |
| 10분 | 1999년 7월 | - | 남면 미련길 왼편 |
| 3시간 | 1972년 | 거리회 장봉완, 김제훈, 전재운 등 | 남면 빌라길 아래 페이스에서 출발 |
| 1시간 30분 | - | | 남면 빌라길 오른편에서 출발 |
| 3시간 | 1974년 | 마운틴빌라 산악회 | 남면 좌향 사선 크랙에서 출발 |
| 1시간 | - | | 남면 빌라길 왼편 |
| 3시간 30분 | 1970년 5월 | 김정명, 홍성복, 원준길, 이인기, 홍성도, 한인호, 오영호, 허일, 이근배 등 | 남면 십자로 아래에서 출발 |
| 2시간 | 2002년 11월 | 심권식, 양원태, 김병언 | 남면 검악길 왼편에서 출발 |
| 3시간 30분 | 1967년 | 에코 클럽 | 남면 십자로 왼편 하단부에서 출발 |
| 2시간 | 1974년 | 숭실고등학교 OB 산악회 | 남면 십자로 출발점에서 직상 출발 |
| 2시간 | 1970년대 | 가로 산악회 | 알핀로제스 D에서 출발하여 둘째 마디에서 합류됨 |
| 10분 | 1989년 | 거리회 박회영 | 알핀로제스 왼편 오버행 페이스 |
| 1시간 | 1999년 | 윤대표, 손정준 | 남면 남측슬래브(알핀로제스 B) 오른편 |
| 2시간 | 1971년 | 숭실고등학교 OB 산악회 | 남서면 하강길 오른편에서 출발 |
| 2시간 30분 | 1972년 | 숭실고등학교 OB 산악회 | 알핀로제스 둘째 마디에서 오른편 밑으로 하강한 후 직상하여 B와 합류 |
| 1시간 | 1969년 10월 | 우정 산악회 박정규, 박창규, 신유균, 김진호, 전진호, 서승우 | 남서면 하강길 오른편에서 출발 |
| 50분 | 2003년 8월 | 연암 산악회 | 남서면 하강길 서면슬래브 왼편 |
| 1시간 | 1967년 8월 | 산비둘기 산악회 | 남서면 하강길 아래서 출발, 오버행 오른편으로 트래버스 |
| 2시간 30분 | 1960년 9월 | 한양대학교 산악회 | 남서면 하강길 아래서 출발 |
| 3시간 30분 | 1969년 9월 | MRS 백경호, 최선웅, 민상기, 차수남 | 서면 하단부 오른편 크랙에서 출발 |
| 2시간 30분 | 1992년 4월 | 알프스 산악회 강성태, 전태수, 최한석, 이창한, 전호택, 윤태근, 전진택 | 서면벽 3번 왼편에서 출발 |
| 2시간 | 1969년 9월 | MRS 백경호, 최선웅, 민상기 | 서면 중단부 잡목지대에서 출발 |
| 2시간 | 1970년 | 숭실고등학교 OB 산악회 | 서면 중단부 잡목지대에서 출발 |
| 2시간 30분 | 1969년 8월 | MRS 백경호, 최선웅, 민상기, 이인정 | 서면벽 중단 잡목지대에서 출발, 셋째 마디는 수평이동 |
| 2시간 | 1926년 | 임무와 2명의 파트너가 초등한 것으로 구전 | 서면벽 중단 잡목지대에서 출발 |
| 3시간 | 1971년 | 크로니 산악회 김항원, 김성국, 김연호, 안상갑, 김페성, 금찬연, 남순철, 정명화 각성기, 방맏익 등 | 인수봉 북면 슬래브에서 출발 |
| - | 1971년 | 상동 | 주요 장비들은 개척 당시 소요 장비 |
| - | 1971년 | 상동 | 주요 장비들은 개척 당시 소요 장비 |
| - | 1971년 | 상동 | 주요 장비들은 개척 당시 소요 장비 |
| - | 1971년 | 상동 | 주요 장비들은 개척 당시 소요 장비 |
| - | 1971년 | 상동 | 주요 장비들은 개척 당시 소요 장비 |
| - | 1971년 | 상동 | 주요 장비들은 개척 당시 소요 장비 |
| - | 1971년 | 상동 | 주요 장비들은 개척 당시 소요 장비 |
| 3시간 | 1978년 YD 산악회에서 직등 루트 개척, 2005년 2월 정승권등산학교에서 인공 직등 루트 추가 | 정승권등산학교 이근택, 김지성, 하호성, 이민숙, 정숭권 | 설교벽 왼쪽 사면, 1978년 YD 산악회가 뚫은 직등 루트의 볼트가 남아 있음 |
| 2시간 | 1980년 6월 | 우정 산악회 박용현, 이월출, 최영철, 이용설 | 고독의 길 위의 M자 크랙에서 시작하는 크랙 루트 |

■ 도봉산 선인봉 바윗길 길잡이(전경 사진)

**선인봉 동면(전면)**

선인봉 동면의 대표적 바윗길인 박쥐길은 둘째 마디 언더크랙의 모습이 박쥐 날개를 닮은 데다 실제로 박쥐들이 살고 있어 박쥐길로 이름 붙여졌다. 1960년대 초까지 선인봉에는 6개의 바윗길만이 있었다. 당시엔 암벽 등반이 특별한 일이었고 바윗길을 개척하는 것은 더더욱 선구적인 일이었다. 바위 위에 연결되지 않은 등반선을 꾸준히 관찰해온 산악인들에 의해 1960년대 중반부터 많은 길이 생겨났다.

**선인봉 서면(후면)**
선인봉 서면의 대표적인 바윗길인 양지길은 산악인 백인섭이 선인봉에서 최초로 개척한 길로 시원하고 멋진 조망이 오르는 이에게 큰 감동을 선사한다.

**선인봉 남면(측면)**

1964년 에코 클럽에 의해 선인봉 남면의 남측 오버행이 개척되었다. 에코 클럽은 남측 오버행에 길을 내면서부터 숱한 개척 등반을 펼치며 전성기를 연다. 역시 선인봉 남면의 대표적인 바윗길인 측면길은 둘째 마디의 뜀바위와 더불어 미끄러운 바위면 때문에 이름 지어진 계란바위 등이 등반의 즐거움을 더해준다.

## ■ 도봉산 선인봉 바윗길 길잡이(도표)

| 번호 | 바윗길 이름 | 위치 | 형태 | 등반 거리 | 총 마디 | 최고 난이도 | 주요 장비 |
|---|---|---|---|---|---|---|---|
| 1 | 양지 | 후면 | 혼합 크랙 | 127m | 5마디 | 5.9, A1 | 프렌드 1조, 퀵드로 12개 |
| 2 | S침니 | 후면 | 침니 | 35m | 1마디 | 5.8 | 프렌드 1조, 퀵드로 5개 |
| 3 | 남측 | 남면 | 크랙, 침니, 슬래브 | 70m | 4마디 | 5.10a | 프렌드 1조, 퀵드로 8개 |
| 4 | 남측오버행 | 남면 중단 | 크랙 | 72m | 3마디 | 5.11c, A3 | 프렌드 0.5, 3호, 트리플 0, 1, 2호, 퀵드로 10개 |
| 5 | 측면 | 남측면 | 크랙, 침니 | 148m | 7마디 | 5.8 | 프렌드 3, 4, 5호, 퀵드로 5개 |
| 6 | 허리 | 남면 | 슬래브, 펜듈럼 | 57m | 3마디 | 5.10a | 퀵드로 5개 |
| 7 | 물개 | 동면 왼편 | 크랙, 슬래브 | 58m | 2마디 | 5.11b | 퀵드로 7개 |
| 8 | 미상 | 동면 왼편 | 크랙, 슬래브 | 29m | 1마디 | 5.11c, A0 | 퀵드로 10개 |
| 9 | 정향 | 동면 왼편 | 크랙, 슬래브 | 64m | 3마디 | 5.11c, A0 | 프렌드 2, 3호, 퀵드로 10개 |
| 10 | 영길 | 동면 왼편 | 크랙, 페이스, 슬래브 | 97m | 3마디 | 5.10a, A0 | 프렌드 1, 3호, 퀵드로 15개 |
| 11 | 청악 | 동면 왼편 | 슬래브 | 50m | 2마디 | 5.11a~b | 프렌드 1조, 캐머롯 1조, 퀵드로 10개 |
| 12 | 표범 | 동면 왼편 | 크랙, 슬래브, 침니 | 190m | 7마디 | 5.10a, A0 | 프렌드 1, 2, 3, 4호, 퀵드로 8개 |
| 13 | 선암 | 동면 왼편 | 슬래브 | 192m | 4마디 | 5.12c | 퀵드로 10개 |
| 14 | 박쥐 | 동면 중앙부 | 반침니, 크랙, 언더 크랙, 슬래브 | 165m | 6마디 | 5.9 | 프렌드 1조, 퀵드로 5개 |
| 15 | 다람쥐(재원길) | 동면 중앙부 | 크랙, 슬래브, 페이스 | 169m | 5마디 | 5.12a | 프렌드 3, 3.5호, 퀵드로 10개 |
| 16 | 선인 A | 동면 중앙부 | 크랙, 침니 | 100m | 3마디 | 5.8 | 프렌드 2, 3, 4호, 캐머롯 1조, 퀵드로 8개 |
| 17 | 거미(하늘) | 동면 중앙부 | 슬래브, 크랙 | 115m | 4마디 | 5.11b | 프렌드 0.5, 4호, 퀵드로 10개 |
| 18 | 현암 | 동면 중앙부 | 크랙, 슬래브 | 149m | 6마디 | 5.11d, A0 | 퀵드로 13개 |
| 19 | 설우 | 동면 중앙부 | 슬래브, 크랙 | 125m | 4마디 | 5.11b | 퀵드로 10개 |
| 20 | 푸른 | 동면 중앙부 | 크랙, 슬래브 | 139m | 4마디 | 5.11a | 프렌드 2, 3호, 퀵드로 10개 |
| 21 | 선인 B | 동면 중앙부 | 침니, 크랙 | 138m | 4마디 | 5.9 | 프렌드 1조, 캐머롯 1조, 퀵드로 6개 |
| 22 | 한마음 | 동면 중앙부 | 크랙, 슬래브 | 43m | 2마디 | 5.10b, A0 | 프렌드 1, 1.5호, 퀵드로 6개 |
| 23 | 루트명 미상(요델길 왼편) | 동면 중앙부 | 슬래브, 페이스 | 220m | 6마디 | - | 퀵드로 15개 |
| 24 | 요델버트레스 | 동면 중앙부 | 슬래브, 크랙 | 248m | 9마디 | 5.10c, A1 | 프렌드 1, 1.5, 2, 2.5호, 퀵드로 10개 |
| 25 | 루트명 미상(요델길 오른편) | 동면 중앙부 | 슬래브 | 75m | 2마디 | - | 퀵드로 10개 |
| 26 | 연대배첼러 | 동면 중앙부 | 슬래브, 크랙 | 194m | 5마디 | 5.11a, A0 | 프렌드 1조, 퀵드로 13개 |
| 27 | 서미트 | 동면 중앙부 | 슬래브, 크랙 | 168m | 5마디 | 5.10d, A0 | 프렌드 1, 2, 3호, 퀵드로 13개 |
| 28 | 학교길 | 동면 중앙부 | 크랙, 페이스, 슬래브 | - | 6마디 | 5.12a | 프렌드 1조, 퀵드로 15개 |
| 29 | 경송 B | 동면 오른편 | 슬래브, 크랙 | 136m | 4마디 | 5.12a, A0 | 프렌드 1, 2, 3호, 퀵드로 13개 |
| 30 | 막내 | 동면 오른편 | 크랙, 슬래브 | 201m | 6마디 | 5.11d, A0 | 프렌드 1조, 퀵드로 8개 |
| 31 | - | 동면 오른편 | 슬래브 | 20m | 1마디 | 5.10c | 퀵드로 8개 |
| 32 | 청암 | 동면 오른편 | 슬래브, 크랙 | 191m | 7마디 | 5.11a, A0 | 프렌드 1, 2, 3호, 퀵드로 19개 |
| 33 | 세이버(구조대) | 동면 오른편 | 크랙, 슬래브 | 163m | 5마디 | 5.11c | 프렌드 1, 2.5, 3.5호, 퀵드로 10개 |
| 34 | 은벽 | 동면 오른편 | 슬래브, 크랙 | 106m | 4마디 | 5.8 | 프렌드 3, 4호, 퀵드로 5개 |
| 35 | 경송 A | 동면 오른편 | 슬래브, 크랙 | 123m | 5마디 | 5.10c, A0 | 퀵드로 9개 |
| 36 | 진달래 | 동면 오른편 | 슬래브 | 80m | 3마디 | 5.11a | 퀵드로 7개 |
| 37 | 명심하나 | 동면 오른편 | 슬래브 | 96m | 3마디 | 5.10c, A0 | 퀵드로 7개 |
| 38 | 명심둘 | 동면 오른편 | 슬래브 | 137m | 5마디 | 5.10d, A0 | 퀵드로 8개 |
| 39 | 어센트 | 동면 오른편 | 크랙, 오버행 | 160m | 4마디 | 5.8, A2 | 퀵드로 8개 |
| 40 | 쇼생크탈출 | 동면 오른편 | 슬래브 | 40m | 2마디 | 5.11b | 퀵드로 8개 |
| 41 | 외벽 | 동면 오른편 | 크랙, 슬래브 | 150m | 5마디 | 5.10c | 프렌드 2, 3호, 퀵드로 8개 |
| 42 | 영우 | 동면 오른편 | 슬래브, 오버행 | 100m | 3마디 | - | 퀵드로 10개 |

| 소요 시간 (중급자 2인 1조 기준) | 개척 연도 | 개척자 | 비고 |
|---|---|---|---|
| 3시간 30분 | 1965년 | 요델 클럽 백인섭, 강길건, 조상규, 강보항 등 | 남측면 허리길 왼편 침니 아래서 출발 |
| 50분 | - | - | 남측오버행 왼편에서 출발 |
| 1시간 30분 | 1940년 5월 | 주형렬, 채숙, 김병옥 | 남측오버행 왼편 크랙에서 출발 |
| 3시간 | 1964년 | 에코 클럽 | 남측오버행 아래에서 출발, 또는 오른편 직상 코너크랙(5.10)에서도 출발한다. |
| 2시간 | 1938년 | 김정태, 엄흥섭 등 | 남측오버행 오른편 아래 침니에서 출발 |
| 1시간 | 1965년 | 요델 클럽 백인섭, 조상규, 강길건 등 | 남면 측길 시작 지점 아래에서 오른편 슬래브로 출발 |
| 1시간 | 1973년 9월 | 청암 산우회 | 허리길 오른편 아래서 출발 |
| 30분 | - | - | 물개길 오른편 아래에서 출발하여 물개길과 이어짐 |
| 1시간 30분 | 1973년 | 지향 산악회, 영정 산악회 | 물개길 오른편 아래에서 출발 |
| 1시간 30분 | 1983년 | 유정호 등 | 정양길 오른편에서 출발 |
| 1시간 30분 | 1999년 | 청악 산우회 이합승, 전양준, 문철한 | 동면 표범길 왼편에서 출발 |
| 3시간 | 1967년 | 요델 클럽 백인섭, 강길건, 백인상, 조상규, 정지혜, 김우수 | 동면 왼편 미새한 크랙에서 출발 |
| 3시간 | 1989년 | 선암 산악회 정성수, 박노근 | 동면 표범길 오른편 |
| 2시간 | 1960년 | 선우중옥, 전광호 | 동면 표범길 오른편에서 출발 |
| 3시간 | 1973년 | 경동 OB 산악회 | 박쥐길 오른편에서 출발 |
| 3시간 | 1937년 | 김정태, 엄흥섭, 이시이 | 동면 중앙부 박쥐길 오른편 크랙에서 출발 |
| 3시간 | 1973년 | 우정 산악회 박창규, 정용석, 함영기, 이주명, 김경훈, 한기원 | 기존 A코스 왼편에서 오른편으로 출발 |
| 3시간 30분 | - | 현암 산악회 | 기존 A코스 오른편에서 출발 |
| 2시간 | 1980년대 초 | 은반 산악회 박병원 등 | 기존 A코스와 B코스 사이의 슬래브 크랙에서 출발 |
| 3시간 | - | 푸른 산악회 | 기존 B코스 왼편에서 출발 |
| 2시간 30분 | 1956년 | 전담, 조장희, 고재경 | 기존 A코스 오른편으로 이동하여 반침니로 출발 |
| 40분 | 1991년 | 경송 산악회와 한마음 산악회 김만석, 공재은, 우필재, 최인규 등 | 기존 B코스 오른편 슬래브에서 출발 |
| 2시간 30분 | 1990년대 | - | 기존 B코스 오른편에서 출발 |
| 3시간 30분 | 1975년 | 요델 클럽 송준호, 박창호, 오세진, 홍경의 등 | 선인 C 왼편에서 출발 |
| 1시간 30분 | - | - | 요델길 오른편에서 시작하여 두 마디 위에서 왼편 신루트로 연결됨 |
| 3시간 30분 | 1968년 | 연세대학교 산악부 김종철, 이만수, 정연규, 이정범 등 | 선인 C 왼편 바위 턱에서 출발 |
| 3시간 | - | 서미트 산악회 | 배첼러길 오른편에서 출발 |
| - | - | 정승권, 이정녕, 최기련, 민경오, 조경래, 이한종, 문혜선, 김금주, 전형일 | 선인 C 왼편에서 출발 |
| 2시간 | 1986년 | 경송 산악회 | 선인 C 오른편에서 출발 |
| 2시간 30분 | 1968년 | 요델 산악회 이희구, 최두영 | 선인 C 오른편에서 출발 |
| 20분 | - | - | 막내길 오른편에서 출발 |
| 3시간 30분 | 1988년 | 청암 산우회 | 막내길 오른편에서 출발 |
| 3시간 | 1989년 | 도봉산 구조대 | 청암길 오른편에서 출발 |
| 2시간 | 1969년 10월 | 은벽 산악회 | 동면 오른편 쉬운 슬래브에서 출발 |
| 2시간 30분 | 1983년 | 경송 산악회 | 은벽길 오른편에서 출발 |
| 1 시간 | 1993년 | 선암 산악회 | 경송 A 오른편에서 출발 |
| 1 시간 | 1988년 | 영삼 산악회 | 경송 A 오른편에서 출발 |
| 1시간 40분 | 1988년 | 영삼 산악회 | 명심하나 오른편에서 출발 |
| 2시간 30분 | 1969년 | 어센트 산악회 | 명심길 오른편에서 출발 |
| 40분 | 1997년 | 샤모니 실내 암장 최승철 등 | 어센트길 오른편에서 출발 |
| 1시간 40분 | 1982년 | 한넝쿨 산악회 | 어센트길 오른편에서 출발 |
| 2시간 | 1984년 | 명우회 | 외벽길 오른편에 벌집으로 인해 방치되어 옴 |

## 한국 바위 열전

**초판 1쇄 발행** 2008년 5월 16일

**지은이** 손재식

**책임편집** 최진규

**펴낸곳** 마운틴북스
**펴낸이** 김인호
**편집인** 심산
**출판등록일** 2006년 9월 18일  **등록번호** 제313-2006-000200호
**주소** 서울시 마포구 서교동 403-21 서홍빌딩 4층
**전화** 322-3885(편집부), 322-3575(마케팅부) **팩스** 322-3858
**E-mail** mbooks2007@yahoo.co.kr
**ISBN** 978-89-960005-6-3  03800

* 마운틴북스는 바다출판사의 자회사입니다.